支持单位：
和旅游部—南京大学文化和旅游研究基地／
大学长三角文化产业发展研究院／
文化产业研究基地／
省文化产业学会／
大学商学院

SCI CNKI 来源

文化产业研究 28辑

主编／顾　江
副主编／周　锦　姜照君

南京大学出版社

图书在版编目(CIP)数据

文化产业研究. 28辑 / 顾江主编. — 南京 : 南京大学出版社, 2021.12

ISBN 978-7-305-25081-1

Ⅰ. ①文… Ⅱ. ①顾… Ⅲ. ①文化市场—世界—文集 Ⅳ. ①G114-53

中国版本图书馆CIP数据核字(2021)第220566号

出版发行 南京大学出版社
社　　址 南京市汉口路22号　　邮　编 210093
出 版 人 金鑫荣

书　　名 文化产业研究28辑
主　　编 顾　江
副 主 编 周　锦　姜照君
责任编辑 范　余

照　　排 南京南琳图文制作有限公司
印　　刷 江苏凤凰数码印务有限公司
开　　本 787×1092　1/16　印张 24.75　字数 425千
版　　次 2021年12月第1版　2021年12月第1次印刷
ISBN 978-7-305-25081-1
定　　价 65.00元

网　　址 http://www.njupco.com
官方微博 http://weibo.com/njupco
官方微信 njupress
销售热线 025-83594756

学术支持单位

文化和旅游部—南京大学文化和旅游研究基地

南京大学长三角文化产业发展研究院

江苏文化产业研究基地

江苏省文化产业学会

南京大学商学院

目 录

学术前沿

文化消费

文化旅游

文化贸易

版权经济

产业创新

CONTENTS

Academic Frontier

Cultural Consumption

Cultural Tourism

Cultural Trade

Copyright Economic

Industrial Innovation

学术前沿

论艺术资源与城市形象的关系

王廷信　元娇阳

摘　要:艺术资源泛指在人类艺术史上已经发生和正在发生的具有典型性的艺术事象。城市形象是基于人们对于某个城市的基本印象而产生的总体性评价。艺术资源与城市形象的塑造有着紧密关系,是建构城市形象的重要基础。保护和利用好城市艺术资源,正确面对城市艺术资源的困境,抓住城市资源发展的良机,精准定位,盘活优势资源,以优势资源带动其他资源的发展,是借助城市艺术资源提升城市形象的关键。

关键词:艺术资源;城市形象;困境;机遇

城市形象问题是近20年来中国理论界经常讨论的一个问题,而影响城市形象的因素较多,其中艺术资源与城市形象之间的关系较少有人讨论。本文将从以下五个方面进行思考:艺术资源的界定、分类和特征,城市形象的界定,艺术资源和城市形象之间的关系,当下中国城市艺术资源的困境与机遇,如何去盘活艺术资源以提升城市形象。

一、艺术资源的界定及分类

艺术资源泛指在人类艺术史上已经发生和正在发生的具有典型性的艺术事象,主要包括艺术家及其创作活动、艺术作品、艺术研究成果、艺术事件及其相关遗迹。如果这些在某个地区或在某个城市已经发生,就会形成这个地区或城市具有历史性的资源。这些资源是已经存在的资源,故属于历史性资源。历史性资源一般以与艺术相关的遗迹形式而存在,其中艺术家的生平事迹、创作事迹,艺术家的行迹属于纪念性资源,可供今人研究和瞻仰。艺术家的艺术作品、有关艺术家的研究成果、与艺术家相关的艺术事件属于享用性资源,可供今人继续欣赏和思考。除了历史性的资源,还存在正在进行或正在发生的艺术资源。比如在上海这样的城市定居的艺术家及其创作活动、正在进行的与艺术相关的事项,都属于上海这座城市的艺术资源。这些资源是正在发生的，具有显著的时下特征。与历史性资源相比，正在发生的艺术资源代表的是一个城市当下的艺术资源的力量。

整体来说，艺术资源是一种智性资源，因为它能够代表一个国家、一个民族、一座城市基本的智慧力量，包括借助这种智慧所要表达的世界观以及它所聚集的国家、民族、城市的文化形象。

艺术资源大致分成有形和无形两种资源。有形资源具有显在性，是能看得见、摸得着的。比如名人、典籍、文物、古迹、机构、作品等。无形资源具有隐秘性，是有形资源生成的基础，比如制度、政策、思想、技艺。因为有了这些无形资源，才会有口传、文字等形式的记录或呈现，所以无形资源是我们现存有形资源能够出现的根源。所有无形资源的核心是“人”，“人”是文化生产最根本的支撑，是艺术资源生产的能动性主体。无论是制度和政策，还是艺术家自身的思想和技艺，都是由人制定、由人思考、由人创作的，而有形资源也是人主观能动性发挥作用的结果。所以，在每个时代环境作用下的人的艺术智慧或艺术技能，是支撑一个城市或者一个地区艺术资源最根本的杠杆。之所以如此认识，重在强调人对艺术资源的支配作用，强调在涉及艺术资源保存和利用时对人的重视。

此外，我们之所以把艺术资源划分为有形资源和无形资源，旨在强调无形资源的特殊价值。有形资源是看得见、摸得着的显在性事物，具有有形的实在特征，是一个城市艺术资源的“硬件”；无形资源是可代代相传并且蕴含着持续创造力的事物，具有无形特征，是一个城市艺术资源不断再生的“发动机”。而“人”的主观能动性正是这架“发动机”不断运转的根本。长期以来，我们针对艺术资源的保护和利用有“重物不重人”的倾向，导致艺术资源不能充分发挥作用，不能为当下城市文明贡献应有的力量，这与我们在理论上的认识不足有很大关系。

二、何谓城市形象

城市形象不是一个严格的科学界定，而更多是基于人们对于某个城市的基本印象而产生的总体性评价，比如一个城市的地理位置、历史地位、气候环境、文化性格、经济活力、交通条件、社会影响等，这些都是人们对某个城市产生整体印象的一些支配性的因素。比如人们把北京叫作“帝都”，是因为北京有大约800年的建都史，长期以来都是政治中心；人们把上海叫作“魔都”，是因为所有想得到或者想不到的事情都有可能在上海发生，是对上海这座城市充满无限能量和活力的印象，也是对上海这个奇幻之都具有创造性的基本性格的认知。此外，人们认为“上有天堂，下有苏杭”，是对富足美丽的苏州和杭州的印象；人们认为南京是“江南佳丽地，金陵帝王州”，是对南京这座人文荟萃的繁华古都的印象。凡此种种，都是人们综合上述因素对某个城市所得出的形象化的概括和评价，或者是基于上述因素对一个城市某种优势特征的强调和肯定。所以说城市形象是人们对城市所产生的综合性的印象，这种印象很难用科学的方法界定，它实际上是人们在一个城市物质文明和精神文明基础上对该城市性格的总体认知和评价，这种认知和评价也潜移默化地影响着人们对该城市的兴趣以及该城市发展的活力和前景。

城市形象决定着该城市在人们心目中的地位和影响，是一个城市发展活力和前景的重要决定因素之一。那么，城市形象的价值可以从哪些方面来考量呢？

第一，人口的聚集度。为什么中国普通民众都愿意去北京、上海、广州、深圳等一线城市，以及武汉、成都、南京、杭州这样的中心城市旅游、生活或工作？因为这些城市的基础形象吸引着人们。人们觉得到这些城市可以有更好的生活，或者能受到更好的教育，或者可以找到好工作，有令人憧憬的发展机遇和前景，或者是可以见到美好的景象，可以直接分享这些城市的魅力。这些都是一个城市之所以能够引人聚集的重要原因。在当下，中国各大城市都在想方设法吸引人口聚集，但最终能够获得成效的还是那些形象较好的城市。

第二，资金的聚集度。整个社会发展靠的是人，而精英人口一定是引导世界前进的重要人群。社会资金主要集中在精英人口手中，所以精英人口到诸如上海、北京等这些大城市的同时自然会把最关键的资金带到这个城市。资金也因城市形象的魅力而聚集，不言而喻，资金的聚集反过来也会从多个角度改善城市环境，支撑城市形象的提升。

第三，教育的聚集度。如果说人的聚集是城市形象提升的关键，那么教育资源的聚集则是人自身提升的关键。我们常说“百年大计、教育为本”，因为教育是专门针对人才培养的行为。教育资源的聚集一定会成为城市形象提升难以忽略的要素。就艺术教育而言，在中国这个 14 余亿人口的大国，历史悠久、经济发达、文化兴盛、交通便利的城市，都聚集了大批高等院校。这些院校为城市艺术人才的培养提供了源源不断的推力，也为城市艺术资源的积累起到了“造血”作用。

第四，艺术会展的聚集度。艺术会展主要是指能够为艺术家提供展览、演示、竞赛机制和平台的各类艺术节庆、艺术展演平台。艺术会展是激活城市艺术资源的直接杠杆，是借助艺术资源树立城市形象的直接窗口。品牌性的艺术会展可以直接吸引艺术家参与城市的文化建设，直接吸引大众对城市的关注。例如在只有约 15 万人口的奥地利小城萨尔茨堡，因为有举世闻名的萨尔茨堡艺术节而让该城市引人瞩目，无数游客都因慕名萨尔茨堡艺术节而来到这座小城。萨尔茨堡艺术节从创办至今已有 100 年的历史，艺术节贯穿一年四季，来自世界各地的知名音乐家、戏剧家在该节展示风采。萨尔茨堡艺术节常年吸引着 50 余万观众在这里观赏音乐与戏剧，也让这座小城充满了生机。欧洲目前有 600 多个艺术节，200 多个艺术节富有持续影响力，萨尔茨堡艺术节是其中较为出色的一个。

第五，创造力的聚集度。创造力也是和人直接相关的。我们认为"艺随人走"，意味着艺术的创造力是随着人而流动的。艺术是无形的，我们写出来的文学作品、画出来的画、创作和演奏出来的乐曲，这些作品看得见、听得着、感受得到，但实际上仍是依靠无形资产而存在的，因为它们是靠人的智慧和技艺支配的。而智慧和技艺是附着于人的无形资源。富有智慧、身怀艺术绝技的人走到哪里，艺术就可能在哪里创作、存在或兴盛。历史上有很多艺术家都曾游历四方，而每个地方都愿意纪念艺术家在本地游历的故事、保护和传承其留下的作品或者由此而发起各种新的艺术事件，因为这些艺术家的无形智慧和技艺的创造力所产生的影响对其曾所在城市形象的塑造发挥着难以替代的作用。在当下，举凡优秀艺术家聚集的城市，也会让这座城市充满活力，进而让城市产生强大的影响力。

三、艺术资源是建构城市形象的重要基础

影响城市形象的因素非常多，艺术资源只是考量城市形象的一个重要方面，也是城市形象建构的重要基础之一。

艺术资源应该是每个城市特殊的"文化资本"。为什么上海现在有这么多艺术展演、有这么多艺术家定居？可以说没有近代的西方资本、西方文化曾经聚集在上海这样一个"码头"，上海就不会是今天这个样子。没有新中国成立以来国家对上海的特殊政策的支持，上海更不是今天这个样子。而倘若没有上海周围一大群富足城市群的烘托，上海也不会有今天。这些历史和地理资源的支撑是其他城市无法复制的，恰恰是因为这些原因，才吸引了大批在文化和艺术领域富有创造力的人群在上海创业，他们以其特殊的智慧和技艺感受着上海、表述着上海，让上海充满激情和活力，上海才能拥有我们可以看到的强大的"文化资本"。所以说，作为一种特殊的"文化资本"，艺术资源主要体现在众多艺术家以独特的智慧感受着、表述着、记忆着一座城市的魅力，为其所在的城市生产着源源不断的新的艺术资源。大致看来，艺术资源对城市而言具有如下特殊价值。

第一，一座城市拥有的艺术家数量和类型，决定着这座城市性格的“宽度”和“厚度”。每位艺术家都是独特的，艺术家的艺术个性、生活风格各不相同，一座城市如果能够拥有众多数量的艺术家和众多类型的艺术，这个城市一定有足够的“宽度”和“厚度”。例如北京是新中国的首都，四面八方的艺术资源都沿着便捷的途径涌入北京，所以北京的艺术家数量最庞大。北京的艺术家的类型也较为丰富，无论是戏剧、影视、音乐、舞蹈，还是绘画、书法、设计，在每个艺术门类都涌现出众多优秀的艺术家。

第二，一座城市艺术资源的独特性也可彰显该城市艺术的独特魅力。一座城市可能有很多种类的艺术，而往往会因为其中某一两种艺术类型比较突出，从而纳入人们对该城市的印象当中。比如以瓷器闻名的“瓷都”景德镇，以陶器闻名的“陶都”宜兴，以音乐闻名的“音乐之都”哈尔滨，以文物闻名的“文物之都”西安等。以哈尔滨为例，哈尔滨从过去到现在出现过大量优秀的作曲家、歌唱家、演奏家，直到今天，哈尔滨都有良好的音乐设施，每年都持续举办着形式多样的音乐节，吸引着大量音乐家和音乐爱好者。前几年，哈尔滨还成立了国际化色彩较浓的哈尔滨音乐学院。而像江苏宜兴这个县级市，仅仅因为其制陶业的兴盛而给人们留下深刻的印象。在这座小城市，有十多万人都在从事着紫砂陶业，以此为基础也吸引了大批书法家、篆刻家、画家以及制陶培训、推广营销者的积极参与，共同支撑着宜兴的“陶都”形象。

第三，一座城市艺术遗迹的多寡意味着该城市发展的潜力。艺术遗迹标志着一座城市曾经的艺术繁荣，也标志着一座城市所拥有的艺术传统。例如雅典留下的众多古希腊时期的艺术遗迹，威尼斯留下的众多文艺复兴时期的艺术遗迹，都支撑着雅典和威尼斯的艺术发展潜力。而在中国的北京，诸如故宫、圆明园、颐和园、天坛、地坛、恭王府等一系列富有鲜明艺术气质的古代建筑，诸如鲁迅、茅盾、老舍、郭沫若、梅兰芳、程砚秋、齐白石等一大批文学家、艺术家的故居，都标示着北京艺术发展的潜力。

第四，一座城市艺术事件的多寡意味着该城市结构的复杂度。比如，鲁迅在上海和北京都曾与其他人进行过一系列的论战，这种论战就生成艺术事件；扬州八怪在扬州创作出很多有价值的画作，这也是一个典型的艺术事件，都会被艺术史所记载。艺术事件包括优秀艺术作品和艺术流派的产生、艺术观点争鸣、艺术媒体的聚集等，多是被艺术史所记载的事件。艺术事件多发生在社会结构较为复杂的城市当中，因为社会结构单一的城市不足以容纳较为丰富而复杂的艺术事件。城市结构的复杂性与城市对于各类人才的包容性有很大关系。一座包容性较强的城市才能容纳不同性格、不同个性的艺术人才，具有标志性的艺术事件也才容易在该城市发生。

第五，一座城市艺术机构的多寡意味着该城市发展的活力。小城市的艺术机构是单一的。比如，从文化局到博物馆、展览馆、文化馆、影剧院等就是一条非常单一的线。但大城市或者是艺术资源比较多的城市，艺术机构相对密集，包括官方和民间在内的各种艺术机构渗透到一个城市，这些机构互相碰撞、互相支撑、互相衬托，从而迸发出更多的活力和创造力。例如北京这座城市，既有官方的诸多类型的艺术机构，又有像各类拍卖行、798 艺术区、宋庄等特殊类型的艺术机构，从而使北京显示出难以超越的发展活力。

第六，一座城市艺术机制的灵活度意味着该城市智慧的丰富性。艺术机制的灵活度决定着一个城市艺术运行的灵活性。艺术机制的“产品”是城市艺术家思维的广阔度和深厚度、城市艺术政策向度和层次的丰富性、城市艺术部门和机构的协调力、城市艺术资金来源的多样性，灵活的艺术机制直接为艺术留下足够的空间，可以让艺术家在此充满激情、充满幻想地创造艺术，可以让城市居民获得足够的欣赏艺术的机遇，也直接推动着该城市艺术的发展活力，集中体现出一座城市的智慧。

四、艺术资源的困境和机遇

中国拥有五千余年的历史，如今我们怎么去看待艺术资源？就当下而言，中国艺术资源仍然存在很多困境，比如，在很多情况下人们意识不到保护、利用和开发，尤其是在保护这方面，整体上做得并不完全到位。有的是没有财力保护、利用和开发；有的是只保护，但不注意利用和开发；还有缺乏保护，过度利用与开发。这些现象在我们的城市都是普遍存在的。

与困境相对的是艺术资源面临的机遇。如今艺术资源面临的机遇很多，大致可以分为五点来看。

第一，国家对文化建设的空前重视。中国改革开放 40 余年来，尽管前 30 年间中央政策对文化重要性的表述很多，但真正让我们感觉到国家对文化建设的空前重视是自中国共产党的十七届六中全会开始的。这是党的历史上第一次在中央全会上集全党之力来集中讨论文化问题。从十七届六中全会开始，尤其是党的十八大以后，国家对文化的重视远远超过了人们的想象，国家对于文化的思考更加全面、更加深刻、更加透彻，在文化方面的各项政策也更加完善、更加得力、更加有效。从中共中央办公厅、国务院办公厅和各个部委颁布的文化政策或文件可以看出，国家的文化政策都是带着战略、方法、资金和指向性的，如此丰富的文化政策在改革开放前30年也是没有过的。这些政策资源都已经或将成为城市艺术资源发展的重要支撑力量。

第二，国家艺术人才培养的规模空前多样化。目前中国有2 800多所大学，90%以上的大学都有艺术院系或者艺术专业，这个数据不可小看。从前艺术是一个非常小的专业，也是一个边缘化的专业，但到了今天，艺术发展成为全国最大的专业，没有任何一个专业比艺术的考生更多，艺术专业也逐步从边缘走向中心。近年来，不同类型的专业艺术院校也纷纷成立，如浙江音乐学院、哈尔滨音乐学院、山西电影学院等。我们应当充分意识到，中国高等院校培养的大量艺术人才，都在强有力地支撑着艺术的发展，也是最重要的艺术资源。

第三，时代给艺术提供的技术条件空前充裕。比如计算机、互联网、大数据、智能手机等催发出众多的新型艺术形式。如果没有这样的技术条件，艺术普及不到今天这样的程度。譬如社交网络本来是用来社交的，但是如今可以看到大量的艺术作品和艺术家都渗透到社交网络里，成为艺术传播中非常关键的途径。还有大量的普通民众也被社交网络激发出创造艺术的兴致，众多传统艺术表现形式因社交网络的便捷与普及而被激活，从而让艺术呈现出以前从未有过的鲜活面貌。

第四，民众对艺术需求的增加。这和中国经济社会迅速发展、人们生活条件的改善和富足程度息息相关。虽然无数优秀艺术作品都是在苦难环境中诞生的，但生活的富足，也会给人们留下较为充足的享受艺术的时间和机会。随着国家的日益强盛，我们会发现，我们的生活越来越与艺术贴近。无论是我们的服装、交通、居住环境，还是我们的艺术设施品质的提升、艺术创作和欣赏机会的增加，都说明富足的生活条件已在直接激励着中国民众对于艺术需求的增加。

第五，国际国内对城市形象的命名、定位与愿景。首先是联合国教科文组织给中国的一些城市赋予的名称。比如北京、上海、深圳、武汉被命名为“设计之都”，南京被命名为“文学之都”，苏州、杭州和景德镇被命名为“手工艺与民间艺术之都”，哈尔滨被命名为“音乐之都”，青岛被命名为“电影之都”，长沙被命名为“媒体艺术之都”，这些代表的是联合国教科文组织对中国的城市形象的认知结果。这些认知和命名可以直接引导和推动城市艺术资源发展的走向。还有一种情况是城市本身对自己的定位，比如说北京要打造“东方演艺之都”，上海要打造“亚洲演艺之都”，杭州要打造“中国演艺之都”，东莞要打造“音乐剧之都”。这些都是城市自身在艺术资源走向上的发展定位，也是一种愿景。根据这些定位或愿景所配套的政策、资金、人才、设施，都可能激活一个城市的艺术资源，进而塑造城市形象。

五、盘活艺术资源，提升城市形象

艺术资源是城市形象的重要支撑，所以，要提升好、树立好城市形象，关键还是要盘活艺术资源。

第一，要重视共生理念，特别要重视艺术和政治、经济、文化、科技、教育等之间的关系，注意到支撑国民经济和社会发展最重要的是艺术资源和这五大领域之间的共生性。艺术资源代表着城市的精神气质，也是城市的重要软实力，保护好、利用好、发展好艺术资源，是城市治理的重要支撑。我们很难想象艺术资源匮乏的城市会给人们留下怎样的印象。以前我们以为艺术和经济没有太大关系，只是经济之余的休闲事物，但如今文化产业当中有相当一部分是艺术产业，其在经济社会发展中业已创造了强大的GDP。所以，这种共生关系值得我们从理论上去探讨、在实践中去摸索。

第二，要树立良好的城市形象，还要创设盘活艺术资源的优良机制，包括政策机制、生产机制、评价机制、传播机制、消费机制和教育机制这六大机制。有了这六大机制的良性运转，一个城市的艺术资源才能得以盘活。以传播和消费机制为例，京剧作为我国的国粹之一，从清末到新中国成立之前，很多北京、天津的知名京剧演员如果没有来过上海的话就很难在全国有影响力。因为上海最早接触到西方的文化运转系统，媒体多、报纸多、剧院多、商人多，民间对京剧艺术的需求量大，因此它的传播机制和消费机制就非常好，所以说像梅兰芳这样有名的京剧演员都会热衷在上海演出。这实际上就是上海当年优良的机制对于艺术资源的吸引。近年来，浙江横店吸引影视资源打造的影视城、乌镇吸引戏剧资源打造的戏剧节，江苏的周庄利用旅美画家陈逸飞《故乡的回忆》一幅画塑造的古镇形象，都是主动出击创设优良机制，利用艺术资源树立城市形象的优秀案例。

第三，要高度重视人才，尊重人才，用好人才。我们说艺术的无形资源主要集中在人本身，主要就是要强调对人才的重视。艺术家是一种特殊的人才，其特殊之处就在于他们所拥有的才华与技艺，还有他们富有个性的生活格调。如何尊重艺术家的个性、调动艺术家的积极性、激发艺术家的创造性，为艺术家创造良好的创作环境和生存环境，都是一个城市吸引艺术人才、激发其活力的重要做法。

第四，要注意针对艺术资源的关联性态度和做法，处理好抢救、保护、传承、发展艺术资源之间的关系。艺术资源的类型较为多样，抢救和保护是基础性方略，传承和发展是方向性方略。在抢救和保护好的基础上传承和发展，当是处理资源关联的有效方略。切忌不加抢救和保护而滥用资源。所以，处理好抢救、保护、传承、发展之间的关系是让城市艺术资源永续和再生的关键。

第五，要注意资源定位，突出特色，避免雷同。一座城市的艺术资源有多有少，但无论多少，都要善于在与其他城市资源进行比较的过程中思考自身的资源定位。突出特色，在于找出优势资源，在优势资源的带动下全面发展。没有优势资源的带动，资源的特色就显示不出来。例如深圳在现代技术的创新方面就很有优势，众多巨型科技企业较为聚集，这就成为支撑以智能为特色的设计行业的重要资源，深圳以此来定位自己的“设计之都”就有条件。在智能设计的带动下，深圳的其他艺术资源才能逐步发展。深圳设市时间较短，缺乏传统艺术资源，如果凭空直接发展音乐、戏剧，那么与北京、上海等传统艺术资源较为富赡的城市相比就明显不足。

总之，城市艺术资源与城市形象的塑造有着紧密的联系，是建构城市形象的重要基础。保护和利用好城市艺术资源，正确面对城市艺术资源的困境，抓住城市资源发展的良机，精准定位，盘活优势资源，以优势资源带动其他资源的发展，是借助城市艺术资源提升城市形象的关键。

作者简介

王廷信（1962—　），山西河津人，中国传媒大学艺术研究院教授、博士生导师、常务副院长。研究方向为艺术传承与传播、艺术及戏曲理论。

元娇阳（1997—　），河南焦作人，东南大学艺术学院硕士研究生。研究方向为艺术理论。

Discussion on the Relationship Between Art Resources and City Image

Wang Tingxin　Yuan Jiaoyang

Abstract: Art resources generally refer to typical artistic events that have occurred and are taking place in the history of human art. City image is an overall evaluation based on people's impression of a city. Art resources are closely related to the shaping of the city image, which is an important basis for the construction of the city image. The key to improve the image of a city is to protect and utilize urban art resources. We should regard the dilemma of urban art resources subjectively, seize the opportunity of urban resources development, accurately locate, invigorate superior resources, and drive the development of other resources with the advantageous resources.

Key words: Art Resources; the Image of A City; Dilemma; Opportunity

基于用户关系的新媒体品牌营销研究*

——基于“学术志”的案例分析

秦宗财　周中天　周瑾玟

摘　要:从新媒体关系营销的供应、用户需求以及新媒体建构社会交互的关系联结这三个维度对新媒体品牌营销进行研究。结果表明:从用户需求维度来看,新媒体品牌营销要专注目标受众群体,抓住核心细分市场,精确定位用户需求;从内容服务供应维度来看,服务商要采取多元化生产模式,做好品质化的内容供给,激发新媒体内容营销的知识效能;从关系联结维度来看,新媒体要着力建构服务商与用户的亲密互动关系,重视强化长期用户关系管理。

关键词:新媒体;品牌营销;关系营销;学术志

一、引　言

随着信息技术创新日新月异,数字化、网络化、智能化深入发展,新媒体样态和业态不断更新。吸引受众注意力是新媒体服务存续的重要基础。因此,品牌营销也是新媒体运营的重要内容,各类服务商开设新媒体 App,通过开设官方认证号来吸引用户关注,品牌化运营也给新媒体可持续发展提供了重要支持。如新浪微博 2018 年第四季度广告和市场费收入总计 4.17 亿美元,相比较上年同期 3.32 亿美元,增长 26%,广告和市场收入占总收入的 86.5%,是微博的主要收入来源。新媒体品牌营销是为用户提供规模化、市场化的网络产品和服务并持续获取忠实用户,从而实现企业主体价值增值和扩张的一种经济活动。作为一种新型网络营销,新媒体品牌营销更侧重于用户的精准服务。新媒体企业为树立良好的品牌形象、

*　基金项目:扬州大学大学生创新创业训练计划重点项目“讲故事与视频的力量:红色文化短视频视觉修辞研究”(2020)、江苏省研究生实践创新计划项目“科普短视频科学传播效果研究”(2021)的阶段性研究成果。

构建品牌信誉度和美誉度、建立品牌集群和矩阵，会采取系列策略和方法维护品牌形象和品牌价值，并不断通过品牌营销向消费者传递出品牌的内涵、理念和精神。与传统企业品牌营销相比而言，新媒体品牌营销的内在机理是什么？如何实施有效的实践策略？在新媒体发展日新月异的媒介环境下，这些问题亟待研究。本文从关系营销理论视角，探讨新媒体品牌营销的内在机理及其实践策略问题。

二、相关理论回顾与研究框架

客户关系管理(Customer Relationship Management，CRM)研究源于美国市场营销理论，探讨从“产品为核心”向“客户为核心”的企业营销战略转变。市场营销管理历经生产观、产品观、推销观、市场营销观、社会营销观这五个观念发展阶段[1]，前三个阶段一味追求产品市场交易利润的最大化，不重视客户需求，忽视了厂商与客户亲密关系的建构。20世纪八九十年代在知识经济和信息技术的推动下，消费过程中客户的个性化需求越来越凸显，企业开始重视客户的满意度、忠诚度等问题，关系营销新理念开始涌现，企业开始重视与客户建立亲密关系，强化对客户关系的有效管理。以4P为代表的市场营销理论受到学者批评。1986年罗伯特·劳特伯恩提出4C理论，强调企业根据消费者需求提供产品和服务。在此理论基础上，唐·E.舒尔茨强调企业要围绕关联(Relevancy)、反应(Reaction)、关系(Relation)、回报(Reward)四个要素，与以顾客为主的利益相关者建立长久关系(即4R理论)。

因此，所谓“关系营销”，是将客户、供应商和其他合作伙伴整合到企业营销活动中[2]，通过满足客户需求，培养、维护和强化客户关系，从而赢得客户的偏爱和忠诚[3]。因此，作为一种商业运营策略，客户关系管理是指针对目标客户，有效地组织企业资源，实施以客户为中心的经营行为与业务流程，从而实现提升企业盈利能力、利润及客户满意度的经营目的[4]。

移动互联网时代下社会化媒体营销更强调用户关系，涌现了“互动营销”理论(Buck R.，2004；Falk Armin，2007)、“病毒营销”理论(Steve Jurvetson，1997；Malcolm Gladwell，2000；Ralph F.，2005)、“虚拟社区参与”理论(Bagozzi et al.，2002；Lee et al.，2006；Hsu et al.，2007)等，将社会互动理论与社会化媒体营销、用户口碑与网络传播、社会化媒体营销与用户整体认知等相结合，探讨移动互联网环境下社会化媒体营销的传受关系、用户社群口碑、品牌整体认知等。其中，社会化媒体客户关系管理(Social CRM)逐渐引起国内外学界的关注，如新媒体精确营销与客户忠诚计划（吕凌，2007）、社会化电子商务用户的购买意愿（Cha，2009；Hajli，2012）、基于人际关系的社会化媒体的用户购买意愿（Harris L.，Dennis C.，2011）、基于数据挖掘的社会化媒体对用户的购买行为影响（Olbrich R.，Holsing C.，2011）、社会化电子商务用户购买动机、感知与行为意图的关系检测（Yun Z. S.，2011）、社会化媒体客户关系管理的构建运用（彭倩，2017）等。

上述国内外文献从不同的视角，运用不同的研究方法围绕关系营销的理念、要素、作用以及社会化媒体客户关系等问题进行了有益的探索，形成了一批具有重要理论价值和实践意义的研究成果，但是关于新媒体品牌营销关系的内在机理及其实践策略的研究较少。

三、理论基础与研究框架

新媒体营销是一种新型社会化媒体网络营销，是建立在新媒体服务与用户的亲密关系（用户的认可度、忠诚度）的基础上，基于精确的用户需求定位，通过个性化、品质化的内容服务而形成网络用户口碑效应，从而产生每一个用户个体都能独立影响和改变新媒体社交圈内的用户购买行为，即每个新媒体用户成为新媒体社交圈内拥有影响力的营销个体。由此，影响新媒体关系营销的因素可以分为服务商新媒体营销的供应维度、用户的需求维度以及新媒体建构社会交互的关系联结维度的三个层面（图 1），这构成了本研究的分析框架。

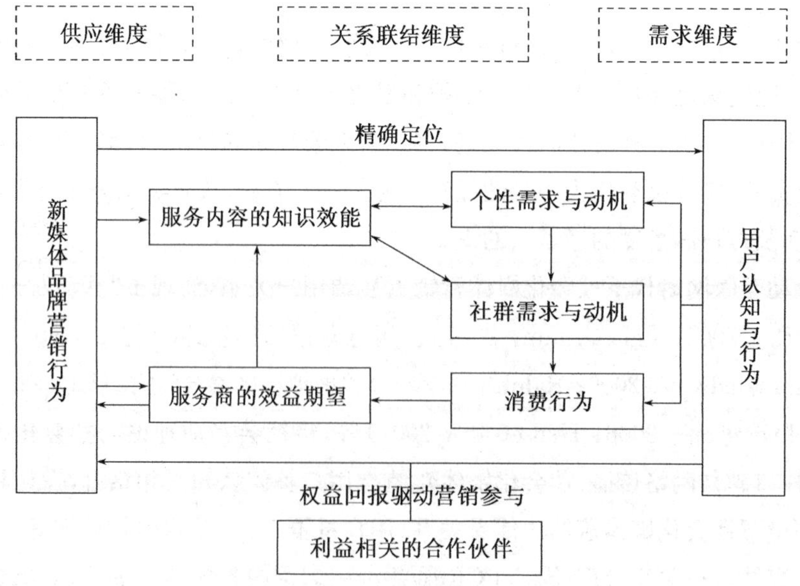

图 1　基于用户关系的新媒体品牌营销三维度

从服务商新媒体营销的供应维度来看，服务商关注目标用户发布的需求信息，进而深入研究用户或潜在用户的需求及其消费行为，从而为新媒体营销做出精准定位。

从用户的需求维度来看，从个体的个性化需求及其消费行为动机前因，到虚拟社区群体的共性需求及其消费动机前因，用户在虚拟环境中发布的相关信息，在新媒体虚拟社区中形成海量用户的需求数据，这些数据为服务商精确定位用户、关联用户提供了数据基础。

从新媒体建构社会交互的关系联结维度来看，新媒体建构的交互关系是指新媒体虚拟社区成员经过长期的互动而发展出来的网络群体关系，其关系形成依赖于群体情感与群体规范，包含彼此信任、互惠规范、义务与期望、身份识别与认同等。即使在现实生活中彼此是陌生人，在虚拟社区中成员也愿意提供帮助，其动因源于社群的认同感与某些共同目标。网络群体关系形成，为新媒体营销提供了重要条件，服务商制定特定的合理的权益回报（互惠规范），不仅仅加固群体共同体意识，也促进群体用户的营销参与（口碑宣传），其溢出效应也会吸引或强化利益相关者合作伙伴关系。

四、基于用户关系的“学术志”新媒体营销分析

“学术志”（原“学术中国”）是由北京思高乐教育科技有限公司打造的一款学术研究类公号，创立于2014年3月，目前已形成了以“学术志”为核心，囊括考博圈、质化研究、量化研究方法、经管学苑、不发表就出局、SCI论文指南、研究方法学堂、学术创新课堂等细分领域的学术自媒体矩阵，是目前我国用户量最多、影响力最大，也是目前唯一进入微信500强的学术类微信公众平台，目前已有60多万订阅用户。该平台发布的文章类型主要包括学术培训、学术资讯、励志故事、知识分享、人才招聘等，在学术圈有较大的影响力和知名度。“学术志”以提升用户学术研究能力为目标，通过产业化运营为高质量内容提供有力保障，即除为用户提供学术资讯等信息外，其主营业务为学术类培训，如考研考博类讲座、学术论文写作、研究方法培训、学术会议与论坛、留学服务等，基本覆盖了科研群体的日常学习、生活、工作等需求，这些培训为学术志带来了产业增值，从而为聘请名师、拓展业务、技术研发等提供了条件。鉴于“学术志”在企业营销中的成功经验，具有典型的案例研究价值，本文基于用户关系视角，从精确定位（用户需求维度），知识效能（供应维度），互动关系、身份识别与场景服务（关系联结维度）三个层面，对其新媒体营销展开具

体分析。

(一)精确定位:专注目标受众群体,抓住核心细分市场

品牌定位就是某品牌在消费者心中形成的区别于其他品牌的某一特征,该特征反映了品牌的独特价值与核心优势,能够给消费者留下独特的印象。品牌定位是品牌在市场上与其他品牌相区隔,构建品牌形象,塑造品牌个性的重要战略。一个市场占有率高的产品都具有明确的品牌定位,比如著名的苹果手机就是代表了创新与时尚,也代表了手机行业发展的最新趋势;快餐代表麦当劳和肯德基聚焦都市青年人群,用快捷、方便、高效的理念传递了品牌的核心价值,深受都市青年群体喜爱。品牌定位的维度包括价格定位、人群定位、行业定位、地理定位、市场定位等,定位的目的是为了将品牌放置于一个最容易引起消费者关注的环境中,加深消费者对品牌的印象。品牌定位是构建品牌形象的基础,是品牌传播的重要且首要前提。

微信公众号运营的目的是为了扩大自身影响力,进而实现其盈利目的。因此,每个微信公众号都有着明确的市场定位和目标人群。"学术志"自创立以来就有着非常明确的市场定位,这点从其口号"以学术为志业,矢志不渝"中可见一斑。"学术志"专注于学术市场,通过扩大自身在学术类公众号的影响力打造学术品牌,从而为市场盈利提供保障。"学术志"的目标人群是从事学术科研领域的学生群体、教师群体、科研工作者、学术研究者、学术爱好者以及企事业招聘单位等。在移动互联网的互联互通下,这些群体并不会因实际身处地理位置的不同而受到影响,相反,互联网加速了该人群的聚集。学生群体关注学习、升学、就业等信息,教师、科研工作者关注学术素养提升、项目申报、职称申请等信息,企业事业单位关注人才政策与高校人才培养等信息。可以说,这些信息都是从事学术领域必须关注的对象。"学术志"抓住了当前我国高等教育快速发展、硕博群体不断扩招、求学压力不断增加、科研需求不断增大的契机,这些普遍拥有较高学历的知识人群愿意为提升自我学术素养而买单。为此,"学术志"所推送的信息题材大都是关于高校发展、学术资讯、学术人群的日常生活、知识经验分享等信息,满足了目标人群的学术科研等需求。

除此以外,"学术志"还开通姊妹公众号,目标瞄准学术科研人群细分市场,通过多个微信公众号构建新媒体传播矩阵,诸如考博圈、质化研究、量化研究方法、经管学苑、不发表就出局、SCI论文指南、研究方法学堂、学术创新课堂等细分领域,新媒体矩阵有利于实现信息共享,渠道畅通,彼此呼应,集中资源,形成营销合力。

在差异化定位的情境下能够以不同类型的内容吸引不同目标人群,实现差异化传播,避免发布内容同质化,合理利用有效资源,促进传播效果最大化。这些公众号包括量化研究方法、质化研究、考博圈、不发表就出局、知深等系列公众号,公众号与公众号之间定位不同,但存在互相宣传实现互联互通的效果。故此,“学术志”同姊妹公众号一起,为学术科研人员提供学术服务,抓住了几乎大部分学术科研潜在市场,形成了良好的品牌效应,一旦目标人群有学术需求就会立刻联想到“学术志”等公众号,为品牌营销打下了坚实的基础。

(二) 知识效能:多元化生产模式下内容营销

知识效能也称学习效能,概念起源于班杜拉(1977)的“自我效能感”理论,包括学习者的心理动力、学习能力、心理状态、自我效能感等。“学术志”提出“以帮助科研群体成长为使命”为服务目标,针对“不同学科和专业的特点”(即细分市场领域)的受众学术诉求,打出“融合不同背景的领域专家进行制定,以此学术创新大课汇聚汇‘百家之长’”“联合各领域专家打造优质课程体系”等营销宣传,从而从语境上赋予受众学习效能感。受众首先在心理上产生本能好奇,再加上“学术志”不断推出名家名师的学习经历、科研成功经验等信息分享,更在受众心理层面激发了“榜样的示范力量”,激发其学习动机和情感期望等。仅仅靠宣传口号是远远不够的,还要有实实在在的品质化的内容供给。

“学术志”所提供的学术类服务本质上是一种知识付费,而知识本身就是一种内容产品,是在互联网上充斥的海量化信息中能够为用户带来潜在价值增量的,帮助用户节约时间获取自己想要得到的内容。内容的优劣程度是决定用户是否购买的核心因素,微信公众号就是内容的提供者,通过内容营销实现品牌营销。所谓内容营销,是指“以多种形式的媒体内容,通过多种渠道传递有价值、有娱乐性的产品或品牌信息,以引发顾客参与,并在互动过程中建立和完善品牌的一种营销战略”[5]。由此可见,内容价值是内容营销的基础。内容价值是由生产者花费一定的时间和精力生产创造出来的,而不同生产模式下内容价值的高低也不尽相同。

“学术志”的内容来源分为原创与转载,是多元化生产模式的融合。“学术志”除节假日外几乎都保持着持续稳定的更新,每日推送内容平均为 4—6 条,在学术热点期间每天能达到 8 条(微信公众号每天最多推送 8 条),这样稳定持续的内容输出和知识生产提高了用户每日接触公众号的频次,培养了用户每天翻看公众号的习惯,提高了用户黏性。据统计,“学术志”所推送的文章类型包括学术培训、学术资讯、励志故事、知识分享、人才招聘等几大类型,原创内容来自用户投稿和职业写稿，转载以转载知名公众号的优质内容为主，故“学术志”的内容生产是PUGC与OGC的融合模式。所谓PUGC（Professional Generated Content + User Generated Content），是专业用户生产内容。“学术志”的用户群体是接受过高等教育的高知群体，专业化程度高，其内容生产的价值不容小觑。“学术志”鼓励用户积极投稿，对待优秀稿件优先发表，一般薪酬为500—1 000元一篇，再基础薪酬外，学术志还根据文章所产生的影响力对优质文章进行奖励，此举大大提高了用户内容生产的积极性。OGC（Occupationally Generated Content）是职业生产内容，是接受过一定训练的内容生产者专门从事内容生产工作。“学术志”的部分原创推文都是源自自己培养的职业生产者，部分是经过专业招聘提供的正式工作岗位，享受职工待遇福利，如《全国高校C刊论文发表数量排行榜（2018）》就是学术志职业生产者整理出来的内容，阅读量达到了10万多，还有部分是邀请知名的写手长期兼职，如2019年9月发表的《不开玩笑，我真的用抖音学英语！》就是邀请的某知名高校老师写稿，这两种内容生产模式为学术志提供了稳定的优质内容，是吸引用户持续关注的核心竞争力。除原创内容外，“学术志”还大量转载知名公众号的优质文章，与这些公众号保持了长期的稳定的合作关系，如此才能尽可能地获取转载权限，提高优质内容的传播力和影响力。这些知名公众号部分和“学术志”一样，为学术类运营公众号，以内容营销实现盈利目的，如慕格学术、学术格子、考博圈、青塔、学术星球、中外学术情报、经管之家、小木虫等，公众号之间常常互相转载，实现了优质文章的资源共享；还有部分公众号为科研院所以及社会类公众号，这些公众号也会有一些契合学术志定位的优质内容，如十点读书、中国青年报、共青团中央、知乎等。某些转载的优质内容常常受到用户高度关注，比如《最新版C刊+C扩投稿方式大全（2019—2020）》阅读量就达到了6万，《全网最全的论文下载渠道（免费）》《赶快收藏》《文献综述写作指南》等学术技能类文章的阅读量均十分可观。这些知识经验分享类型的内容并不能直接变现，真正能够变现的是学术培训，而学术的内容营销目的就是扩大自身在学术圈的影响力，制造学术需求，从而为目标人群提供专业化的学术服务。但从另一方面来说，“学术志”推送的知识经验类文章亦可间接实现盈利，如微信公众号研发的尾条广告功能，该功能针对有一定影响力的公众号开通，每条广告投放0.2—0.5元，用户点击广告后方可计算在内，虽然转化率一般只能达到百分之五，但是在数量庞大的用户基数面前还是能够为公众号带来一定的收益，不过这种方式并不是最为核心的。

(三)“互动+关系”:“学术志”的社群营销

社群是人类生活的一种组织形态。滕尼斯认为社群是“人类社会生活的共同体”,以地域、意识、利益等为特征。传统的社群的维系往往建立在乡土社会中以血缘、地缘、业缘等关系联结基础上面对面式的关系交往。随着网络社会的崛起,传统社群由线下扩展到了线上,成为一种网络社群。网络社群是一种社会集合体,是足够多的人、相似的情感体验以及人际关系情形下在网络空间中展开长时间互动、交流、讨论形成的社会团体[6]。网络社群突破了传统社群时间和空间的局限性,同时也打破了传统社群以熟人社会为关系网络的社群结构,更多的则是建立在共同的兴趣、共识、爱好、价值观等基础之上的一种社会组织。它是现实社会组织方式在网络空间的延伸以及基于某种共识意识超越现实交往条件缔结而成共同体的组合。网络社群业已成为“新媒体时代基本的社会组织单元”。比较常见的网络社群主要包括以微信群、QQ 群为代表的即时通讯工具类,以微博、博客为代表的社交媒体类,以豆瓣、知乎、贴吧为代表的兴趣小组类,以直播、游戏为代表的娱乐休闲类等。亦有学者根据内容生产和人际互动维度将网络社群分为知识型、娱乐型、资源型和情感型四类。而所谓社群营销,就是指将一些拥有相似兴趣爱好的用户群体集结成小的社区团体,在社群中提供产品和服务而满足群体需求的商业形态。

“学术志”所提供的学术培训服务主要以社群营销为主,其中又分为社群互动营销与社群关系营销。

首先,在互动营销上,“学术志”公众号的菜单栏第一栏就有“加群”选项,供不同地区、不同兴趣爱好的用户群体找到自己感兴趣的社群。据初步统计,“学术志”所创办的社群分为交友群、课程群、专业群等。交友群以地域为依据分为地区高校交流群、高校学术交流群等;课程群以具体学术专题为主导而建立的群,比如论文写作群、课题申报群、Nvivo 讲座群等;专业群以专业细分为依据分为新闻传播交流群、人类学交流群、社会学交流群等。用户粉丝只有在添加学术志工作人员助手微信后回复想要加入的社群才能进入对应的社群,此举一方面扩大了学术志的品牌影响力和目标群体,另一方面用户群体的分流能够更加精确地帮助学术志针对用户群体特定需求实现精准营销。“学术志”工作人员在微信朋友圈更新学术志最新学术课程介绍和具体链接,用户群体可通过扫码或私信助手了解课程情况并加入对应的课程群。在社群营销中,“学术志”工作人员除举办线上学术培训外,还筹办线下学术会议和学术培训,如学术论文写作前沿论坛、网络爬虫实战训练营、社会科学研究方法高峰论坛等,线下线上培训促进了学员与学员之间、学员与教师之间的互动、合作与交流，增加了他们对“学术志”社群的认同感，提高了社群的活跃度和稳定性。

其次，在社群关系营销上，“学术志”充分利用微信平台的强关系属性，将社交关系变成品牌营销的手段和工具。“学术志”的社群关系营销分为“付费拼团模式”“免费拉人模式”“免费分享朋友圈模式”，“学术志”常常将一些付费课程以免费、折扣的形式促进用户群体主动参与学术志的品牌营销，利用用户群体的社交圈人脉扩大自身影响力，吸引更多潜在消费者加入内容付费阵营，实现了“学术志”品牌的裂变式传播。付费拼团模式是指“学术志”将一些精品课程以折扣价售卖，前提要求消费者邀请好友加入拼团才可享受折扣价；免费拉人模式是指“学术志”将部分付费课程免费提供给消费者，前提需要消费者邀请若干好友关注“学术志”公众号，在邀请人数达到要求后方可购买免费课程；免费分享朋友圈模式则是“学术志”最常用惯例，“学术志”要求消费者将学术课程以海报图片的形式分享到朋友圈，并配上相应的宣传文字，获取一定的好友点赞数或者好友通过扫取定制的邀请二维码后方可达到免费资格，在这种情况下，用户在分享朋友圈过程中不断有新人涌入，新人再发朋友圈获取资格，循环往复，实现了朋友圈的品牌裂变传播和病毒式传播。例如，“学术志”研发的学术论文拆解班、学术文献领读班、研究方法讲解班等。

（四）身份识别＋场景服务：移动定制化体验营销

“场景”一词本来是影视用语，指在特定时间、空间内发生的行动，或者因人物关系构成的具体画面，是通过人物行动来表现剧情的一个个特定过程。罗伯特·斯考伯、谢尔·伊斯雷尔将场景的概念应用到了传播学领域，并指出场景时代的到来需要技术来支撑[7]。这种技术包括五个要素（“场景五力”），即移动设备、社交媒体、大数据、传感器和定位系统，互联网时代争夺的是流量和入口，而移动互联网时代争夺的是场景。因此，场景的本质就是为用户提供精确化的、定制化的服务。场景服务营销就是运用大数据或社交媒体连接用户，洞悉用户的具体需求，为其提供匹配化的、定制化的服务，与用户建立长久的情感联结，最终实现产品的精准化营销。在移动互联时代，场景服务营销的关键就是发掘用户的个性化需求，为用户提供适配场景下的服务，这种适配性建立在充分了解和掌握用户喜好及需求的基础上，能够给用户带来沉浸化的、情景化的消费体验，增强用户的体验感与参与感。

“学术志”通过为用户提供精准学术服务、移动化的阅读场景、沉浸式体验这三个方面实现场景服务营销。

首先，在提供精准服务方面，“学术志”对后台用户粉丝的种类、性别、地区等进行细分，描摹用户画像，将微信推送的文章分为知识型、情感型、资讯型、娱乐型、生活型、工具型等几大类型，对所推送的文章传播效果进行统计分析。某一类型文章阅读量高，反馈互动效果好，则会针对用户的喜好和需求增加该类型文章的比例。"学术志"还通过新媒体矩阵为用户提供差异化的学术服务，如质化研究推送的多为使用质性研究方法的文章以及学术培训、量化研究方法推送的为量化方法类型的研究以及学术培训、考博圈推送考博培训课程以及考博经验等类型文章，如此，"学术志"为不同喜好的用户提供了精准化的学术服务，提高了资源整合力度与知识变现的转化率。

其次，在移动化阅读场景方面，"学术志"针对社交媒体时代阅读特征在内容上、形式上做出一定的调整。与传统纸质阅读相比，微信阅读是一种移动化的、碎片化式的阅读形式。在此基础上，"学术志"在大部分文章开头都有导读，且以叙事、热点新闻为题材的文章类型居多，这也契合了移动阅读时代阅读短、平、快的特征。在形式上，"学术志"通过对推送文章进行二次加工，配上相应的图片、音频、链接等多媒体内容，加大了移动阅读的趣味性，丰富了阅读形式，深化了不同的阅读体验，同时也方便用户收藏与转发。

最后，在沉浸式体验方面，"学术志"所提供的线上学术培训服务主要以直播形式开展，通过自主开发的知深平台进行直播，在视频直播界面分为直播区与互动区。直播区为讲师讲课区域，互动区为学员在线互动区域，学员可就课程细节在互动区讨论、提问、交流互动，而主讲人在看到互动区提问后亦可随时就学员所提出的疑问进行针对性的回答，此种在线互动授课模式大大增强了用户沉浸式体验。虽然用户群体身体不在同一个场域，但媒介延伸了用户的感官能力，使得不在场亦有在场的体验，因此实现了良好的场景营销效果。

五、结　论

本文着重从新媒体关系营销的供应、用户需求以及新媒体建构社会交互的关系联结这三个维度，探讨新媒体品牌营销关系的内在机理及其实践策略。

从新媒体品牌营销的供应维度来看，激发用户的学习效能是信息内容服务的关键所在。从"学术志"所提供的学术培训服务来看，它是在学术行业的垂直领域中为用户提供稀缺的、高知识增量的、可操作性的知识产品，用户为了节省自己付出的时间精力而自愿付费来提高自我的知识储备，挖掘、培养以及满足学术科研群体的实际需求，从而更好地应用于学术实践。"学术志"为了提高用户购买学术培训服务的付费意愿和参与度开展了系列的营销活动，这些营销活动的目的一是推动产业运营，二是为了树立品牌形象，两者相得益彰，共同形成了“学术志”的特色化的品牌营销策略；其微信公众号立足品牌定位，将多元化的内容营销、社群营销、场景营销等有机结合，既促进了产业运营，又形成了品牌效应。

从新媒体品牌营销的需求维度来看，每一个用户都能独立影响和改变新媒体社交圈内的用户购买行为，即每个新媒体用户成为新媒体社交圈内拥有影响力的营销个体。从个体的个性化需求及其消费行为动机前因，到虚拟社区群体的共性需求及其消费动机前因，用户在虚拟环境中发布的相关信息，从而在新媒体虚拟社区中形成海量用户的需求数据。这为内容服务商精确的市场定位以及与用户建构亲密关系，提供了数据分析基础。

从新媒体品牌营销的关系联结维度来看，新媒体品牌营销是建立在新型社会化媒体网络基础之上的，其营销优势依赖于新媒体建构的企业与用户的亲密关系。因此，新媒体品牌营销要做好用户关系管理：一是重视收集和分析真实的、有用的用户信息，在此基础上做好精确的用户需求定位；二是通过个性化、品质化的内容服务，不断满足用户需求，从而形成口碑效应，由此可以不断扩充用户社圈资源；三是重视用户群体关系的长期管理，服务商要制定合乎用户群体情感需要的互惠规范，一方面加固群体共同体意识，另一方面吸引群体用户的营销参与(口碑宣传)。

参考文献

[1] [美]菲利普·科特勒. 营销管理：分析、计划、执行和控制[M]. 9 版. 梅汝和，等译. 上海：上海人民出版社，1999.

[2] Mckelina R. Relationship Marketing: Successful Strategies for the Age of the Customer [M]. Addision-Wesley Publishing Co, MA. ,1991: 68.

[3] Berry L. L. Relationship Marketing of Service-Growing Interest[J]. Journal of the Academy of Marketing Science, 1995, 23(2): 236 - 245.

[4] Jon Anion. The Past Presentand Future of Customer Access Centers[J]. International Journal of Service Industry Management, 2000, 11(2): 120 - 130.

[5] 周懿瑾，陈嘉卉. 社会化媒体时代的内容营销：概念初探与研究展望[J]. 外国经济与管理，2013，35(6)：61 - 72.

[6] Howard Rheingold. The Virtual Community Homesteading on the Electronic Frontier [M]. Wesley Publishing Company, 1993.

[7] 罗伯特·斯考伯,谢尔·伊斯雷尔.即将到来的场景时代[M].赵乾坤,周宝曜,译.北京:北京联合出版公司,2014:6.

作者简介

秦宗财(1974—),安徽芜湖人,扬州大学新闻与传媒学院教授、博士生导师,南京大学长三角文化产业研究院研究员。研究方向为文化传播学、文化产业。

周中天(1998—),安徽芜湖人,扬州大学新闻与传媒学院硕士研究生。

周瑾玟(2000—),贵州遵义人,扬州大学新闻与传媒学院学生。

Research on New Media Brand Marketing Based on User Relationship —Case Based on Academic Chronicles

Qin Zongcai　Zhou Zhongtian　Zhou Jinwen

Abstract: Based on three aspects: the supply of service, the user demand and the building of social interaction, this paper investigates the new media brand marketing. The result demonstrates that from the perspective of user demand, new media brand marketing should focus on the target audience, grasp the core market segments and accurately locate user demand; from the perspective of service supply, service providers should adopt diversified production mode, do a good job in quality service supply, and improve the knowledge efficiency of new media marketing; from the perspective of building social interaction, new media should strive to build a close interactive relationship between service providers and users, and pay attention to enhance long-term user management.

Key words: New Media; Brand Marketing; Relationship Marketing; Academic Records

价值共创与利益共享*

——区块链对网络文化空间数字劳工劳动图景的重塑

臧志彭　张雯婷

摘　要：区块链具有价值锚定、价值量化以及价值流通管理等技术价值，为解决网络文化空间中数字劳工劳动价值被平台漠视、劳动利益被平台剥削等问题提供了全新的解决路径。基于区块链技术的底层逻辑与深层机理，从共同开发、共同核查和共同推荐维度分析网络文化空间数字内容生产、把关与分发模式，进而指出区块链将在经济利益层面驱动“数字劳工”向“数字股东”的身份转变，在非经济利益层面将促使数字劳工情感劳动转向需求满足，从而促进网络文化空间数字劳动的图景重塑。

关键词：区块链；数字劳工；价值共创；利益共享

一、引　言

随着网络科技的日益深入，人类已全面开启数字化生存模式——购物、社交、营销、会议等各种生活与生产活动都实现了数字化网络化，也因此成就了中心化的超级数字平台。在平台化的网络文化空间劳动体系中，数字劳工作为其核心主体劳动者，长期以来，在使用与满足的自我陶醉中“甘愿”为平台免费劳动。而平台作为最大的受益者，在享受千千万万数字劳工“主动奉献”的同时，却有意无意地忽略和漠视数字劳动的价值贡献，进而形成了实质上的网络文化空间“数字劳动价值剥削”的现象，而且在平台中心化垄断盛行的当下，这种模式已进入路径依赖和锁定效应，短期内难以逾越。建构于分布式逻辑基础上的区块链技术为数字劳动价值

* 基金项目：国家社科基金一般项目“区块链对数字出版产业全球价值链重构机理与中国战略选择研究”（20BXW048）的阶段性研究成果。

锚定、价值量化以及价值流通管理提供了全新的重塑可能。

二、图景描绘:网络文化空间数字劳动剥削问题凸显

20世纪80年代,阿尔文·托夫勒(Alvin Toffler)在著作《第三次浪潮》中提出了“产消合一”(Prosumption)这一理念,曾预言在第三次浪潮中,传统生产和消费分离的状态将被打破,生产者与消费者的界线将逐渐模糊。[1]传播政治经济学派代表人物达拉斯·斯麦兹(Dallas Smythe)(1977)系统研究媒介、用户以及广告商三方的联系,阐述了资本主义媒介的运行原理,指出西方马克思主义分析侧重于文化工业维度,忽视了大众传播系统的政治和经济维度,称之为“西方马克思主义的盲点”,进而创造性地提出了“受众商品论”,开启了受众研究的传播政治经济学全新视角。[2]达拉斯·斯麦兹认为受众在媒介创造价值上拥有巨大潜力,既是生产出售给广告商的注意力商品又是价值创造的劳动力。意大利学者蒂兹纳·特拉诺瓦(Tiziana Terranova)(2000)在《自由劳动:为数字经济生产文化》一文中借用“礼物经济”,即用户在与他人合作劳动时产生的劳动乐趣,利用网络技术生产和传播信息,提出了“免费劳动”(Free Labor)的概念,认为人们使用社交媒体满足需求时,其行为实质上是社交媒体进行的免费劳动,正是大量的免费劳动力维持着网络正常运转。[3]英国学者克里斯纳·福克斯(Christian Fuchs)在其著作《数字劳动与卡尔·马克思》(2014)中借鉴马克思主义政治经济学的观点,依据马克思劳动价值论对数字劳工(Digital Labor)进行界定,指出被利用的方式在金钱上有利于信息和通讯公司,信息技术通讯行业中所涉及的所有劳工都在进行数字劳动,打破地域和时间界限在互联网中生产数字化信息,揭示了在当下社会中,网民在获得信息、利用信息的同时,无形中成为数字劳工的事实。[4]李彩霞、李霞飞(2019)认为“用户”即“数字劳工”,社交媒体满足用户需求的同时,伴随的是个人隐私、休息时间和社会资本的商品化。[5]姚建华(2018)研究指出在零工经济这一新经济形态下,数字劳工成为“即插即用”的U盘,虽然对时空要求低,但面临劳动力供需不平衡,无正式劳动关系、缺乏安全感,以及中介剥削等困境。[6]从“受众商品”到“免费劳动”,再到“数字劳工”,网络文化空间的数字劳动图景内涵的认识得以不断深化。

习近平总书记指出:“要顺应数字产业化和产业数字化发展趋势,加快发展新型文化业态,改造提升传统文化业态,提高质量效益和核心竞争力。”[7]近年来,网络文化空间的景象变化万千,越来越多的人成了网络空间中文化内容的生产者和传播者,涵盖了文学、视频、音乐、动漫以及网络等领域,与此同时,伴随而来的不仅

是内容良莠不齐，也形成了数字文化劳工的庞大群体。在传统文化传媒时代，用户的劳动形式主要以被打包贩卖给广告商的注意力劳动和对内容的视听阅读劳动行为为主。在网络文化时代，个体拥有独特的数字化身份，全民数字化生存程度不断加深，增强了用户与平台的相互依赖的程度。与此同时，网络文化平台把用户在网络中的生存痕迹纳入产业运作中，将其转化为资本增值的劳动行为，用以推动数字资本扩张。国际劳工组织发布的《2021 世界就业与社会展望》研究报告中指出，在过去十年，数字劳工平台的数量增长了五倍。在新冠疫情的影响下，远程劳动正在形成全新的市场趋势。在无法摆脱数字化生存的现实环境下，用户成了无休的免费劳动力，其被剥削的问题也日渐凸显出来。

曼纽尔·卡斯特在《网络社会的崛起》中提出“弹性工作”这一概念，即市场竞争和技术驱动的背景下出现的一种全新的工作模式，其中“弹性”主要体现在以下 4 项核心要素中：工作时间、工作地点、工作稳定性以及社会契约。[8]这一概念与数字劳工的劳动现状准确吻合，在互联网技术的支撑下，生产资料不再成为工厂的专属物，劳动者可以随时随地进行数字劳动，在尚未形成成熟的劳资关系保障体系时，数字劳工的工作稳定性以及劳动保障同样具有“弹性”。因此，数字劳工成了平台和资本剥削的目标对象，从长远看，数字劳工一味被剥削不仅会形成财富聚集金字塔顶端的社会极化现象，同时不适配的生产关系也会阻碍生产力的发展。因此，针对网络文化空间数字劳工劳动体系的重塑迫在眉睫。

三、图景变革：区块链驱动数字劳工价值可衡量

针对数字劳工，各国尚未形成完善的劳动保障机制。美国劳工部与劳动关系委员会就网约工的劳动关系进行讨论，参照“经济现实标准”的六个认定要素，具体包括雇主的控制权、雇佣关系的长久、劳动工具、工作技能、获取利润的机会以及工作内容是否属于企业业务，得出结论：网约工不属于劳动者群体，而是独立承包人，因此，不享受相应的劳动保障权利。[9]2019 年国务院发布的《关于促进平台经济规范健康发展的指导意见》中，尚未明确承认网约工与平台之间存在的劳动关系，中国关于数字劳工的制度保障，采取一事一议的原则，根据数字劳工主体与平台之间的经济属性、劳动属性、生产资料属性和人格属性作为纠纷判决标准，为数字劳工价值认定和权益保障提供参考标准。数字劳工的劳动权益保障政策一直悬而未决，这与其劳动行为和劳动成果的特点息息相关。首先，必须承认的是，社会环境和技术发展敦促平台成为用户和内容生产者的重要生存空间，无法摆脱数字化生

存的现状。其次,由于脱离了时空限制,数字劳工的劳动行为和劳动时间不再被时空约束,但这一发展也使得劳动行为难以追踪。最后,数字劳工的劳动成果,其价值难以界定。在瞬息万变的互联网空间中,数字劳工所创造的劳动价值也是流动的,因此价值难以界定是无法实施劳动保障的重要原因之一。此外,数字劳工劳动成果的交易行为在缺乏信任的互联网空间难以有效达成,现阶段只能由平台充当"信任中介"这一角色。因此,数字劳工的问题要单纯依靠法律政策解决存在难以破解的技术难题。[10]

区块链作为颠覆性创新技术,为当下数字劳工价值创造权益平衡问题的解决提供了新的可能性。2008 年,中本聪在论文《比特币:一种点对点的电子现金系统》中描述了一种全新的电子现金理念,2009 年 1 月比特币系统开始运行,支撑比特币运行和交易的底层技术便是区块链技术。目前关于区块链的定义尚未完全达成一致,国际电信联盟分布式账本技术应用焦点组(ITU-T Focus Group on Application of Distributed Ledger Technology, ITU-T FGDLT)将区块链定义为"一种分布式账本,该账本由数字化记录的数据组成,数据按连续增加的区块排列成链,每个区块以加密方式连接并加固以防篡改和修订"[11]。

作为一个分布式账本,区块链中每一个区块都包含网络交易有效确认的信息,利用密码学形成数据记录,为网络劳动成果的价值锚定提供有效支持。区块链平台共识机制和分布式数据储存的特点为实现去中心价值化管理提供技术支持,同时"时间戳"将前后区块串联起来,使得区块链中的信息能够自动验证、确认、形成共识,并可追溯信息,具有透明性和可检查性,进而对数字劳工劳动价值进行量化。网络用户在区块链系统中进行交易时,智能合约保障点对点可信任交易。智能合约是一套以计算机语言编程形成的合约,以计算机自动执行的功能替代了传统第三方的角色,有效保障劳动价值流通过程中按合同既定的各方利益约定进行价值分配。概言之,在互联网价值流动过程中,区块链在底层技术层面搭建起网络文化空间数字劳工价值共创和利益共享平台,实现了数字劳动的价值锚定、价值量化以及价值流通,为数字劳工劳动图景的创新重构提供了创新思路。

四、价值共创:基于区块链技术的数字劳工价值创造

随着技术和社会的发展,生活场景的变迁,网络世界与现实世界的界限逐渐模糊。网络用户使用平台时随即相应成为网络免费劳动力,网络用户的注意力、内容生产、社交记录以及行为元数据都为网络平台创造利益,但在网络中免费劳动的用

户并未被平台纳入劳动体系,平台尚未意识到数字劳工所带来的巨大价值贡献。区块链底层技术结构为数字劳动价值呈现提供了全新的路径,数字化生存的网络用户被赋予了具有唯一性的数字身份,拥有轻松建立和管理数字身份的能力,实现自我主权,从而有序参与到价值创造的过程中。Aarikka-Stenroos 等学者(2012)认为用户在价值共创过程中扮演着共同开发者(Co-developers)、共同核查者(Co-diagnoser)、共同推荐者(Co-marketers)等不同角色。根据参与角色,从内容生产到内容把关,再到流通,全链路探讨数字劳工价值创造的具体内涵[12](如图 1 所示)。

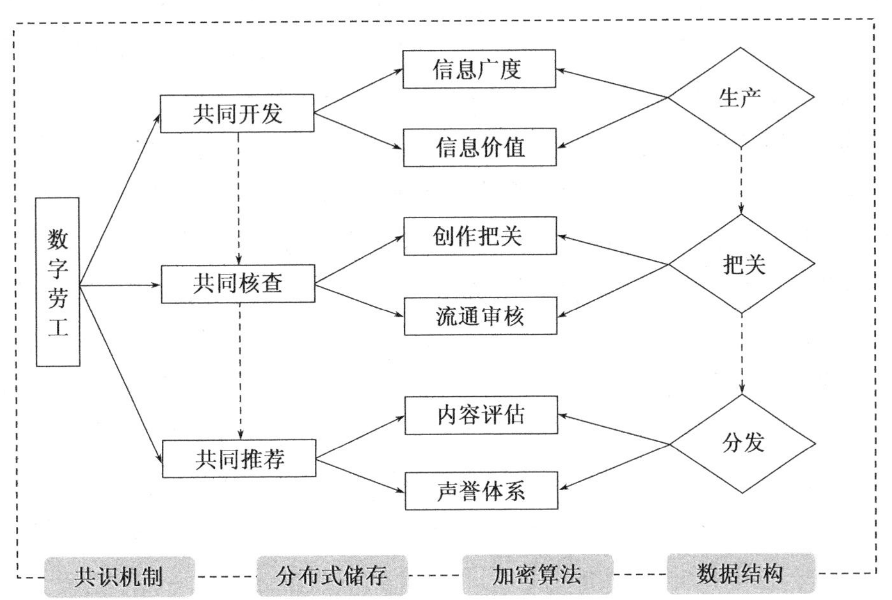

图 1 数字劳工价值共创模型

(一) 共同开发:拓宽信息价值边界

传统内容生产与传播具有中心化的特点,专业内容生产者和意见领袖在内容创造中占据主导地位,用户属于"被动"的受众,从内容选题到内容分发都由专业生产者"完全垄断",用户价值创造能力难以体现。随着互联网新媒体快速发展,网络赋权受众,用户成了"积极"的用户,申请一个账号即可成为独立生产者,用户的价值创造能力凸显,但不可忽视的是,用户拥有了参与内容生产的工具,但在参与内容生产和传播过程中用户成了平台的数字劳工却无法实现数字劳动价值应有的收益分配。

身处区块链网络平台的数字劳工，从内容创造的层面看，不仅可以通过参与内容生产增加信息来源，同时利用捐赠、订阅、打赏等手段表达信息需求以及喜好，有效拓宽价值边界。拓宽价值边界具体包括从横向维度拓宽信息广度，利用数字劳工的跨区域性解决信息传播即时性的问题，无论是专业新闻机构、记者，还是用户，都可以作为信息生产者直接传递信息，区块链中以节点化方式生存的用户，有效拼凑信息全貌并对信息的真伪进行鉴定。区块链中的信息具有追溯性且不可修改的特点，能够有效减少虚假信息的生产与传播。从纵向维度看，区块链中数字劳工具有提升内容价值的作用，近年来众筹新闻风靡业界，用户在平台发布新闻选题，其他用户通过打赏、订阅、捐赠等方式支持新闻报道，为新闻报道中资金问题提供有效解决途径。从信息内容角度讲，众筹新闻这一形式能够有效反映用户需求，体现了新闻的公共性。依赖于区块链技术去中心化和不可篡改的特点，内容生产者摆脱了第三方的干预，获得了在内容创造上的自由。此外，存在于区块中上链的内容不可篡改，同时还要接受其他区块个体的审查以保证内容的真实性；由每一位用户共同投票选择报道内容在平台聚合，挖掘用户所需要的内容价值。

例如美国的区块链新闻媒体平台 Civil 上，存在民间新闻编辑室这一市场，由读者来驱动报道，有内容需求的读者可以发起选题，任何人都可以以记者、编辑或研究人员的身份建立新闻编辑室，发起新闻选题，其他用户可以用捐赠和赞助虚拟代币 CVL 表示附议，也可以为选题方案提出自己的建议。民间新闻编辑室市场比现有模型更有效地连接了需求组和供应组，并且以直接、透明和自我维持的方式进行。“通过这种方式，新闻室能够高效地覆盖细分市场和本地话题，同时扩大规模以服务于全国性和全球性的话题。”[13] Civil 利用区块链技术为媒体创造了一个只有记者和公民参与运作的平台，资本不再牵涉和介入媒体运作。区块链技术去中心化的特征切合当下节点式生存的用户现状，以此技术搭建的分布式内容数据库推动用户参与到内容生产中，以加密货币为奖励，搭建起全新的数字劳工在内容生产领域的场景。但需要引起注意的是，由于人们技术使用能力与媒介接触能力的差异，在区块链技术面前，数字鸿沟将进一步扩大，技术手段的壁垒导致主体缺失的现象，甚至会再次上演“精英化传播”的窘境，社会平权将可能再次成为空中楼阁。

（二）共同核查：重塑内容审查机制

假新闻泛滥成为当前内容生产的重要问题，追求即时性，放弃新闻真实的做法正在一步步侵蚀社会信任。假新闻的治理成为社会治理的难点。近年来，人工智能应用于新闻生产和内容把关，大大提升审查效率，但同样人工智能背后的算法机制，无法完美解决道德问题以及新闻真实问题。共识机制是区块链技术的一个重要属性，其中拜占庭共识机制有效应对新闻真实的核查问题，修复人工智能难以解决的道德问题和新闻真实问题。在共识机制的基础上，可以设定用户和新闻发布者的权限，同时设定人工智能拥有编辑和审核新闻的权限。当一条存在道德风险的新闻通过了人工智能审查而生产出来，但在区块链系统上用户和新闻发布者审核通过率低于 50%的话，那么这条新闻将无法成功发布，因而增强了内容审查的可靠性。[14]此外，通过共识机制还可以实现"技术把关"，优化过去的"价值把关"，减少内容把关过程中的价值偏见以及情感引导，助力实现新闻客观性。区块链可追溯、难以篡改的特点可以有效解决价值传递中的信任问题，更好地促进信息传播。

虚假信息难题仅仅依靠人工智能和平台把关难以有效解决。利益相关者假新闻协同治理模式成为解决假新闻的重要途径之一：激发作为传播节点的用户积极参与治理假新闻的活动中。[15]号召网络用户参与信息核查仅仅靠责任意识是远远不够的，代币奖励机制为解决此困境提供了新的方法和思路。比如 Decentralized News Network(DNN)区块链新闻平台，旨在传播具有透明性、可验证的新闻。在 DNN 平台上，使用虚拟代币 DNN Token 购买写作权后，任何人都可以提供新闻报道。提交内容经检查确认真实性并发布后，创作者可以收回代币，同时根据点击量获取代币奖励。任何用户都可以申请审查文章，但同样需要代币抵押。竞标者中出价最高的七位进行审查，文章获得明显多数票时，将自动刊发，审查用户也将获得代币奖励。数字劳工加入内容审查的行列，不仅为解决假新闻问题提供解决方案，同时将属于用户的网络效益还给用户，利用激励机制提升体验感，改变了平台垄断的现状。加密和去中心化等技术，让"数字劳工"重新联合起来，实现真正意义上的互联网分享经济。除了在内容生产中预防假新闻，在内容传播过程中及时发现，避免假新闻扩散也是治理假新闻的途径之一。广告插件 ADBlock Plus 开发商 Eyeo 推出适用于浏览器的插件"Trusted News"，帮助用户在浏览信息时识别虚假内容，根据页面显示的图标判断内容，如可信赖内容显示绿色"对"号、存在争议内容显示橙色"B"等，利用用户评估的方式，以确保新闻内容的真实性。

(三) 共同推荐：促进优质内容生产

个性化推荐的内容分发方式在内容平台应用如火如荼，比如今日头条借助个性化推荐的内容分发方式，成功打破无差别内容分发模式，跻身于最受欢迎的内容平台，国外 News Republic、Google News 平台根据场景需求提供差异化阅读推荐，为其平台赚取不少流量。个性化推荐技术以计算机技术和统计学知识为基础，将用户行为数据进行算法分析，将用户和内容资源个性化关联，建立“个人的日报”[16]。个性化推荐成功将用户从信息海洋中解放，但与此同时，也带来了诸多隐患。自个性化推荐应用以来，有关个性化推荐是否造成用户信息茧房的讨论从未停止。将生活在多元化社会文化环境中的个体视为信息系统中的用户时，平台为追求商业利润迎合用户需求，用户失去对多元信息的接触机会，形成信息茧房。此外，个性化推荐背后的算法还隐藏着平台的价值取向，对于社会主流价值引导和基本社会价值守望可能带来破坏性影响。

当用户行为和注意力成为平台和算法的数据来源时，用户无疑成了平台的数字劳工，基于用户行为推测其喜好，从而推荐内容，能有效提高内容抵达率、增强用户黏性。但仅仅将用户注意力价值应用于个性化推荐，过于肤浅，同时也会造成用户信息茧房以及价值观诱导等深层次问题。区块链技术可以将数字劳工的网络偏好反馈型劳动进行显性化呈现，促进正向良性反馈效应的形成。比如区块链社交媒体平台 Steemit 为实现内容分发上的“去中心化”，在内容发布者的下方设置了“支持”(Upvote)和“喜欢”(Like)等选项，用户可以根据内容质量进行评价，以此来反映用户所选择的优质内容，用户的评价行为这一劳动形式反映用户的内容需求与喜好。内容通过共识机制后，区块链平台特有算法进行排序呈现给全部用户，所有用户的信息不再是个性化定制，每个用户的平台首页内容基本一致。区块链社交平台 ONO SNS 注意到注意力的价值，除了供给侧的注意力价值(劳动价值)外，需求侧的注意力价值同样重要。在 ONO SNS 平台中有个重要的评估机制——声誉机制应用于内容系统和全民投票系统中。在内容系统中，用户对于内容的阅读、转发、评论、分享、喜爱、厌恶等操作行为形成声誉评判的标准。声誉高低会随着用户产出内容质量的高低产生波动，用户的评价反馈促使内容生产者不断改进，进而提升内容质量。在投票系统中，用户可以对提案执行结果进行声誉评价，提供优质服务的执行者声誉较好，能够帮助其在执行竞标中优先展示。但需要注意在区块链平台上，用户的劳动形式不再是简单的元数据和注意力提供，用户成了内容的评估者，将用户的评价行为量化为内容的评价，并得到相应收益，形成良性循环。

五、利益共享：区块链保障数字劳工获得经济和非经济报酬

数字劳工已成为网络文化空间劳动者的核心组成部分，无论是无意识使用还是有意识生产与消费，数字劳工免费为平台创造了巨大的财富。与此同时，数字劳工被资本的过度剥削从未停止，平台资本通过对网民的数字化劳动进行剥削获取了大量的剩余价值。福克斯(2013)在达拉斯·斯麦兹的"受众商品论"和马克思的劳动价值理论的基础上，对数字劳工剥削问题进行了深入研究，提出资本通过三种方式对数字劳工进行剥削：强迫使用、异化以及 produser(product＋user 合成词)的双重商品化，即在人类社会生活场景的变迁下，使用互联网频率大大增加，无论是办公还是生活，网络成为现实生活的重要连接点；网络劳动平台的拥有者是剥削数字劳工价值的利润获得者；用户本身是提供出售给广告商注意力的商品，同时也生产出具有商品价值的信息产品。[17]在网络环境中生产力和生产关系的辩证关系依旧成立，但目前数字劳工与平台的生产关系对网络生产力的发展产生阻碍。区块链技术有利于构建数字劳工与平台资本的利益共享模式，全面激发网络生产力，具体可以从经济利益和非经济利益两个方面来实现。

(一) 经济利益："数字劳工"向"数字股东"的身份转变

1. 去中心化传播改变平台剥削模式

当下互联网平台的使用规则体现了科技的"赋权"，越来越多的人能够自由进入平台，发表观点、贡献注意力、创造内容以及消费娱乐。在网络文化空间中，用户的点赞、评价等行为以及注意力成为平台剥削的对象，网络中心化平台管理期间所有的价值，并制定准入规则。我们可以从用户使用规则的研究中，察觉平台对于用户的隐形剥削。例如在 2021 年 1 月新浪微博《微博服务使用协议》中，第 1.3 条规定，"微博平台对用户生产内容享有使用权，个体在使用微博时，要强制性地将内容版权、信息获取权以及部分隐私让渡于平台"。根据此条款，可以看到网络用户对自己创造的知识与信息并没有合理拥有的权力，用户数字劳动的成果很明显遭到了平台的剥削。

基于区块链点对点传播技术，内容生产者可以直接与"粉丝"互动，通过智能合约对内容进行定价，摆脱了平台以及第三方的干扰和插手，直接获取内容收益。用户可以直接在区块链平台中寻找需求的内容，通过支付和执行智能合约的规定获取。点对点传输模式打破了以往由平台进行内容分发的模式，实现创作者与用户直接交易，极大程度上削弱了平台对于数字劳工的剥削。比如在数字内容分享平

台 DECENT 上，内容生产者可以通过平台生产内容，按下“发布”按钮即可发布，内容生产者可以自由决定内容是否付费，哪部分可以免费，并添加元数据。用户在想要获取内容时，可以选择阅读和下载免费内容，阅读付费内容直接使用 DCT 进行支付购买。DECENT 协议对交易处理后，内容生产者会收到经济报酬，用户则会获取付费内容的解码密钥。在区块链平台上，内容生产者可以不再为获取传播渠道将内容收益的大部分分成给平台，极大程度上使得内容生产者拥有原创内容变现的权利。数字劳工摆脱平台资本的剥削，可以获得与其所创造内容价值相匹配的报酬。

2. 新的激励机制重塑利益分配系统

为了不断提升数字劳工的生产动力和活力，为平台长期“输血”，各大平台纷纷推出平台激励机制，比如 2018 年视频平台 B 站推出“bilibili 创作激励计划[18]”，针对 UP 主的原创内容进行综合评估，根据评估结果提供相应报酬，以激励内容创作者。此激励计划根据不同内容板块有不同的规则，在专栏领域，需要拥有累计阅读量超过 10 万，才可以申请加入此激励计划，专栏收益根据用户喜爱度、内容流行度等多方面系数计算得出，转换为“贝壳”，在贝壳账户达到 100 贝壳后才可以取现。在提交取现申请后，根据审核的速度，需要等待一周左右的时间到账户。因此，在 B 站获得内容激励要经历较长的一段时间和严格的取现标准。无论是激励机制的准入规则，还是变现门槛，B 站的激励机制都隐含着平台对数字劳动价值的绝对控制。

在区块链社交网络平台 Steemit 中，则建立了一套全新的激励系统。用户成功进入 Steemit 平台后可获得与美元挂钩的加密货币 Steem Block Dolloar，内容生产者发表内容可以获得奖励，平台每 7 天进行一次内容结算，系统根据点赞、评论等指数进行奖励分配，75%奖励给内容创作者，15%给 Steem power（网络平台中的影响因子）的持有者，即评论、点赞的人，10%给共识机制下投票选出的“见证人”，即打包区块链中信息的人。在 Steemit 平台劳动的用户，无论是内容生产者，还是评论、点赞的用户，都能够通过数字劳动获取相应报酬。此外，Steemit 平台中每个初始用户拥有信誉值，信誉值会随着创作内容、转发和评论质量产生波动。在 Steemit 中，内容生产者凭借具有价值的内容即可获取经济报酬。相比 B 站现有的激励机制，区块链技术支持下的 Steemit 摆脱平台参与，获取经济奖励从准入门槛到分配时效性都更加平权化，能够让更多的人参与到内容生产中，同时也享受到与内容价值相匹配的经济报酬。Steemit 激励机制详见图 2。

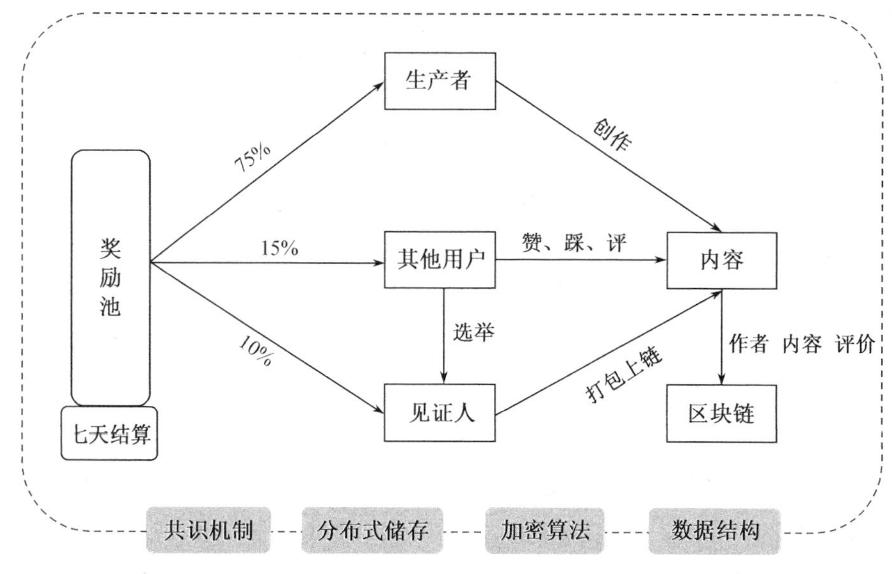

图 2 Steemit 平台激励机制

区块链技术建构了一种新的内容创作激励机制。在区块链系统中，信息具有可溯源性和不可篡改特点，内容创作者在信誉评价体系中，为获取经济报酬和稳定的声誉评价，将自觉注重内容质量。内容生产者通过智能合约与用户直接交易，内容生产者可以就价格、交易方式等进行规定，用户根据智能合约中具体规定实现自动支付后获取授权内容，用户支付的经济报酬可以即时分配给内容生产者。这一全新的分配方式将以往交易后分配转变为即时分配，将平台主导的二次分配转变为内容创作者主导的直接分配，从而形成全民参与的激励氛围。

(二) 非经济利益：数字劳工情感劳动转向需求满足

1. 通过资本置换满足信息需求

信息的存在方式、传播方式会随着时代的发展发生变化，但人们对于信息的需求是永恒的。人们对信息的需求来自环境监测，信息作为人们认知外部世界的眼睛对环境变化进行探测。香农曾对信息进行定义：消除一切不确定的任何事物。信息能够帮助人们消除认知上的不确定，对外部世界进行环境监测。但假新闻和反转新闻会对人们认知世界和判断信息造成干扰。在信息时代，除了基本的内容需求外，人们需要不断学习增强自身能力。

网络较高的自由度为用户在寻求信息和知识的过程中提供了一种低成本的路径。政治经济是制度、结构，传播则是文化且具有意义。政治经济和传播是由社会和文化实践塑造的，政治经济和传播是由社会和文化实践决定的相互交换的过程。在劳动过程中，数字劳工可以用较低的成本获取较客观的信息和较丰富的知识，将时间资本转换为文化资本，获取大量的非经济报酬。[19]

在区块链技术支持下，数字劳工参与信息把关中，不仅能够赚取劳动收益，同时还能节点化拼合信息全景，保证信息的客观全面。数字劳工通过审核减少假新闻和反转新闻进入传播渠道，为作为观看者的数字劳工提供清朗的网络环境。数字劳工可以通过贡献注意力和搜索记录，以获取知识。将时间资本、经济资本转化为文化资本。此外，平台搜索信息难以避免广告的干扰，百度排名竞价机制一直被用户所诟病。在区块链技术支持下，用户不再受平台和广告的干扰，为用户提供更简单的网络环境。

2. 通过共识机制完成自我实现

根据著名心理学家马斯洛在《动机与人格》中提出的需求理论，人的需求是分层递进的，自我实现作为最高层次的需求，是最具有价值和挖掘潜力的需求层次。数字劳工进行无经济报酬的劳动而不自知的原因在于劳动过程中可以获得社会资本范畴的非经济报酬，包括社会关系、情感需求以及社会声望等。[20]在区块链技术支持下，数字劳工通过劳动创造具有价值和潜力的内容，获取经济报酬，同时获得满足自我价值实现的非经济报酬。

区块链社交网络 ONO SNS 践行“自由平等、社会共治与多样性”的目标，遵循“用户权利大于一切”的价值观。在 ONO SNS 网络中，每个独立的拥有数字身份的个体，拥有相同的投票权益，所有数据公开透明地记录在区块链。用户可以就平台治理、基础设施等发表提案，在有效时间内达到支持标准的提案，被列入“全民投票”，获取 50%赞同的提案将会被公示，进入执行阶段后用户可以监督提案执行者的具体结果，并对其进行声誉评价。用户的劳动价值得到重视，打造了自我实现的途径。

“数字劳工”的问题在于对人的主体性价值的忽视，用户在劳动过程中无法享受到相应劳动权益的保障，无法从创造价值中获取经济报酬和自我满足感。区块链网络提供了为用户创造劳动价值的平台，以用户平等自治为基础，给用户更多保障的同时，关注数字劳工的价值，促使其创造更多的价值盈余，满足其自我实现的需求。

六、结　语

随着信息化时代的到来，越来越多的人在不知不觉中被纳入数字劳工的队伍，成了平台剥削的对象，为平台免费创造价值，被资本无休止地压榨"剩余价值"。关于数字劳工的探讨，体现了对人的主体性价值的关怀，即使在网络文化空间，劳动者的价值创造以及利益分配也应受到保护。区块链作为一个全新的技术，为解决数字劳工价值创造和权益保护提供底层技术支持。但作为新的技术，区块链现实应用的难题无法被忽视。需要注意的是，技术只是人类文化中的一个元素，其作用的好坏取决于社会集团的应用方式。区块链在展现强大的技术潜力同时也存在着新的权利规制、区隔构建等隐忧。通过区块链技术，对网络文化空间数字劳工劳动机制的重塑实现价值共创与利益共享的愿景，其前进道路必然任重而道远。

参考文献

[1] 阿尔文·托夫勒. 第三次浪潮[M]. 黄明坚，译. 北京：中信出版社，2018.

[2] Dalls Smythe. Communications: Blindspot of Western Marxism[J]. Canadian Journal of Political and Social Theory, 1977, 1(3): 2-9.

[3] Tiziana Terranova. Free Labor: Producing Culture for the Digital Economy[J]. Social Text, 2000,63(18): 33-58.

[4] Fuchs C. Digital Labor and Karl Marx[M]. New York: Routledge, 2014.

[5] 李彩霞，李霞飞. 从"用户"到"数字劳工"：社交媒体用户的传播政治经济学研究[J]. 现代传播(中国传媒大学学报)，2019,41(2):51-55.

[6] 姚建华. 零工经济中数字劳工的困境与对策[J]. 当代传播，2018(3):66-68.

[7] 周珊珊. 数字赋能盘活文化空间[N]. 人民日报，2021-03-29.

[8] 曼纽尔·卡斯特. 网络社会的崛起[M]. 夏铸九，等，译. 北京：社会科学文献出版社，2001.

[9] 柯振兴. 美国网约工劳动关系认定标准：进展与启示[J]. 工会理论研究(上海工会管理职业学院学报)，2019(6):57-64.

[10] 吴鼎铭，吕山. 数字劳动的未来图景与发展对策[J]. 新闻与写作，2021(2):29-35.

[11] 国家广播电视总局科技司. 广播电视和网络视听区块链技术应用白皮书(2020)——总体篇[R/OL]. (2020-11-06) [2021-01-30]. http://www.nrta.gov.cn/art/2020/11/6/art_113_53699.html.

[12] Leena Aarikka-Stenroos, Elina Jaakkola. Value Co-creation in Knowledge Intensive

Business Services: A Dyadic Perspective on the Joint Problem Solving Process[J]. Industrial Marketing Management,2012, 41(1): 15-26.

[13] Lichterman J. This Startup is Trying to Create a Set of Blockchain-Based Marketplaces for Journalism[EB/OL]. (2017-06-21) [2021-08-07]. https://www.niemanlab.org/2017/06/this-startup-is-trying-to-create-a-set-of-blockchain-based-marketplaces-for-journalism/.

[14] 纪昊仁. AI+区块链在新闻报道中的应用前景[J]. 中国传媒科技,2020(8):32-34.

[15] 张超. 社交平台假新闻的算法治理:逻辑、局限与协同治理模式[J]. 新闻界,2019(11):19-28,99.

[16] 陈昌凤,师文. 个性化新闻推荐算法的技术解读与价值探讨[J]. 中国编辑,2018(10):9-14.

[17] Fuchs C. What is Digital Labour, What is Digital Work, What's Their Difference, and Why Do These Questions[J]. Matter for Understanding Social Media, 2013, 11(2): 237-293.

[18] "bilibili创作激励计划"规则[EB/OL]. (2018-01-25) [2021-04-16]. https://www.bilibili.com/read/cv173108.

[19] 莫斯可. 传播政治经济学[M]. 胡春阳,黄红宇,姚建华,译. 上海:上海译文出版社,2013.

[20] 杨逐原. 网络空间的劳动图景:技术于权力关系中的网络用户劳动及报酬[M]. 北京:中国人民大学出版社,2020.

作者简介

臧志彭(1980—),山东烟台人,华东政法大学传播学院教授,数字传媒与文化产业研究中心主任。研究方向为数字文化产业。

张雯婷(1996—),甘肃定西人,华东政法大学传播学院新闻与传播专业研究生。研究方向为数字媒体。

Value Co-creation and Benefit Sharing —Blockchain's Reshaping of the Digital Labor System in Cybercultural Space

Zang Zhipeng　Zhang Wenting

Abstract: Blockchain has technical values, such as value anchoring, value quantification and value circulation management, which provides a new solution to solve the problems of digital labor value being ignored by platforms and labor interests being exploited by platforms in cyberculture space. Based on the underlying logic and mechanism of blockchain technology, we analyze the mode of digital content production, controlling and distribution in cyberculture space from the dimensions of common development, common verification and common recommendation; and point out that blockchain will drive the transformation of "digital laborers" to "digital shareholders" at the level of economic interests. It is further pointed out that blockchain will prompt digital laborers to shift from emotional labor to demand satisfaction at the level of non-economic benefits, thus potentially reshaping the labor system of digital laborers in cybercultural space.

Key words: Blockchain; Digital Labor; Value Co-creation; Benefit Sharing

中国文化金融政策的演进与扩散*

——基于政策文本的量化研究

袁　海　张丽姣　李　航

摘　要:文化金融政策对于深入推进文化金融合作与创新,实现文化产业成为国民经济支柱产业的战略目标具有重要价值。本文选取2001—2019年中国颁布的文化金融政策,采用政策参照网络与机构合作网络、关键词提取及时序分析方法,从内容、强度、广度、速度、方向五个维度来研究中国文化金融政策演进与扩散特征。研究发现:中国文化金融政策演进过程可划分为探索起步(2001—2008年)、战略发展(2009—2013年)、战略快速推进(2014—2019年)三个阶段;从投融资、金融支持到文化金融合作与创新,文化金融政策主题不断演化,政策工具逐渐丰富与系统化;随着政策参照网络从疏松型演变为星型与雪花型,政策扩散强度在时序上也呈现逐渐增强且集中分布的特点;政策颁布机构合作网络越复杂的政策,其扩散范围更广,但扩散速度更慢;进一步利用融资担保进行关键词时序分析发现其显示出三种扩散方向:自上而下、自下而上、平行扩散。

关键词:文化金融政策;政策扩散;量化研究;参照网络

一、引　言

"十三五"期间,我国文化产业继续保持平稳较快发展,但仍存在文化企业规模小、无形资产多、融资困难、文化金融产品和服务有效供给不足等一系列问题。为解决此问题,国家逐渐开始利用金融扶持文化产业发展。多年来文化金融合作已成为我国文化产业发展的显著特点,是我国文化产业持续健康发展的重要动力。特别是后疫情时期,文化金融合作对于纾困中小微型文化企业的财务压力、扶持文

* 基金项目:教育部人文社科一般项目(15YJC630166)、陕西省社科界重大理论与现实问题研究项目(2020Z095)、中央高校基本科研业务费专项资金的阶段性研究成果。

化产业复产复工具有重要意义。文化金融合作的广泛布局和开展离不开各级政府部门的组织协调,其中文化金融政策扮演了重要角色。总体上文化金融政策推动了文化产业和金融业的全面对接,形成了多层次、多渠道、多元化的文化产业投融资体系,为文化产业的发展提供了多样的金融服务和巨大支持。因此,深入推进文化金融合作与创新、优化文化金融政策体系,对实现文化产业成为国民经济支柱产业的重要战略目标具有重大意义。

我国文化金融的相关政策最早出现在2001年,主要零星散布在一些推动文化产业发展的综合性政策中,2009年才正式出台专门性文化金融政策。2009年5月,我国第一个专门政策性质的文化金融政策文件《关于金融支持文化出口的指导意见》发布。此后,中央各部门及各地政府开始接连颁布相关政策。随着文化金融政策数量的不断增加,中国文化金融政策体系初步形成。二十年间中国文化金融政策演变经历了哪些发展阶段?政策主题如何随时间变迁?如何识别引领性的重要政策文件?政府机构合作网络和政策参照网络如何影响文化金融政策的扩散?对这些问题的研究与回答,可以帮助政策制定者迅速掌握文化金融政策的演进特征与传播规律,降低政策在执行过程中的阻力及实施成本,提高文化金融政策的前瞻性与有效性,并推动文化金融创新与文化产业高质量发展。

遗憾的是,目前对我国文化金融政策的研究尚处在初级阶段。学者们通常将文化产业政策视为一个整体,研究文化产业政策的演变特征[1-3],缺乏对文化金融这一专门性政策演进的研究;已有关于文化金融政策研究文献,主要以文化金融政策体系的构成与完善为研究内容[4-6],少有学者关注文化金融政策的扩散活动,不能客观、准确、全面地反映中国文化金融政策的演变阶段与扩散特征,从而无法为以后的文化金融政策的主题变迁与有效扩散提供前瞻性、有价值的理论指导。

基于此,本文以文化金融政策演进与扩散为研究主题,利用2001—2019年中国文化金融政策文本,采用政策参照网络与机构合作网络、关键词提取及时序分析等方法进行文献量化研究,分析我国文化金融政策的演进与扩散规律。本文的边际贡献在于以下两个方面:一是首次揭示了中国文化金融政策演进与扩散特征,丰富了文化金融政策的研究成果;二是基于政策文献量化研究,引入政策参照网络与政府机构合作网络,从网络结构视角分析文化金融政策扩散内容、强度、广度与速度特征,扩展了已有文献从政策类型的视角比较政策扩散特征的研究方法。不同于传统的政策扩散定性分析,本文以动态与网络分析视角研究文化金融政策的扩散与时间演进,可以横跨政策颁布和扩散的全生命周期;通过多维度刻画文化金融政策扩散的动力学特征，在识别引领性重要文化金融政策的基础上，研究政策网络结构演化及其对政策扩散特征的影响，丰富了政策扩散的网络动力学机制研究成果。

文章后续的布局由四部分构成，其中第二部分为文献回顾；第三部分为数据基础与研究设计；第四部分为政策扩散分析；第五部分为结论与建议。

二、文献回顾

随着我国文化产业相关政策的进一步完善，我国学者对于文化产业政策及演变的研究也逐渐丰富。胡惠林[7]利用 1999—2009 年我国的文化产业政策，系统地阐述了文化产业政策的研究体系；祁述裕等[1]从六个方面梳理了我国 2000—2014 年的文化产业政策体系。2010 年后，文化金融政策的研究开始出现。贾旭东[4]构建了以核心政策、激励政策、保障政策为内容的文化金融政策体系；马洪范[5]提出了要推动保险产品、创新服务方式、拓宽文化企业直接融资渠道；闫坤等[8]、陈庚等[9]总结了发达国家所拥有的利用财政金融政策来支持文化产业的成熟经验；Liu 等[10]分析了 1978—2016 年财政金融支持文化产业发展政策的历史演变过程。同时，王长松等[2]、卫志民等[3]、张月颖等[11]将政策文本量化研究方法引入文化产业政策的研究当中，全面分析了中国文化产业政策的演进特征。由此可见，现有研究主要研究对象为文化产业整体性政策，对文化金融专门性政策的研究刚刚起步，尤其缺乏从政策扩散的角度来研究文化金融政策的演变与扩散规律。

作为政策发布与推行过程中的普遍现象，政策扩散受到了国内外学者的普遍关注。政策扩散的研究始于 Walker[12]对美国各州公共政策创新跳跃性的关注，随后的研究主要涉及政策扩散结果、扩散过程与扩散机制三个领域。Brown 等[13]总结了政策扩散过程的三条规律：时间上呈现 S 形曲线、空间上的邻近效应、“领导者—追随者”的层级效应；Berry[14]提出了四种基本的政策扩散模型：区域扩散模型、全国互动模型、垂直影响模型以及领导—跟进模型；Joshua[15]提出了自上而下的强制推广、自下而上的学习以及同级横向竞争三种政策扩散路径。

国内对于政策扩散的研究始于 2004 年。陈芳[16]尝试整合了政策扩散理论，并且比较研究了政策的扩散、转移和趋同；王浦劬等[17]针对中国政策扩散提出了四种基本模式和五种扩散机制；王洛忠等[18]以河长制政策为对象，验证了其政策扩散的时空扩散规律；张剑等[19]、黄倩等[20]从扩散强度、广度、速度与方向等维度出发，分别研究了科技成果转化政策和基础研究政策的扩散特征。

综上所述，在研究对象上，鲜有学者研究文化金融政策的演进与扩散；在研究方法上，现有政策扩散的研究缺乏政策网络视角，没有考虑网络结构对扩散过程机制的影响[21]。本文选取中国文化金融政策为研究主题，采用政策参照网络分析、关键词提取及时序分析，从政策内容、强度、广度、速度与方向五个维度来揭示中国文化金融政策演变与扩散特征。

三、数据基础与研究设计

（一）政策文本收集与整理

本文通过北大法宝政府文献信息系统以及全国各省、直辖市等政府网站搜集涉及文化金融的政策文本。2001 年浙江省杭州市发布了我国第一个有关金融支持文化产业发展的具体政策，所以本次政策搜集从 2001 年开始，主要选取法规、规划、意见、办法、公告等类型政策，不包括领导人讲话、行业标准等类型的政策。最终遴选出了 2001—2019 年我国文化金融政策 240 件，其中包含 60 件中央政策，180 件地方性政策。

将文化金融政策的颁布年度与数量进行描述分析。如图 1 所示，文化金融政策数量呈现上升趋势，且可以划分为以下三个阶段：

(1) 探索起步阶段(2001—2008 年)：此阶段发布的文化金融政策数量很少，处于探索萌芽阶段。2001 年浙江省杭州市发布的《关于加快发展杭州文化产业的若干意见》是我国第一个关于金融支持文化产业发展的具体政策；随后 2003 年中央在《文化部关于支持和促进文化产业发展的若干意见》中第一次提出金融支持文化产业的具体政策，正值这一阶段也处于我国文化体制改革试点与深化阶段，中央与地方开始意识到利用金融支持文化单位“转企改制”与文化产业发展的重要性，但是并没有提出专门性文化金融政策。

(2) 战略发展阶段(2009—2013 年)：此阶段政策数量开始增长，专门性的文化金融政策开始出台，开启了文化金融政策体系化的进程，这一阶段属于文化金融的战略发展阶段。2009 年，《关于金融支持文化出口的指导意见》出台，这是我国第一个具有专门政策性质的文化金融政策文件。尽管该政策文化金融专门化程度较低，而且没有金融监管部门参与，但是它在文化金融政策的发展过程中起到的先导作用是不容小觑的；为了贯彻落实《国务院关于印发文化产业振兴规划的通知》的精神，2010 年九部门联合颁布了我国第一个国家层面的文化金融专门战略性政策文件《关于金融支持文化产业振兴和发展繁荣的指导意见》。这一政策首次包含了多个金融监管部门,形成了包含文化金融市场主体、文化金融产品与服务、配套机制和实施效果监测评估等多个方面内容的基础框架。

(3) 战略快速推进阶段(2014—2019年):此阶段文化金融政策数量大幅度增加,同时确立了文化金融作为一种新型金融业态的定位,以"文化金融"为主题的战略性政策文本进入快速扩散阶段。为深入推进文化与金融合作,推动文化产业成为国民经济支柱性产业之一,2014年出台了《关于深入推进文化金融合作的意见》,这是第一部以"文化金融"为主题的战略性政策文本。它提升了"文化"在金融与文化的关系中的主体地位,并且明确指出了文化金融作为产业动力的重要意义,可以说它是文化金融发展的里程碑事件。此后,中央及各地开始大幅度发布以文化金融为主题的专门政策与实施办法,我国文化金融政策进入了一个快速扩散的战略推进阶段。

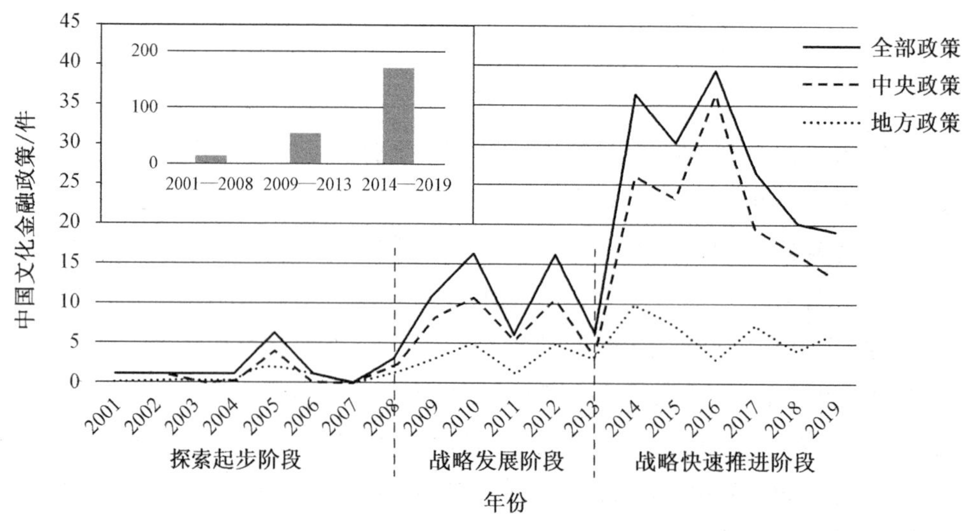

图1 中国文化金融政策演进阶段

(二) 研究方法与设计

借鉴张剑等[19]、黄倩等[20]政策扩散的研究维度,本文引入网络结构的分析视角与分析方法,从内容、强度、广度、速度和方向五个维度,采取关键词网络、政策参照网络、发文机构合作网络及关键词时序图谱分析方法,研究中国文化金融政策的扩散过程和特征。

扩散内容(PDC):指政策主题以及热点变迁。首先利用分词和词频统计筛选出主题词,然后通过Ucinet构建关键词网络,并计算相关网络指标。

扩散强度(PDI):指扩散路径上的频次,频次越大,强度越高;绝对强度(AI)和相对强度(RI)分别用政策参照网络中单个政策被参照的累积频次 N_i、绝对强度 N_i 与所有政策被参照的频次总和 C_{it} 的比率表示。

扩散广度(PDB):指扩散的覆盖范围,范围越大,广度越大;包括绝对广度(AB)和相对广度(RB),分别以参照该政策机构的数量 N_j、绝对广度 N_j 与整个政策样本涉及的所有机构数量总和 C_{jt} 的比率表示。

扩散速度(PDS):指实现指定的扩散目标所花费的时间,时间越短,速度越快;包括强度扩散速度(IDS)和广度扩散速度(BDS),分别以绝对扩散强度 N_i 和政策的颁布年数 Y_i 的比率、绝对扩散广度 N_j 和政策的颁布年数 Y_i 的比率表示。

扩散方向(PDD):指政策扩散的方向性,包括三种方式:自上而下、自下而上以及平行扩散。通过对关键词进行时序图谱分析来识别同一类型政策工具扩散的时序方向。

四、中国文化金融政策扩散分析

(一)扩散内容

1. 政策主题词提取与聚类分析

本文从240份文化金融政策样本中提取主题词,并且以划分的中国文化金融政策演进的三个阶段进行主题词的提取。表1显示了中国文化金融政策高频主题词。

(1) 第一阶段:探索起步阶段(2001—2008年)。该阶段政策关键词主要是文化产业、投资、银行、直接与间接融资等。这说明此阶段的文化金融政策是以文化产业投融资的形式存在的,政策内容涉及的金融工具较为单一,主要服务于经营性文化单位"转企改制"与文化产业发展的投融资需求,缺乏促进文化产业发展的金融产品与服务体系。

(2) 第二阶段:战略发展阶段(2009—2013年)。该阶段政策除了文化产业这个关键词以外,出现了融资、信贷、保险等金融工具词汇。这说明此阶段的文化金融政策是以金融支持文化产业振兴的形式存在的,政策内容包括的金融工具不断丰富,旨在构建完善的文化金融产品与服务体系,并涉及财政与金融政策协调、政策配套与实施评估等内容。因此,这一阶段正式开启了文化金融政策体系化进程。

(3) 第三阶段:战略快速推进阶段(2014—2019年)。该阶段政策关键词与第二阶段大致相同,但是频数大幅度增加,并首次出现了"文化金融"与"创新"。此阶段的文化金融政策是以支持文化产业高质量发展为目标的文化金融工具与完善和创新中介服务的形式存在的。自此，中国文化金融政策体系基本构建完成，并进入文化金融战略快速推进的阶段。但是2014年颁布的《关于深入推进文化金融合作的意见》中提出的创新文化金融服务组织形式、创新文化资产管理方式等一系列主题，并没有得到广泛扩散与落地。

表1 各阶段文化金融政策高频主题词

2001—2008	频数	2009—2013	频数	2014—2019	频数
文化产业	154	文化产业	2 909	文化金融	4 933
市场经营	52	金融支持	927	知识产权	1 382
服务	45	融资租赁	501	融资	1 116
出口	31	保险	413	财政	904
引进外资	21	贷款	411	贷款	860
投资	19	信贷	406	投资	859
合资	10	银行	389	质押	737
银行	9	担保	323	创新	663
直接融资	4	财政	275	专项资金	279
间接融资	4	配套	38	试验区	77

2. 主题词网络结构的演化

本文选取了三个阶段文化金融政策中频数前100的主题词构建网络，采用节点数、链接数、平均路径、直径及聚类系数等指标对政策主题词网络整体结构和特征进行了分析。图2—4和表2分别显示了网络结构图与指标数据。

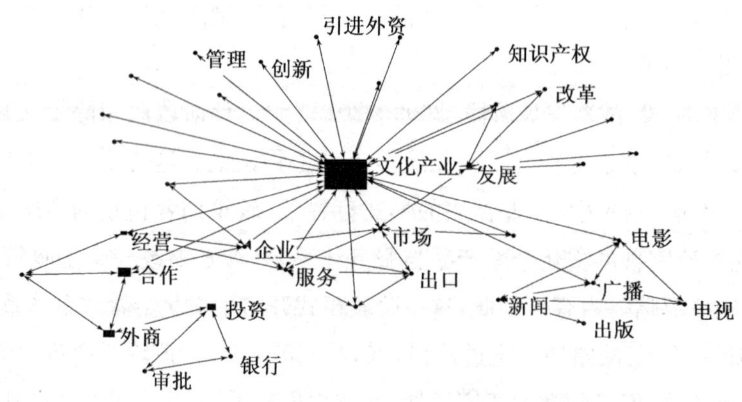

图2 2001—2008年主题词网络

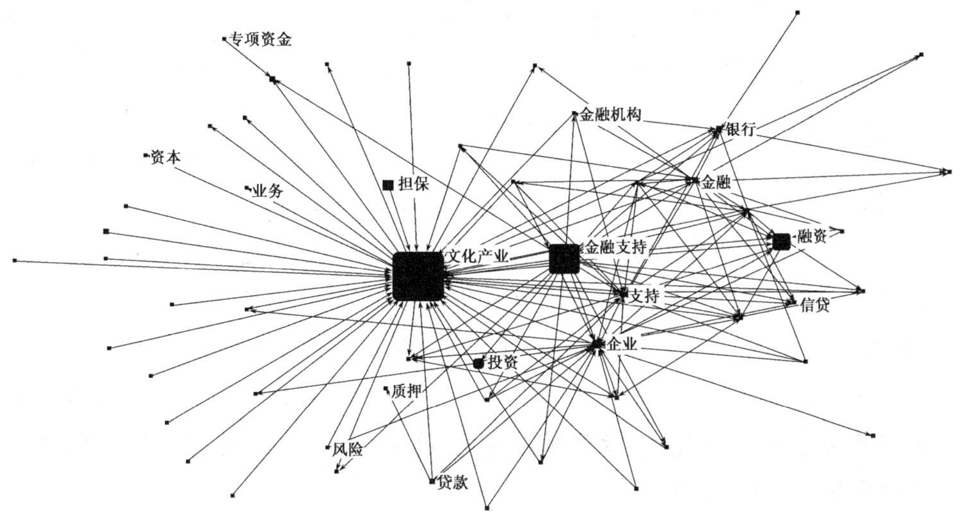

图 3　2009—2013 年主题词网络

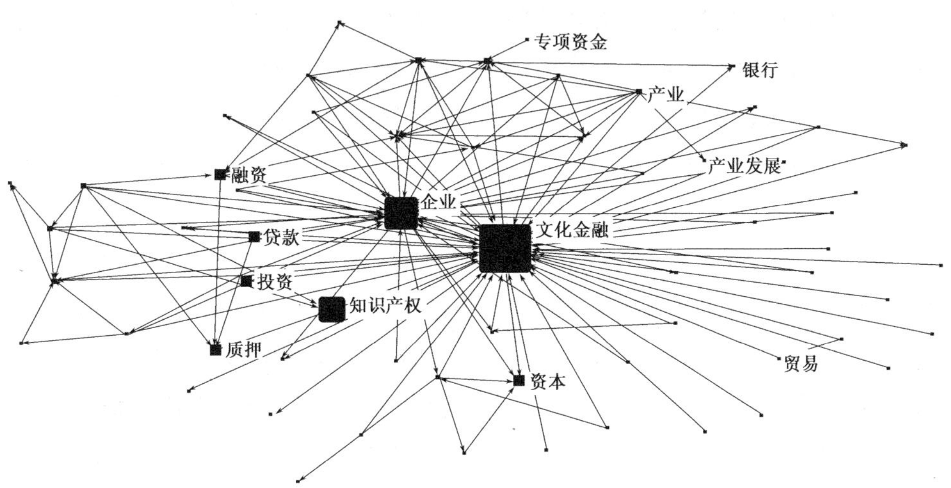

图 4　2014—2019 年主题词网络

表 2　主题词网络演化指标

指标名称	探索起步阶段	战略发展阶段	战略快速推进阶段
节点数	100	100	100
链接数	152	217	235
网络密度	0.026	0.047	0.076

（续表）

指标名称	探索起步阶段	战略发展阶段	战略快速推进阶段
平均路径	1.959	1.839	1.751
网络直径	3	2	2
聚类系数	0.391	0.400	0.501

从文化金融政策演变的三阶段来看，主题词链接数增加趋势明显，说明文化金融政策演变中，主题词间的关系逐渐复杂且不断扩散和融合；网络密度呈现上升趋势，说明主题词间的联系越来越紧密，政策工具的组合性不断增强；平均路径和网络直径均呈下降趋势，说明政策网络传输性能与效率不断提高，文化金融政策的传递渠道越来越通畅；网络聚类系数随着时间的推移呈现上升的趋势，说明政策主题词的集聚效应越来越明显。

（二）扩散强度

1. 高扩散强度政策识别与时序分布

本文通过逐个阅读比对、筛选及剔除重复项后，从 240 件中国文化金融政策文本中得到了 156 对参照关系，并以此为基础构建政策参照网络，计算各文化金融政策扩散强度。如表 3 所示，有 10 件文化金融政策的绝对强度超过 5，其中由国务院等中央机构颁布的有 6 件。

分时间阶段来看，在时序上扩散强度具有逐渐增强且集中分布的特点。其中有 1 件发布于起步探索阶段，有 3 件发布于战略发展阶段，有 6 件发布于快速扩散阶段。其中，扩散强度最高的是 2010 年《关于金融支持文化产业振兴和发展繁荣的指导意见》（AI＝23），《关于深入推进文化金融合作的意见》（AI＝15）排名第 3，这说明我国先后提出的两个具有战略意义的全国性文化金融政策文件都得到了较好扩散。另外，排名第 2 的政策，表明我国对加快发展对外文化贸易的高度重视以及要求提供满足对外文化贸易需求的金融供给的政策设计。

表 3　文化金融政策扩散强度（AI>5）

编号	政策名称	颁布机构	颁布时间	绝对强度	相对强度
1	关于金融支持文化产业振兴和发展繁荣的指导意见	中共中央宣传部、中国人民银行等	2010	23	0.201 8
2	关于加快发展对外文化贸易的意见	国务院	2014	17	0.149 1

（续表）

编号	政策名称	颁布机构	颁布时间	绝对强度	相对强度
3	关于深入推进文化金融合作的意见	原文化部、财政部等	2014	15	0.131 6
4	关于推动国有文化企业把社会效益放在首位、实现社会效益和经济效益相统一的指导意见	中共中央办公厅、国务院	2015	13	0.114 0
5	关于进一步推动知识产权金融服务工作的意见	国家知识产权局	2015	11	0.096 4
6	关于进一步促进旅游投资和消费的若干意见	国务院办公厅	2015	11	0.096 4
7	关于印发文化体制改革中经营性文化事业单位转制为企业和进一步支持文化企业发展两个规定的通知	国务院办公厅	2014	8	0.070 2
8	关于金融支持旅游业加快发展的若干意见	中国人民银行、国家发改委、原文化部	2012	6	0.052 7
9	关于非公有资本进入文化产业的若干决定	国务院	2005	5	0.043 9
10	关于保险业支持文化产业发展有关工作的通知	中国银行保险监督管理委员会、原文化部	2010	5	0.043 9

2. 政策参照网络结构演化

根据文化金融政策间的参照关系与提示词，绘制不同阶段的政策参照网络图。如图 5—图 7 所示，图中节点的政策序号与表 3 第一列中的政策编号相对应，节点的大小表示该政策被参照的次数。

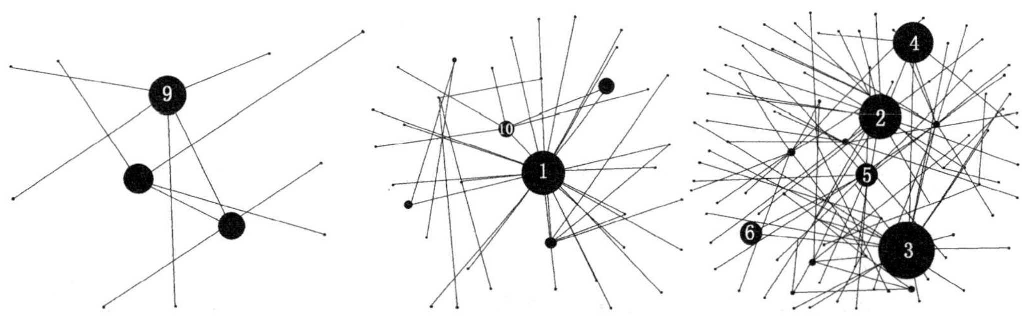

图 5　2001—2008 年参照网络　　图 6　2009—2013 年参照网络　　图 7　2014—2019 年参照网络

从政策参照网络来看，三个阶段的网络结构逐渐复杂，分别呈现疏松型、以《关于金融支持文化产业振兴和发展繁荣的指导意见》为中心的星型以及以《关于深入推进文化金融合作的意见》《关于进一步推动知识产权金融服务工作的意见》等为中心向外扩散的雪花型结构，网络中心性、链接数和网络密度均呈现增长趋势。这表明政策参照网络结构越复杂，政策扩散强度越大，并且呈现集聚扩散的分布特征。

3. 中央与地方文化金融政策扩散强度时序性特征

进一步选取文化金融政策扩散相对强度大于 0 的中央和地方政策进行时序分析。由图 8 知，中央文化金融政策呈现时序性集聚分布，其中 2014 年以“文化金融”为主题的政策聚集度最高。表 3 所示的扩散强度最高的 10 件政策中，2014 和 2015 年颁布的数量占到了 60%，这也进一步印证了 2014 年颁布的《关于深入推进文化金融合作的意见》具有里程碑式意义。此后以文化金融为主题的专门政策也密集发布，标志着我国文化金融政策开始迈入快速推进阶段。

由图 9 知，与中央政策不同，地方文化金融政策各年度的扩散强度差异不大，时序性集聚分布特征不明显，在 2014—2017 年呈现低水平集聚。这主要是因为各地方政府缺乏政策传播的动力，更多的是对中央文化金融政策进行传播，在一定程度上反映出地方文化金融政策创新扩散的不足。

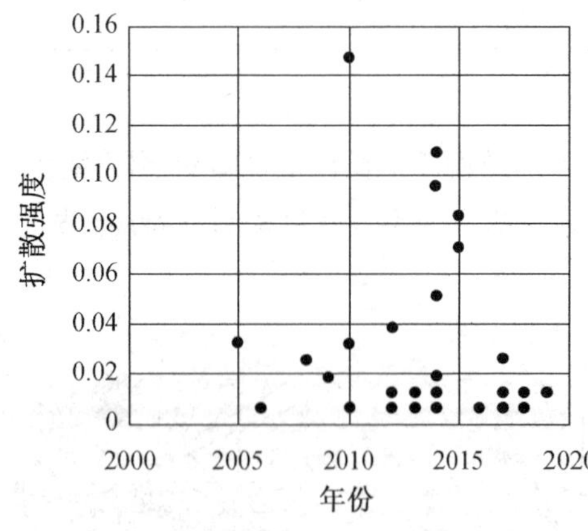

图 8　中央政策扩散强度的时序性特征

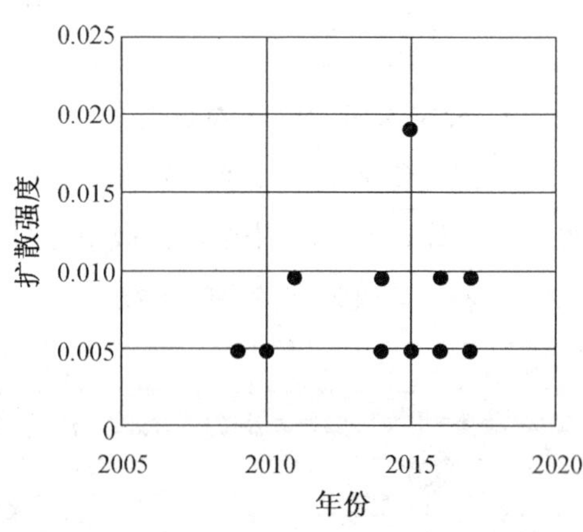

图 9　地方政策扩散强度的时序性特征

（三）扩散广度

以文化金融政策参照网络为基础，将政策发布机构作为节点，箭头则依据政策文本的参照关系进行合并，构建政策颁布机构参照网络来研究政策的扩散广度。

本文收集的 240 件政策文本中，颁布机构主要为 27 个中央机构和 31 个地方政府及相关部门，因此政策样本涉及的机构数量总和 $C_{jt}=58$。选取扩散绝对强度大于 5 的文化金融政策计算其扩散广度，如表 4 所示。

表 4　文化金融政策扩散广度(AI>5)

编号	绝对扩散广度(AB)	相对扩散广度(RB)	编号	绝对扩散广度(AB)	相对扩散广度(RB)
1	37	0.637 9	6	11	0.189 7
2	19	0.327 5	7	7	0.120 7
3	29	0.500 0	8	7	0.120 7
4	16	0.275 8	9	4	0.068 9
5	9	0.155 2	10	5	0.086 2

根据表 4，文化金融政策的扩散广度与强度基本保持一致，扩散强度大的政策，扩散广度也大。需要注意的是，编号为 1 与 3 的两个政策，它们的扩散广度分别排名第 1 和第 2，政策覆盖范围广，两者对应的政策为《关于金融支持文化产业振兴和发展繁荣的指导意见》(a)与《关于深入推进文化金融合作的意见》(b)。结合政策 a 和政策 b 的颁布机构参照网络图(见图 10 与图 11)可以看到，无论 a 政策还是 b 政策，都形成以中央部门为核心节点，向四周散发的网络趋势图，但是与政策 b 相比，a 政策参照网络结构明显更复杂。

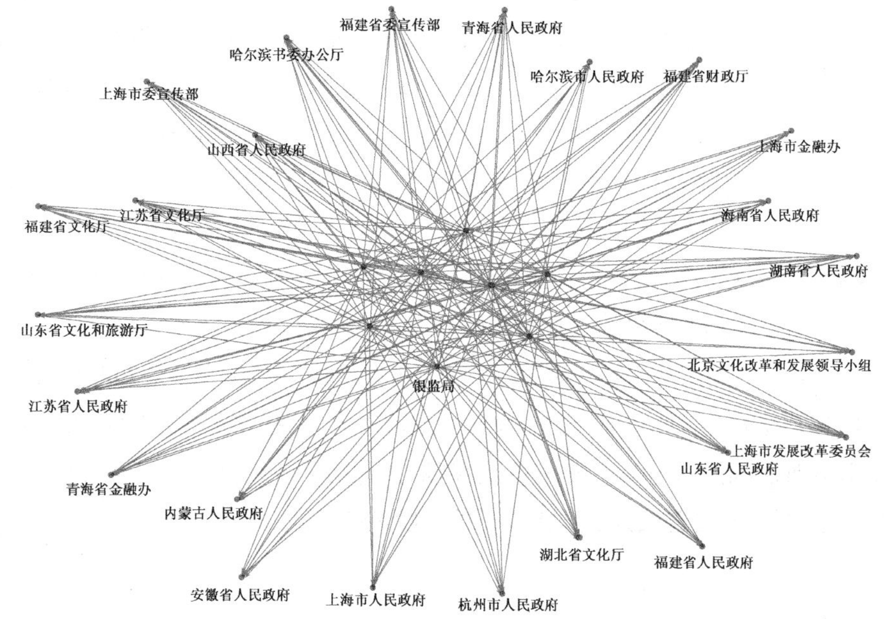

图 10　a 政策颁布机构合作网络

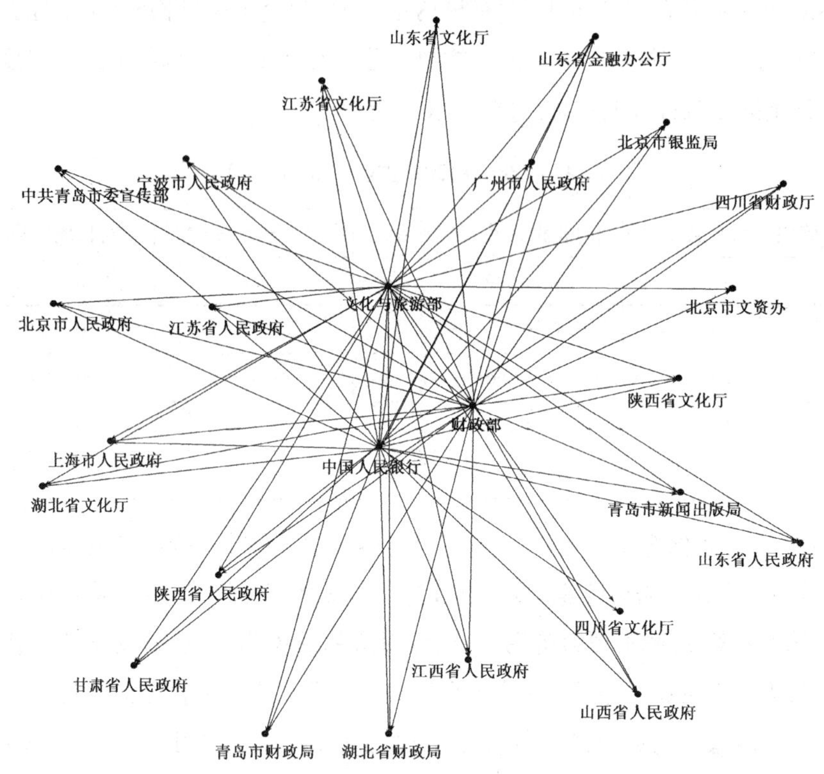

图 11　b 政策颁布机构合作网络

如图 12 所示，进一步构建两者的扩散广度增量示意图。政策 a 相较于政策 b 来说，扩散广度更大，覆盖范围更广。由面积图显示，与 a 政策的扩散广度增量整体呈现出一种持续平稳的广度扩散模式不同，b 政策呈现出一种瞬间爆发型的广度扩散模式，其主要原因可从两个方面分析。从参照网络结构来说，a 政策参照网络由 9 个中心节点构成，而 b 政策只有 3 个中心节点，这导致 a 政策的权威性更强、网络链接数更多，使得 a 政策的覆盖范围更广且更有持续性。从政策主题来看，政策 a 作为我国第一个国家层面的文化金融专门战略性政策文件，为后续文化金融政策构建了基础性框架，这使得政策 a 的扩散更加持久。作为我国第一部以"文化金融"为主题的战略性政策文本，政策 b 不仅提出文化金融成为我国文化产业持续快速健康发展的重要动力意义，而且在政策 a 的基础上，突出了文化金融机制和体制创新，完善了组织实施与配套保障，这得到了各级政府部门的高度认同与积极响应，所以才会造成其爆发式增长的广度扩散模式。

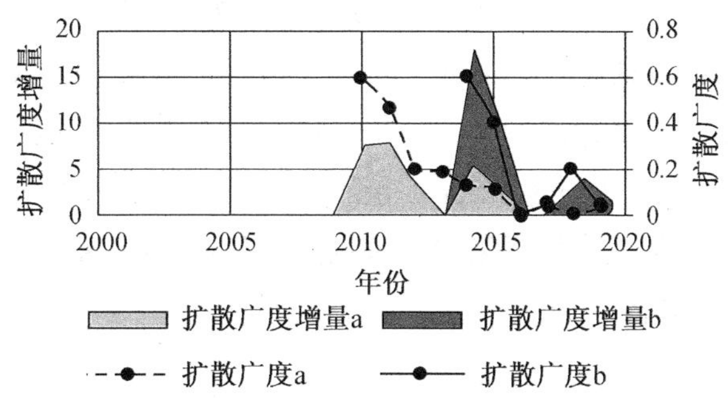

图12　政策扩散广度及其增量

(四) 扩散速度

在扩散强度和扩散广度的分析基础上，本文计算了扩散绝对强度(AI)大于0的政策对应的强度扩散速度与广度扩散速度，如图13所示。在文化金融政策演进的三个阶段，政策强度扩散速度与广度扩散速度的变动趋势基本保持一致，都经历了扩散速度由慢到快、再到加速扩散的过程。其中，2010年与2014年扩散速度最快的分别是《关于金融支持文化产业振兴和发展繁荣的指导意见》(a)与《关于深入推进文化金融合作的意见》(b)。

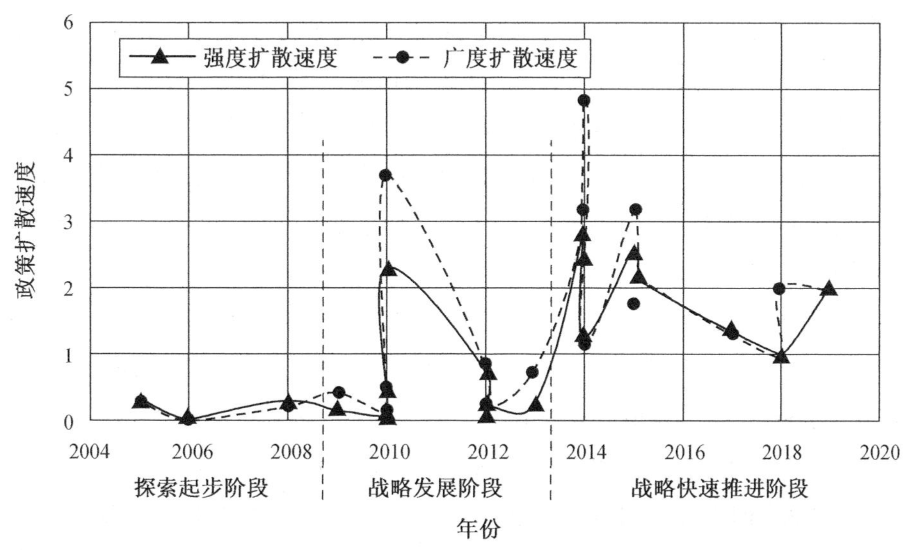

图13　政策广度速度和强度速度时序特征

a政策的强度扩散速度(IDS_a=2.3)与广度扩散速度(BDS_a=3.7)均小于b政策(IDS_b=2.5，BDS_a=4.8)。由两个政策扩散速度的时序图14可见，政策a与政策 b 分别在 2010 年和 2014 年达到强度与广度扩散速度的最大值，随后均出现快速衰减，政策 a 的扩散速度在 2011 年后呈现一种平稳状态，而 b 政策在 2016 年达到扩散速度的最低值后，虽然扩散速度有所反弹，但整体扩散速度呈现一种下降的趋势。结合图 13 与图 14 不难发现，与 b 政策相比，尽管 a 政策有更大的扩散强度与扩散广度，但 a 政策的参照网络中心节点多、网络结构更复杂，所以会导致 a 政策的扩散平稳而缓慢。

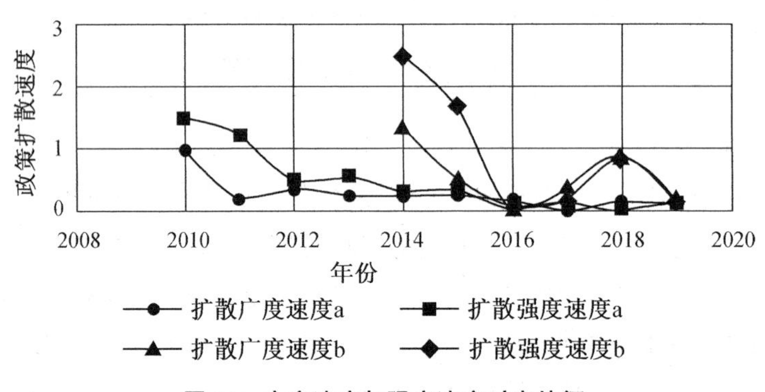

图 14 广度速度与强度速度时序特征

（五）扩散方向

通过构建政策关键词时序图谱来反映文化金融政策在中央与地方间、各机构间、地方政府间的扩散方向。选取与金融密切相关的"融资担保"作为关键词，根据它在相关政策中首次出现的年份进行排列，形成关键词时序图谱，用它来反映政策在机构间的扩散方向（图 15）。图中纵坐标表示的是颁布政策的各个机构，横坐标表示的是关键词在政策中首次出现的时间，圆点表示中央颁布的政策，三角形表示地方颁布的政策。

如图 15 所示，融资担保首次出现在浙江省颁布的政策中，这是我国第一个提出有关金融支持文化产业的地方政府。中央在 2009 年颁布文化金融的正式文件后，开始向各中央机构及地方机构迅速扩散。总的来说，这一政策工具明显呈现出"中央向地方"自上而下式扩散以及中央机构之间的平行扩散，同时它还在一定程度呈现出"地方向中央"自下而上式扩散。但总体来看，中国文化金融政策扩散多为行政强制推动下的自上而下的扩散，地方政府间的平行扩散以及自下而上的政策扩散相对不足。

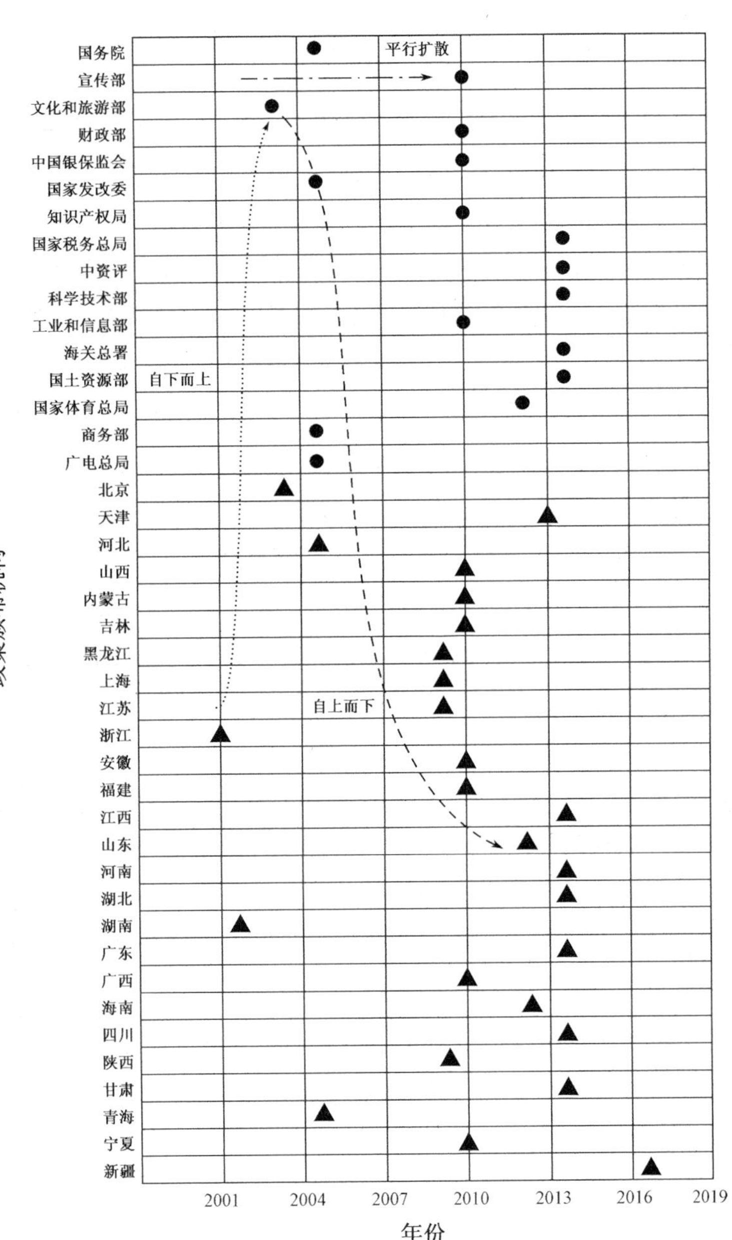

图 15　融资担保在政策颁布机构之间的扩散

五、结论与建议

本文从政策动态扩散与政策网络视角出发，利用 2001—2019 年中国文化金融政策文本进行文献量化研究，分析我国文化金融政策的演进与扩散规律。研究发现：① 中国文化金融政策演进过程可划分为探索起步（2001—2008 年）、战略发展（2009—2013 年）、战略快速推进（2014—2019 年）三个阶段，并形成了以文化金融专门政策为主干的文化金融政策体系。② 扩散内容上，我国文化金融政策从投融资、金融支持到文化金融合作与创新，文化金融政策主题不断演化，政策工具逐渐丰富与系统化。③ 扩散强度上，随着政策参照网络从疏松型演变为星型与雪花型，政策扩散强度在时序上也具有逐渐增强且集中分布的特征；与中央政策不同，地方文化金融政策时序性集聚分布特征不明显，这在一定程度上反映了地方文化金融政策创新扩散的不足。④ 扩散广度和扩散速度在时序上均呈现扩散范围越来越广、扩散速度不断加快的趋势；对于颁布机构合作网络越复杂的政策，虽然扩散范围更广，但扩散速度也更慢。⑤ 扩散方向上，通过对融资担保进行关键词时序分析，显示出自上而下、自下而上以及平行扩散三种扩散方向，但总体上以行政推动的自上而下的政策扩散为主。

基于以上研究，本文提出以下四点建议：① 完善文化金融创新政策体系。在深化文化金融产品和服务创新的基础上，中国文化金融政策应当强化以专营机构等组织形式的文化金融服务组织形式创新、文化资产管理方式创新以及文化金融公共服务等政策内容的创新扩散。② 激励地方政府的文化金融政策创新扩散行为。在加大政策传播力度的基础上，应当建立政策执行绩效体系，并鼓励地方政府根据自身文化产业与金融发展进行主动政策创新与政策实践。③ 政策扩散广度与速度的相机选择。未来中国文化金融政策的扩散要在政策目标、功能与内容的基础上，通过调整政府机构合作网络主体节点数量和网络结构复杂度，权衡选择政策扩散广度与速度。④ 构建多向互动的文化金融政策扩散渠道。在中央作为政策制定的主力军不断提升自上而下的政策扩散覆盖面与有效性的基础上，强化文化金融政策的地区间学习、竞争与模仿的主动性扩散机制，畅通地方政府间的平行扩散以及自下而上的政策扩散渠道，避免过度政策竞争与过度模仿所带来的资源损耗与政策趋同。

参考文献

[1] 祁述裕,孙博,曹伟,等. 2000—2014 年我国文化产业政策体系研究[J]. 东岳论丛,2015,36(5):57-64.

[2] 王长松,何雨,杨矞. 中国文化产业政策演进研究(2002—2016)[J]. 南京社会科学,2018(7):133-142.

[3] 卫志民,于松浩. 我国文化产业政策的演进特征及其内在逻辑——基于政策文本的量化研究[J]. 福建论坛(人文社会科学版),2019(8):40-47.

[4] 贾旭东. 文化产业金融政策研究[J]. 福建论坛(人文社会科学版),2010(6):41-51.

[5] 马洪范. 文化产业发展与财税金融政策选择[J]. 税务研究,2010(7):14-16.

[6] 中国人民银行金华市中心支行课题组,翁国华. 金融支持文化产业发展的政策措施研究——以金华为例[J]. 浙江金融,2012(1):29-33.

[7] 胡惠林. 我国文化产业政策研究综述(1999—2009)[M]. 上海:上海人民出版社,2010.

[8] 闫坤,于树一. 支持文化产业发展的财税金融政策研究[J]. 华中师范大学学报(人文社会科学版),2015,54(3):9-21.

[9] 陈庚,傅才武. 国外文化产业发展的财政金融政策特征及其对我国的启示[J]. 文化产业研究,2015(3):117-131.

[10] Liu Peng, Zhang Yunfeng. The Historical Evolution and Analysis of the Fiscal Policy of China's Cultural Industry[J]. Open Journal of Social Sciences, 2016(4): 62-68.

[11] 张月颖,徐宏毅. 政策工具视角的中国文化产业政策文本量化研究[J]. 中国广播电视学刊,2017(12):60-63.

[12] Walker J. L. The Diffusion of Innovations Among the American States[J]. American Political Science Review, 1969, 63(3): 880-899.

[13] Brown L. A., Cox K. R. Empirical Regularities in the Diffusion of Innovation[J]. Annuls of the Association of American Geographers, 1971, 61(3): 551-559.

[14] Berry F. S. Sizing Up State Policy Innovation Research[J]. Policy Studies Journal, 1994, 22(3): 442-456.

[15] Joshua L. M. Does Policy Diffusion Need Space? Spatializing the Dynamics of Policy Diffusion[J]. The Policy Studies Journal, 2018, 46(2): 424-451.

[16] 陈芳. 政策扩散、政策转移和政策趋同——基于概念、类型与发生机制的比较[J]. 厦门大学学报(哲学社会科学版),2013(6):8-16.

[17] 王浦劬,赖先进. 中国公共政策扩散的模式与机制分析[J]. 北京大学学报(哲学社会科

学版),2013(6):14-23.

[18] 王洛忠,庞锐. 中国公共政策时空演进机理及扩散路径:以河长制的落地与变迁为例[J]. 中国行政管理,2018(5):63-69.

[19] 张剑,黄萃,叶选挺,等. 中国公共政策扩散的文献量化研究——以科技成果转化政策为例[J]. 中国软科学,2016(2):145-155.

[20] 黄倩,陈朝月. 基础研究政策扩散的文献量化研究[J]. 中国科技论坛,2019(12):12-22.

[21] 周英男,黄赛,宋晓曼. 政策扩散研究综述与未来展望[J]. 华东经济管理 2019,33(5):150-157.

作者简介

袁　海(1975—　),山东东营人,陕西师范大学国际商学院副教授。研究方向为产业集群创新。

张丽姣(1995—　),山西长治人,陕西师范大学国际商学院硕士生。研究方向为产业集群。

李　航(1993—　),陕西西安人,西安交通大学公共政策与管理学院博士生。研究方向为老龄化与社会治理创新。

Evolution and Diffusion of China's Culture-Finance Policy
—Quantitative Research Based on Policy Text

Yuan Hai Zhang Lijiao Li Hang

Abstract: The culture-finance policies are of great value for the further promotion of culture and finance cooperation and innovation and the realization of the strategic goal of cultural industry becoming a pillar industry of the national economy. In this paper, we select the culture-finance policies issued by China from 2001 to 2019, and adopt policy reference networks and institutional cooperation network, keyword clustering and time series analysis methods to study the evolution and diffusion characteristics of China's culture-finance policies from five dimensions: Content, intensity, breadth, speed, and direction. The findings show that the evolution process of China's culture-finance policy can be divided into three stages: Exploration (2001—2008), strategic development (2009—2013), and rapid strategic advancement (2014—2019). From financial support to culture and finance cooperation and innovation, the theme of culture-finance policy evolves, and policy tools are gradually enriched and systemized. As the policy reference network evolves from a loose type to a star type and a snowflake type, the policy diffusion intensity has the characteristics of increasing and concentrated distribution in time series. The more complex the network of policy promulgating agencies, the wider the scope of policy diffusion, but the slower the diffusion rate. Through the keyword timing analysis of financing guarantees, the three diffusion directions of top-down, bottom-up and parallel diffusion are shown.

Key words: Culture-Finance Policies; Policy Diffusion; Quantitative Research; Reference Network

文化消费

文学生产视野下《兄弟》的市场化书写*

周明鹃　翁佳慧

摘　要：当下基于消费文化语境的文学创作与文学市场早已密不可分，不仅作家的创作受到消费时代的影响，专业读者的文学接受也呈现出市场化的倾向，商业价值在一定程度上亦成为文学批评的准则。本文从文学生产诸环节入手，对《兄弟》的市场化书写特质进行了考察，认为其已不仅关涉文学内部的叙事方式，从某种意义上而言，其实质上已经为商业资本运作下的文学生产所宰制。《兄弟》作为大众传媒与出版商共同建构的文化符号，精神内核已然被解构，其在消费文化语境下呈现出鲜明的接受差异性。而余华用透支自身文学信誉的方式来换取《兄弟》的市场成功，显然对其文学声誉及文学地位构成了反噬。

关键词：文学生产；《兄弟》；市场化书写；文学市场；消费文化

20世纪90年代以来，消费文化语境下的当代文学生产呈现出不容回避的商业化倾向，这种商业化倾向的写作在获得高收益的同时引发了巨大的争议。余华的《兄弟》即为颇具典型性的个案。2004年，余华与上海文艺出版社的签约被视为"离经叛道"之举，余华的市场化写作道路由此开始。从《兄弟》的生产到消费的各个环节，我们可以看出叙事主体已经深受市场和大众因素的影响，尽管余华本人对此态度十分暧昧。主流批评界对《兄弟》严厉的批评反映了其将商业和文学创作之间视为二元对立关系，事实上，这是将两者的关系极端化或浪漫化了。在消费文化语境下，文学作品本质上与一般商品无异，文学的生产方式、传播方式、接受方式、美学要素、基本功能等均已发生了重大变化。鉴于此，本文拟将《兄弟》置于文学生产视野之下，考察其是如何通过商业资本运作得以生产问世，余华和出版商在其间

* 基金项目：2020年度江西省高校人文社会科学研究规划基金项目（ZGW20103）、江西省研究生创新专项资金项目"文学生产视野下余华小说创作研究"（YC2020—S032）的阶段性研究成果。

扮演了怎样的角色。《兄弟》的高销量离不开出版商的大力营销，其中大众传媒也功不可没。那么，作者、出版商、大众传媒三者究竟是怎样合作的？在文学再生产过程中，《兄弟》为何遭遇困境？其在消费文化语境下的文学接受有何差异？为什么会出现这种差异？本文试图通过对《兄弟》文学生产各个环节的深入探究，进一步考察当代文学创作、文学批评与文学市场之间错综复杂的关系。

一、商业资本运作下的文学生产

作家的创作立场与作家在进行创作时的经济状况密切相关。余华早在 1993 年就已经开始了以卖文为生的职业化写作生涯。初到北京的窘迫和初为人父的责任使余华对“挣钱”有着强烈的欲望。1994 年他成为广东省作家协会青年文学院首批签约作家，为期一年。在此期间创作的《许三观卖血记》以及《活着》的电影版权出售，使他迅速摆脱了生活困境。显然，稿酬是余华投入创作的重要动力。

稿酬虽然是余华创作的重要动力，但也并非是唯一动力。事实上，余华并不高产，1996—2004 年，其除了随笔之外再无小说发表。值得关注的是，其早年的先锋小说在如今也毫无市场可言。虽然《活着》与《许三观卖血记》的国内外市场都非常火爆，但仅凭这两部作品的版权收入以及依靠国内稿酬制度取得的收入提供不了长期、稳定的物质保障。余华是自始至终都将自己置于发现之中的作家，他敢于“求变”，敢于“朝三暮四”。这在他先前的创作历程中可以看出：从先锋写作转向温情写实的写作。《兄弟》问世前余华的小说创作虽已停滞十年，但断言时年 44 岁的他创作生命力已经枯竭似乎为时过早。21 世纪，中国社会经历了天翻地覆的变化，这样的变化无疑给了余华一个寻求自我突破的机会。在新的生活压力和新的创作欲望到来之时，余华和上海文艺出版社的合作也是情理之中的事。按照惯例，知名作家在图书出版之前就可以收到按起印数支付的版税。上海文艺出版社支付给余华的版税高达一百多万，高额版税对完全脱离体制供养的余华来说无疑是巨大的诱惑。

出版商希望将余华新作打造成畅销书以带动品牌建构，正是基于此考量，商业资本深入《兄弟》文本创作内部，并贯穿整个文学生产的过程。1999—2003 年，余华一直着手写与《兄弟》有着完全不同故事情节的长篇小说，其声称因遇到了叙述方式的困难，找不到写小说的状态而不得不中断创作。2003 年 8 月他分别去了美国和法国。从法国回来之后，他彻底放弃了这部小说的写作。而在 2004 年，余华则很快投入《兄弟》的写作状态中。余华曾在采访中提到自己创作《兄弟》的契机：

“在烦恼的日子里有一天在看电视，新闻里有一个人打算跳楼自杀，下面很多人围着看，麻木不仁地在起哄。我就想写一个在下面起哄的人。结果写到3万字的时候，我就预感这个人可能不需要了，等写到10万字这个人就没有了，消失了。出来的是李光头和宋钢这样一对兄弟的故事，这在我长篇小说的写作经历中是从来没有过的。”[1]余华自己认为《兄弟》是他走出创作困境后的横空出世。众所周知，正是在这一年他与上海文艺出版社正式签约。在笔者看来，余华的这套说辞在事实面前显得有些苍白。应该说，与出版社签约并得到了预先支付的丰厚稿酬才是余华进入小说创作状态的真正驱动力。当作家的文学创作被纳入出版社的商业运作模式之中时，其创作就不再是自由的、私人化的，出版社的利益在此显然已经上升为必须关注的首要对象。而余华在美国的经历也为《兄弟》的生产起到了助推的作用。

20世纪20年代，消费主义在美国就已盛行。2003年，余华在美国悠闲而漫长的七个月里对美国的书店格局和出版机制了解得十分透彻；其服膺于美国文学生产机制的成熟稳定，其创作实践和其他一系列介入文学生产诸环节的行为也体现了美国消费主义的浸淫。诚如研究者所言：“文学生产和商业化的‘潜在’形式，是商业性诉求的软约束形式经由写作主体的潜在认同而表现出来的一种特殊形式。”[2]如此一来，商业因素对文学写作的侵入和影响的“潜在”形式在《兄弟》文本中得以体现。他接受并认同了来源于市场的信息和需求，并将“市场需求”落实到文学创作实践中。作品的可读性原本就是余华转向温情写实写作以来的创作追求，其创作观念的转变在《许三观卖血记》中得以体现：让作品中的人物发出自己的声音。余华认为作者也应该是读者，所以他更关心的是小说的人物和故事。追求作品的可读性，这和“市场需求”在某种程度上不谋而合。然这种“市场需求”更多寻求的是一种阅读快感和消费刺激，创作主体也因此似乎有些偏离轨道，一味专注于“写什么”。余华为了增加故事的可读性，采取传奇化的策略讲述曲折离奇的故事，反复消费“文革”记忆、性和暴力等。这些当然都离不开出版商的策划与把关。一本畅销书是由作家、出版商、经纪人、读者合力打造而成的。而余华本人就是自身的经纪人，他可以与出版商直接谈判。从文学生产的角度出发，我们可以很清晰地解读余华与出版商的密切配合，理解其与出版商合谋的分册销售策略，以及其主动借助大众传媒的话语力量来获取自身利益的诸多市场化运作。

《兄弟》正是基于上述缘由而成为真正意义上的文学商品。为了在上海书展上取得更好的商业收益，小说被分成上下两部。不得不指出的是，商业资本干预文学创作,加剧了文学创作规律与市场需求之间的矛盾冲突。《兄弟》分册,这种捆绑式销售使得作家忙于上部的应酬,从而导致创作时间大量缩减。然而,商业资本的干预果真只能加剧文学创作规律与市场需求之间的矛盾冲突吗?也不尽然。现代法国小说之父巴尔扎克写作速度就十分惊人,其作品经常是在债主的催债声中完成的。为了还债,他只消三晚就创作出了《老姑娘》。事实上,有些作家迫于经济压力而进行的文学创作反而给世界文坛增添了浓墨重彩的一笔。“混饭吃的文学也不一定最蹩脚。为了挣钱,塞万提斯当了小说家,于是写成《堂·吉诃德》;为了钱,诗人华尔特·司各特不得不改写小说。”[3]笔者认为,作家在文学创作的过程中能否在精神上自觉与读者保持适当的距离是作品优劣与否的关键因素。余华不但早已将读者身份带入创作之中,而且在进行文本创作的过程中频繁地出现在大众媒体上。如此一来,创作主体与现实读者而非观念中所设定的潜在读者直接接触,其创作无可避免会受到市场需求信息的干扰,并在某种程度上被市场裹挟。主流批评界对《兄弟》的讨伐大多集中在下部,“黄健翔说过一句话非常有意思,他说‘上部只有余华写得出来,下部别人也写得出来’”[4]。上部虽引起议论却也不足以使余华遭到如此严厉的批评,其在某种意义上可以看作是余华对既往创作的自觉不自觉重演,而在下部他则试图有所突破。但是其下部的创作动机和目的都有着明显的商业资本操控的痕迹,这也是导致批评家不接受这种风格巨变式的突破的原因之一。文学创作的规律与文学生产的需求之间虽然充满了矛盾、冲突甚至斗争,出版商虽然掌握了文学生产的主导权,但最终决定文学作品优劣的还是作家本人,余华恰恰是在这个基点上丧失了自己的阵地。

二、大众传媒与出版商共同构建的文化符号

商业资本运作之下生产的文学作品,已然成为与一般商品无异的物质化存在;其要进入大众消费市场,必须借助当下文学传播的主要载体——大众传媒。而在消费文化语境下,大众传媒本身即生产力;其日益渗透文学内部,干预文学生产。在充满“制造”的消费社会,万物皆被符号化。大众传媒则为对消费品缺乏了解的消费者提供了解的尺度。必须指出的是,消费者对大众传媒制造的拟像世界中充斥的各种符号编码毫无抵抗力。

大众传媒在消费文化语境中的市场化走向决定了余华与上海文艺出版社有着共同的利益诉求,这是两者合力打造《兄弟》的基础。大众传媒技术既具有凝聚性,又有将人与人之间相隔离、人与现实生活相分离的力量。大众传媒是人类社会步

入景观社会的主要推动力之一。在景观社会中，人与人的社会关系通过图像的中介而建立，“景观创造了一种伪真实，通过文学设施和大众传播媒介构筑起一个弥漫于人的日常生活中的伪世界”[5]，我们因此活在想象中。《兄弟》畅销正是想象的出版商和想象的大众传媒合谋刺激着想象的读者的文学消费欲望的结果。

身处图书出版微利时代的上海文艺出版社，根据市场细分原则，将《兄弟》的受众定位为年轻读者。年轻读者作为大众传媒最广大的受众群，其无疑是时尚的代名词。相较于中老年人群，其更易被欲望支配。上海文艺出版社对《兄弟》的市场定位为有意利用大众传媒将该作品推向时尚化，并消费余华的纯文学作家符号。同时，大众传媒不遗余力地发挥其“议程设置”功能，使《兄弟》在大众面前不断“刷脸”以吸引消费者的注意力。

首先，在文本之外，余华主动借助大众传媒消解作家身份的神秘性，满足读者对作家的想象。为了配合出版商为图书营销造势，余华频繁接受媒体采访，解密《兄弟》及其创作历程。大众传媒给《兄弟》贴上“表现当代社会的现实力作”“强势回归之作”等标签。余华在《兄弟》(上)出版后开通了新浪博客，并时常出现在读者互动专栏。读者可以直接与作家进行对话和交流，其参与感得到了很大程度的满足。不得不称这一行为是令人满意的售后服务，与批评家你来我往的“论战”在大众传媒的“制造”下俨然成为一场文学事件。在这场文学事件中，余华在自我辩护中有意无意地将《兄弟》的期望值拉高，甚至声称《兄弟》是他最好的小说，并一直强调自己的纯文学写作立场。我们相信余华依然愿意坚持纯文学写作，在这种情境下，余华急于撇清其市场化书写的行为更像是一种话语策略。这些关于《兄弟》的信息在短时间内不断喷涌，读者的文学思考与消费选择很难不受影响。

其次，深入文本，被日常生活的庸常化所围困的消费者需要刺激。余华恰恰非常擅长构建强有力的刺激性话语主题，具体则表现为作品中的欲望叙事。《兄弟》文本生产出来的欲望经大众传媒的筛选并扩大从而刺激着读者的阅读欲望。小说中李光头的偷窥、大量的性描写和性事场面都是带有刺激性的话语主题，它满足了部分读者的偷窥欲。如林红的屁股在文本中至少被消费了56次。更有甚者，其每被消费一次，作者都要不厌其烦地复述一遍所有的细节。这样的重复如果不是为了凑字数，就是受到市场干扰，是有意识地迎合低俗的市场需求。性描写不等于性文学，不得不说小说中不少性描写是较为生硬突兀的。如在处美人大赛中，李光头在和参赛的美人发生性行为之前要用仪器检查处女膜，这样的描写毫无艺术性可言。在拟像与真实无法分辨的消费社会中，唯有身体具体可感，所谓的处女情结，无非是一种身体崇拜。余华花大量笔墨描写李光头执着于处女膜的一系列操作不得不说也是在满足部分读者潜在的欲望，通过带给他们阅读快感以换取更好的市场收益。处美人大赛唤起了读者的日常经验，其被认为是对2005年如日中天的超女选秀的另类复制。既然《兄弟》下部描写的是当下的时代，那么人们就有理由从集体狂欢中找出属于自己时代的印记，以此证明自我的曾经存在。李光头的传奇发迹史在如今看来简直可称之为“爽文”大男主的逆天改命之路。当物质和金钱成为世俗社会大部分人心中成功的标准时，人们对物质与金钱的欲望追逐更是永无止境。当金钱匮乏的现实横亘在前，李光头的成功恰恰是部分消费者的欲望所指。如何能在想象中获得这种欲望满足？购买图书《兄弟》这一行为，在消费文学产品的同时，也实现了对现实残酷的某种程度上的消解。

文本中，“文革”这一文化符号通过暴力叙事被反复消费。然不得不指出的是，余华对“文革”的书写过于类型化。“文革”叙事在整部小说的作用仿佛就是为了突出苦难下的温情，满足读者对“文革”的苦难想象。这种类型化的书写表现在小说用大量篇幅描写了各种“文革”场面：大街上的游行队伍、批斗大会、红袖章们的抄家、打斗场面等。余华将“文革”的这些盛大场面进行简单拼接，将“文革”塑造成一场声势浩大的灾难神话。这些场面，尤其是暴力的打斗场面的残忍、血腥，制造出强烈的感官刺激，持续不断地刺激读者的神经，再一次加深了读者对“文革”的刻板印象。余华没能在文本中呈现出不同的“文革”记忆，是令人遗憾的。当然，苦难下的温情可以打动人：李光头和宋钢在孤苦无依时的相依为命，宋凡平在身处绝境时还不忘给孩子营造快乐的假象，苏妈的善良之举等。但这些感动很快被淹没在具有毁灭性的苦难里。

余华为了给读者带来畅爽的阅读体验，采用的是单向度的人物塑造法，不但人物性格一成不变，而且人物形象也被符号化了。我们可以从这些符号变化窥见时代的踪迹以及人物命运的发展及变化：李光—李光头—屁股大王—破烂大王—刘镇GDP；宋钢—首席代理—首席学者—首席字典；刘成功—刘作家—刘新闻—刘副—刘CEO；赵胜利—赵诗人—赵总助；我们刘镇—李光头镇—处美人镇。每一个符号变化代表着一类人的命运变迁，刘镇更像是时代的缩影。余华热衷于讲故事，小说人物的主要功能是充当反映时代变迁的工具。此外不得不指出的是，《兄弟》的语言十分粗鄙，深为批评家所诟病；其失去了余华以往的冷静客观与节制，如“屎”“尿”“屁”在文本中竟然出现了356次，更不用说“王八蛋”“他妈的”的超高使用频率。余华曾说：“我只要写作，就是回家。”[6]《兄弟》的叙述视角是“我们刘镇”，刘镇是江南小镇，从表面上来看余华的确是返乡了，然而在小说中我们并没有看到有关江南特有的风土人情的描写，精神返乡更是踪迹难觅。他所标榜的“贴着人物形象走”的叙述方式，只能沦为空谈。从本质而言，这样的遣词造句和文本呈现实质上是他毫无节制地狂欢化或欲望化写作的必然后果。

截至 2006 年 6 月，《兄弟》销售总额就已突破百万册；其在文学市场畅销一时的事实证明，余华与上海文艺出版社联合大众传媒生产出来的阅读欲望成功激发了消费者的消费热情。另外，如今的消费者更看重的是商品的象征意义功能，其对书籍的消费在很大程度上是对余华纯文学作家符号的消费，并不等同于对书籍的阅读。《兄弟》的畅销也有希望体现自身社会地位、审美品位的这类读者的贡献。而真正进入阅读接受环节的读者，当其一旦发现作品不符合自身的阅读期待时，作家将面临可能永远失去这类读者的险境。余华本人对所谓的纯文学写作立场的反复强调也不能使其完全信服。

《兄弟》文本中构建了多个刺激性话语主题，大众传媒不仅简化了读者接受阅读编码的难度，夸大了这些话语主题的事实，并且对大众相对敏感的话语主题大肆渲染。在大众传媒的推波助澜之下，小说变成了一个特殊的文化符号，在很大程度上变成一种社会信息被大众接受、传递，成为人们茶余饭后的谈资。正是基于上述考量，笔者认为《兄弟》未能被大众深入阅读，读者甚至可能因为媒体的报道产生先入为主的想法，从而失去判断力，妨碍客观阅读。读者阅读的探索性、思想性就这样被大众传媒阻断了，这也是《兄弟》的精神内核被解构的重要因素。从这一层面上来说，被构建成文化符号的《兄弟》是华而不实的。

三、解构了精神内核的文学再生产

大众传媒的时效性决定了其对《兄弟》关注的短暂性。在失去了大众传媒的宣传造势之后，《兄弟》的再生产遭遇了困境。与此同时，近年来网络文学的异军突起也加剧了其再生产的困境。然追根究底，其遭遇困境的根源在于小说思想性的匮乏与文学性的缺失。

《兄弟》思想性的匮乏与余华本人的价值判断退场有关。余华对笔下的两个时代所做的仅仅是描述。在下部中《兄弟》上部的苦难主题得到延续，人物在面对苦难时的逆来顺受也与余华以往的作品无异，但其对“文革”故事的描述却暴露出细节失真的弊病。譬如李光头在八岁的年纪就有了性欲，其奇怪的言行举止也许是余华借助懵懂孩子的视角讽刺这个性压抑的时代，折射出人们的本能欲望，但其选择的对象实在是不合情理。再如，在苦难面前，有意安排女性的缺席。在"文化大革命"到来之前，李兰去了上海，并在这场腥风血雨里彻底置身事外。以李兰的地主婆身份怎么可能在当时的情境下毫发无损呢？小说最后对宋凡平尸体的处理体现了余华对暴力近乎疯狂的痴迷。对宋凡平"死无全尸"的叙写令人战栗，然这一情节设置由于太刻意而显得突兀。如果说我们从上部的描述中还能看到余华的愤怒和控诉，在下部其价值判断则彻底离场。

余华所谓"正面强攻这个时代"的文学抱负，因其作品缺少对现实生活的把握而落空。事实上，从《兄弟》后记中可以看出：余华对当下这个时代是不认同的；其试图超越时代发出自己并不平庸的声音："后一个是现在的故事，那是一个伦理颠覆、浮躁纵欲和众生万象的时代，更甚于今天的欧洲。"[7]但是余华近些年高居云端的国外游历与大都市的生活经历使他无法体会大众的真实生活，更不用说为底层人写作。文学的确需要想象力，但当对象是"现在"时就不得不尊重现实生活的真相。显然，《兄弟》已经违背了生活真实，满纸尽是荒唐言。也许现实远比小说荒唐，但小说的荒唐不应违背逻辑真实，逻辑不能自洽的作品是无法引起共鸣的。贫穷的李光头凭借一己之力很轻松地就成了刘镇的 GDP，最后还要带着宋钢的骨灰上太空；处美人大赛席卷全国，身无分文的江湖骗子周游在这个大赛中不仅大捞了一笔，还在和苏妈的女儿发生了关系后离开刘镇，其又回到刘镇的原因竟是韩剧使他产生了安定下来的想法；宋钢为了销售丰乳霜去隆胸；林红在宋钢死后毫无预兆地堕落成"美发厅"老板娘等。这些情节可以理解为作家为了表现这个时代乱象，大量使用夸张化的手法。但漫画式的夸张应该达到反讽的效果，并进一步引发读者的思考。而在余华的表述下，讽刺或许是有的，但他却没有或无力揭露社会真相。脱离了社会本质的思考是无力且无用的。《兄弟》下部的确包罗社会万象，余华在此却更像是这些生活乱象的收集者。他无法超越这个时代，做出自己的价值判断。文本中的乱象折射出作家自身精神的乱象。商业化写作或许已经使余华陷入杂草丛生的精神盆地，失去了独立思考和进行价值判断的能力。

网络文学的崛起对《兄弟》的冲击不容忽视。它直接影响了《兄弟》的再生产，造成了该作品的尴尬境遇。网络文学改变的不仅是文学的生产方式，作家和读者的关系也发生了转变。文学作品生产的创作主体空前大众化与平民化，网络写手应运而生。尽管"以爽为本"的网络文学作品质量参差不齐，然其存在起码满足了读者最基本层次的需求：阅读快感。在网络文学世界中，读者地位达到有史以来的最高峰——他们既是网络作家的"衣食父母"，也是其忠诚的"粉丝"。在这样的"粉丝经济”下，网络作家以最大限度满足“粉丝”的幻想为己任，与传统线下写作迥然有别。尽管《兄弟》的确充分考虑了读者需求并与读者保持互动，然而在网络文学里，读者甚至可以直接成为文学生产的主体。虽然读者在《兄弟》中同样能获得阅读快感，但是网络文学完全以读者为本位、为中心，在互为替代品的两者之间，读者显然更愿意为网络文学作品买单。《兄弟》在满足读者的最基本阅读需求（即阅读快感）层面无法与庞大的网络文学相抗衡，同时又无力达到满足读者精神层面需求的纯文学作品的高度，双重夹击之下，其遭遇再生产困境遂成为其无可逃避的宿命。

值得指出的是，《兄弟》因其思想性匮乏和文学性的缺失难以进入大学学术传播渠道，大学中文系使用的文学史教材如洪子诚编著的《中国当代文学史》（修订版）对《兄弟》只是一笔带过：“《许三观卖血记》发表之后，余华小说写作有长达十年的停歇，直到褒贬不一的长篇小说《兄弟》的出版。”[8]大学中文系是中小学语文教师的培育基地，《兄弟》不被大学教材接纳，意味着其不得不缺席文学教育循环教化这一至关重要的环节。再加上没有被影视化等通俗化方式加以转述，即便其已经如此平实易读，也注定难以走进千家万户。质言之，《兄弟》的思想性和艺术性没有达到一定的高度，小说自身缺乏强有力的精神内核支撑，在这个层面上，《兄弟》的再生产只能说是解构了精神内核的再生产。

四、消费文化语境下《兄弟》的接受差异及其表征

在消费文化语境下，读者接受呈现出差异性。不仅大众读者和专业读者之间的接受有差异，专业读者内部也存在着差异。与《兄弟》刚问世那几年的读者接受不同的是，而今大众读者和专业读者不再呈现两极分化的极端状态，大众读者不再一味地为《兄弟》拍手叫好，而是在经过独立思考后做出自己的判断。请看如下读者感言：“高中时读《活着》很受震撼，如今读《兄弟》却觉得乏味。不知作者是受他自己的价值观限制还是有意取悦国外批评界，总有一种拿苦难当卖点、拿低俗当深刻的矫情感。”“前半段眼泪一把一把的……后半段就像在看故事会。”[9]显然，读者对《兄弟》的恶感是基于自己的阅读感受而生的。

在消费文化语境下，大众读者审美日益自由化。大众读者从“失语”走向“发声”，他们跳过编码者和阐释者直接进入文学的消费环节。随着中产阶层的崛起以及物质水平和受教育水平的提高，大众读者的审美能力也日渐提升。他们对文学作品有一定的自我判断能力，文学产品的丰富多样也使得其拥有更多的选择权。

余华5次凭借《活着》登上中国作家富豪榜,并且榜上排名节节攀升,却没有一次因《兄弟》而登榜。余华一定没有想到这部为大众写作的《兄弟》,大众读者其实并不买账。消费文化现今在中国已处于盛行阶段,身处日常生活审美化语境中的大众读者很难对无法超越日常生活的纯文学作品产生兴趣。事实证明,《兄弟》显然不具备这样的超越性。作家若希望自己的作品能流芳百世、经久不衰,他首先面对的应是与作品处于同一时代的读者。

《兄弟》原本就是上海文艺出版社策划下的文学商品,是其试图建构整体文化品牌的重要一环。如果将《兄弟》的市场化书写纳入当代文学生产的视阈来考察,将其视为一部地地道道的通俗文学作品,其应该说是较为成功的。[10]但余华本人却又坚称其并非为市场而写作。尽管如此声称也许只是余华与出版社事先协商好的一种应对市场的策略,却仍令人窥见其难言的尴尬;其依违于精英与大众、学院与市场之间,试图达成难以两全的双重愿景:既不愿意失去纯文学作家的身份,又希望依托出版社的营销运作赢得更广大的读者群以获取更大的市场经济效益。但最终结果是大众读者和专业读者皆不买账:不仅《兄弟》难以归类,余华历经多年努力而建构的纯文学作家之身份地位亦岌岌可危,其尴尬境遇将其自我身份认同与社会认同的分裂揭橥无遗。布尔迪厄所言艺术领域"颠倒的经济世界"在此再次无情地复现:"我们毕竟在一个颠倒的经济世界中,艺术家只有在经济领域遭到失败(至少在短期内),才能在象征领域中获胜,反之亦然(至少从长远来看)。"[11]余华不惜以自己凭借《在细雨中呼喊》《活着》《许三观卖血记》等作品积累的巨大象征资本(文学声誉)为赌注,与上海文艺出版社联手瞄准文学市场,来进行一场收割广大粉丝的豪赌。从暂时的经济利益来看,余华的确是成功了,《兄弟》被打造成了一部畅销书而大卖特卖。然从更长远的象征领域的视角来看,余华在这一次交易中输光了其几乎所有的家底,作为一名颇具声望的纯文学作家遭到了主流批评界前所未有的质疑与否定。正是在此意义上,《兄弟》可以说既是余华与出版社合谋的试验品,又是其合谋的牺牲品。而《兄弟》经历大热后又遇冷,则证明文学商品在本身质量不过关的情况下,纯粹靠市场营销而赢得的经济收益是难以持续的,更何况大众读者趣味因时而变、难以捉摸。作家如果一味地将迎合大众读者趣味奉为写作的不二法门,不仅容易令文学失去思想性与艺术性,其长期经济效益也常常得不到保障。

而专业读者内部则各自为营,对《兄弟》褒贬不一,批判之声是为主流。《给余华拔牙》就是对《兄弟》批评的大集结。该书共收录了李敬泽、邓晓芒、王晓渔等批评家的21篇批判文章。封面给余华贴上"前牙医"的标签,称《兄弟》为垃圾,真可谓语不惊人死不休;封底则宣称要给余华"这个消化不良的、不合格的牙医"拔掉"黄牙""假牙""杂牙""黑牙"这"四颗病牙",颇有调侃、嘲讽的意味。[12]事实上,《给余华拔牙》中有几篇批评文章的评价还是较为中肯的,但由于其言语的过于激烈而使大家的目光都集中在"骂"上。这种激烈的批评态度在某种程度上也可视为专业读者为争夺话语权而不得不采取的言说策略。

与上述铺天盖地的批判不一样的是,2006 年 11 月 30 日,复旦大学中文系和《文艺争鸣》杂志共同主办了一场"心平气和"的"《兄弟》座谈会"。余华本人也应邀到场。陈思和先生称这次会议是对《兄弟》的第三次讨论高潮,明确表示"《兄弟》是一部好作品",希望其进入文学史,进入学院。董丽敏教授"认为《兄弟》是非常成功的一部作品",呼吁将"《兄弟》放在新的当代的文学生产机制角度来解读",并将批评界对《兄弟》的质疑延伸到对批评界自身存在问题的质疑,持论公允,颇有见地。[13]显而易见,《兄弟》的超高销量以及其内生于市场的独特商业品格,是引发专业读者关注的两大关键因素。此次会议也暴露出专业批评滞后的弊病。专业读者未能在第一时间对引发巨大争议的《兄弟》举办权威、正式的交流研讨会,折射出其对当代文坛生产机制转变后文学生产的疏离与言说的无力。毋庸讳言,"《兄弟》上海座谈会"是一场各取所需的文学集会。复旦大学希望通过此次会议为颇具争议的《兄弟》正名,并借此激起文坛与学界更多的关注,进一步增强其在学院派批评中的影响力;在诸多文坛重大论争中均颇为活跃的《文艺争鸣》则试图通过此次会议向读者和学界推介刊物改版,进一步聚集批评中坚力量;而余华,则获得了其渴盼已久的学院派的集体肯定与支持(尽管其间夹杂着不甚谐和的反对之声)。值得指出的是,此次文学集会力挺余华的市场化写作,对批评视野的开拓与文学批评的价值体系转变发挥了重要作用,在一定程度上理顺了文学与商业这一对并非二元对立的范畴之间的关系——商业的并非就是非文学的。这从某种意义上来看,恰是所有参与者合力对当代文学批评所做出的深层贡献。

五、结　语

综而观之,当下基于消费文化语境的文学创作与文学市场早已密不可分,不仅作家的创作受到消费时代的影响,专业读者的文学接受也呈现出市场化的倾向,商业价值在一定程度上亦成为文学批评的准则。本文从文学生产诸环节入手,对《兄弟》的市场化书写特质进行了考察,认为其已不仅关涉文学内部的叙事方式,从某种意义上而言,其已为商业资本运作下的文学生产所宰制。《兄弟》作为大众传媒与出版商共同建构的文化符号，精神内核已然被解构，其在消费文化语境下呈现出鲜明的接受差异性。而余华用透支自身文学信誉的方式来换取《兄弟》的市场成功，显然对其文学声誉及文学地位构成了反噬，这的确是值得我们警醒的。

参考文献

[1] 余华，张英. 余华：《兄弟》这十年[J]. 作家，2005(11)：2－11.

[2] 向荣. 消费社会与当代小说的文化变奏[M]. 成都：四川人民出版社，2015：61.

[3] 罗贝尔·埃斯卡皮. 文学社会学[M]. 王美华，于沛，译. 合肥：安徽文艺出版社，1987：71.

[4] 余华，张清华. "混乱"与我们时代的美学[J]. 上海文学，2007(3)：83－89.

[5] 居伊·德波. 景观社会[M]. 张新木，译. 南京：南京大学出版社，2017：43.

[6] 余华. 我能否相信自己[M]. 北京：人民日报出版社，1998：251.

[7] 余华. 兄弟·后记[M]. 上海：上海文艺出版社，2005：封底.

[8] 洪子诚. 中国当代文学史(修订版)[M]. 北京：北京大学出版社，2007：301.

[9] 引自豆瓣读书. http://n.douban.com/book/comment/111308563?dt_dapp=1&dt_platform=wechatfriends.

[10] 董丽敏. 当代文学生产中的《兄弟》[J]. 文学评论，2007(2)：79－85.

[11] 皮埃尔·布尔迪厄. 艺术的法则：文学场的生成与结构[M]. 刘晖，译. 北京：中央编译出版社，2011.

[12] 杜士玮，许明芳，何爱英. 给余华拔牙[M]. 北京：同心出版社，2006.

[13] 潘盛. "李光头是一个民间英雄"——余华《兄弟》座谈会纪要[J]. 文艺争鸣，2007(2)：84－92.

作者简介

周明鹃(1973—)，湖南邵阳人，文学博士与经济学博士后，南昌大学人文学院教授，南京大学长三角文化产业发展研究院研究员。研究方向为文学经济、中国现当代文学理论与批评。

翁佳慧(1997—)，江西上饶人，南昌大学人文学院中国现当代文学专业硕士研究生。研究方向为中国当代文学生产。

The Market-Oriented Writing of *Brothers* From the Perspective of Literary Production

Zhou Mingjuan Weng Jiahui

Abstract: At present, literary creation based on the context of consumer culture is closely related to the literary market. Not only writers' creation is affected by the consumption era, but also the literary acceptance of professional readers shows a tendency of market-oriented operation. To a certain extent, commercial value has become the criterion of literary criticism. Starting from all aspects of literary production, this paper investigates the market-oriented writing characteristics of *Brothers*, and holds that it is not only related to the internal narrative mode of literature, but also controlled by the literary production under the operation of commercial capital in a sense. As a cultural symbol jointly constructed by mass media and publishers, the spiritual core of *Brothers* has been deconstructed. It shows distinct acceptance differences in the context of consumer culture. Yu Hua overdraws his own literary reputation in exchange for the market success of *Brothers*, which obviously has a bad effect on his literary reputation and literary status.

Key words: Literary Production; *Brothers*; Market-Oriented Writing; The Literary Market; Consumer Culture

孤独还是享受*
——影院独自观影者的动机、体验与行为研究

徐 禕 何舒涵

摘 要:随着观影消费的普及和娱乐方式的多样化,影院独自观影的现象正在兴起。什么样的心理机制驱动了人们选择独自观影?本研究以线上问卷调查的方式收集数据,分析独自观影者的观影动机和观影行为的特征,探究观影动机和独处心态如何影响人们对观影模式的选择。研究发现,相比结伴观影者,独自观影者平均每月前往影院观影的次数更多。相比被动选择独自观影者,主动选择独自观影者更愿意去影院"二刷"电影;在观影动机上,他们较少会出于陪伴他人的目的而观影;在观影体验上,他们更享受由独自观影带来的安静、便捷与自由。电影产业经营者应调整市场战略,以回应当代人对于个性化观影体验的更高要求。

关键词:独自观影者;观影行为;动机;独处心态;文化消费

一、引 言

近年来,观看电影成了大众普遍享受的文化娱乐活动。2019 年,中国大陆院线观影人次超过 17 亿,其中大部分集中在春节档、国庆档和暑期档(尹鸿、许孝媛,2020)。节假日提供了亲友团聚的机会,而一起去影院看电影是颇受欢迎的一种共度时光的方式。不过,结伴观影并非观众唯一的选择。有研究发现,尽管随着互联网的发展,居民的观影渠道日益多样化,但大城市中仍有不少人会独自一人前往影院观影,即选择独自观影模式(阳翼等,2012;王玉明,2016)。随着电影消费的普及,各个年龄阶段都有越来越多的人加入独自观影的行列,影院独自观影的娱乐模

* 基金项目:上海交通大学上海交大—南加州大学文化创意产业学院所属紫竹中美网络视听传媒管理联合研究中心的专项研究基金、2020 年上海交通大学智库引导性研究基金的阶段性研究成果。

式正在兴起(张露、杜娟,2017)。尤其在当前新型冠状病毒疫情的影响下,有些观众可能会逐渐习惯独自观影,更追求观影的私密性和体验感(陈旭光、张明浩,2020)。

观众消费需求的变化影响着电影产业的发展方向。与结伴观影人群相比,独自观影人群的观影行为存在哪些特点?他们出于怎样的心理需求而选择独自观影?独自看电影对他们来说意味着怎样的体验?探究上述问题有助于拓展我们对于独自观影者的行为习惯的认识,深化我们对当代人的文化消费需求的理解。

以往对电影观众的研究大多从艺术设计或传播学的视角出发探讨观众对于影片类型或播放平台等因素的偏好,鲜有对大众观影的心理机制的研究,更少见对于影院独自观影这种独特娱乐模式的关注。本研究以前往影院观影的人群为研究对象,重点关注其中独自前往影院观影的人,以问卷调查的方法收集数据,探讨独自观影人群的观影动机和行为特征。在此基础上,研究将进一步比较被动选择独自观影者和主动选择独自观影者的差异,通过两类人群的独处心态解释其对于观影模式的不同选择,探讨独自观影人群内部存在的差异。本研究致力于理解独自观影人群的行为动机和心理需求,以对电影产业的发展策略提出有针对性的建议。

二、文献回顾与研究问题

(一) 大众观影模式的时代变迁

回顾电影业的发展历程,中国观众的观影模式随时代发展而逐步变迁。20 世纪初电影进入中国,在正式的电影院之外,茶园、戏楼、露天广场等也是电影放映的主要场所,很多观众出于对新事物的好奇,在喝茶、听戏、洽谈之余体验一下看电影的新鲜(陈一愚,2013;柳迪善,2015)。新中国成立后,电影院主要集中于少数发达城市。为了方便政治传播,同时为了丰富基层民众的文化生活,国家组建了流动电影放映队为城乡居民放映露天电影(李道新,2006;刘君,2013)。在当时,由于文化娱乐活动普遍匮乏,观众的聚集并不完全是出于对电影内容的兴趣,有很多人是想借机休息放松、交流交往。每次电影放映都如同一场盛会,当地的男女老少纷纷前来,借看电影的机会与身边的人交流谈天。昏暗的放映现场也为青年男女提供了适合约会交往的空间(郭建斌、刘展,2010;孙信茹、杨星星,2012)。观影的娱乐性使之成了大众喜闻乐见的活动,而观影环境的昏暗特征又带来了一定的私密感,因此看电影为小范围的社会交往提供了适宜的时机与空间。因此,在中国电影业发展的早期,由于休闲娱乐方式的稀缺,看电影作为一种宝贵的娱乐活动更可能吸引大批观众结伴前来，这时社会交往、休闲娱乐是人们前来观影的主要目的。

改革开放后，随着我国文化产业的蓬勃发展，电影院走进了全国各地的大街小巷，看电影逐渐成为居民日常化的娱乐活动，尤其是在节假日期间好友相约或者家里几代人共同观影日趋成为流行的文化消费图景（杨越明、李莉，2017）。值得注意的是，观影人群中存在着一批独来独往、独自观影的人。研究显示，独自观影的人有的是为了打发闲暇时光的独居者，有的是为了排遣寂寞的异乡人，还有的人单纯地想享受独自看电影的感觉（方亚琴，2004；王舒窈，2017）。独自观影群体的兴起反映了时代的变迁：一方面，随着城市化的发展，越来越多的人选择独居——有调查显示 2018 年中国约有 7 700 万独居人口，这一数字在 2021 年预计会达到9 200万（艾媒网，2021），而独自观影恰恰是许多独居者生活习惯的一部分。另一方面，当代人对娱乐休闲方式的选择更注重满足个人的兴趣需求，譬如看自己喜爱的影片或是去享受一个人看电影的安静环境（王舒窈，2017）。不过，这些研究仅指出了独自观影人群的存在，对独自观影人群的行为特征及其驱动机制缺乏深入分析。在今天，社会有条件为居民提供多样化的文化娱乐选择，这时观众差异化、个性化的心理需求就显现出来，亟须文化产业的发展予以满足。独自观影这一特别的娱乐模式如何回应了当代人文化消费的新需求，是具有现实意义的问题。

此外，尽管近年来信息技术取得了迅猛的发展，线上观影为有观影需求的人提供了更为便捷、更加多样化的消费选择，但是许多观众依然会选择去影院看电影。2012 年对北京市民的一项调查显示，居民中约 35％的人习惯通过电视观影，约 34％的人经常在互联网平台上观影，只有约 23％的人经常去影院看电影（周雯等，2012）。这说明，随着互联网变得触手可及，影院观影不可避免地受到了网络影视平台分流的冲击（陈梦湜，2016）。不过，对于利用不同媒介观影的比较研究显示，网络观影与影院观影会带给观众不同的体验：影院观影时，由于身处同一情境，每个观众的情绪更容易受到其他观众的感染，因此相比面对电视或网络，影院观影更可能使观众呈现出仪式化的欣赏状态（王广勋，2009；王婷，2012）。此外，随着新技术的应用，影院能够给予观众视觉上逼真的体验，营造身临其境的效果（赵宸，2018）。与之相比，网络观影对于观众来说具有可控性、主动性、随意性等特点，触手可及的影视资源和自主抉择的观影状态使得观众面对电视机或电脑、手机时呈现出更为日常化的状态（李勇强等，2011；王婷，2012）。成长于互联网时代且构成当今影院消费主体的青年群体，往往兼具这两种体验的需求（段媛媛，2013）。近年来电影票房的相关数据也说明，尽管增速放缓，但院线观影人次依然保持着增长趋势(尹鸿、许孝媛,2020)。

在影院观影人次增长的同时,我们也发现前往影院独自观影的群体一直存在:2004年左右,一项对110位影院消费者的访问显示其中有4%的人会选择独自观影(方亚琴,2004);2012年对一线城市的700余位"80后"及"90后"消费者[①]的调查显示,其中有约10%的人会独自观影(阳翼等,2012);2016年对苏州的调查显示有约20%的"90后"会选择独自一人去看电影(王玉明,2016)。这说明,尽管互联网平台提供了便捷的独自观影方式,但是在影院的独自观影体验依然满足部分观众的需求。那么,这些观众会出于什么样的动机而选择独自前往影院观影的行为模式?选择独自观影的人对于观影的体验是否有着特殊的追求?本研究将比较不同观影模式人群的观影行为、观影动机和对观影体验的评价,揭示影院独自观影者的行为特征,探索影响其观影模式形成的心理机制。

(二)影响观影模式的心理机制

1. 观影动机

本研究关注人们的观影动机对于观影模式选择和观影行为的影响。Katz等人(1974)提出的使用和满足理论(Uses and Gratifications Theory)认为,人们对媒体内容的消费是积极的和有目的的,由一系列心理需求所驱动,例如放松、陪伴、消磨时间、学习、感官刺激和逃避现实生活(Greenberg,1974;Rubin,1983)。对于观影的动机研究可以追溯到1952年,Haley通过观察法得出人们观看电影的动机是逃离现实生活(Haley,1952)。Austin(1986)让493名美国大学生对70项看电影的原因进行评分,从中归纳人们的观影动机。他将与学生观影频率显著相关的动机归纳为以下五个方面:愉悦体验、放松心情、情绪刺激、社交活动和沟通需求;与观影频率不相关的三个动机则包括:减轻孤独感、消磨时间和自我展示(Austin,1986)。Möller和Karppinen(1983)对芬兰电影观众的调查发现,不同年龄和受教育程度的观众会出于不同的动机选择观看的影片,这些动机大致分为四类:兴趣与知识的满足、放松及改善心情、社会交往与陪伴、美学与艺术的追求。另有对西班牙电影观众的研究发现,除了影片本身的特点以外,人们的需求(包括社交需求和情绪需求)是促使公众愿意观影的主要原因;其中,主流观众更多地为了娱乐或休闲的目的去看电影(Cuadrado-Garcia等,2018)。

---

① "80后"指于1980年至1989年期间出生的人,"90后"指于1990年至1999年期间出生的人。

目前探究中国观众观影动机的实证研究较少。有研究将中国观众收视或观影的动机概括为由作品衍生的动机、社交动机、信息动机和打发时间的动机四类(范小平,2016),但侧重于对由作品衍生的动机这类外部因素的解读,而鲜有对观众内在心理类的动机开展讨论。另外,有研究者以经验总结的方式指出,中国观众心理上的观影动机可能有消遣娱乐、逃避、寻求认同、情感宣泄、提升认知、获得社会化谈资、提升群体归属感等(朱青君,2006;杨越明、李莉,2017),但没有提供较大范围数据的支持。结合上述国内外研究成果和经验发现,我们在本文中将观影动机归纳为以下七类:休闲动机、娱乐动机、陪伴动机、社交动机、消磨时间、信息获取和逃避现实,以探究中国观众的观影动机以及其对观影行为和观影模式选择的影响。

2. 独处心态

我们认为,独处心态会影响观众对独自观影模式的选择,从而塑造其观影行为。独处指独自一人或与在场人没有任何交往活动的人的生活状态,例如独自在餐厅用餐就是典型的独处行为(Long 等,2003)。值得说明的是,独处并不是孤僻的少数人才会主动追求的状态。人本主义心理学理论指出,自我实现是人类的一种高层次需求,有这种需求的人会主动寻找独处的机会,也能够在独处中获得乐趣(Zugo 等,1982;戴晓阳等,2011)。

人们对于独处的体验既可能是积极的也可能是消极的。有研究指出,独处行为与孤独感有关,虽然两者并不完全等同(Ren 等,2016)。相比孤独感较弱的人,孤独感强烈的人更可能观看小众影片(Wang 等,2012)。经历了更多社会排斥的人更可能会独处,在日常生活中易于感到孤独的人更少会出现在众人聚会的场合(Arpin 等,2015)。然而,另一些研究称,独处并不总是与消极的情绪相联系,也可能具有积极的意义,与灵感捕捉、内心平静、自我整合等体验相伴(Long 等,2003;陈晓、周晖,2012)。当人们主动选择独处时,独处能够让人释放压力、放松心情(Nguyen 等,2018)。

近年来,随着社交媒体的发展,独处心态的相关话题引发了社会关注。有人推测,在互联网时代,由于网络上的社交信息随时随地可以侵入个人生活,对于个体来说独处静思的空间成了一种奢侈的享受(腾讯网,2018)。从这一角度看,独自观影提供了一种独处的机会,而电影院的氛围又能够为想要独自享受艺术体验的观众提供相对不受干扰的空间。因此,对于独处体验的积极感受可能会促使观众选择独自观影。故本研究也将探讨个体的独处心态对于其观影模式的塑造。

(三) 研究思路与研究问题

基于本研究关心的独自观影现象，我们将人们的观影模式分为三类：从未进行过独自观影、被动选择独自观影、主动选择独自观影。我们认为，出于不同的观影动机和独处心态，人们会形成不同的习惯性的观影模式，而观影模式和观影动机又会塑造人们的观影行为。

由于以往研究对独自观影群体的行为特征了解有限，在研究一中，我们首先针对有过影院观影经历的人开展调查，对比有过独自观影经历的群体(独自观影者)与从未进行过独自观影的群体(结伴观影者)，分析两类人群观影行为和观影动机的差异，初步探究独自观影模式和不同的观影动机对观影行为的影响。

在研究二中，我们仅针对独自观影群体开展了调查，根据独自观影选择的主动与否，区分主动选择独自观影者和被动选择独自观影者，对比两类人群在观影行为、观影动机和对独自观影的态度上存在的差别，并尝试以观影动机和独处心态解释这两类观影模式的形成机制。

因此，本文主要围绕以下四个问题展开讨论：

研究问题一：独自观影者与结伴观影者的观影行为有何不同?

研究问题二：独自观影者与结伴观影者的观影动机有何不同?

研究问题三：主动独自观影者与被动独自观影者的观影行为有何不同?

研究问题四：独自观影者的观影动机和独处心态如何影响其观影模式的选择?

三、独自观影者与结伴观影者行为和动机的差异

(一) 数据、变量和样本特征描述

研究一采用方便抽样的方法通过线上问卷收集数据，共回收有效问卷139份。受访者中，男性占比43.9%，平均年龄为27.5岁(最小18岁，最大52岁)。超过90%的受访者具有本科及以上学历，35.3%的受访者已婚，26.6%有恋爱对象，38.1%处于单身状态。

根据受访者回答的自己是否有过独自观影的经历，本研究将其分为“独自观影组”(90人)和“结伴观影组”(49人)。我们在问卷中询问了受访者每月平均线上与线下的观影次数、是否会再次观看一部电影(又称“二刷”电影)、观影前的信息搜寻渠道和观影后的评论习惯。数据显示，所有受访者平均每月会看1.5部左右的电影。

在观影动机的测量上，我们询问受访者分别出于以下七种目的去看电影的频

率:休闲动机("为了放松、休息"),娱乐动机("为了娱乐,愉悦心情"),社交动机("为了能和他人有共同话题"),陪伴动机("为了和朋友、家人相处"),消磨时间动机("为了消磨时间"),信息获取动机("为了增长见识"),逃避现实动机("为了能逃离一会儿现实生活")。回答选项采用了五等级李克特量表的形式,受访者对其持各类观影动机的频率进行打分("几乎不"=1;"偶尔"=2;"有时"=3;"经常"=4;"总是"=5),上述指标的克隆巴赫系数(Cronbach's α)为 0.618。

(二) 数据分析结果

1. 独自观影者与结伴观影者的观影行为差异

我们采取卡方检验(针对分类变量)或独立样本 T 检验(针对连续变量)的方法,对比分析"独自观影组"和"结伴观影组"人群在观影行为上的差异。结果显示,两组人群在人口学特征上不存在显著差异($p_s > 0.05$),但在部分观影行为上存在明显差别:独自观影组的人平均每月去影院看电影次数更多($Mean_{独自观影组} = 1.75$, $Mean_{结伴观影组} = 1.11$; $t = 3.760$, $p < 0.001$);结伴观影组的人会更信任观影平台上发布的短评($t = 2.717$, $p = 0.007$),更相信身边朋友对电影的推荐($t = 2.696$, $p = 0.008$)。两组人群在"二刷"习惯和观影后的评论习惯上不存在显著差异($p_s > 0.05$)。

2. 独自观影者与结伴观影者的观影动机差异

我们采用独立样本 T 检验的方法对不同观影模式群体的观影动机进行比较。结果显示,两组人群在观影动机上存在明显差异:从未独自观影的人更多地会为了能和其他人有共同话题而观影;而有独自观影经历的人更可能出于逃离一会儿现实生活的目的而观影(见表 1)。

表 1 独自观影组和结伴观影组人群观影动机的比较

观影动机	独自观影组	结伴观影组	t	Sig.
休闲动机	3.28(1.03)	3.35(1.05)	−.376	.708
娱乐动机	3.82(0.71)	3.80(0.82)	.197	.844
陪伴动机	3.01(1.07)	3.37(1.15)	−1.832	.069
社交动机	2.08(1.05)	2.57(1.02)	−2.671	.008
消磨时间	2.21(1.07)	2.41(1.17)	−1.006	.316
信息获取	2.60(1.17)	2.53(1.08)	.343	.732
逃避现实	2.24(1.22)	1.67(0.92)	3.101	.002
N	90	49		

注:括号内为标准差。

3. 观影模式和观影动机对观影频次的影响

我们以线性回归模型分析观影模式和观影动机对观影频次的影响，将受访者的观影模式、观影动机和人口学特征变量作为自变量纳入模型，采用逐步回归法对受访者的观影次数进行模型拟合，最终选取的模型仅包含有显著影响的变量。结果如表 2 所示，独自观影模式和观影动机中的消磨时间动机、信息获取动机对观影频次有显著影响。在控制了观影动机的条件下，受访者中有独自观影经历的人平均每月去影院看电影的次数比没有独自观影经历的人多了约 0. 67 次①。在控制了观影模式的条件下，越频繁地出于消磨时间动机或信息获取动机而前往影院的受访者，观影次数越多。

表 2　对观影次数的线性回归模型

	模型 1			模型 2		
	标准化回归系数	*t* 值	Sig.	标准化回归系数	*t* 值	Sig.
独自观影模式[a]	. 269	3. 271	. 001	. 285	3. 717	. 000
观影动机						
消磨时间				. 267	3. 474	. 001
信息获取				. 241	3. 146	. 002
常数项		7. 119	. 000		−. 527	. 599
N	139			139		
F	10. 697		. 001	12. 210		. 000
Adjusted R^2	. 066			. 196		

注：(1) 参照组：a. 结伴观影组。(2) 模型逐步回归中剔除的自变量包括：休闲动机、娱乐动机、陪伴动机、社交动机、逃避现实和人口学特征变量(性别、年龄、收入、受教育程度和婚恋情况)。

四、被动独自观影者与主动独自观影者行为、动机和体验的差异

(一) 数据、变量和样本特征描述

研究二采取了判断式抽样的方法，仅对有过独自观影经历的人发放线上问卷。研究者委托问卷星平台在全国范围内征集受访者，最终收回有效问卷 317 份。受

① 表 2 模型 2 中独自观影模式的非标准化回归系数约为 0. 67。

访者中，有143人（45.1%）会主动选择独自观影；男性占比33.4%，平均年龄为29.7岁（最小16岁，最大58岁），84.2%的人具有大学及以上学历；26.5%的人为单身，23.0%的人处于恋爱状态，50.5%的人已婚。卡方检验的结果表明，单身人群和已婚人群更可能主动选择独自观影，而处于恋爱状态的人更可能被动地一个人去看电影（$\chi^2=8.596$，$p=0.014$）。

我们采用与研究一相同的题目测量了受访者的观影行为及观影动机。研究二的受访者平均每月会看2.2部左右的电影。我们还增加了一道开放式问题，询问受访者通常会在什么情况下或出于什么原因而选择独自一人去影院看电影。

为了探究受访者的独处心态对其观影模式的影响，我们结合Nguyen等人（2018）对独处情绪体验的研究和我们在预调查阶段开展的焦点小组访谈的结果，在问卷中询问了受访者是否同意独自观影是“开心的”“便捷的”“孤独的”“尴尬的”，回答选项采用五等级李克特量表的形式，分数越高代表受访者越认同该评价。两个正面评价指标的克隆巴赫系数为0.66，两个负面评价指标的克隆巴赫系数为0.71。此外，我们也在问卷中增设了一道开放式问题，让受访者用2至4个形容词描述独自一人去影院看电影是怎样的体验。

（二）数据分析结果

1. 被动和主动独自观影者的观影行为差异

我们采取了卡方检验或独立样本T检验的方法对被动和主动独自观影者的观影行为进行了对比分析。结果显示，相比被动选择者，主动选择者不太可能主动向别人发出一同观影的邀请（$t=-7.557$，$p<0.001$）；他们在观影前通过身边人的推荐而了解影片信息的频率较低（$t=-2.998$，$p=0.003$），对影片的场次安排相对没有那么重视（$t=-2.015$，$p=0.045$），观影后也较少与其他人谈论对影片的看法（$t=-3.600$，$p<0.001$）。大部分有独自观影经历的人（90.9%）都有“二刷”电影的习惯，而主动与被动选择者的主要区别在于对“二刷”方式的选择上：相较于被动选择者，主动选择独自观影的人中习惯于去影院“二刷”电影的比例较高，而习惯于在线上“二刷”电影的比例较低（$\chi^2=9.249$，$p=0.010$）。

2. 被动和主动独自观影者的观影动机差异

独立样本T检验的结果显示，相比被动选择者，主动选择者出于陪伴朋友或家人的目的而观看电影的频率较低（$t=-6.165$，$p<0.001$）。对开放式问题回答的分析结果也说明，两类人群的选择差异主要来自陪伴的动机（见表3）：57.69%的被动选择者都会提及的独自观影理由是自己想看电影却约不到人，而主动选择

者中仅有19.48%的人提及同样的理由。被动选择者的观影动机往往与其消极的心境相联系(17.79%),而主动选择者更倾向于认为独自观影是一种放松、减压的方式(9.74%)。同时,主动选择者的观影动机更为多元,如喜欢独处的感受(22.72%)、为了满足个人兴趣而观影(22.08%)等。

表3 独自观影原因的词频统计

独自观影原因	被动独自观影组	主动独自观影组
没人陪/约不到人	57.69%	19.48%
心情不好/情绪低落	17.79%	7.79%
自己独爱的影片/适合独自看的影片	10.09%	22.08%
喜欢独处/喜欢安静地看电影	5.77%	22.72%
放松/休息/解压	3.85%	9.74%
打发时间	3.37%	5.19%
方便	0.96%	5.84%
习惯独自看电影	0.00%	3.90%
其他	0.48%	3.26%
N	174	143

3. 被动和主动独自观影者的独处心态差异

独立样本T检验的结果表明,主动选择者和被动选择者对独自观影的态度存在显著差异。相比被动选择者,主动选择者更可能认同独自观影是便捷的($t=5.683, p<0.001$)或开心的($t=9.323, p<0.001$),不认同独自观影是尴尬($t=-4.755, p<0.001$)或孤独的($t=-5.766, p<0.001$)。

对开放式问题回答的词频统计结果如表4所示。提到独自观影,较多被动选择者认为这是一件孤独的事情(9.80%),而较多主动选择者则觉得是一种自由的体验(11.27%)。无论是否会主动选择独自观影,这些受访者都赞同独自观影是自由的、放松的,但是被动选择者更容易认为这是孤独、孤单的体现,主动选择者则更容易认为这是享受的、开心的体验。

表 4 被动和主动独自观影者对独自观影感受的词频统计

词频排名	被动独自观影组	主动独自观影组
第 1 位	孤独(9.80%)	自由(11.27%)
第 2 位	自由(8.98%)	开心(9.31%)
第 3 位	放松(5.92%)	放松(6.62%)
第 4 位	安静(4.69%)	享受(5.39%)
第 5 位	孤单(3.67%)	方便(4.90%)
N	174	143

4. 独自观影者的观影动机和独处心态对观影模式选择的影响

结合前文的分析，我们认为观影动机和独处心态这两种心理机制都会影响观影模式的选择。我们采用二项 Logistic 回归模型验证这一假设。模型以"主动独自观影模式"为因变量，观影人群的人口学特征以及独自观影态度为自变量，依次输入做逐步回归分析，最终模型仅保留对因变量有显著影响的变量。模型拟合的结果如表 5 所示。在所有受访者中，处于恋爱状态的人相比单身者更不可能主动选择独自观影，但在控制了陪伴动机后，这种婚恋状态造成的差异被消解，说明不同婚恋状态者对观影模式的不同选择可以被观影动机的差异所解释(见表 5 模型 1 和模型 2)。陪伴动机以及对独自观影正面体验的态度能解释主动或被动的独自观影模式选择(见表 5 模型 3)：在有独自观影经历的群体中，较少出于陪伴他人的目的而观影的人更可能有主动独自观影的习惯。对独自观影正面体验认可程度更高的人更可能主动地选择独自观影。

表 5 对主动独自观影模式[a] 的二项 logistic 回归模型

	模型 1			模型 2			模型 3		
	回归系数	标准误	Sig.	回归系数	标准误	Sig.	回归系数	标准误	Sig.
婚恋情况[b]									
恋爱	−.841	.336	.012	−.417	.359	.245	−.414	.405	.307
婚姻	−.025	.269	.926	.352	.294	.232	.319	.339	.346
观影动机									
陪伴动机				−.718	.134	.000	−.788	.160	.000
独自观影态度									

(续表)

	模型 1			模型 2			模型 3		
	回归系数	标准误	Sig.	回归系数	标准误	Sig.	回归系数	标准误	Sig.
便捷的							.691	.209	.001
开心的							1.411	.222	.000
常数项	.000	.218	1.000	1.937	.428	.000	−5.939	1.202	.000
N	317			317			317		
LR χ^2	8.833		.012	42.265		.000	124.214		.000
−2Log likelihood	427.586			394.153			312.205		
Pseudo R^2	.027			.125			.324		

注:(1) 参照组:a. 被动选择独自观影组;b. 单身。(2) 模型逐步回归中剔除的自变量包括:观影动机中的休闲动机、娱乐动机、社交动机、消磨时间、信息获取、逃避现实;独自观影态度中的尴尬的、孤独的;部分人口学特征变量(性别、年龄、收入和受教育程度)。

五、结论与讨论

(一) 独自观影模式的兴起对影院经营策略的启示

在当今世界,随着互联网技术的高速发展,观影这一文化娱乐活动的形式也在发生变化。在网络电影市场急速扩张的冲击下,院线电影如何保持自身的竞争优势? 我们通过分析调查数据发现,独自观影者是影院观影的忠实用户。随着独自观影模式的兴起,院线影业需要及时调整经营策略,以更好地满足这部分用户的消费需求。

在本研究的受访者中,经常出于消磨时间或者增长见识的目的而观影的人,更可能是影院电影的忠实观众。同时,相比总是结伴观影的人来说,有独自观影经历的人更可能是影院电影的忠实观众。这带来的启发是影院可考虑在选片和排片上采取差异化的经营策略,在周末和节假日时集中推出更符合结伴观影者需求的影片和相关卖品,而在工作日等淡季时段重点推出满足独自观影者需求的产品,以更好地顺应市场需求,提升观众的忠诚度。

另外,本研究发现,受访者中会主动选择独自观影的人对于观影体验有着较高的要求:他们在观影消费中会更注重电影本身是否符合自己的喜好,而较少在意他人的影评或推荐;对于内容和制作出色的影片,他们会更愿意为线下"二刷"买单;

他们会更在意影片能否满足自身的兴趣需求，更希望体验安静的、能够带来沉浸感的独处空间。这说明，主动选择独自观影的人往往对影片放映的效果和观影空间的氛围有着较高的期待。影院可以根据观众多样化的需求设计多种规模、多元风格的放映厅，并且积极应用前沿的媒介技术提升观众在观影过程中视觉、听觉、嗅觉等多方面的感官体验，为观众营造“身临其境”的感受。在电影呈现的故事面前观众原本只是旁观者，如果能在放映过程中使观众有故事参与者一般的体验，则更容易引导观众进入一种忘我的状态，让其感到仿佛置身于另一个世界之中，带来极强的沉浸感(潘可武、李静，2019)。这种高质量的现场体验会吸引更多观众走入影院。

(二) 独自观影的心理机制对电影产业发展的启示

本研究发现，在影院观众中，有一类人会出于满足自身兴趣、寻求独处机会的原因而主动选择独自观影。他们认为独自观影是一种自由的享受，而非孤单落寞的表现。独自一人看电影的体验满足了他们的精神需求，因此独自观影会成为他们乐意的、主动的选择。

这种现象反映了大众的心理需求在新的社会环境中的变化：在社交联络便捷的当今社会，人们对独立的、不受打扰的私人空间有着更为强烈的向往。一方面，近年来物质条件的极大改善使中国居民的生活水平普遍提升，越来越多的人期待更高层次的个人需求能够得到满足，例如精神愉悦、兴趣培育、自我实现等。于是，越来越多的人主动追求独处的机会，渴望在独处中拓展自身兴趣，达成自我实现。另一方面，如今互联网技术大大降低了社会交往所需的时间和空间成本，只要情愿，几乎每个人都能够通过社交媒体随时随地处于与他人的联络之中。因此，在社交浪潮的裹挟中，当代人更迫切地需要寻找合适的独处机会以发展个人兴趣、增强自我认同，从而会有更多主动选择独处的行为表现。主动选择独自观影就是一种主动寻求独处机会的反映。

在社交媒体十分普遍的今天，文化产品如何满足当代人日益强烈的对于独处体验的需求，是电影产业需要回应的问题。近年来，提供独立放映包厢和私人订制式服务的“私人影院”在我国电影市场中迅速崛起(翁旸，2016)，正体现了当代人对个性化文化娱乐服务的需求的增长。不过，目前私人影院的运营有待规范，质量良莠不齐(翁旸，2016)，难以满足人们对于独自观影体验质量的高要求。因此，去大型影院观影依然是众多追求独处体验的消费者偏好的选择。进一步规范私人影院的放映活动，同时着力优化线下院线的观影体验，将为电影产业的发展注入新的活力。

此外，值得说明的是，虽然本研究关注的对象是独自观影人群，但是这类对于消费体验质量要求较高的、追求独处享受的人群也可能出现于剧场、音乐会、艺术展览等各类文化消费场景中。如何提升文化消费现场体验的沉浸感、如何更好地满足当代人对于独处空间的个性化需求，是未来文化产业发展值得关注的问题。

参考文献

[1] Zugo J. O.，Hershey G. L.，金炜. 马斯洛关于自我实现人格的理论[J]. 外国心理学，1982(4)：24－27.

[2] 艾媒网. 单身经济数据分析：2021 年中国独居人口数量将达 9200 万人[EB/OL]. (2021－04－22). https://www.iimedia.cn/c1061/78143.html.

[3] 陈梦湜. "互联网＋"对电影产业的影响——创作与放映环节的机遇和挑战[J]. 中国电影市场，2016(9)：14－18.

[4] 陈晓，周晖. 自古圣贤皆"寂寞"？——独处及相关研究[J]. 心理科学进展，2012，20(11)：1850－1859.

[5] 陈旭光，张明浩. "后疫情"时期电影宣发策略及创作走向思考[J]. 中国电影市场，2020(6)：17－24.

[6] 陈一愚. 中国早期电影观众史(1896—1949)[D]. 北京：中国艺术研究院，2013.

[7] 戴晓阳，陈小莉，余洁琼. 积极独处及其心理学意义[J]. 中国临床心理学杂志，2011，19(6)：830－833.

[8] 段媛媛. "网络世代"电影消费的症候及反思[J]. 南京社会科学，2013(7)：94－99.

[9] 范小平. 超级英雄电影受众观影动机与行为意向研究[D]. 广州：暨南大学，2016.

[10] 方亚琴. 关于影院电影消费的调查分析[J]. 电影艺术，2004(3)：20－24.

[11] 郭建斌，刘展. 看电影作为一种社会交往行动——基于西藏昌都田野调查资料讨论[C]//新闻学论集(第 25 辑). 北京：中国人民大学新闻与社会发展研究中心，2010.

[12] 李道新. 露天电影的政治经济学[J]. 当代电影，2006(3)：97－101.

[13] 李勇强，卞芸璐，乔露. "后影院时代"电影的网络传播及受众研究[J]. 当代电影，2011(7)：91－95.

[14] 柳迪善. 茶园文化与国人早期的观影方式[J]. 文艺研究，2015(7)：82－90.

[15] 刘君. 露天电影：从流动影像放映到公共生活建构[J]. 东南学术，2013(2)：218－225.

[16] 潘可武，李静. 沉浸感：新媒体时代电影审美接受的变化[J]. 当代电影，2019(10)：117－120.

[17] 孙信茹，杨星星. 云南迪庆藏区的农村电影放映和社会空间生产[J]. 西南边疆民族研究，2012(1)：22 - 30.

[18] 腾讯网. 作家伊恩 · 麦克尤恩：互联网时代人不孤独，反而是独处的空间少了[EB/OL]. (2018 - 11 - 03). https://new.qq.com/omn/20181103/20181103A0JEUL.html.

[19] 王广勋. 网络时代的电影受众研究[D]. 厦门：厦门大学，2009.

[20] 王舒窈. 异乡里的独居者[D]. 南京：南京大学，2017.

[21] 王婷. 电影传播载体多元化与受众心理研究[D]. 重庆：重庆师范大学，2012.

[22] 王玉明. 大陆 90 后观众电影消费及对电影产业影响研究[D]. 上海：上海大学，2016.

[23] 翁旸. 二级电影市场发展观察——私人影院[J]. 中国电影市场，2016(6)：34 - 35.

[24] 阳翼，朱筠丽，万依柳. 中国新生代电影大片消费偏好调查报告[J]. 现代传播(中国传媒大学学报)，2012，34(1)：92 - 97.

[25] 杨越明，李莉. “互联网+”背景下大众电影消费新生态研究[J]. 当代电影，2017(11)：90 - 94.

[26] 尹鸿，许孝媛. 2019 年中国电影产业备忘[J]. 电影艺术，2020(2)：38 - 48.

[27] 张露，杜娟. 看电影非情侣专利单独观影习惯已形成工作日人最多[EB/OL]. (2017 - 07 - 09). http://www.sohu.com/a/155668441_237443.

[28] 赵宸. 视频网站电影与影院电影的观影体验分析[J]. 艺术教育，2018(15)：133 - 134.

[29] 周雯，姜琳琳，安利利. 关于北京市民观影渠道的调查报告[J]. 现代传播(中国传媒大学学报)，2012，34(7)：144 - 146.

[30] 朱青君. 观影的多种动机[C]//北京市社会心理学会 2006 年学术年会. 北京：北京市社会心理学会，2006.

[31] Arpin S. N., Mohr C. D., Brannan D. Having Friends and Feeling Lonely: A Daily Process Examination of Transient Loneliness, Socialization, and Drinking Behavior [J]. Personality and Social Psychology Bulletin, 2015, 41(5): 615 - 628.

[32] Austin B. A. Motivations for Movie Attendance [J]. Communication Quarterly, 1986, 34(2): 115 - 126.

[33] Cuadrado-Garcia M., Filimon N., Montoro-Pons J. D. Picturing Spanish Filmgoers: Motives, Barriers and Film Theatres[J]. Regional Science Inquiry, 2018, 10(2): 45 - 60.

[34] Greenberg, B. Gratifications of Television Viewing and Their Correlates for British Children [M]//The Uses of Mass Communication: Current Perspectives on Gratifications Research. Beverly Hills, CA: Sage Publications, 1974: 71 - 92.

[35] Haley, J. The Appeal of the Moving Picture[J]. The Quarterly of Film Radio and Television, 1952, 6(4): 361 - 374.

[36] Katz E., Blumer J., Gurevitch M. Utilization of Mass Communication by the Individual[M]//The Uses of Mass Communication: Current Perspectives on Gratifications Research. Beverly Hills, CA: Sage Publications, 1974: 19-32.

[37] Long C. R., Seburn M., Averill J. R., et al. Solitude Experiences: Varieties, Settings, and Individual Differences[J]. Personality and Social Psychology Bulletin, 2003, 29(5): 578-583.

[38] Möller K. E. K., Karppinen P. Role of Motives and Attributes in Consumer Motion Picture Choice[J]. Journal of Economic Psychology, 1983, 4(3): 239-262.

[39] Nguyen T. T., Ryan R. M., Deci E. L. Solitude as an Approach to Affective Self-Regulation[J]. Personality and Social Psychology Bulletin, 2018, 44(1): 92-106.

[40] Ren D., Wesselmann E., Williams K. D. Evidence for Another Response to Ostracism: Solitude Seeking[J]. Social Psychological and Personality Science, 2016, 7(3): 204-212.

[41] Rubin A. M. Television Uses and Gratifications: The Interactions of Viewing Patterns and Motivations[J]. Journal of Broadcasting, 1983, 27(1): 37-51.

[42] Wang J., Zhu R., Shiv B. The Lonely Consumer: Loner or Conformer? [J]. Journal of Consumer Research, 2012, 38(6): 1116-1128.

作者简介

徐　禕(1980—　),上海人,上海交通大学上海交大—南加州大学文化创意产业学院副研究员。研究方向为传播心理学。

何舒涵(1996—　),山西人,复旦大学社会发展与公共政策学院硕士生。研究方向为社会心理学。

Loneliness or Enjoyment
—Study on Motivations, Attitudes and Behaviors of Alone Film Viewers in Cinema

Xu Yi He Shuhan

Abstract: With the growth of film consumption and the diversification of entertainment, more people watch movies alone in cinema. What motivates the alone viewers? What is the underlying psychological mechanism of such behaviors? The current research collected data from two online surveys, examined the behaviors and motivations of alone film viewers, and further explored the effects of motivations and the attitudes to solitude on the choice of whether watching movies alone. In study 1, we compared alone viewers with accompanied viewers, and in study 2, we compared people actively chose to watch movies alone with those did passively. Findings showed that alone viewers went to cinema more often compared to the accompanied viewers. Compared to the passive alone viewers, the active ones were more likely to watch movies again in cinema, less likely to be motivated by accompanying others and more likely to enjoy the quietness, convenience and ease of watching alone. Film industry operators in China should improve marketing strategies to meet the booming demand of personalized movie-watching experience of modern consumers.

Key words: Alone Film Viewers; Viewing Behaviors; Motivations; Attitudes to Solitude; Cultural Consumption

“粉丝”身份在关系经济中的转型及运用*

余俊雯　潘可武

摘　要:新媒体经济是一种关系经济,即通过关系产品、转换机制和共享价值实现其经济效益,是一种新的经济形态,其中的关系动力,不得不提“粉丝”。从消费偶像到为偶像消费,“粉丝”在新媒体传播中从个体成长为圈层,其身份变化在关系的流动中不断与产业相互赋能,成为互联网经济中的重要组成部分,其话语权得到进一步提升与关注。“直播带货”这一新零售形态,更是充分发挥了“粉丝”的积极效用,实现顾客从“买者”向“粉丝”的身份转型,创新了新媒体关系谱系,尤其在新冠疫情期间,上升为国家主流媒体扶贫助农战略层面的有利推手。厘清“粉丝”身份在关系经济中的转型特征,探寻其转型背后透露出的资本、技术、人、内容四方面的关系逻辑,并进一步探索“粉丝”身份与新媒体时代国家认同之间的有效连接。

关键词:关系经济;新媒体传播;粉丝转型;情感认同

一、互联网时代中的关系经济

早在18世纪,法国著名学者狄德罗曾提出“美在关系”说,认为“美总是随着关系而产生,而增长,而变化,而衰退,而消失”①。这是狄德罗从唯物主义视角出发开创的美学学说,认为美是流动的也是多角度的,美不仅蕴藏在自身独特的气质里,也显现于事物之间的普遍联系中,更作用于人的主观意识的能动性,一切基于关系的变化而变化。但这里的“关系”更多地指向形而上意义,随后,“关系”的形而下层面不断被传播学领域所关注,有学者提出“媒介即关系”(这里的“媒介”特指“新媒介”),新媒介的传播就是关系传播,“关系”成为区分传统媒介与新媒介的一

*　基金项目:福建省高校人文社科研究基地新媒体传播研究中心(闽江学院)基金一般项目“新媒体时代‘粉丝’身份的转变内涵”(FJMJ2020A02)的阶段性研究成果。

①　[法]狄德罗.狄德罗美学论文选[M].张冠尧,等,译.北京:人民文学出版社,1984:29.

个重要维度。

互联网的迅猛发展改变了中国自乡土社会以来的差序格局，重塑了人与人、人与信息、信息与社会之间的组织结构方式，依靠互联技术将原先以实体形式存在的人情社会转换为以赛博形式连接的网状空间，“关系”随着媒介的更迭不断闪烁出新的节点变化。“在传统媒体时代，媒体与受众的关系是松散的，这种关系是通过注意力来维系的，注意力是稀缺的；进入互联网时代，新媒体与用户的关系是紧密的，稀缺的不仅是注意力，还有关系和关系转换。”①互联网时代从交互技术开始，不断产生联结，最终形成当今网状纵横交错的社会组织系统，改变着社会关系的运转方式与传播思维，其中，新媒体既是其强大的动力支撑也显现为突出的表现成果。飞速崛起的新媒体严重冲击了传统媒体，模糊了以往边界相对明晰的人际传播、群体传播、组织传播和大众传播，将之彼此杂糅成一种“随时随地随意性”的新媒体传播模式，争夺用户黏性，抢占市场份额，从而催生出新的经济形态，即关系经济，“通过关系产品、转换机制和共享价值实现其经济效益”②。

今年是我国全功能接入世界互联网的第 27 年，据《中国互联网发展报告2020》数据显示，我国移动互联网用户规模高达 13.19 亿，占据全球网民总规模的 32.17%；全国数字经济增加值规模已达 35.8 万亿元，稳居世界第二位。如何在虚拟的互联网世界发挥如此庞大的人口红利，产品与用户的关系成为其撬动路径。尤其在娱乐文化领域，每一次新媒体技术的升级都带来关系经济的增长节点，随着新媒体用户对娱乐文化产品依赖度和喜爱度的提升，人与人、人与物的情感连接，由最初单薄的孤立审美逐步发展为在流动的关系中多元化审美，赋予了个体更深层次的主体意义。

二、粉丝文化图景中的身份转型

关系，指人类社会交往进程中的相互作用和影响，其核心在于“相互”，这就意味着需要两者及两者以上的存在物，于不同场景中构成不同的主客体关系。隶属于粉丝文化图景中的“饭圈”经济是新媒体经济的重要组成部分，这支完全由互联网土壤孕育出来的新鲜物种蕴藏着错综复杂的关系交织与转换。基于传统理解，明星作为主体掌握着绝对的话语权，粉丝作为追随者，其主动性受到诸多限制。然

① 谭天. 新媒体经济是一种关系经济[J]. 现代传播，2017(6)：121－125.

② 谭天. 新媒体经济是一种关系经济[J]. 现代传播，2017(6)：121－125.

而在新媒介的影响助力下，粉丝的主动性迅猛提升，话语权迅速扩大，在日益兴盛的饭圈文化中不断改变着明星与粉丝间的固有关系。当我们运用狄德罗的“美在关系”说看待“粉丝”物种时，可以从其身份的转型过程和构成要素中看到秩序、安排、融合、层级，这些是存在于“粉丝”本体之上的第一层关系美学，即孤立而真实的美。若将“粉丝”与“明星”联系起来，又可引申出粉丝文化、粉丝经济、明星效应、互联网生产力等多维审美，这时“粉丝”的美就是相对的美，即狄德罗所说的第二层关系美学——一种物体和其他物体的关系。第三层是客体与主体的关系，通过这种关系揭示出“粉丝”置于现实、自然、社会之中的复杂与多元、运动和变化，发现粉丝逐渐从个体成长为圈层再赋能产业经济，不断转型的身份背后映射出新媒体时代下的关系流动。

（一）从“旁观个体”转变为“追星个体”

当某个个体对另外一个个体产生欣赏、喜欢、爱慕等情愫时，其身份就会从“旁观者”转变为“追星者”，成为大众文化理解中的“粉丝”。尽管“粉丝”一词来自西方国家，但相关概念我国自古就已有之。唐朝“诗圣”杜甫心系“诗仙”李白的才华，赠予其诗词超过 15 首以示追随之心；民国时期，梨园行当将台上表现突出、受人欢迎的表演者誉为“名角儿”，台下给予欢呼与追捧的观看者称为“捧角儿”；近代之后，“明星”概念迅速普及，与此同时出现了相应的“追星者”“崇拜者”；2005 年，轰动全国的首档现象级电视选秀节目《超级女声》的开播掀起了“粉丝”狂潮，成为 21 世纪以来颇受关注的文化现象。原本作为单独个体存在的追随者与被追随者，由最初两个陌生的个体转变为有情感关系连接的主客体，两者关系超越了一般利害性和政治性。

此时的“粉丝”处于第一阶段，从客观冷静的“普通受众”发展为特别关注的“特殊受众”，被赋予了情感滤镜，由“旁观者”自发性成为“追星个体”，仅凭单纯的“喜欢”即可维系与被喜欢者间的关系，且这种关系的紧密度由喜欢程度的深浅而决定。因此，两者之间的关系也具有不稳定性，而这种不稳定性因素很大部分上来源于当时尚且单薄的媒介环境。21 世纪初仍是电视主宰的时代，内容传播自上而下，通过全面普及的家庭电视机实现单向传播，但手机短信投票的方式开启了民众的参与意识，使得观众与屏幕里的公众人物有了启蒙阶段的关系连接。如果按照马克·波斯特对媒介的定义，那么这一阶段的“粉丝”应该位于第一媒介时代与第二媒介时代的交接点，渴望拥有更多互动却受限于媒介信息的传播桎梏，只能通过收看固定的电视节目或购买有限的周边聊以慰藉，信息来源单一、被动，信息体量简单稀少,单打独斗实现远距离目光追随。

(二) 从“追星个体”成长为“粉丝族群”

科学技术的迅猛发展带领我们正式进入第二媒介时代。在这里,发达的数字技术不断突破着传统媒介的权威与禁锢,注重开发传播的互动性和发散性,逐步走向“去中心化”。“微博超话”“粉丝团”“后援会”等网络社群的组建使得原先飘零四处的“追星个体”无障碍地迅速集结,在此找到归属感和认同感,共同构建“想象共同体”,以此形成“追星圈”。尽管发端于网络社区,但“圈子”模糊了时空边界,强调精神层面的契合与统一,成长为互联网生态环境中特殊的社会组织结构。在此结构中,“粉丝”身份进入第二阶段:族群化。以共同喜欢的对象为中介,将五湖四海的陌生人集聚在一起分享有无,相识、相知、相处、相爱,通过稳定有序的组织活动打造共通的情绪出口。

从个体到族群,背后体现的是新媒介生产力的进步和更加鲜明的媒介属性的粉丝文化现象。智能手机和 4G 移动网络的普及使得互联网迅速下沉,与此同时带来信息的下放。与以往只能通过广播电视定点定时获取信息的方式不同,如今粉丝们可以通过微博、抖音、小红书等多种移动渠道了解明星更多日常,甚至使用“爱豆明星行程”微信小程序就可以实时掌握“明星”的行程动态,打破信息壁垒,消除屏幕距离。明星的公众形象在新媒体的传播作用下变得“看得见,摸得着”,通过定期的、针对性的互动机制不断夯实其在粉丝心中的美好形象,进而在一次又一次的追逐伴随中加深其“光环效应”和与“我”的连接,使得“粉丝”与“明星”之间的关系愈加紧密。

(三)“粉丝族群”与“圈层产业”的相互赋能

“圈子是网络人群的一种重要关系模式,圈子化也是圈层化的一个方面。”①随着粉丝力量的不断崛起,粉丝模式逐渐从“圈子”拓展为具有一定产业色彩的“圈层”,其中“层”的概念意味深远。一方面说明圈子的高规模度和强黏合性,另一方面暗指同一个圈子内也包含着不同层级,而这不同的层级对应不等的经济实力,运用于粉丝营销中成为一门生意。“明星”在这门生意中被细分为“实力明星”“流量明星”“偶像明星”等多种类型,共同作用于资本的裹挟,不断挖掘粉丝圈层生产力,直至催生出如今蓬勃旺盛的粉丝产业经济景象。

粉丝圈层大体上包含三个部分。第一层即最重要的核心层,由最为衷心的铁

---

① 彭兰. 网络的圈子化:关系、文化、技术维度下的类聚与群分[J]. 编辑之友,2019(11):5-12.

杆粉丝组成，其数量占比较小，但生产力最为突出。例如爱奇艺《青春有你 2》选秀综艺中的训练生林凡，尽管在节目中仅取得第 20 名排位，但依然收获了大量人气。粉丝为其集资 40 万元用于定制耳返及麦克风作为生日礼物，其中一位铁杆粉丝一人出资近 4 万元，包揽总额的十分之一。这类粉丝是整个粉丝产业体系中的基石，俗称“大粉”，忠诚度高、影响力大、经济实力相对优越，对“偶像”与“粉丝”都拥有一定的话语权，牵系着整个粉丝圈层，能够自发影响其他粉丝，带动生产力高效运转。第二层即中流砥柱层，包裹在核心层的四周，数量最为庞大。这类人群因为欣赏而追随，相对来说较为理智，但面对特殊情况也会冲动消费。据人民智库数据统计，每年有半数以上的粉丝为偶像消费超过 500 元的金额。第三层即外围层，由通常意义上的“路人粉”组成，流动性较大，开发潜力也最大，如果得以巧妙利用，同样可以创造出不菲的经济效益。

如此一来，圈层利用粉丝内部环形结构实现梯级发展，让核心层激荡中心层，让中心层影响外围层，不断循环带动，最大化激发粉丝购买力。同时，圈层内部成员每日严格开展“超话”“控评”“反黑”等一系列维护活动，确保偶像正面形象的传播，也时常干预偶像事业与生活，为其职业发展给予建议与意见。除此之外，还通过“做数据”“打榜”“应援”等相应举措为偶像的商业价值加持助力，有组织、有记录地花费真金白银，心甘情愿成为粉丝经济产业链中有序的“牺牲者”，以此带动市场经济从“消费偶像”到“为偶像消费”的转变。途中，“偶像”与“粉丝”之间建构起极为强烈的捆绑关系，这种关系连接在网络选秀领域体现得更加鲜明，“节目参与主体和节目观看主体通过想象的能指和精神的认同，共赴一场文化盛宴。精致华丽的舞台、热情洋溢的现场、直接粗暴的投票、全方位多角度的直拍……一步步瓦解选手与粉丝之间的距离堡垒。从节目播出到结束的短短几个月时间里，选手与粉丝之间快速构建起极强的关系连接，选手需要依靠粉丝争取巅峰对决的机会，粉丝又在这场对决中见证偶像的诞生。粉丝作为选秀文化消费景观里的生产消费者积极配合着节目游戏规则，同时又以‘偶像坚守者’的身份主动参与到选秀文化建构之中。这是一种在特定的节目秩序之下建立起来的生存体系，透射出网络选秀节目自下而上式狂欢的仪式性与颠覆性，是一次对于全民狂欢精神的合理释放”①。凭借自发的内生情感动力，粉丝族群逐渐向外扩张，不断增长的情感需求要求外部环境及时做出相应匹配，于情感互动中与粉丝产业连接成强利益关系。粉丝族群

① 余俊雯．当代中国团体选秀节目的奇观变化与反思[J]．当代电视，2020(11)：48－53.

的扩大推动了粉丝产业的组织化、结构化发展，而粉丝产业的形成是粉丝族群发展的必然结果。

从冷静的“旁观者”到狂热的“追星族”，这是关系经济中的第一次关系转换。选秀节目受众的实质是对社会观看个体筛选之后的留存数据，通过对同一个偶像的喜爱将彼此陌生的个体建立相互关系，转换为可数据化的社会资源。再从中进行分类和融合，过滤出经济实力相对卓越的“大粉”资源，实现关系经济中的第二次关系转换。之后，节目资本方利用真实有效的数据信息，以满足用户需求之名实现流量变现，完成第三次关系转换，将关系价值最大化。由此可见，每一次粉丝身份的变化，实则都是关系经济中的效益转化。“粉丝”对于关系经济的发展功不可没，尤其在直播带货这一创新零售形态中，“粉丝”价值的凸显与挖掘进一步深化了新媒体时代的关系联结。

三、新媒体直播带货中的关系联结

“直播带货”是2020年互联网最热关键词。据中国互联网络信息中心(CNNIC)发布第45次《中国互联网络发展状况统计报告》数据显示，截至2020年3月，我国网络直播用户规模达5.60亿，较2018年底增长1.63亿，占网民整体的62%。电子商务年交易规模为34.81万亿元，网络支付交易额足有249.88万亿元。“直播带货”一举成为我国增长最为迅猛的新经济业态，其成功运行的背后取决于两个必要条件：一是基于移动直播形态中的买卖关系逐渐粉丝化、娱乐化、亲密化，形成彼此依赖的关系产品；二是通过直播形态的社交信任度联结，将社会资本与金融资本成功转换，实现商品交易。

(一) 买卖关系中的“粉丝文化”

互联网的迅猛发展为网络名人的供给方式带来巨大便利。近两年，异军突起的“李佳琦”等已然成为互联网直播领域中的代表性符号，形成“明星效应”引领着直播带货的风尚。2020年4月1日，“中国初代网红”罗永浩也开启了带货直播首秀，以累计观看人数4 800多万、带货交易额超过1.1亿元的惊人数据再次引爆网红经济，促使我们重新审视互联网时代主播与消费者之间的关系变化。

作为头部主播，李佳琦拥有超过1 000万的微博粉丝，其粉丝数量及活跃度不亚于演艺圈一线明星。在注重营销的直播经济语境框架内，头部主播努力将自己定位于“作为商品的明星”，一方面，通过特定的专属称呼与用户形成绑定关系，例如李佳琦的“所有女生”，以此加强黏合作用，形成各具特色的主播标志，将直播人格化。另一方面，通过极具煽动力的引导语进行重复式传播，当他们在直播间激情喊出“所有女生，买它买它买它”和“5、4、3、2、1，上链接”时，屏幕前的女孩们立即疯狂下单，在富有仪式感的口令中点击支付按钮，并期待着下一件商品的到来，与其说是满足一次购物需求，不如说是进行了一场消费狂欢。与此同时，他们不断拓展公众领域，通过上综艺、做访谈、拍杂志封面进行深度曝光，“粉丝对喜爱的媒体文化产品的典型反应不仅仅是喜爱和沉迷，还包括不满和反感，这正负两方面的反应促使了他们与媒体的积极互动”①。他们以“表演者”的形象展示不同维度的自己，并且针对质疑、失误总是做出最为迅速和真诚的回应，从而争取更多大众的喜爱与支持，将原先纯粹的商品消费者通过游戏化、综艺化的直播互动吸纳为粉丝消费者。再通过一系列诱人的折扣、丰富的福利和趣味十足的互动连接，在高密度、强节奏的互联网传播中构建起层层递进的气氛高潮，将直播场景打造成一个具有粉丝语境的互动场域，用户们的高度参与超越了传统的买卖关系，“顾客”朝“粉丝”靠拢，“主播”向“明星”演变，将直播内容经营为不可或缺的关系产品。

（二）直播带货中的底层逻辑

无论是传统零售时代，还是新零售时代，无不外乎围绕着“人”“货”“场”三要素展开。传统零售时代，卖货者被称作“售货员”，买货者被称作“顾客”。当顾客进入商场等实体空间购买心仪货物后，双方即产生买卖关系。这种关系多为一次性，买者与卖者互不相识，仅以特定的货物为媒介，在当时当地产生交易。如今，这种买卖关系被挪移到互联网之上，环境发生了质的改变。“带货主播”取代了传统售货员；买卖场域突破了时空局限，智化为“卖货直播间”；“顾客”的范畴也被进一步扩大，无论有无购物需求都能以“用户”的身份游荡在直播间内，观看任意一个网络主播。在这种随时随地随意的“看”的行为中，“凝视”被无限放大，观看者与主播之间的距离被不断消解，沉浸式观感被进一步强化，在一次又一次的直播互动中，彼此之间建立起陪伴关系，形成信任基础，进而产生逐渐亲密的关系循环。

直播带货中的底层逻辑就在于“人货场”的重构。在一切以“用户”为中心的智媒时代，直播电商颠覆了传统“人找货”的模式，利用一个个同质或者差异性的数据和多元场景转变为“货抢人”“帮助用户发现需求，选择商品，对比性价比，大大缩短了用户做出消费决策的时间，而直播间还能通过红包、抢购、优惠码等各种直观且

---

① ［美］亨利·詹金斯. 文本盗猎者［M］. 郑希青，译. 北京：北京大学出版社，2016：22.

互动化的方式进行销售促进，用户甚至也可以通过自身需求表达影响产业链上端”①，充分发挥“人”的主体性，进而增加“货”与“人”的精确匹配度和高效转化率，使用户与主播之间形成依赖关系和信任纽带，将购买者逐步培养成具有归属感的狂热粉丝，深度挖掘卖者与买者之间的情感联结，最大化激发关系价值。不难发现，直播带货的逻辑关系与明星粉丝间的逻辑关系有着异曲同工之妙，毕竟，归根结底这都是新媒体传播语境中经营的屏幕前的“人”的生意。2020 年突如其来的全球新冠疫情，打破了人们正常的生活秩序，线下商场店铺、社交场所全面关闭，经营受阻，销售停摆。所幸，与“粉丝”有着天然连接的云端直播以全新的线上形态解救了燃眉之急，不仅为大众带来了更为新鲜有趣的互动体验，还以创新式的零售形态继续拓展了关系经济。

四、关系经济下的国家形象建构

直播带货可以说是继选秀节目之后，又一次对“粉丝”价值的成功开发，而成功的基础正是建立在粉丝与带货主播之间的关系策略之上。“‘关系’与‘传播’是一对共生概念，在传统媒体时代，‘传播’关注的只是信息内容，却忽视了传播背后的‘关系’价值。”②直播形态下的传播除了提供用户对内容产品的需求外，还以超强陪伴、可移动伴随、精准匹配的特别优势添加了用户对产品的情感价值，使其内容产品不断在新媒体传播的共享服务中升级为关系产品。“人的本质不是单个人所固有的抽象物，在其现实性上，它是一切社会关系的总和。”③因此，对于国家建设而言，将社会关系置于关系经济视阈中，兴许可以利用其文化属性和意识形态属性挖掘出审美与经济效益的双重价值联结。

（一）主流媒体的直播探索

正如上文所提到的电商直播，其实已在 2019 年就被业界普遍认证为是“电商直播元年”，但在疫情笼罩下的 2020 年又迈入一个新高度，之所以会取得如此广泛的声誉，主要是因为国家主流媒体与之主动尝试与融合。为加强疫情之后湖北省经济社会发展，支持湖北做好援企、稳岗、促就业、保民生等工作，2020 年 4 月 1 日

---

① 时趣. 直播的未来，不是直播[EB/OL]. https://mp.weixin.qq.com/s/glrvoh9nPRf8IWkYgEGMAQ.

② 谭天. 新媒体经济是一种关系经济[J]. 现代传播，2017(6)：121－125.

③ [德]马克思. 马克思恩格斯全集(第 3 卷)[M]. 中共中央马克思恩格斯列宁斯大林著作编译局，译. 北京：人民出版社，1960：7.

起，央视新闻新媒体联合各大电商平台、生活服务平台和社交平台，发起“谢谢你为湖北拼单”公益行动，通过“直播带货”模式全面助力湖北经济生产复苏，正式开启了“官方主流媒体＋直播”的新篇章，以此带动电商直播进入“主流升格之年”。

在直播带货的主播选择上，主流媒体没有一味地坚持惯用的国家脸孔，而是巧妙运用关系策略选取了已被市场、大众接受的超人气主播。例如选取李佳琦与央视新闻主播朱广权组成“小朱配琦”，以大众耳熟能详的动漫谐音梗形成跨界搭档。同样趣味十足的主播组合还有“谁都无法阻拦我下单”（央视新闻主播欧阳夏丹与演员王祖蓝的组合），不断上演着传统媒体与新兴媒体的碰撞火花，以文化带货为切入点，展现有意思的主播形象，凸显媒介的延伸与包容，在全新的网络生态里探寻最契合普罗大众的购买意愿和关系连接。央视四位男主播组合而成的“央视boys”，从其组合名称即可看出当下传统主流媒体不断贴近市场、大众的真诚与努力，以被大家津津乐道的男团形式进行内容展示、文化演绎和分工互动，制造颠覆传统精英文化的“主播团”符号，在一定程度上主动融入亚文化群体，满足新媒体语境下多元化的用户偏好及审美趣味。直播，是对视听内容最具无损化的交流模式，是和对方建立信任情感最直接、最快速的联结渠道。人民日报新媒体推出的“为鄂下单”系列公益直播带货活动，在 4 个小时的直播中，无论是小而散的特色小吃卤鸭脖、小龙虾，还是大而贵的品牌汽车等全部售罄，单场引导成交金额超过 2 亿元。除此之外，越来越多的城市主政者纷纷走进直播间，例如在新华社等主办的“市长带你看湖北”直播活动中，湖北省黄冈市、荆州市、荆门市、十堰市、恩施土家族苗族自治州的 5 位市（州）长参加直播推荐当地特色产品，总销售额逾 2 426 万元。主流媒体携手直播平台，利用其强大的媒体公信力、品牌影响力和口碑传播力获得广泛关注，通过备受大众喜爱的公众人物与用户进行直播互动，建立亲密联结，更好地促进商业转化，共同助力城市发展复苏和乡村振兴脱贫。

（二）建构国家认同

人是一切社会关系的总和，但不是天生的社会动物，其存在基础基于自然、政治、利益和情感的力量。随着社会发展的高速前进，其中，情感的力量愈加凸显。从逐渐走向正轨的追星潮流到当下如火如荼的直播带货，背后的兴盛都离不开粉丝力量的支持与支撑。主流媒体直播带货的成功案例为民众与国家的有机互动提供了优秀范例，也为在新媒体视域下国家认同的建构开拓出一条生动的创新路径。“在人成为主体力量的现代社会，国家认同不是简单的国家观念或国家意识问题，而是国家建设本身的问题。在全球化、现代化与民主化的大时代背景下，围绕现代国家建设所形成的国家认同建构，是以民主为基本前提，以国家制度及其所决定的国家结构体系的全面优化为关键，最后决定于认同主体的自主选择。”①

对于绝大多数民众来说，一旦“形象”“行为”之前被冠以“国家”指代词，就散发出与生俱来的距离感，彰显着权威与不容置疑，其价值意义立刻被抬升，亲近性明显下降。同时，“国家形象”的建成离不开亿万个人民的个体形象，每一个民众自我都与国家他者息息相关。因此，国家与个体的关系始终处于一种微妙的抗衡状态，建构国家认同，困难在所难免。认同，通常基于个体向比自己地位或成就高的人的赞赏与认可，将这份最初不对等的关系通过“认同”的心理情绪消除其不平衡感，转换成正面意义形成紧密连接。新媒体时代，国家主流媒体主动牵手直播，利用可视化、交互性、真实感的直接抵达重新构建每个自我与他者的关系，在这种无损化的关系连接中培养信任与情感，并以其视听交互沉浸优势为用户带来极强的陪伴体验，使民众产生一种自下而上的依赖黏性，汇聚为精神认同，重新书写新时代“人”与“人”“人”与“社会”的关系维护与建构，毕竟，“影响大众想象力的，并不是事实本身，而是它扩散和传播的方式”②。

五、结　语

从野蛮生长到产业化结构，“粉丝”随着时代的发展而发展，成为推动新媒体时代关系经济的重要动力，不仅在文化娱乐产业中大放光彩，还进军新媒体战地，为直播带货带去新鲜助力。关系，是现实存在物之间固有的存在基础，关系的强弱仍需依靠人为的带动，蕴含着积极的主体意义。认同，基于关系的连接程度呈现不同距离的深浅，与传播方式休戚与共。“传播，不仅帮助人类创造灿烂的文化，实现悠久的传承，而且能帮助人类建构强弱的有效平衡，使人类可以从弱肉强食的黄满世界，走向自由、民主、平等的现代文明！”③对于国民个体来说，与国家建设的关系愈加紧密，其认同感愈加深刻牢固。如今，不断升级迭代的新媒体传播方式打破了以往居高临下的对话态度，以其丰富多样的福利实惠、互动体验、沉浸观感满足了大众对权利平等、精神慰藉的渴望与诉求，使得大众在新媒体关系谱系中逐渐走向“粉丝化”和“认同化”。如何实现轻巧发力、创新国家形象传播手段，在关系经济中

① 林尚立.现代国家认同建构的政治逻辑[J].中国社会科学，2013(8)：30－31.

② [法]古斯塔夫·勒庞.乌合之众[M].张波，杨忠谷，译.武汉：华中科技大学出版社，2015：42.

③ 邹振东.弱传播[M].北京：国家行政学院出版社，2018：372.

有效利用关系转换机制，推动我国主旋律文化真真正正深入人心，从而促进良好的国家形象建构，是一个重要的理论命题。

作者简介

余俊雯(1992—)，安徽安庆人，中国传媒大学戏剧影视学院 2019 级博士研究生，福建省高校人文社科研究基地新媒体传播研究中心研究员。研究方向为广播电视艺术美学与新媒体艺术。

潘可武(1970—)，广西宾阳人，中国传媒大学研究员、博士生导师，《现代传播》副主编，福建省高校人文社科研究基地新媒体传播研究中心研究员。研究方向为影像美学、视觉传播。

Transformation of the Identity of "Fans" in Relational Economy and Its Application

Yu Junwen　Pan Kewu

Abstract: As a relational economy, the new media economy realizes its economic benefits through relational products, conversion mechanisms, and shared value. This is a new economic form, and when it comes to the relationship dynamics in it, one has to mention "fans". From idol consumption to consumption for idols, "Fans" have grown from individuals to circles in new media communication, whose identity changes has continuously empowered each other with the industry in the flow of relationships. And their right to speak has also been further enhanced and concerned. The new retail form of "Live-stream sales", with playing fans' active role, realizes the transformation of the identity of customers from "buyer" to "fan", and innovates the new media relationship pedigree. Especially during the new crown epidemic, it has risen to be a favorable promoter of the national mainstream media's poverty alleviation and agricultural support strategy. Clarifying the transformation characteristics of the identity of "fans" in the relational economy, exploring the relationship logic of capital, technology, human resource and content revealed behind the transformation, and further exploring the relationship will help to construct the national identity in the new media era.

Key words: Relational Economy; New Media Communication; Fans Transformation; Emotional Identification

基于O2O模式的跨境旅游产品购买意愿影响因素实证研究*

林宝灯　杨申颖

摘　要:伴随着休闲旅游在人们生活中的需求不断扩大以及出境游比例的逐步上升,O2O模式的跨境旅游业迎来可持续的发展空间。本文在对O2O模式跨境旅游相关文献进行理论综述的基础上,以O2O模式跨境旅游产品购买意愿作为研究对象,从境外旅游目的地特征、消费者感知有用性、消费者感知风险以及消费者信任四个影响因素方面构建了理论模型并进行研究量表设计。研究以消费者层面的问卷调查样本数据进行分析,结果表明:除了消费者感知风险外,本研究所提假设的其他三个影响因素均通过了验证。最后基于实证研究结果为跨境旅游企业和相关OTA平台提出建议:商家应加强信誉,获得客户的信任;完善产品信息,提升客户感知有用性;重视网络口碑,正确制定营销策略;开发定制产品,打造跨境旅游新形式等。

关键词:O2O;跨境旅游产品;购买意愿;实证分析

一、引　言

跨境旅游是"一带一路"建设发展的重点合作领域之一,也是我国居民跨境消费的主要形式之一[1],已经成为根植于民众的生活性消费需求。从2013年起,中国成为全球第一大出境旅游市场,越来越多的国家和地区开放了对中国的签证政策,更激励了中国跨境旅游业的业绩增长。2021年1月1日,中国领事服务网更新的信息显示,已经有72个国家或地区对中国公民开放了免签或落地签,中国游

* 基金项目:福建省中青年教师教育科研项目"基于博弈论的便利跨境电子商务贸易监管研究"(JAS160610)、福建江夏学院电子商务校级一流专业建设点立项建设项目(24/06201901)的阶段性研究成果。

客的签证利好政策也直接带动了跨境旅游的人气。随着跨境旅游产品销售渠道越来越丰富，尤其是 O2O 模式智慧旅游的不断发展，跨境旅游产品在电子商务领域的发展已经越来越成熟，所占市场份额比例也越来越大。而如何提升 O2O 模式的跨境旅游产品的销量，使线上销售的跨境旅游产品能更吸引消费者的目光是很多商家关注的焦点。

二、文献综述

（一）O2O 模式跨境旅游研究综述

1. O2O 模式旅游的特征与发展

O2O 的全称是“Online To Offline”。由于旅游产品的不可移动、不可复制和不可储存等特性，O2O 模式与旅游服务业成为最佳拍档，而旅游服务业也成了 O2O 模式的典型代表行业。O2O 旅游商业模式是一种全新的旅游交易模型，表现为商家多数在 OTA 平台上发布旅游产品，消费者在线上平台了解并购买旅游产品后，再到线下实际场景中享受服务。OTA 平台即线上旅游服务商，是依赖计算机预订系统和全球分销系统实现的。比如消费者订购旅行机票，在 OTA 平台上输入旅行目的地及出行日期，便可以直观地了解到所有航班信息，可以便捷地进行比较并做出选择。池莲（2014）[2]通过分析 O2O 商业模式重构优势，认为 O2O 可以实现线上消费者、商家和 O2O 服务商的三方共赢。对线上消费者而言，可以迅速比对商品信息和全面了解商品，优化了消费者由于信息非对称而处于的不利位置；对商家而言，商家可以接触更广泛的消费者，并收集用户的消费偏好，有助于更好的销售产品；对 O2O 的服务商而言，掌管了消费者大数据资源，能为商家提供更具有针对性的建议。於天等（2018）[3]总结了 O2O 模式下智慧旅游发展主要表现的三个方面：一方面是大数据的应用和资源交换更为普及，实现了全区域的共享；另一方面是信息技术手段更加广泛运用，体现在智慧旅游的使用人群不断扩大，不局限于年轻人使用，已覆盖各个年龄层；最后一方面是 O2O 模式的智慧旅游还提升了政府监管的效能，政府通过智能设备以及城市景点公共设施物联网，进行实时监测管理，从而实现科学决策和管理。

2. O2O 在跨境旅游行业中的应用

我国旅游行业中的跨境游规模迅速扩大，其中一个重要原因就是 O2O 模式在跨境旅游中的合理应用。旅游业中的 O2O 模式不仅是在线上 OTA 平台的商家进行购物消费，更重要的是在线下完成“吃、住、行、游、购、娱”六大要素的一种旅游模式。张红娟(2017)[4]通过分析出境旅游产业链以及出境旅游的市场细分,比较了传统旅行社与线上 OTA 平台,得出 OTA 平台上的跨境旅游产品更具竞争力,这得力于 O2O 模式在跨境旅游中对国际交通、国际酒店、海外短租等产品的购买与支付等都发挥着重要作用。

(二) 旅游产品消费者购买意愿影响因素研究综述

1. 跨境旅游产品消费者购买意愿的影响因素

跨境旅游对"一带一路"倡议的发展建设有着重大战略意义,学者们对跨境旅游的研究也随着倡议的发展建设不断增加。跨境旅游需求影响因素的研究主要分为经济因素、人口因素、文化背景因素以及消费者感知产品四个方面。经济因素方面,张丽峰(2017)[5]在研究影响居民跨境旅游的经济因素中,指出跨境旅游是居民在可支配收入富有盈余的情况下才会产生的消费方式,因此收入水平与跨境旅游的消费水平息息相关;成英文等(2014)[6]通过对 55 个国家的面板数据的统计分析,表明汇率升值将促进跨境旅游;丁健等(2004)[7]以居住在广州市的中国公民跨境旅游活动作为研究对象,得出结论为出境旅游的产生和发展有一定的国家经济发展因素使然,符合相应阶段的国情,而且与 GDP 密切相关。人口因素方面,宋慧林等(2016)[8]研究旅客的自身特征与其目的地选择关系,研究表明在年龄、受教育程度不同的游客中,尽管购买意向一致但是最终的选择行为也会存在差异;蒋依依等(2017)[9]做了跨境旅游需求影响因素回归分析,其结论是影响跨境旅游需求最为显著的因素是就业率,其次是年龄、受教育水平;Kim 等(2003)[10]以韩国居民出境旅游的推拉因素为研究,证明了不同居民特征的旅游动机存在差异。文化背景因素方面,杨旸等(2016)[11]研究了文化差异对旅游目的地选择的影响,认为我国居民在跨境旅游目的地选择上受到文化差异的影响比日本少,我国居民在选择上受地理距离的影响较大;Chen 等(2013)[12]通过研究个人的外在特征和内在特征对决策的影响,结果说明个人价值观是个人需求背后的驱动力,同时表明个人价值观对中国游客旅游意向有很强的影响;邵隽(2011)[13]指出中国对出境旅游的需求主要来自对外国和国家习俗的兴趣,超过一半的受访者于互联网获取出游信息。消费者感知产品方面,赵忠君等(2015)[14]对收集到的数据进行研究后发现,感知有用、感知易用对消费者购买商品有正向影响;Wang(2011)[15]通过对阅读线上旅游平台上游记的 323 名消费者的行为进行建模分析,结果表明社交平台游记对培养消费者在旅游产品潜在需求层面有着重要影响;Yoon 等(2005)[16]的研究表明旅游者对各类旅游目的地及服务设施所具有的功能属性进行细致评估,并结合旅游成本来决定旅游方案。

2. O2O 模式消费者购买意愿的影响因素

O2O 模式涉及多个行业，不仅旅游行业有 O2O，其他行业如餐饮、电影、出行交通、培训等也存在 O2O 模式。此前已有学者对不同行业中的 O2O 模式做了研究，可以将 O2O 模式的购买意愿影响因素分为两个不同的视角：消费者视角和商家视角。在消费者视角下，孙增兵（2018）[17]借助微分博弈论和最优控制论对 O2O 模式有关产品的品牌、质量、宣传以及价格进行研究，阐述了不同的因素对消费者购买的影响情况；张新香等（2017）[18]阐述了线下长期的信任形成和 O2O 平台上的体验感受共同影响了消费者对线上平台的信任程度，从而影响其购买行为；莫赞等（2015）[19]基于 SOR 模型研究表明，在 O2O 模式中，产品的好评数量、带图评论数量、追加评论数量等因素对消费者购买行为有显著影响。在商家视角下，Kim（2020）[20]的研究结果表明，为了实现餐饮 O2O 平台市场的持续增长吸引更多的客户，有必要找到顾客强调的 O2O 平台的质量属性因素并进行适当的管理；刘培艳（2017）[21]以大众点评为例分析了平台的双边市场结构、网络外部结构特征和定价策略；Ahn 等（2005）[22]研究了系统质量、信息质量、产品与服务质量等多项因素对消费者购买意愿产生的影响；李季等（2017）[23]结合时间与空间因素，分析了 O2O 平台供给与消费者需求关系，得出 O2O 平台上商家提供给消费者的产品数量越多，交易的成功率越大。

（三）文献综述小结

通过梳理国内外在 O2O 模式跨境旅游方面的研究文献，可以得知学者们大多是对 O2O 模式的发展和应用做了研究，有少量学者做了 O2O 模式的旅游行业研究，鲜有学者将 O2O 模式与跨境旅游相结合，整体上缺乏对 O2O 模式的跨境旅游行业的研究。同时，关于旅游产品购买意愿影响因素方面的研究，较多文献从宏观角度出发，例如从某一地区的旅游数据进行分析，研究角度较为单一，缺少从旅游产品特性角度分析对消费者购买的影响等层面的研究。现如今 O2O 模式的跨境旅游产品已经占据了较大份额的市场，消费者在计划跨境旅游时，更多是从网络平台上购买旅游产品。跨境旅游有着与其他类型旅游不同的特性，O2O 模式对跨境旅游是否有特别的影响或作用，以及在消费者购买跨境旅游产品时的不同感受和态度是否直接影响消费者选择这个跨境旅游产品等疑问都值得探究。因此，本文对 O2O 模式跨境旅游产品购买意愿影响因素进行分析将廓清上述问题，有助于商家掌握消费者喜好并在趋于同质化的跨境旅游产品中推出更受欢迎的差异性产品，提升竞争力。

三、研究假设

（一）境外旅游目的地特征

消费者在拟定一个旅行计划的初始，通常是先确定一个目的地，然后查找相关的游记，再搜索旅游产品信息，这个过程同样也适用于跨境旅游。消费者会通过考虑境外旅游目的地特征来确定旅游计划，包括境外旅游目的地的气候特征、地理特征、人文风俗等。学者 Yun 等（2011）[24]认为由于消费者在出行前无法直观地感受产品和服务的具体内容，因此对目的地特征的认知直接影响了消费者的购买意愿，同时通过实证研究表明当消费者对目的地有良好认知时，购买该目的地相关旅游产品的可能性就大大提升。故本研究提出如下假设：

H1：境外旅游目的地特征与 O2O 模式的跨境旅游产品购买意愿呈正相关。

（二）消费者感知有用性

Davis 等（1989）[25]对感知有用性做了定义：感知有用性是消费者使用某种方式购买产品能够增加购买绩效的程度，并且认为影响消费者购买的一个重要因素就是感知有用性。在 O2O 模式的跨境旅游产品中，感知有用性是消费者在使用跨境旅游 OTA 平台的过程中，在做出购买决策之前感知平台上相关产品的特征能够帮助其更好地完成即将开始或者正在进行的旅游活动，包括产品的丰富度、成本的节约度、购买效率的提高度、消费活动有效性的提高度四个方面。吴金南等（2017）[26]认为，有助于消费者化解实际问题的是感知有用性，消费者若感知到产品足够满足自身的需求，那么消费者就更有可能购买该产品。基于此，本研究提出以下假设：

H2：消费者感知有用性与 O2O 模式的跨境旅游产品购买意愿呈正相关。

（三）消费者感知风险

在 O2O 模式的跨境旅游产品中，消费者往往会提前几周甚至几个月购买产品，较长的时间线以及陌生的境外环境都对消费者产生一定的风险。Stone 等（2013）[27]认为消费者感知风险是其在购买过程中对使用过程和使用结果的不确定性以及可能产生不利影响的心理认知的过程。在 O2O 模式的跨境旅游产品中可能的风险包含产品所提供的服务是否得以兑现、预定支付的财务风险、能否如期出行、境内外的社会环境风险以及跨境旅游安全风险等。结合学者的研究，本研究提出下列假设：

H3:消费者感知风险与 O2O 模式的跨境旅游产品购买意愿呈负相关。

(四) 消费者信任

消费者信任是消费者对 O2O 模式的跨境旅游产品所持有的偏好的态度。在 O2O 模式中,消费者除了对跨境旅游产品有信任,还对网络点评、卖家信誉、在线游记都存在信任因素。林钻辉(2020)[28]对 500 多位消费者进行了问卷调查,结果发现消费者信任对其购买意愿有着积极的影响作用。故本研究提出如下假设:

H4:消费者信任与 O2O 模式的跨境旅游产品购买意愿呈正相关。

四、理论模型与问卷设计

(一) 理论模型

根据文献研究与假设分析,总结出消费者对 O2O 模式跨境旅游产品的购买意愿存在的可能影响因素主要有:境外旅游目的地特征、消费者感知有用性、消费者感知风险以及消费者信任,在此基础上还考虑到消费者特性包括性别差异、年龄和网购经验不同等对购买意愿造成的可能影响。构建研究的理论模型如图 1 所示。

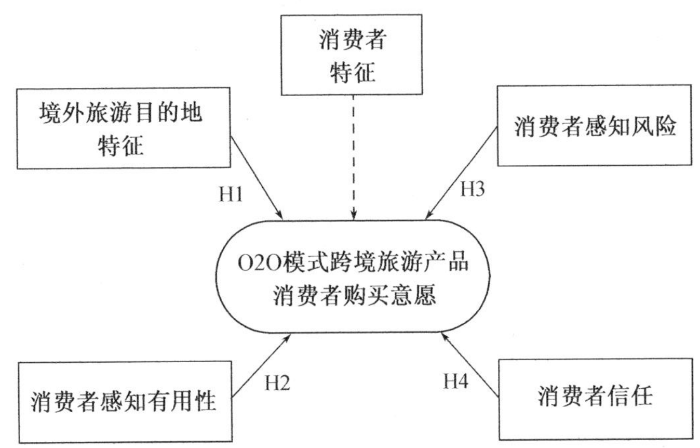

图 1　O2O 模式的跨境旅游产品购买意愿影响因素研究理论模型

(二) 问卷设计

本次调查研究的问卷在结构上分为两部分,第一部分是消费者基本情况调查,包含了性别、学历、职业、网购情况以及跨境旅游经验等。第二部分为消费者购买 O2O 模式跨境旅游产品的购买意愿影响因素的调查,测量项目包括境外旅游目的地特征、消费者感知有用性、消费者感知风险、消费者信任,这部分是问卷的重点(见表 1),使用了克特・李五点量表。

表1　O2O模式的跨境旅游产品购买意愿影响因素研究量表设计

潜变量	具体测量项目	项目来源
境外旅游目的地特征	我喜欢去风景优美的境外旅游目的地	Lee等(2005)[29]；笔者整理
	我会选择的境外旅游目的地是我有良好印象的目的地	
	良好文化氛围的境外旅游目的对我来说非常有吸引力	
	我钟情于具有异域风情的境外旅游目的地	
消费者感知有用性	通过线上购买境外旅游产品能够为我节约时间	Ahn等(2005)[22]
	通过线上购买能买到便宜的境外旅游产品，能为我节约金钱	
	在线上可以浏览到更丰富的境外旅游产品	
	总的来说，通过线上购买跨境旅游产品对我是有用的	
消费者感知风险	网上购买的境外旅游产品不能获得相应的服务	Anne-Sophie Cases(2002)[30]
	网上支付可能造成自身资金受到威胁	
	线上购买的出境旅游产品不能如期使用	
	线上购买的跨境旅游产品在消费过程中会造成人身安全隐患	
消费者信任	我认为大多数在线商家都是诚信地经营	安翊乙等(2011)[31]
	我比较相信品牌知名度高和销售量大的商家	
	即便我对他人并不是十分地了解，我也愿意信任他	
	我愿意相信网络上的游记和产品评价	
购买意愿	您是否愿意接受网购跨境旅游产品	笔者整理

五、实证分析

(一) 样本基本特征

本次问卷发放通过问卷星网站以及微信等各类社交软件来进行。调查共发放436份问卷，共回收436份问卷，剔除无效问卷17份，回收有效问卷419份，有效回收率为96%。本研究所得数据均采用SPSS19.0进行统计分析。

在419名被调查者中，男性人数189人，占比45.11%，女性人数230人，占比54.89%，男性少于女性，但从总体上来说，男女比例相对均衡。从被调查者的年龄分布来看，21—25岁这个年龄段所占比例最多，占了总样本的47.26%，其次是26—35岁年龄段的人群，占26.49%，36—45岁的消费者人群占总样本的13.6%，

20 岁以下及 46—55 岁的人群分别占 5.73%和 5.25%，所占比例最少的是 56 岁以上人群，仅占样本的 1.67%。在一定程度上说明年轻人是 O2O 模式跨境旅游产品的主要消费人群。从学历和职业上来看，本科(含专科)的人群占总样本的比例最高，达到 76.13%，硕士及硕士以上占比总和是 9.49%，而高中及以下(含中专)的占比是 14.32%；职业分布中，学生和企业职员的占比最高，分别占了样本的 37.23%和 37.47%。故在本次调查的 O2O 模式跨境旅游产品购买群体中，学历为本科(含专科)的占比较多，职业为学生和企业职员的占比也较多。在被调查者中，有 57.28%的人群有出境游的经验，有购买过 O2O 模式的跨境旅游产品的人群占总样本的 56.8%，其中在携程旅行平台上购买跨境旅游产品的人群是最多的，占有过线上购买跨境旅游产品经历的样本的 34.03%。一年一般出境游一次的有 37.95%，两次及两次以上的有 21.48%，这其中包含之前没有过出境旅游，但近期有明确出境游的计划。喜欢出境游时间为四天至一周和一周至两周的人群数不相上下，一周至两周的人群略多，所占比例是 37.95%，四天至一周的人群所占比例为 37.71%，说明如今出境旅游市场十分广阔，有利于 O2O 模式的跨境旅游产品的销售。

(二) 信度分析

信度分析是用于衡量问卷整体是否具有一定的可靠性。从表 2 可以看到，本研究问卷的整体信度克朗巴哈系数值达到 0.695，问卷量表的四个变量的克朗巴哈系数都高于 0.7，说明本研究问卷整体具有良好的可信度以及量表变量的内在一致性程度也较高。

表 2 问卷整体与各变量信度分析

	Cronbach's Alpha	项数
问卷整体	0.695	16
境外旅游目的地特征	0.783	4
消费者感知有用性	0.868	4
消费者感知风险性	0.872	4
消费者信任	0.814	4

(三) 效度分析

本研究用来判断问卷效度的是 KMO 和 Bartlett 的检验。从表 3 中可以看出,该量表的测试值 KMO 为 0.843,所得值大于 0.8,很适合采用因子分析,并且巴特利球形度检验的显著性概率为 0,小于 0.05,通过了显著性检验,所得到的检验结果表明该数据适合进行因子分析。

表 3　KMO 和 Bartlett 的检验

采样足够的 Kaiser-Meyer-Olkin 指标		0.843
巴特利特的球形测试	近似卡方	2 933.013
	df	120
	Sig.	0.000

通过主成分分析法来提取因子:共提取到 4 个因子,根据之前的理论模型,对这 4 个因子的命名分别对应为研究模型的四个假设,境外旅游目的地特征、消费者感知易用性、消费者感知风险、消费者信任。表 4 中每个因子的提问项的因子载荷均比 0.5 大,解释了该量表的区分效度良好,符合研究要求。

表 4　因子分析数据表

	1	2	3	4
境外旅游目的地特征 4	0.641			
境外旅游目的地特征 2	0.621			
境外旅游目的地特征 1	0.598			
境外旅游目的地特征 3	0.590			
消费者感知有用性 4		0.759		
消费者感知有用性 1		0.734		
消费者感知有用性 2		0.707		
消费者感知有用性 3		0.691		
消费者感知风险 3			0.780	
消费者感知风险 4			0.728	
消费者感知风险 2			0.727	
消费者感知风险 1			0.679	
消费者信任 1				0.771

（续表）

	1	2	3	4
消费者信任 3				0.690
消费者信任 2				0.647
消费者信任 4				0.545

注：提取方法为主成分；旋转法，具有 Kaiser 标准化的正交旋转法。

（四）相关性分析

在进行回归分析之前，为了验证自变量与因变量之间的相关性是否存在，故做了相关性检验。本次研究选用简单相关分析，相关系数的取值范围介于－1 和 1 之间，其绝对值越大表明变量之间的相关越为紧密。

由表 5 可知，境外旅游目的地特征、消费者感知有用性、消费者感知风险、消费者信任与购买意愿之间的相关系数分别为 0.285、0.472、－0.192、0.642，P 值达到 0.01 的显著水平，说明境外旅游目的地特征、消费者感知有用性、消费者信任与购买意愿之间均存在着显著的正向相关关系，然而消费者感知风险与购买意愿是存在着明显的负向相关关系。所以，本次研究所提假设 H1、H2、H3、H4 获得初步证实。

表 5　各变量之间的相关性

	境外旅游目的地特征	消费者感知有用性	消费者感知风险	消费者信任	购买意愿
境外旅游目的地特征	1				
消费者感知有用性	0.350**	1			
消费者感知风险	－0.082	－0.229**	1		
消费者信任	0.222**	0.364**	－0.244**	1	
购买意愿	0.285**	0.472**	－0.192**	0.642**	1

注："**"表示在 0.01 水平（双侧）上显著相关。

（五）回归分析

通过相关分析获得了自变量与因变量之间的关系，然后可以使用回归分析来确定关系的强度。对消费者购买 O2O 跨境旅游产品的意愿进行回归分析，采用进入回归分析法，对自变量与因变量之间的关系进行分析。结果为：回归模型 R 值为 0.696，R 方为 0.485，拟合度良好，表明这些变量能解释 48.5%的购买意愿变异。同时,F 检验统计量的观测值为 97.374,P 值为 0.000,依据该结果可进行回归方程的显著性检验分析。本研究中,显著性水平为 0.05,由于 P 值<0.05,可认为各回归系数不同时为 0,变量之间线性关系显著,适合建立线性模型。

从表 6 可以看出,VIF 值均小于 3,表明变量之间没有多重共线性,境外旅游目的地特征对购买意愿的标准化系数为 $\beta_1=0.090$,$P<0.05$,表明境外旅游目的地的特征对购买意愿有显著的正相关关系;消费者感知有用性对购买意愿的标准化系数 $\beta_2=0.247$,$P<0.05$,表明消费者感知有用性对购买意愿具有显著的正相关影响;消费者感知风险和购买意愿的标准化系数为 $\beta_3=0.002$,$P>0.05$,表明消费者感知风险对购买意愿不具有显著的相关影响;消费者信任对购买意愿的标准化系数为 $\beta_4=0.533$,且 $P<0.05$,说明消费者信任对购买意愿具有显著的正向相关影响。

表 6　回归分析表

	非标准化系数		标准系数	t	Sig.	共线性统计量	
	B	标准误差	试用版			容差	VIF
(常量)	−1.056	0.331		−3.189	0.002		
境外旅游目的地特征	0.135	0.057	0.090	2.377	0.018	0.867	1.154
消费者感知有用性	0.307	0.050	0.247	6.148	0.000	0.773	1.294
消费者感知风险	0.002	0.035	0.002	0.060	0.952	0.917	1.090
消费者信任	0.789	0.057	0.533	13.762	0.000	0.830	1.205

注:因变量为购买意愿。

六、研究结果与启示

(一) 研究结果

从上述实证分析中可以得知,假设 H1、H2、H4 得到了验证,而 H3 没有得到证实。其中境外旅游目的地特征、消费者感知有用性、消费者信任等影响因素都与 O2O 模式跨境旅游产品消费者购买意愿呈正相关,从回归分析中可以看到三个影响因素的相关系数分别为 0.090、0.247 和 0.533;消费者感知风险与 O2O 模式跨境旅游产品的消费者购买意愿没有显著相关性。

消费者信任的相关系数是最高的,可见消费者个人信任偏好对消费者购买 O2O 模式的跨境旅游产品的意愿有很大的影响,这主要是因为 O2O 模式的跨境旅游产品不单是一件商品，更是一种服务，不再是消费者单纯挑选商品的简单过程，而是在挑选过程中与卖家接触，是感受服务的过程。因此，消费者信任卖家、信任OTA平台会正向影响消费者在线上购买跨境旅游产品的意愿。相关系数值排序第二的是消费者感知有用性，消费者感知有用性会正向影响消费者线上购买跨境旅游产品也得到了验证。消费者通过线上购买机票、订购酒店，或者是在线上定制跨境旅游活动能够为其节约时间、提高效率，而且还可以带来很多便利。正因如此，O2O模式的跨境旅游产品可以被广大消费者接受，并发挥越来越大的作用。在本研究中，境外旅游目的地的特征对消费者购买O2O模式的跨境旅游产品的意愿具有正向的影响，但是它的影响水平相对较小。这说明一个境外旅游目的地特征即使非常吸引消费者，但消费者在购买产品时会着重考虑其他因素。例如在线上购买O2O模式跨境旅游产品时，同样的境外旅游目的地会有很多不同的商家同时在销售，因此消费者会经过综合考虑，在货比三家之后才会做出购买决定。而消费者感知风险会负向影响消费在线上购买旅游产品的意愿的假设，在此次研究中并没有呈现显著影响的结果，主要原因可能是随着第三方支付平台技术逐步成熟、OTA平台受到的监管也日益完善，使得风险已经降低，消费者感知到的风险也较小，即使消费者感受到线上购买跨境旅游产品的可能相关风险，但对其决策没有产生绝对影响。

（二）研究启示

1. 加强商家信誉，获得客户信任

消费者信任对消费者购买O2O模式的跨境旅游产品意愿有非常重要的影响，但是消费者并不会轻易产生信任偏好，因此在线上销售跨境旅游产品的商家或OTA平台依然要通过各种方式来赢得消费者信任。商家可以从细节做起，比如客服的及时响应、让客服充分了解自家产品性能、做好售后服务等都是无须投入大量成本却可以获得消费者信任的方式。但这是一项长久的任务，需要卖家在长期经营中通过优质的服务来获得买家好评。同时消费者也可能把自己信任的产品推荐给亲朋好友，由此慢慢积累成商家信誉，只有不断加强自身的信誉和专业能力，才能获得消费者的信任和认可，最终转化成销量和利润。

2. 完善现有产品，提升客户感知效用

消费者感知有用性对其购买O2O模式的跨境旅游产品的意愿有重要的影响，因此商家在销售O2O模式跨境旅游产品时，要以消费者感受为导向，找到消费者的痛点和需求点，研发或完善最能符合消费者需求的跨境旅游产品。在产品的详

情页或者通过直播、短视频等方式尽可能实现清楚表述，充分展示产品的优点，让消费者在线上就能准确理解商品信息，发现该产品对其有用。比如在境外景点所在地提供接机服务、景点班车服务，或是结合景点当地情况给消费者提供出行建议，特别是在出行交通类产品的介绍说明中可以对境外旅游出行需要注意的地方进行告知，以免消费者因为不知情而造成不必要的麻烦。因此，商家要尽量多为消费者考虑，不仅要简化购买的操作流程，还要考虑消费者在境外出行期间的便利性和实用性，让消费者体验商家的贴心服务并感受到超值效益，以此吸引更多的消费者。

3. 重视网络口碑，正确定制营销策略

网络游记、线上产品评价对消费者购买跨境旅游产品的意愿有不可忽视的影响。多数时候消费者还有一定程度的从众心理，容易受到“过来人”的影响，尤其是近年来比较火热的网红效应影响。对于跨境旅游而言，消费者通常有一段较长的准备时间，在此期间都会在网上浏览各种游记，在做购买决策时就会受到影响。因此，对于在线上销售旅游产品的商家而言，可以重视网络口碑营销来增加产品的曝光率，通过营销策略来引导客户积极评论和倡导顾客撰写游记，比如通过提供优惠折扣、好评返现或者游记评比等激励消费者撰写游记，在消费者的反馈中发现自己的不足并予以改进。在商家提升口碑和知名度的同时，还增加了客户的忠诚度，提升回购率。

4. 开发定制产品，打造跨境旅游新形式

在市场上产品趋于同质化的情况下，往往会出现价格战的现象，旅游行业也是如此。但商家在降低产品的销售价格的同时如果做不到降低成本，那就会导致服务质量的下降，整个行业都会陷入价格战的恶性循环，这会导致消费者失去对相关旅游产品的兴趣。定制旅游产品就是一个突破口，没有千篇一律的套餐，而是根据消费者的兴趣定制有针对性的产品，更能吸引消费者。在跨境旅游中，独特的境外旅游目的地或者符合客户喜好的旅游行程总是能吸引消费者，商家可以开发私人定制旅行产品，让自己的产品在趋于同质的行业市场中脱颖而出。充分利用 O2O 模式，可以做出区别于传统旅游的私人定制程度高的产品。消费者确定了旅行目的地后，商家就可以在线上与消费者进行充分沟通交流，了解客户对当地哪些旅游要素感兴趣，从衣食住行各个方面打造私人定制跨境旅游产品。在 O2O 模式中，商家还可以给消费者提供线上的导游，手机等移动电子产品就可以充当定制旅游的“私人管家”，随时提供服务，贯穿于从定制服务开始到整个跨境旅游行程结束。

参考文献

[1] 樊纲治,王珏.促内需消费视角下中国公民出境旅游消费的比较研究——基于境外个人跨境旅游消费调查数据的研究[J].数理统计与管理,2021,40(1):117-134.

[2] 池莲.谈电子商务 O2O 模式面临的机遇与挑战[J].商业时代,2014(25):63-64.

[3] 於天,余来文.O2O 模式下我国智慧旅游发展的困境及破解[J].价格月刊,2018(10):72-77.

[4] 张红娟.中国游客出境自由行的市场短板及提升途径[J].对外经贸实务,2017(4):81-84.

[5] 张丽峰.基于随机森林模型的中国居民出境旅游影响因素重要性研究[J].资源开发与市场,2017,33(6):711,716,726.

[6] 成英文,王慧娴,张辉.实际汇率和收入影响下的国际出境旅游需求变动趋势——基于 55 个国家面板数据的分析[J].经济管理,2014,36(3):118-125.

[7] 丁健,李林芳.广州市居民的出境旅游行为[J].地理研究,2004(5):705-714.

[8] 宋慧林,吕兴阳,蒋依依.人口特征对居民出境旅游目的地选择的影响——一个基于 TPB 模型的实证分析[J].旅游学刊,2016,31(2):33-43.

[9] 蒋依依,刘祥艳,宋慧林.出境旅游需求的影响因素——兼论发展中经济体与发达经济体的异同[J].旅游学刊,2017,32(1):12-21.

[10] Kim S. S., Lee C. K., Klenosky D. B. The Influence of Push and Pull Factors at Korean National Parks[J]. Tourism Management, 2003, 24(2): 169-180.

[11] 杨旸,刘宏博,李想.文化距离对旅游目的地选择的影响——以日本和中国大陆出境游为例[J].旅游学刊,2016,31(10):45-55.

[12] Chen Z., Jie Z. Analysing Chinese Citizens' Intentions of Outbound Travel: A Machine Learning Approach[J]. Current Issues in Tourism, 2013, 17(7): 592-609.

[13] 邵隽.中国游客出境游目的地选择与社交媒体营销[J].旅游学刊,2011,26(8):7-8.

[14] 赵忠君,孙霞.基于扎根理论的出境游游客满意度影响因素研究——以途牛旅游网游客点评为例[J].湘潭大学学报(哲学社会科学版),2015,39(5):87-91.

[15] Wang H. Y. Investigating the Determinants of Travel Blogs Influencing Readers' Intention to Travel[J]. The Service Industries Journal, 2011, 32(2): 231-255.

[16] Yoon Y., Uysal M. An Examination of the Effects of Motivation and Satisfaction on Destination Loyalty: A Structural Model[J]. Tourism Management, 2005, 26(1): 45-56.

[17] 孙增兵.基于参考质量效应的 O2O 模式消费者决策行为研究[J].商业经济研究,2018(14):65-68.

[18] 张新香,胡立君. O2O 商业模式中闭环的形成机制研究——基于信任迁移的视角[J]. 经济管理,2017,39(10):62 - 81.

[19] 莫赞,李燕飞. 在线评论对消费者购买行为的影响研究——消费者学习视角[J]. 现代情报,2015,35(9):3 - 7.

[20] Kim M. K. A Study on the Effect of the Quality Attributes of Foodservice O2O Platform's on Perceived Value, Customer Satisfaction and Continuous Use Intention [J]. International Journal of Tourism and Hospitality Research, 2020, 34(1): 157 - 172.

[21] 刘培艳. O2O 电商模式下团购网站定价策略研究——以大众点评网为例[J]. 商业经济研究,2017(17):85 - 87.

[22] Ahn T., Ryu S., Han I. The Impact of the Online and Offline Features on the User Acceptance of Internet Shopping Malls[J]. Electronic Commerce Research & Applications, 2005, 3(4): 405 - 420.

[23] 李季,张帅,许可,等. 时空供求因素对 OTO 企业交易成功率的影响——基于打车软件的实证研究[J]. 经济科学,2017(1):77 - 89.

[24] Yun D., Joppe M. Chinese Perceptions of Seven Long-Haul Holiday Destinations: Focusing on Activities, Knowledge, and Interest[J]. Journal of China Tourism Research, 2011, 7(4): 459 - 489.

[25] Davis F. D., Bagozzi R. P., Warshaw P. R. User Acceptance of Computer Technology: A Comparison of Two Theoretical Models[J]. Management Science, 1989, 35(8): 982 - 1003.

[26] 吴金南,李见,黄丽华. 智能产品创造性对消费者感知吸引性与购买意图的影响研究[J]. 研究与发展管理,2017,29(5):77 - 86.

[27] Stone R. N., Grønhaug K. Perceived Risk: Further Considerations for the Marketing Discipline[J]. European Journal of Marketing, 2013, 27(3): 39 - 50.

[28] 林钻辉. 用户隐私关注对移动购物意向影响的实证研究:基于消费者信任的视角[J]. 商业经济研究,2020(15):86 - 89.

[29] Lee C. K., Lee Y. K., Lee B. K. Korea's Destination Image Formed by the 2002 World Cup[J]. Annals of Tourism Research, 2005, 32(4): 839 - 858.

[30] Anne-Sophie Cases. Perceived Risk and Risk-Reduction Strategies in Internet Shopping[J]. The International Review of Retail, Distribution and Consumer Research, 2002, 12(4): 375 - 394.

[31] 安翊乙,牟援朝. 影响 B2C 电子商务顾客信任的卖方因素实证研究[J]. 图书情报工作,2011,55(10):139 - 143.

作者简介

林宝灯(1985—),福建闽侯人,福建江夏学院经济贸易学院高级实验师、实验室副主任,厦门大学教育研究院博士生。研究方向为经济实验、电子商务。

杨申颖(1997—),福建平和人,福建江夏学院经济贸易学院学生。研究方向为电子商务。

Cross-Border Tourism Products' Determinants of Purchase Intention in O2O Model

Lin Baodeng Yang Shenying

Abstract: With the continuous expansion of demand for tourism in people's lives and the increase in the proportion of outbound travel, the O2O model of cross-border tourism has ushered a sustainable development. This article is based on a theoretical review of O2O model cross-border tourism related literature, taking cross-border tourism product purchase intention under the O2O model as the research object, from the characteristics of overseas tourism destinations, consumers' perceived usefulness, consumers' perceived risks, and consumer trust. A theoretical model has been constructed and research scale design has been carried out on four influencing factors. The research has analyzed the sample data of questionnaire surveys at the consumer level. The influencing factors have passed the verification. Finally, based on the results of empirical research, suggestions are made for cross-border tourism companies and related OTA platforms: Merchants should strengthen their reputation and gain the trust of customers, improve product information and customer perception of usefulness, put a high value to online word-of-mouth and correctly formulate marketing strategies, develop customized products, create new forms of cross-border tourism, etc.

Key words: O2O; Cross-Border Tourism Products; Purchase Intention; Empirical Analysis

文化旅游

客家文化产业发展的组态路径分析*

——以文化旅游业发展为例

周建新　谭富强

摘　要:以往有关客家文化产业发展的研究成果多基于某些特定视角而关注少数几个变量对客家文化产业发展的影响,这对探寻客家文化产业真实状况存在较多局限性。鉴于此,本研究以客家文化旅游为研究对象,运用定性比较分析法探究影响客家文化产业发展的有效因素及其组合模式。研究发现:① 对客家文化资源的良好运用能够助力客家文化旅游以及客家文化旅游企业的发展。② 顶层设计在助推客家文化旅游业发展时,体现出良好动力。③ 客家文化旅游应积极改善产业结构,以产业结构改革促进行业跨越式发展。④ 就企业角度而言,客家文化旅游企业需改善相关企业的管理与服务水平才能有效促进客家文化旅游的发展。基于上述发现,认为必须依靠对客家文化资源的良好运用,同时争取到相应政策支持,优化客家文化旅游的产业结构以及改善相关企业的管理与服务水平才能有效促进客家文化旅游企业以及客家文化旅游的发展。

关键词:客家文化产业;客家文化旅游;定性比较分析

一、引　言

当下,在客家地区政府及相关企业的大力推动下,客家文化产业发展迅猛,社会关注度逐步上升,成为区域性和族群性文化产业的典型代表。同时,客家文化产业也面临着如何进行创新发展以及突破产业升级困境等难题,这些亟待回应的难题正是文本所关心的。具体而言:一方面,就以往研究成果而言,客家文化产业发展的基础研究或囿于某种视角,对客家文化产业发展理解较为单一。或就客家而

* 基金项目:国家社科基金重大项目“文化产业数字化战略实施路径与协同机制研究”(21ZDA082)的阶段性研究成果。

言，重点探讨客家文化产业发展特征以及社会影响，因而客家文化产业发展研究缺乏有力度且能回应现实需要的成果，这导致客家文化产业发展研究仍处于起步探索阶段，尚未形成较为系统的研究成果和理论体系。另一方面，就研究方法而言，既往成果多集中于理论阐释、单个样本案例分析或是对某个地区的客家文化产业做描述性分析，其研究科学性、严谨性以及结果的普适性都不强。总之，既往研究并不能很好地解决当下客家文化产业发展所突显的问题，以致出现理论、方法与社会现实存在严重脱节与极度不适应的局面。

综上所述，客家文化产业发展所遇之困境对学界提出了挑战，这些困境需要在理论的指导下，以科学的方法对多个案例进行解剖，最终找出客家文化产业发展的影响因素及其内外部制约条件。质言之，找出客家文化产业发展的多重并发因果关系，便有望解决当下客家文化产业发展时遇到的尖锐问题。鉴于此，本研究以客家文化旅游业为例，基于对客家文化旅游企业的调查进行跨样本分析，力图探究影响客家文化旅游业发展的组态条件关系。因研究问题的需要，本研究拟采用定性比较分析法（Qualitative Comparative Analysis，QCA），系统考察客家文化产业创新发展的促进因素及其内部影响因子之间的互动关系、可能性以及必要性关系组合，试图回答哪些关键因子影响客家文化产业的创新发展，这些因子之间是否有相互联系？因子之间又是如何通过多种复杂组合而作用于客家文化产业创新发展的？最终深化对客家文化产业创新发展机制的认识与理解。

二、“影响因素”：基于理论综述与现实经验的研究假设

既往关于客家文化及其旅游业研究的成果主要集中在以下几个方面：

（一）文献中“客家文化旅游”影响因子

（1）客家文化资源运用方面。将客家文化资源作为客家文化旅游开发的资本，是客家文化旅游研究的重点。针对如何将客家文化资源运用于客家文化旅游的问题：邹春生[1]认为，将客家民间信仰作为旅游开发资源能够增强旅游活动的参与性与娱乐性；刘大可[2]认为，应当深挖闽西丰富的客家文化资源，以客家文化资源充实旅游景点，提升旅游参与性与情趣性，在大力发展客家文化创意产业产品的基础上培育出一批旅游精品；朱建华[3]指出，福建发展旅游应当立足于客家文化资源基础上进一步整合相关资源，开发具有名人效应的文化产品以及地标性产品，从而发挥客家文化资源在新时期的作用；李达谋等[4]指出，客家文化资源因其地域性特色可作为当地旅游开发资源，起到吸引华人华侨赴大陆探亲访友、寻根问祖的作

用；周建新等[5]认为，客家文化资源能够促进客家文化旅游产业业态发展，帮助客家文化旅游企业提升竞争力以及具有助力客家文化小区建设等功能。

上述研究表明：客家文化资源作为客家文化旅游的根脉，是支持客家文化旅游业长期发展的坚实基础，笔者有足够的理由相信，客家文化基础好的地区，它的客家文化旅游会发展得更好。本研究提出：

H1：客家文化资源的运用程度与客家文化旅游业发展程度成正比。

(2) 品牌意识方面。打造精品客家旅游，形成客家文化旅游品牌，是客家文化旅游研究的又一重点。傅清媛[6]以闽西客家民居旅游为研究案例，探寻其开发对策与途径，提出培育闽西客家民居文旅旅游品牌等多项举措。伊建春[7]指出，客家文化产业发展应当包含旅游品牌创新等举措。谢莉等[8]在对广东梅州大埔县的乡村旅游个案研究后，提出通过打造知名品牌的方式，保持客家乡村旅游的本真性的观点。周建成等[9]在分析了福建宁化县客家文化旅游的优劣势后，给出做大客家文化旅游品牌等建议。徐初佐[10]以 SWOT 方法研究客家土楼创意营销，指出客家土楼创意应坚持客家土楼品牌建设。

上述研究表明：发展客家文化旅游不可忽视客家文化旅游企业的品牌意识，形成较为完整且系统的品牌意识能够在一定程度上帮助客家文化旅游获得长足发展的动力。本研究提出：

H2：具有强烈品牌意识的客家文化旅游企业能够发展得更好。

(3) 旅游体验方面。旅游体验是多方力量共同作用的结果，其中决定游客是否对客家文化旅游满意的主要因素之一便是客家文化。朱智[11]认为，将客家文化资源融入客家景区建设，能够起到创新客家旅游活动的作用，从而增强旅游体验。一些学者认为，旅游景区基础设施建设[12]、文化原真性[13]等因素都能够影响游客的旅游体验，进而提出了整合多种资源，以客家文化的本真性为基础，积极建设景区基础设施，实现高品质客家文化旅游体验的建议。

上述研究表明：良好的旅游体验能够影响客家文化旅游业的长足发展。因此，整合多种影响客家文化旅游的体验因素，能够在一定程度促进客家文化旅游业的长足发展。本研究提出：

H3：注重良好旅游体验的客家文化旅游企业能够赢得更多市场，从而获得长足发展。

(4) 政策措施方面。客家文化旅游的发展离不开政策的指引与扶植。吴良生[14]认为，客家文化旅游是新兴且综合性强的产业，政府在其发展中发挥了重要作用。显然,在当下能够有效帮助客家文化旅游业发展的有效力量便是政府,但学者们对政府介入客家文化产业意见不一,众说纷纭、莫衷一是。

上述研究表明:客家地区的旅游产业政策能够吸纳更多旅游企业进入,从而达到刺激客家文化旅游良好发展的作用。本研究提出:

H4:良好的旅游政策能够促进客家文化旅游业的健康发展。

一言以蔽之,学者们在探讨客家文化资源介入客家文化旅游业时,主张以客家文化资源禀赋充实客家文化旅游活动,最终实现客家文化的社会经济功能。研究认为,以上多种视角对客家文化旅游业发展的探讨,反映出以下问题:首先,客家文化旅游业的发展是复杂多变量因子共同作用的结果。无论从客家文化资源出发,还是品牌价值累积,抑或是对旅游体验感和政府力量等因素的关注,都充分证明了客家文化旅游业发展是多种条件组合的结果,原因颇为复杂。其次,目前尚未建构起研究客家文化旅游业发展的标准体系,在到底如何发展客家文化旅游业等问题上仍处于争论阶段。最后,现有成果多是基于学者们个案观察、理论归纳的结果。以个案研究甚至以文献梳理所得出的研究结果存在成因参差不齐、归纳结果笼统等弊端,无法回答发展客家文化旅游业的关键因子以及组态条件是什么,因而研究成果并不具有高度普适性。

(二) 定性访谈中的客家文化旅游业发展因素

影响客家文化旅游业发展的因素较为驳杂,从上述对既往文献的分析可知主要有四个方面的影响因素,但就研究逻辑而言,仍有较多影响客家文化旅游业发展的因素没被探讨。因此,本研究通过定性访谈来搜集相应的影响因素,并进行研究假设,论证各种因素对客家文化旅游业发展的比重及其因素排列。

本次半结构化访谈,通过开放式问题了解参与过客家文化旅游的经历与体验。访谈人数共 10 人,其中男性 6 人,女性 4 人;硕士学位 7 人,博士学位 3 人。每位访谈人的访谈时间为 30—60 分钟。首先,围绕客家文化旅游的体验问题编制初步访谈提纲;其次,通过对客家文化旅游的初步访谈后,听取相关专家意见,修改访谈提纲;最后,经过多次修改后,本研究的半结构化正式访谈提纲得以呈现,主要包括:① 您对各地客家文化旅游的大致印象如何? ② 客家文化旅游能够为你带来怎样的感受? ③ 在客家文化旅游中的困扰是什么? ④ 如何利用现有条件提升客家文化旅游的建设? ⑤ 在客家文化旅游中您更注重什么?

基于以上定性资料的分析,本研究初步整合了以下 8 个原始编码,即游客收入水平、景区质量、景区产业结构、旅游环境、游客闲暇时间、消费观念、企业管理水平、景区基础设施。分层归纳后得到3个主轴编码，即游客因素、景区因素、企业因素，如表1所示。

表1　定性资料主轴编码表

主轴编码	原始编码
游客因素	与游客收入水平有很大关系；游客是否有闲暇时间；游客消费观念对文化旅游影响较大
景区因素	景区的基础设施要好；旅游的环境要舒适；景区有没有完善的产业结构；景区的质量好坏决定去不去玩
企业因素	旅游公司的管理水平要好

具体而言：首先，就游客因素的维度看，较之于“游客收入水平”以及“闲暇时间”两个维度，游客的消费观念是本研究较为关心的内容。探讨游客消费观念的变化对客家文化旅游业发展的影响具有相当重要的现实意义以及理论价值。苏媛媛[15]在调查青年的消费观念与消费行为时，发现年轻白领的消费观念更加前卫与时尚，去省外旅游的比重也会更高。侯志强等[16]认为，旅游消费是人们基于休闲理念选择的结果。这些研究充分证明了游客消费观念与旅游行业有着协同效应。基于此，本研究提出：

H5：游客消费观念对客家文化旅游业的发展具有相应的协同效应。

其次，就景区影响因素而言，较之于“旅游的环境要舒适”“景区的质量”等因素而言，本研究更为关注产业结构对客家文化旅游的影响。甘晓成等[17]通过对新疆旅游产业结构的分析，发现新疆旅游产业的多重不平衡性特征，从而证明了旅游产业的结构对旅游业具有重要影响。孙盼盼[18]考察了地方政府行为与旅游产业的结构升级问题，提出促进旅游产业发展必须优化企业产业结构。产业结构能够影响旅游业业态的事实已被证明，鉴于此，本研究提出：

H6：完善的产业结构能够促进客家文化旅游业的良好发展。

最后，客家文化旅游企业的管理水平与服务态度也能够影响客家文化旅游的发展。徐扬等[19]通过对大规模个性化定制模式的旅游企业研究，认为大规模个性化定制旅游服务与管理提供了一种新的旅游运作模式，满足了旅游消费者多样化、个性化的需求。曹芙蓉[20]提出，进入21世纪后，中国旅游业面临着诸多挑战，因此旅游企业的相关管理与服务也应该有所调整，旅游企业管理应当与时俱进、拓展思维。综上所述，本研究提出：

H7：良好的企业管理与服务水平能够有效促进客家文化旅游业的健康发展。

综上所述,本研究以理论背景以及定向访谈资料为基础,依次挖掘出影响客家文化旅游业发展的七个有效影响因素,明确了“客家文化资源运用”“品牌意识”“旅游体验”“政策措施”“消费观念”“产业结构”以及“企业管理与服务水平”7 个影响客家文化旅游业发展的关键因子。在确定关键因子后,本研究将基于这 7 个因子对促进客家文化旅游业发展的机理进行排序与分析。

三、研究方法、数据来源及变量说明

(一) 研究方法

20 世纪 80 年代,社会学家拉金发展了定性比较分析法,以整体论为基点,定性比较方法将案例视为原因与条件所组合的整体,因此,该方法更为关注条件组态(Configurations)与结果之间的复杂因果关系。[21] 目前,该方法已被广泛运用至人文社会科学的各个领域。依据该方法的研究范式,定性比较分析法的基础在于将案例数据做二分变量设计,即解释变量与结果皆有两种,变量取值为 1,则代表某种条件发生或存在;变量取值为 0,则表示某条件不发生或不存在。使用定性比较分析法开展研究,首先,研究者应确定研究案例以及解释变量。其次,以对所有个案进行赋值并予以汇总,得到相应的解释变量、被解释变量的所有组合。最后,依据布尔代数(Booleanalgebra)简化案例条件组合。[22]

(二) 数据来源

本研究数据基于研究者对赣南地区 10 个客家(或是承接客家地区旅游业务)文化旅游公司的调查结果整理所得。

(三) 变量说明

变量选择与赋值:本次研究依据 7 个关键因子构建相应的调查表,并依据调查所得的数据权重进行赋值。具体情况见表 2。

表 2 变量选择与赋值

关键因子	数据权重	赋值	判断说明	变量属性
客家文化资源运用	占比 0—20%	0	对客家文化资源运用占比	解释变量
	占比 20%—50%			
	占比≥50	1		

（续表）

关键因子	数据权重	赋值	判断说明	变量属性
品牌意识	占比≥60%	1	企业对自身品牌的重视程度	解释变量
	占比 20%—50%	0		
	占比 0—20%			
	占比 50%—60%			
旅游体验	打分 0—20	0	游客对客家文化旅游的打分，满分 100	解释变量
	打分 20—50			
	打分 50—70			
	打分≥70	1		
政策措施	有	1	企业是否受到政策照顾	解释变量
	无	0		
消费观念	0—20%	0	对客家文化旅游的消费偏爱程度	解释变量
	20%—50%			
	50%—70%			
	≥70%	1		
产业结构	不同类型企业 1—5	0	以旅游景区内不同产业的数量代替产业结构	解释变量
	不同类型企业 5—10	0		
	不同类型企业＞10	1		
企业管理与服务水平	差 0—40	0	游客对客家文化旅游企业的服务进行打分，大于 70 分为良好	解释变量
	中 40—70			
	良好＞70	1		
公司状况	0—3 年盈利	1	盈利状况代表着客家文化旅游企业的成功与否	结果变量
	大于 3 年盈利	0		

上述表格中，变量“客家文化资源运用(简称 Resources，下同)”设立三个阶段，其中 0—20%的占比表示该公司对客家文化资源的运用只占公司整体文化的 0—20%，取值为 0，意味着该公司在客家文化资源运用时未能有效帮助该公司发展，亦即在这种客家文化资源运用条件下，该公司的发展并不主要依靠对客家文化资源的运用。当该公司对客家文化资源运用的比重超过 50%时，视该公司的发展主要依靠对客家文化资源的运用。变量“品牌意识(简称 Brand，下同)”衡量客家文化旅游企业长远战略的有效因子，通常而言，树立品牌意识能够帮助企业赢得较好

的市场口碑。[23]当品牌意识占比超过公司整体意识形态的 60%后，本研究认为该公司的意识形态能够帮助客家文化旅游企业健康发展，赋值为 1。变量“旅游体验（简称 Experience，下同）”是顾客对客家文化旅游企业的打分，其背后逻辑为对整个客家文化旅游产业链的总体评价。当评价分超过 70 分，取值为 1，本研究将其视为游客较为满意，并且能够促进客家文化旅游企业的健康发展。变量“政策措施（简称 Policy，下同）”，即指受访企业受到了政策照顾，或免税（免去部分税收或全部税收）或受到政府补贴。当受到政策倾斜时，取值为 1，视为政策能够影响客家文化旅游企业的相关发展。变量“消费观念（简称 Concept，下同）”，指人们对客家文化旅游活动的消费倾向程度，倾向程度大于 70 时，视为游客对客家文化旅游有高度倾向，能够成为潜在的游客，从而刺激客家文化旅游企业的发展。变量“产业结构（简称 Structure，下同）”，将客家旅游景区内不同产业的数量视为衡量该景区产业结构的标准，当不同产业的数量超过 10 个时，取值为 1，视为产业结构良好且能够刺激客家文化旅游的发展。变量“企业管理与服务水平（简称 Management，下同）”，重在考察企业本位下相关企业的自身发展状况。当得分大于 70 时，取值为 1，视为良好的企业管理与服务水平能够帮助客家文化旅游企业长远发展。结果变量“公司状况（简称 Company，下同）”，大概公司三年内开始盈利时，取值为 1，认为上述条件的组合能够促进客家文化旅游企业的健康发展，并使得该类公司成功运营。

四、研究结果

（一）真值表构建

依据定性比较分析法的研究步骤，在建构起变量赋值表后，本研究对 10 个案例进行编码汇总，从而得到解释变量与结果变量的原始数据，亦即真值表（Truth Table），并将其作为后续研究的基础。[24]通过对解释变量以及结果变量（被解释变量/因变量）的数据输入，建立以下真值表（表 3）。

表 3　案例变量组合真值表

客家文化资源运用	品牌意识	旅游体验	政策措施	消费观念	产业结构	企业管理与服务水平	公司状况
0	1	0	1	0	0	1	1
0	0	0	1	0	0	1	0

（续表）

客家文化资源运用	品牌意识	旅游体验	政策措施	消费观念	产业结构	企业管理与服务水平	公司状况
0	1	0	1	0	1	1	0
1	0	0	1	0	1	0	1
0	0	0	1	0	0	0	1
0	1	0	0	1	0	0	1
1	0	1	1	0	1	0	0
0	1	1	0	1	0	0	1
1	1	0	1	0	1	1	0
0	0	0	1	1	0	0	1

（二）单变量必要性分析

在定性比较分析法中，决定变量之间必要性关系以及充分性关系的是一致率(Consistency)以及覆盖率(Coverage)。首先，一致率的含义为纳入研究分析中的所有个案在何种程度上能够共享导致结果发生的某个给定条件或条件组合。其次，覆盖率则是指在给定的条件或条件组合上，多大程度上能够解释结果的出现。[25]最后，当条件 X 成为 Y 的必要条件，那么 Y 所对应的集合是 X 对应集合的一个子集，因而其相应的必要性一致性指标的取值则应大于 0.9。反之，当必要性一致性指标的取值小于 0.9 时，视 X 不能作为 Y 的必要条件。[26]

需要说明的是，在本研究中，对单个变量能够构成“公司状况”的必要条件分析时，单一变量的必要一致性均小于 0.9，这表明客家文化旅游的健康发展不能依赖某一具体关键因子，而应该了解到是多个关键因子共同作用的结果。

（三）基于清晰集定性比较分析的结果

将本研究所建构的真值表进行计算后，得到以下结果（表 4）。

表 4　定性比较分析结果表

条件组合	原覆盖率	净覆盖率	一致性
～resources ＊～brand ＊～experience ＊ policy ＊～structure ＊～management ～客家文化资源运用 ＊～品牌意识 ＊～旅游体验 ＊～政策措施 ＊～产业结构 ＊～企业管理与服务水平	0.333 333	0.333 333	1.000 000

（续表）

条件组合	原覆盖率	净覆盖率	一致性
～resources ＊ brand ＊ ～policy ＊ concept ＊ ～structure ＊ ～management ～客家文化资源运用 ＊ ～政策措施 ＊ ～消费观念 ＊ ～产业结构 ＊ ～企业管理与服务水平	0.333 333	0.333 333	1.000 000
resources ＊ ～ brand ＊ ～ experience ＊ policy ＊ ～ concept ＊ structure ＊ ～management 客家文化资源运用 ＊ ～品牌意识 ＊ ～政策措施 ＊ ～旅游体验 ＊ ～消费观念 ＊ ～产业结构 ＊ ～企业管理与服务水平	0.166 667	0.166 667	1.000 000
～resources ＊ ～ brand ＊ ～ experience ＊ policy ＊ ～ concept ＊ ～structure ＊ ～management ～客家文化资源运用 ＊ ～品牌意识 ＊ ～旅游体验 ＊ ～政策措施 ＊ ～产业结构 ＊ ～企业管理与服务水平	0.041 664	0.041 664	1.000 000
solution coverage：	0.833 336		

如表4所示，本次研究的路径解决覆盖为0.833 336，意味着上述四条路径可以解释约为83.36％的客家文化旅游的发展路径。

根据以上分析，本研究发现促进客家文化旅游健康发展的四种微观路径：

1. 客家文化资源运用＊～品牌意识＊～旅游体验＊～政策措施＊～产业结构＊～企业管理与服务水平

在该路径中，客家文化旅游企业的良性发展是基于对客家文化资源的良好运用，搭配较强的品牌意识以及注重游客的旅游体验，进而获得政策支持以及优化产业结构，提升企业管理与服务水平，关键因子之间的乘积关系最终能够促进客家文化旅游的良好发展。

2. 客家文化资源运用＊～政策措施＊～消费观念＊～产业结构＊～企业管理与服务水平

在该路径中，客家文化旅游企业的健康发展仍旧是以对客家文化资源的运用为基础，考虑政策因素、消费观念、客家文化旅游的产业结构以及相关企业的管理与服务水平。从客家文化资源运用关键因子到企业管理与服务水平之间的相对关系，可以认为该路径仍旧注重客家文化资源运用和企业管理与服务水平两个关键因子。

3. 客家文化资源运用 * ～品牌意识 * ～政策措施 * ～旅游体验 * ～消费观念 * ～产业结构 * ～企业管理与服务水平

较之于前两条路径，该路径显得更为复杂，其原覆盖率较前两条路径而言更低，因此其所具备的参考价值更低。但在该路径中，“客家文化资源运用”与“企业管理与服务水平”两个关键因子依旧存在。

4. ～客家文化资源运用 * ～品牌意识 * ～旅游体验 * ～政策措施 * ～产业结构 * ～企业管理与服务水平

由该路径显示，从“客家文化资源运用”到“企业管理与服务水平”的向度而言，品牌意识、旅游体验、政策措施以及产业结构等关键因子需要被关注。但由于该路径的原覆盖率太低，因而参考价值有限。

五、结　论

上述四条路径中，通过统计可以发现，“客家文化资源运用”“政策措施”“产业结构”“企业管理与服务水平”四个关键因子在 4 条路径中有出现，出现频次皆为 4 次；“品牌意识”与“旅游体验”分别出现在 3 条路径中，出现频次皆为 3 次。至此，本研究认为，假设 H1、H4、H6、H7 得到了研究结果的支持，论证了原假设的合理性；其他假设则因覆盖率等多方面问题在本研究中没能得到较好的支持。

综上所述，相较于其他区域文化旅游发展的相关研究而言，本文主要的理论贡献有以下几点：

本研究将客家文化旅游业发展融入区域文化产业发展视角中，将区域文化资源运用（客家文化资源）、区域文化产业政策（客家地区的文化旅游政策）、区域文化产业布局以及区域文化产业企业的管理与服务水平等因素视为整体，进而以“组态视角”出发，分析了各个因素在推动区域文化产业发展时所产生的联动效应，最终在一定程度上解释了区域文化旅游发展的“因果复杂性”。长期以来，从事区域文化旅游发展的研究将视角主要集中在单一的影响因素研究中（李柏文、宋红梅，2020[27]；张春香，2018[28]；把多勋，2018[29]），这些研究主要将目光聚焦在了区域文化旅游发展的宏观视角上，并对区域文化旅游发展缺乏复杂的系统分析。本研究发现，在复杂组态视角下，区域文化旅游产业发展不仅需要依靠政策上的宏观视角，也需要注重企业管理等微观视角。因此，本研究的理论贡献在于进一步加深了对区域文化旅游发展的复杂机制的理解，丰富了对区域文化产业发展的解释。

研究结果表明，区域文化资源运用是区域文化旅游发展的关键瓶颈，这验证了石琳(2019)[30]关于区域文化旅游发展需要重视文化资源运用的研究结果。此外,研究指出区域文化旅游发展政策作为一种组态影响因素,验证了喻蕾(2021)[31]关于文化产业高质量发展中政策因素所具备的实践意义。然而,本研究也指出,区域文化旅游发展政策作为组态影响因素之一,除了它对于区域文化旅游发展的影响仍需要考虑其他影响因素,比如区域文化旅游政策与区域旅游产业结构调整的问题。这说明今后的研究需要考虑政策制定和实施与区域内产业企业的结构布局之间的相互影响。

根据对本研究“品牌意识”和“旅游体验”因素的判断,区域文化旅游发展也需要注重企业层面的影响因素,品牌建构与旅游体验在一定程度上能够融为一体,旅游体验能够嫁接起游客与企业之间的品牌忠诚度,并以共情的方式强化游客与企业之间的情感关联。

总之,本研究以客家文化旅游业发展为研究案例,建构起了宏观—微观因素的组态发展分析路径。研究认为,从组态视角出发,在进行区域文化产业发展时需要注重系统化思维,强调“组态化发展”,即区域文化产业发展时需要各个影响因素的协同配合,并考虑相关影响因素之间的排列变化所带来的影响效应。正因如此,本研究在强调影响区域文化旅游发展需要注重组态路径的同时,也极力明确区域文化产业发展所面临的多重问题需要被系统化思考。

参考文献

[1] 邹春生.“一带一路”背景下客家民间信仰资源的旅游开发[J].赣南师范学院学报,2016,37(1):12-17.

[2] 刘大可.海西战略与发展闽西客家旅游[J].中共福建省委党校学报,2009(11):38-45.

[3] 朱建华.“一带一路”背景下的福建客家文化建设[J].福建商学院学报,2017(2):69-73,86.

[4] 李达谋,祁新华,金星星,等.地域文化与旅游业发展的互动机制——梅州市的实证研究[J].海南师范大学学报(自然科学版),2015,28(3):321-326.

[5] 周建新,俞志鹏.基于客家文化视角的区域文化资源产业化研究[J].中原文化研究,2017,5(5):61-66.

[6] 傅清媛.开发闽西客家民居旅游资源　推进旅游业发展[J].龙岩学院学报,2010,28(1):33-36.

[7] 伊建春.创新客家文化产业的思考[J].中外企业家,2012(8):23-24.

[8] 谢莉,刘逸岚."客家世界的香格里拉"乡村旅游可持续发展研究[J]. 国土与自然资源研究,2013(3):75-78.

[9] 周建成,邓宗安. 福建宁化客家文化旅游的发展[J]. 内江师范学院学报,2014,29(2):65-68.

[10] 徐初佐. 基于 SWOT 视角下客家土楼创意营销研究[J]. 怀化学院学报,2016,35(9):64-68.

[11] 朱智. 河源旅游景区与客家文化元素的融合[J]. 安徽农业学,2010,38(14):7327-7328,7375.

[12] 陈劼倚,李桂莎,陆林. 旅游纪念品:买还是不买——基于矛盾态度理论的消费者购买意愿研究[J]. 旅游科学,2021,35(4):108-127.

[13] 方芳. 市场与遗产:"原真性"框架重塑下的矛盾研究[J]. 广西民族大学学报(哲学社会科学版),2021,43(2):46-52.

[14] 吴良生. 政府运作与文化产业发展研究——以龙南县客家文化年为例[J]. 赣南师范学院学报,2009,30(2):6-10.

[15] 苏媛媛. 都市白领青年的消费观念和消费行为研究——与非白领青年的比较分析[J]. 中国青年研究,2014(4):49-53,60.

[16] 侯志强,郑向敏. 科学旅游消费观念的培育模式研究[J]. 旅游学刊,2006(2):26-29.

[17] 甘晓成,刘亚男,沙亚·巴合提. 新疆旅游产业结构特征及其优化升级[J]. 新疆社会科学,2018(6):58-63.

[18] 孙盼盼. 供给侧改革视角下的地方政府行为与旅游产业结构优化升级[J]. 旅游研究,2018,10(6):5-7.

[19] 徐扬,步一,颜杨洋. 基于大规模个性化定制模式的旅游企业管理研究[J]. 企业经济,2016(1):150-154.

[20] 曹芙蓉. 寻求旅游企业管理理念的新突破[J]. 旅游学刊,2002(3):40-43.

[21] 毛湛文. 定性比较分析(QCA)与新闻传播学研究[J]. 国际新闻界,2016,38(4):6-25.

[22] 李良荣,郑雯,张盛. 网络群体性事件爆发机理:"传播属性"与"事件属性"双重建模研究——基于 195 个案例的定性比较分析(QCA)[J]. 现代传播(中国传媒大学学报),2013,35(2):25-34.

[23] 李巍,黄磊. 企业整合品牌管理的制度驱动机制研究——基于快速消费品行业企业的探索性分析[J]. 华东经济管理,2013,27(5):93-98.

[24] 徐越倩,楼鑫鑫. 政府与商会的关系及其合作路径——基于 34 家在杭异地商会的模糊集定性比较分析[J]. 浙江社会科学,2019(7):56-65,156-157.

[25] 何俊志. 比较政治分析中的模糊集方法[J]. 社会科学,2013(5):30-38.

[26] 周俊,王敏. 网络流行语传播的微观影响机制研究——基于 12 例公共事件的清晰集定性比较分析[J]. 国际新闻界,2016,38(4):26 - 46.

[27] 李柏文,宋红梅. 文化"求同求异"在"东亚文化之都"旅游发展中的辩证关系与协同[J]. 旅游学刊,2020,35(7):7 - 9.

[28] 张春香. 基于钻石模型的区域文化旅游产业竞争力评价研究[J]. 管理学报,2018,15(12):1781 - 1788.

[29] 把多勋. 改革开放 40 年:中国文化旅游融合发展的价值与趋势[J]. 甘肃社会科学,2018(5):10 - 20.

[30] 石琳. 语言经济视域下少数民族文化和旅游产业的深度融合与发展[J]. 社会科学家,2019(2):101 - 106.

[31] 喻蕾. 文化产业高质量发展:评价指标体系构建及其政策意义[EB/OL]. (2021 - 04 - 15). http://kns.cnki.net/kcms/detail/43.1126.K.20210415.1309.002.html.

作者简介

周建新(1973—),江西萍乡人,深圳大学文化产业研究院教授、博士生导师。研究方向为区域文化产业、客家文化。

谭富强(1991—),四川遂宁人,深圳大学文化产业研究院博士生。研究方向为文化产业与文化创新。

Analysis of Configuration Path of Hakka Cultural Industry Development —Taking Cultural Tourism Development as an Example

Zhou Jianxin　Tan Fuqiang

Abstract: Previous research results on the development of the Hakka cultural industry have universally focused on the impact of a few variables on the development of the Hakka cultural industry based on some specific perspectives, which has numerous limitations for exploring the real situation of the Hakka cultural industry. In view of this, taking Hakka cultural tourism as the research object, this study uses qualitative comparative analysis to investigate the effective factors affecting the development of Hakka cultural industry and their combination patterns. The study finds that: ① Excellent applications of Hakka cultural resources can promote the development of Hakka cultural tourism as well as Hakka cultural tourism enterprises. ② Top-level design reflects good dynamics in boosting the development of Hakka cultural tourism. ③ Hakka cultural tourism should actively improve the industrial structure and promote the leapfrog development of the industry with industrial structure reform. ④ As far as the enterprise perspective is concerned, Hakka cultural tourism enterprises need to improve the management and service of related enterprises in order to effectively promote the development of Hakka cultural tourism. Based on above findings, it is argued that the development of Hakka cultural tourism enterprises and Hakka cultural tourism can only be effectively promoted through the excellent applications of Hakka cultural resources, as well as by obtaining corresponding policy support, upgrading the industrial structure of Hakka cultural tourism and improving the management and service of related enterprises.

Key words: Hakka Cultural Industry; Hakka Cultural Tourism; Qualitative Comparative Analysis

博物馆旅游的游客价值认知和满意度研究*

——以南京中国科举博物馆为例

赵 星 冯家红 董帮应

摘 要:进入新时代,我国居民的文化素质和收入水平都大幅提升,人们对精神文化产品的消费需求迅速增加。博物馆兼具增长知识和休闲娱乐的功能,受到越来越多消费者的青睐。在互联网和新技术的助力下,我国博物馆不断创新产品和服务供给,以更好地满足消费者需求。本文以南京中国科举博物馆为例,采取社会调研中的"三角测量法",综合实地观察法、深入访谈法和调查问卷法,以获取游客对博物馆旅游的价值认知和满意度评价,进而发现科举博物馆旅游的现状与问题,最后提出增加博物馆游客满意度的具体对策。

关键词:博物馆旅游;价值认知;游客满意度

一、引 言

博物馆是征集、典藏、陈列和研究代表自然和人类文化遗产实物的重要文化事业部门,也是重要的文化旅游资源之一,博物馆的职能包括教育和娱乐,参观者中既有文化爱好者、知识学习者,也有休闲游的游客。2018 年国家组建文化和旅游部,统筹文化事业、文化产业发展和旅游资源开发,进一步推动了博物馆旅游的蓬勃发展。2019 年,我国博物馆全年举办展览 2.86 万个,教育活动 33.46 万场,接待观众 12.27 亿人次,比 2018 年增加 1 亿多人次。[①] 即便是疫情防控常态化的 2020 年,全国博物馆系统仍举办了 2.9 万个线下展览活动,策划了各类教育活动

* 基金项目:国家社科基金艺术学重大项目"5G 时代文化产业新业态、新模式研究"(20ZD05)、江苏省高校哲社项目"'一带一路'倡议下我国文化产业价值链的空间优化研究"(2018SJA0424)、江苏省决策咨询研究基地课题"推进文旅融合,加快发展文化旅游消费政策研究"(21SSL041)的阶段性研究成果。

① 数据来源:历年《中国文化及相关产业统计年鉴》《中国文化和旅游统计年鉴》。

达 22.5 万余场，接待观众 5.4 亿次(其中 1.2 亿次为未成年人观众)，同时还推出了 2 000 多个线上展览，总浏览量超过 50 亿人次。进入新时代，随着人们收入水平的普遍提高，对精神文化产品的需求日益增加，博物馆旅游迎来了繁荣发展期。“十四五时期”是我国博物馆高质量发展的关键期，博物馆基于游客多层次需求创新产品和服务供给，提高游客满意度，这对于提升我国居民文化素质、增强我国居民文化自信、提高国家总体文化软实力和增强中华文化的国际影响力都意义重大。

二、相关文献回顾

学者们对博物馆旅游的研究主要分为以下几个方面：第一，研究博物馆旅游者，包括旅游者行为研究(戴昕等，2007)、博物馆游客的旅游动机和需求研究(王旌璇，2012；张瑛等，2016)、博物馆的游客满意度研究(何丹等，2017；冯英杰等，2018)。游客的行为主要包括“参观、拍照、休息、游览”四个环节，游客满意度与博物馆的旅游吸引力密切相关，影响游客满意度的因素主要包括功能、票价、展馆特色、布展活动、设施环境、管理服务、区位交通等。第二，博物馆旅游市场特征及开发对策。张岚等(2009)从多渠道筹集资金、找准市场定位、细分客源市场、发掘产品潜力、加强行业合并以及加大营销力度等方面，构建了上海博物馆市场开发运行模式。单延芳(2015)提出贵州省博物馆旅游的开发对策，以解决博物馆观念落后、市场参与程度低、宣传不到位等问题。第三，博物馆旅游的现存问题。章尚正等(2010)认为我国博物馆旅游存在博物馆总量较少、特色不够突出、管理水平不高、科技水平不高、资金和人才短缺等问题，导致博物馆的规模与效益均不理想；赵迎芳(2021)认为目前我国博物馆旅游已有多种开发模式，但整体看来，还存在博物馆旅游融合程度偏低、产品缺乏创新、基础设施和服务能力不尽完善等问题。第四，博物馆的文化旅游服务质量的提升研究。王静等(2017)提出提升博物馆文化旅游服务质量的对策，如加强主体旅游服务意识，注重新媒体的应用；加强宣传；完善体验式游览设计，从体验需求入手，增加文化魅力。

综上，学者们围绕博物馆旅游进行了多方面研究，但是近两年博物馆旅游呈现出一些新的发展特点，游客对目前博物馆旅游的价值认知是怎样的？到特定的博物馆游玩后的满意度如何？基于典型案例的系统深入的社会调查研究，尚比较缺乏。

三、博物馆游客的价值认知和满意度的实证研究

随着经济社会的发展,博物馆逐渐从“以物为中心”转向“以物为基础,以人为中心”的发展方向,博物馆游客的消费行为、消费心理和满意度研究逐渐受到重视。博物馆作为国家重要的文化旅游景点,肩负着社会教育、文化传播的使命,还兼具使游客放松娱乐的功能。总结博物馆游客的参观目的,主要是追求“接受教育、增长见识和休闲游玩”这三方面的价值。那么,现在博物馆游客在价值追寻中,对博物馆旅游的总体满意度如何?对博物馆具体旅游项目的价值认知是怎样的?不满意的地方主要在哪些方面?为了回答这些问题,本文采用社会调查研究方法,选择典型博物馆进行具体的案例研究。

南京中国科举博物馆是 2017 年开始运营的新建博物馆,位于著名的南京夫子庙景区,属于秦淮风光带的重要景点,科举博物馆是政府差额拨款的公益二类博物馆,博物馆需要通过市场化运营实现商业化变现,通过自己创收填补资金空缺,这样的体制特点使科举博物馆更有动力不断创新,探索多种发展模式。2020 年底,运营仅四年的南京中国科举博物馆晋升为国家一级博物馆,可见其创新发展的成效显著。因此,本文就以南京中国科举博物馆为例,基于社会统计学的实地走访、关键人物访谈和问卷调查方法,研究目前博物馆旅游的发展现状、问题和成功经验。

(一) 社会统计调查中的三角测量法

社会统计调查方法包括针对少数受访者的深入访谈法和对大量受访者的发放调查问卷法。这两种方法各有优势和不足:深入访谈适合一些探索性的调研,调研设计的灵活性高,采访者和受访者在谈话中是双向沟通,但是样本通常较小,访谈常作为定性调研的主要方法;调查问卷是单向沟通,可做描述性调研,样本量较大,是定量调研的主要方法。本文将采用调研中的三角测量法(Triangulation),即综合利用定性和定量调研方法对同一问题进行研究,以提升研究的有效度和可信度。三角测量法源自航海和军事战略,人们采用多重参照法来确定一个物体的确切位置。社会调研中,研究者同时搜集定性和定量的数据来提高他们判断的准确性和有效性。本文设计了四个环节的调查研究:第一,实地走访。调研者首先自己到科举博物馆参观游览,运用调研中的“观察法”搜集资料。第二,关键人物访谈。调研人员根据研究目的和观察所得,设计具体的访谈问题,联系多位关键人物进行访谈。双向沟通的访谈,使调研者对研究主题的认识更加清晰,也确定了哪些数据需

要通过大量的调查问卷获取。第三，设计和发放调查问卷。根据研究主题和获取的访谈资料，基于“问题清楚、通俗易懂、易于回答”等原则，设计一份具体的调查问卷，并在参观博物馆的游客中广为发放。第四，问卷回收后，分析汇总有效数据资料，并再次与关键人物沟通，以更准确解读问卷信息，深入分析研究主题。

（二）实地走访

研究人员多次到科举博物馆参观游览，对博物馆旅游的产品和服务的提供有较多切实体验。观察发现：博物馆目前有小状元互动体验项目，但是尚无沉浸式体验项目；博物馆志愿者讲解服务是不定期提供的；博物馆的游览线路相对复杂，没有回头路；博物馆展馆的保安人员兼做引导服务，保安的服务水平参差不齐；博物馆的文创产品种类丰富，在博物馆有多个实体商店，购物体验较好。

（三）第一次关键人物访谈

1. 访谈设计

关键人物访谈的对象需要选择对调研主题了解较多的人群，本研究基于宏观和微观相结合的原则，从科举博物馆内部的两个层面选取受访者：第一是科举博物馆的管理者，第二是科举博物馆具体负责研学游项目和主题文化活动的人员。访谈的问题包括：科举博物馆已推出哪些研学游项目？科举博物馆已开展了哪些主题文化旅游活动？科举博物馆文创产品的联合开发和推广方面的现状怎样？科举博物馆嵌入旅游景点的门票联售情况怎样？未来科举博物馆还将开展哪些研学旅行项目？科举博物馆目前的营销推广渠道和力度如何？

2. 访谈结果

（1）博物馆的研学游项目。目前有文物修复类主题课程（瓷器修复）、传统手工艺主题课程（如蜡染、金丝沙画等）、雕版拓印主题课程、活字印刷主题课程、学校科目课外探究项目（如语文、数学、美术、音乐、信息等）、书法主题课程、文物主题课程、科技主题课程等。2017 年开馆以来研学游项目的总体运营情况：活动场次 2 000 余场，参与学生人数 8 万人左右，与秦淮区少年宫、南京浦口行知基地、夫子庙小学等机构已开展项目合作。

（2）基于博物馆文化开展的主题文化旅游活动。目前博物馆在传统节日开展了一些节庆活动，如清明节风筝主题活动、三八妇女节家规家训主题活动、六一博物馆探宝主题活动等十余种活动。

（3）博物馆嵌入旅游景点的门票联售。近两年的销售数量有所下降，2019 年联票销售 61 571 张，2020 年联票销售 26 564 张。联票价格在 70—150 元之间，根据联票关联的相关景点的多少进行定价，原则是“景点多，优惠力度大，联票总价高”；2019年博物馆门票收入2 900万元，2020年博物馆门票收入1 047万元。每天游客大约有10%来自联票。

(4) 博物馆文创产品的联合开发和推广。2017年开馆之初，文创研发部仅有文创精品店和金陵佳话2个销售窗口，现已增加至10个线下销售窗口（一层文创小屋、文创精品店、金陵佳话、负四花车、负四照相、鸿儒驿站、MM艺术馆、南苑照相、南苑茶社、糕点房），同时利用微店、淘宝店、抖音等开展线上运营模式，力争人气和商气双赢。近年来，博物馆文创产品的种类也不断丰富，从开馆之初的523种上千款产品，合作厂商17家，到现在增加至920种2 000多款产品，合作厂商也增加至40家。开馆四年来先后开设了科博微店、淘宝店，安排专人运营管理，店铺重新装修，计划设计出符合博物馆定位的高档次店铺。未来，将重点增加产品上新量，按系列分类。紧跟平台促销活动，增加销量，提升知名度。协调线上线下运作，加强库存管理，争取订单当天发货。

(5) 科举博物馆目前的营销推广渠道和力度。目前科举博物馆主要通过微信、微博方式开展营销。科举博物馆微信账户“南京中国科举博物馆”，目前累计粉丝20多万，每月推送约20条微信，内容分为“指南”“服务”“活动”，为用户提供信息咨询、线上购票、语音导览、特展、活动报名、问卷调查等服务。基于微信后台数据的观察，观众浏览微信的时间主要在11—14点、18—24点，因此微信推送时间也主要在这两个时间段。

微博月活跃用户将近5亿，移动端用户的占比90%以上，其中30岁以下的年轻用户占80%以上。微博是短平快的自媒体平台，科举博物馆每日更新内容，并积极与用户互动，增加用户黏性。例如，科举博物馆在举办“状元大讲堂”活动时，也常常开通微博直播平台，实现线上线下联动，线上观众可跨越时间和地域的限制，线下观众可以获得更佳的体验。

(四) 调查问卷研究

1. 调查问卷设计

调查问卷发放的对象为参观科举博物馆的游客。根据前面的“观察法”和“访谈法”获取的信息，本问卷共设计了三类问题：第一，反映游客基本情况的问题，包括人口统计学问题和游客参观博物馆的目的和方式问题；第二，反映游客价值认知的问题，包括游客对博物馆特点的价值认知，游客对博物馆文化保护和传播的价值认知，游客对博物馆旅游具体问题的价值认知；第三，反映游客满意度的问题，包括游客对博物馆旅游具体问题的满意度和对博物馆的总体满意度。具体的调查问卷结构如图 1 所示。

博物馆游客的假期游玩时间宝贵，多数游客的耐心有限，为保证问卷的有效性和答题完整性，问卷的问题不宜太多。本次调研问卷设计题目共 30 个，包含单选和多选。多数反映游客价值认知和满意度的问题设置为李克特的五点量表形式。

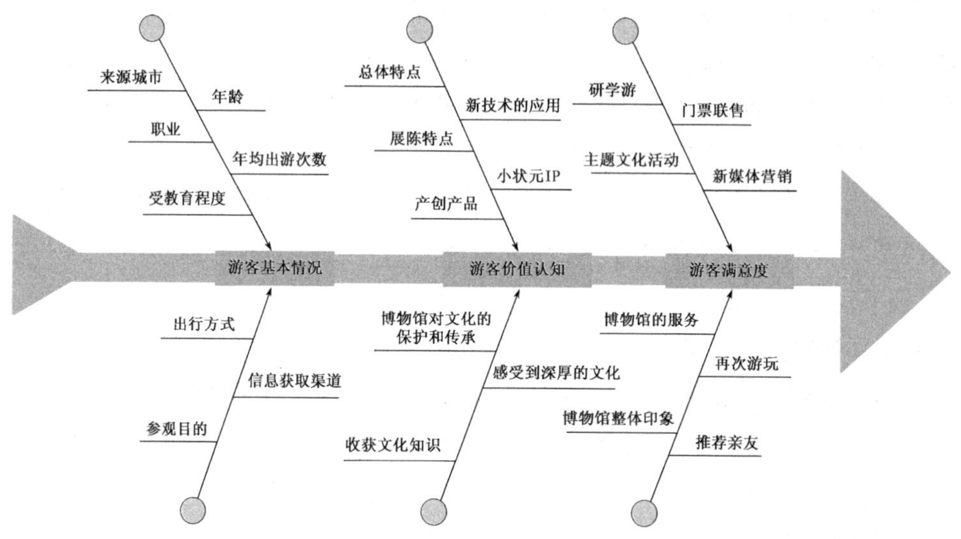

图 1 调查问卷题目设计的分类示意图

2. 调查问卷的发放和回收

本次调研的问卷在问卷星网站设置为电子问卷，利用微信和网络方式发放并回收。发放对象是科举博物馆的游客，发放时间为 2020 年 12 月到 2021 年 1 月，共回收有效问卷 372 份。

3. 调查问卷的信度和效度检验

(1) 调查问卷的信度

信度(Reliability)，即可靠性，信度分析用于研究定量数据(尤其是态度量表题)的回答可靠准确性。本文数据的信度分析使用 SPSS 软件实现，具体结果如表 1 所示。由表可知，信度系数为 0.954，大于 0.8，说明研究数据的信度质量高。

表 1 调查问卷获取数据的 Cronbach 信度分析结果

项数	样本量	Cronbach α 系数
18	372	0.954

(2) 调查问卷的效度

效度研究用于分析研究项是否合理、有意义。本文数据的效度分析使用因子分析方法进行研究,借助软件 SPSS 实现,分别通过 KMO 值、共同度、方差解释率值、因子载荷系数值等指标进行综合分析,以验证出数据的效度水平情况。KMO 值用于判断是否有效度,共同度值用于排除不合理研究项,方差解释率值用于说明信息提取水平,因子载荷系数用于衡量因子和题项的对应关系。使用 KMO 和 Bartlett 检验进行效度验证,具体的效度分析结果如表 2 所示。由表可知,KMO 值为 0.953,远高于 0.8,说明此研究数据的效度非常高。

表 2　调查问卷获取数据的效度分析结果

指标	数值	判断标准
KMO 值	0.953	KMO 值高于 0.8,说明效度高
巴特球形值	5 912.915	
df	136	
p 值	0.000	

4. 调查问卷的结果分析

(1) 人口统计学分析

南京科举博物馆以本地游客为主要参观者,问卷显示来自南京市的游客占比为 57.8%;江苏省其他城市的游客为 96 人,占比 25.81%;外省游客 61 人,占比 16.4%。问卷结果说明科举博物馆在江苏省已经有较高的知名度,在全国也有了一定的影响力,吸引了大量的外地游客。

参观者的年龄分布:31—60 岁的游客最多,占比为 43.55%;其次是 18—30 岁的游客,占比 38.98%;18 岁以下的学生占比 12.9%;60 岁以上的老人,占比 4.57%。

参观者的受教育程度:大专和本科占 64.79%,为主要人群;硕士研究生 15.32%;博士生研究生 4.3%;中小学学历 15.59%,说明科举博物馆的多数游客受教育程度较高,具有较高的文化知识素养。

参观者的职业:人数最多的前三类为企业人员、学生和政府机关或事业单位人员。企业人员占比最高,为 28.23%;其次是学生,占比 24.73%;政府机关或事业单位人员占比 17.47%。另外,也有军人、离退休人员、农民、个体户和无业人员。

参观者每年的出游次数:5 次及以下最多,占比 53.23%;5—10 次的占比

31.18%。收到的372份有效问卷，其中314人每年出游10次以下。

(2) 游客参观科举博物馆的目的和方式

游客参观科举博物馆，有48.39%的游客是“来夫子庙景区，顺便进博物馆参观”；45.16%的游客是“为了科举博物馆，专程前来”；24.73%的游客是带子女一起游玩；6.72%的游客是参团前来。

游客参观科举博物馆的目的，主要是对相关历史知识感兴趣，属于文化旅游，占比67.2%；有46.51%的人是想到著名景点游玩放松，属于休闲游；有29.57%的游客希望通过状元事迹督促孩子学习；有17.47%的游客是为了完成孩子学校的要求；有31%的游客对科举博物馆的人文历史建筑感兴趣；还有想听相关讲座、想参加互动研学游活动的游客。

游客多是从网络了解到南京中国科举博物馆，占比27.69%；有13.17%的游客是通过微信朋友圈获取相关信息；有15.86%的游客是通过宣传材料了解到科举博物馆；还有从旅行社、报纸、电台、地铁广告等获取科举博物馆的信息。

(3) 游客对科举博物馆特点的价值认知

此项问题包括5个具体问题，分析问卷中的游客观点如下：

第一，关于科举博物馆的总体特点。68%的游客认为博物馆的文化资源有吸引力；61%的游客认为博物馆的文化资源有价值；46%的游客认为博物馆的参观环境舒适；38%的游客认为博物馆的建筑设计有特色；仅有13%的游客认为发放购票优惠券活动多。

第二，关于科举博物馆的展陈特点。64%的游客认为展品陈列设计有品位；62%的游客认为馆藏展品丰富多样；53%的游客认为展品介绍生动有趣；38%的游客认为博物馆志愿者讲解得好；仅有31%的游客认为馆内可参加的互动活动多。

第三，关于科举博物馆的新技术应用。52%的游客认为科举博物馆在使用新技术方面做得非常好，7%的游客认为做得一般。

第四，关于科举博物馆的文创产品特点。67.63%的游客认为种类丰富多样；60.87%的游客认为设计精美巧妙。问卷的具体统计结果见图2，50%以上的游客对科举博物馆文创产品的总体印象是种类丰富多样、设计精美巧妙、品质优良，说明科举博物馆的文创产品开发方面有优势；仅32.61%的游客认为文创产品价格合理，20.05%的游客认为宣传到位，说明这两个方面是科举博物馆未来需要加强的。

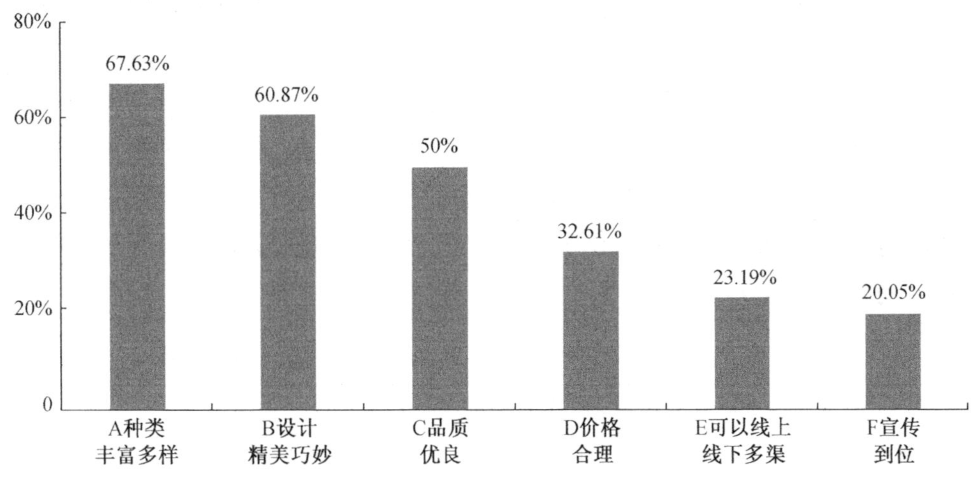

图 2　游客对科举博物馆文创产品总体特点的评价

第五,关于科举博物馆的"小状元"IP。科举博物馆知名 IP"小状元"系列文创产品,有 53.62%的游客认为非常好,27.05%的游客认为比较好,说明这个博物馆 IP 得到了大多数消费者的认可,是比较成功的。具体的调查数据见图 3。

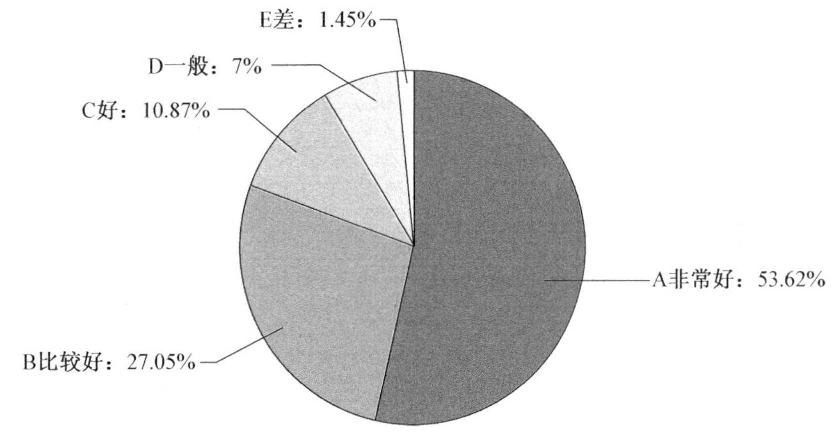

图 3　游客对科举博物馆知名 IP"小状元"系列文创产品的评价

(4) 游客对科举博物馆保护和传播地方传统文化方面的价值认知

科举博物馆是以我国传统文化中的科举文化为主题的博物馆,游客参观科举博物馆后,是否感受到深厚的地方文化?是否感受到地方传统文化得到很好的保护和传承?游览后,感觉传统文化知识方面的收获如何?本文设计了这三个问题来调查游客对科举博物馆在传播、保护和传承优秀传统文化方面的价值认知。

统计回收的372份问卷结果，游客认为非常好，赋值5分；比较好，赋值4分，以此类推。统计分析结果如表3和图4所示：第一，约56%的游客在这三个问题的回答中，都给予了科举博物馆最佳评价；所有问卷的综合评价得分都在4.2以上，说明科举博物馆在地方传统文化方面发挥了较大作用，获得了多数游客的好评；第二，从三个方面对比来看，游客在传统文化知识收获方面，评价较高；在文化的保护和传承方面，评价最低，说明游客对科举博物馆未来加强文化的保护和传承，还有着更高期待。

表3　游客对科举博物馆在地方传统文化方面的价值认知得分汇总

	非常好	比较好	好	一般	差	加权得分
	5	4	3	2	1	
感受到深厚文化	56.73%	24.73%	8.87%	8.06%	1.61%	4.27
文化的保护和传承	56.45%	24.46%	7.53%	9.14%	2.42%	4.23
传统文化知识收获	56.99%	27.42%	11.29%	3.49%	0.81%	4.36

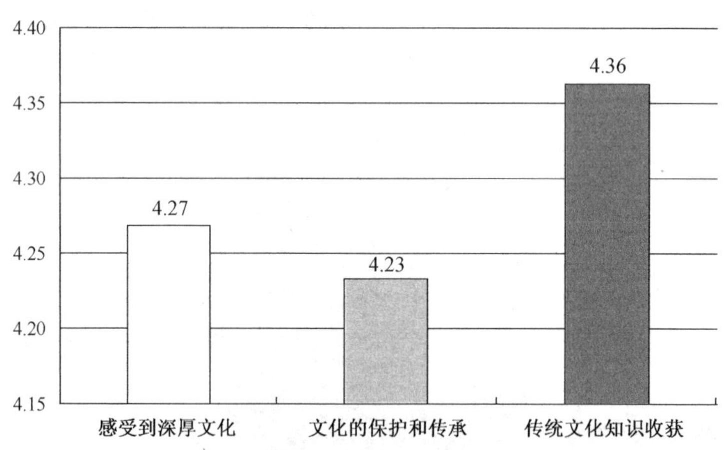

图4　游客对科举博物馆在地方传统文化方面的价值认知的对比图

(5) 游客对科举博物馆旅游具体问题的价值认知和满意度

博物馆提供给游客的产品和服务中，游客认为价值比较高的有哪些？游客满意度比较高的有哪些？这是科举博物馆最关心的问题。在前面的观察法和访谈法调研基础上，结合需求理论和顾客感知价值理论，本文的调查问卷设计了科举博物馆旅游的四个方面、八个具体问题，每个方面的第1题是关于游客价值认知、第2题是关于游客满意度。

A1. 博物馆举办研学游活动(如瓷器修复主题课、雕版拓印主题课程、金丝沙画主题课等),您觉得重要程度如何?

A2. 科举博物馆的研学游活动(如雕版拓印主题课程等),您觉得怎么样?

B1. 博物馆举办的弘扬传统文化的国风活动(如“家风家训”主题活动),您觉得重要程度如何?

B2. 科举博物馆举办的弘扬传统文化的国风活动(如“家风家训”主题活动),您觉得做得怎么样?

C1. 博物馆嵌入旅游景点的门票联售优惠,您觉得重要程度如何?

C2. 科举博物馆嵌入旅游景点的门票联售优惠,您觉得做得怎么样?

D1. 博物馆利用微信、抖音等新媒体开展营销宣传活动,您觉得重要程度如何?

D2. 科举博物馆利用微信、抖音等新媒体开展的营销宣传活动,您觉得做得怎么样?

统计回收的372份问卷结果,游客认为非常重要,赋值5分;比较重要,赋值4分,以此类推。游客认为非常好,赋值5分;比较好,赋值4分,以此类推,认为差,赋值1分;没参加过,不了解,赋值0分。然后将各问题的加权得分计算出来,绘制图表,如表4、5和图5所示。

分析图和表可知:第一,游客认为四个方面的重要程度都比较重要,最后得分均大于4分。其中国风主题活动的呼声最高,得分4.29分,57.26%的游客认为非常重要;重要程度加权得分最低的是门票联售,为4.09分。第二,南京中国科举博物馆在这四个方面做得比较好,加权得分都为4分左右;得分最高的是新媒体宣传,为4.2分;得分最低的是门票联售,为3.88分。第三,游客对南京中国科举博物馆在这四个方面实践的综合评价,均低于游客心中的重要程度得分。其中,差距最大的是国风主题活动,相差0.28分;差距最小的是新媒体宣传,相差0.05分。说明在这四个方面,科举博物馆的旅游供给与游客的期待和要求仍有一定差距。

表4　科举博物馆旅游的四个方面的游客价值认知

	非常重要	比较重要	重要	一般	不重要	加权得分
	5	4	3	2	1	
国风主题活动	57.26%	24.72%	9.14%	7.80%	1.08%	4.29
研学游项目	53.49%	24.73%	11.30%	9.14%	1.34%	4.20
门票联售	50.54%	23.92%	11.29%	12.37%	1.88%	4.09
新媒体宣传	55.11%	24.73%	11.56%	7.26%	1.34%	4.25

表 5 科举博物馆旅游的四个方面的游客满意度

	非常好	比较好	好	一般	差	不了解	加权得分
	5	4	3	2	1	0	
国风主题活动	52.42%	24.73%	9.14%	5.91%	0.81%	6.99%	4.01
研学游项目	51.61%	22.04%	11.29%	9.14%	0.54%	5.38%	3.99
门票联售	47.85%	22.85%	11.29%	11.29%	1.34%	5.38%	3.88
新媒体宣传	51.61%	28.23%	9.68%	9.14%	1.34%	0	4.20

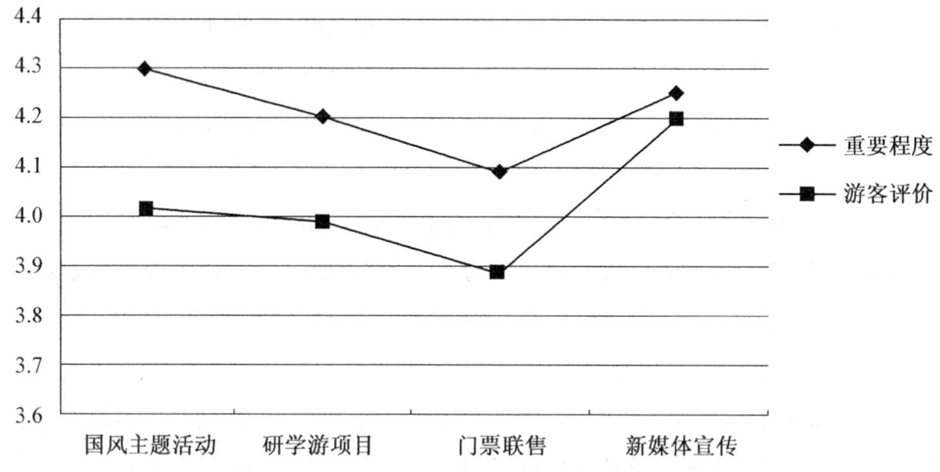

图 5 科举博物馆旅游的四个方面的游客价值认知和满意度对比图

(6) 游客对科举博物馆未来发展中两个具体问题的观点

在实地走访和关键人物访谈中，研究者和博物馆工作人员对一些面向未来的问题产生兴趣，于是本问卷设计如下两个问题：

A. 您觉得博物馆接收一日游或二日游的旅行团增大游客量，这对博物馆来说，是有利还是不利？

B. 对于即将开始的“南京秦淮灯会”，您期待科举博物馆哪些方面做得更好？

分析回收的问卷，发现45%认为博物馆接收一日游或二日游的旅行团非常有利，27%认为比较有利，10%的人认为不利；68%的游客期待在灯笼制作活动中科举博物馆做得更好，62%的游客期待猜灯谜活动有创新；45%的游客期待线上直播互动活动；43%的游客期待推出灯会系列特色文创产品。

(7) 游客对科举博物馆总体满意度的评价

问卷的最后,询问游客四个宏观问题:认为科举博物馆的总体服务在我国博物馆中处于什么水平?对科举博物馆的总体印象如何?是否会再来?是否会推荐给亲友?统计分析结果见表6和表7。

由表可见,第一,游客对科举博物馆的总体印象比较好,加权得分为4.24分,有54.3%的游客认为科举博物馆非常好。第二,游客对于科举博物馆的服务水平也是比较认可的,认为在全国博物馆处于比较好的水平,得分4.2分。第三,54.3%的游客一定会把科举博物馆推荐给亲友,这与前面"整体印象"一题的结果一致,也验证了问卷的可靠性。第四,51.88%的游客一定会再来科举博物馆,结合前面的"出游次数"问题,答题者的年均出游次数不多的情况下,还愿意再来科举博物馆游玩,可见对科举博物馆旅游的认可。

表6 游客对科举博物馆服务水平和整体印象的评价

	非常好	比较好	好	一般	差	得分
	5	4	3	2	1	
服务水平	50%	29.84%	11.55%	7.80%	0.81%	4.20
整体印象	54.30%	27.15%	8.87%	7.80%	1.88%	4.24

表7 游客再游和推荐科举博物馆的可能性

	一定会	会	不确定	不太会	肯定不会	得分
	5	4	3	2	1	
是否再来	51.88%	27.69%	13.44%	5.65%	1.34%	4.23
是否推荐	54.30%	29.84%	8.60%	5.65%	1.61%	4.30

(8) 典型问卷的具体分析

问卷中,答题时间最长的受访人用时1 025秒,为60岁以上的企业人员,学历为大专和本科,他的回答非常认真,相对客观反映了"有知识、有闲钱、有时间"的老年人对博物馆旅游的价值认知和满意度。随着这一类人群数量的增加,他们的旅游需求对博物馆变得愈加重要,因此本文对这一问卷进行专门分析。

总结该问卷的具体内容:来夫子庙景区,是顺便参观科举博物馆;对相关历史知识感兴趣;认为文化资源有价值、博物馆的服务好、展品陈列设计有品位;文创产品设计精美巧妙;认为科举博物馆嵌入旅游景区的门票联售做得一般(目前相关联票的宣传力度和知名度确实不太大)；不确定博物馆接收一日游或二日游旅行团后，游客大增，对博物馆是否有利(这与博物馆管理人员的矛盾心理一致：游客数量增加，可以增加博物馆的门票收入；但旅游团的游客增多，会使博物馆的参观环境变得嘈杂)；参观科举博物馆感受到了深厚的地方文化；认为地方文化得到了很好的保护；参观后传统文化知识方面收获也比较大；认为博物馆利用微信、抖音等新媒体开展营销宣传活动非常重要；科举博物馆的营销宣传也做得很好；但感觉科举博物馆打造的“小状元”系列产品差(受访者为 60 岁以上的人员，而科举博物馆的“小状元”文创产品主要以年轻人为目标群体，对传统文化的创新较多，因此未能得到该游客的认可，未来科举博物馆文创产品可以增加老年人喜爱的品类)；认为科举博物馆的服务在我国博物馆处于一般水平(受访者必然游览过我国多个服务水平高的博物馆，说明科举博物馆未来在提升服务水平方面，还有发展空间)；对科举博物馆整体印象好；不会再来，但会推荐给亲友。

该问卷填写人对历史知识的兴趣、对科举博物馆文化的认可和对“小状元”系列文创产品的不满意，代表了较多游客的态度，为博物馆的未来发展提供了一定的参考方向。

(五) 回收问卷后的第二次关键人物访谈

第二次关键人物访谈的受访者仍然为科举博物馆的管理者和基层运营者。通过与他们的谈话，我们对问卷的调查结果有了进一步的认识，解开了疑惑，也为后面我们提出有针对性的对策建议奠定了良好的基础。

1. 游客每年出游次数的问题

收到 372 份有效问卷，其中 314 人每年出游 10 次以下，占比高达 84.4%。目前我国已经实现全面建成小康社会的目标，人们在满足物质需求之后，就产生了更多的精神文化需求。在经济发达、人均收入较高的江苏，特别是文化氛围浓厚的南京，各类景点的游客量都在全国处于较高水平，问卷中这一问题的结果出乎意料，分析可能的原因：第一，受疫情影响，2020 年人们出游次数减少，答题者回答的是最近一年的出游次数。第二，南京科举博物馆处于南京著名的夫子庙景区，游客比较多。那些出游次数少的人们，空闲时倾向于游览最著名、最繁华的景点。第三，调查问卷并非随机发放，而是邀请游客自愿填写。那些经常出游的人们，时间规划也紧凑，而且见多了各类调研问卷，倾向于拒绝填写。愿意认真填写问卷的人，可能多为出游次数少、不好意思拒绝问卷发放者的人们。这三个方面的原因共同作用，造成了此问题结果与现实的偏差。

2. 科举博物馆志愿者讲解的问题

调查数据显示，仅 38%的游客认为博物馆志愿者讲解很好。受访的博物馆工作人员表示，博物馆的志愿者讲解员一年工作要满 48 小时，才能继续成为下一年的志愿者，而服务时间则由志愿者选择，所以并不是所有游客在参观博物馆期间，都有志愿者提供免费的讲解服务。科举博物馆也会调节志愿者讲解服务的提供时间，尽量在节假日平均安排。博物馆有收费的人工讲解服务，根据讲解员的级别，收费价格不一样，游客提前预约则可保证在参观游玩期间获得高质量的讲解服务。现在，博物馆重点文物也提供了二维码讲解服务，游客用手机扫描展馆藏品前的二维码，就可以免费收听关于该藏品的讲解。未来，博物馆将增加更多藏品的二维码讲解服务，同时丰富讲解内容，采用多种讲解风格以引发游客参观兴趣，加深游客对展品文化内涵的了解，使游客有更好的游览体验。

3. 科举博物馆服务的问题

调查问卷中，关于博物馆具有的特点一题中，仅有 39%的游客认为博物馆的服务好。受访的博物馆工作人员认为游客对博物馆服务的总体满意度不高的主要原因包括：第一，博物馆设计的先天不足，即游览线路复杂，且没有回头路。虽然这一设计有“人生没有回头路”这一文化内涵，但从游客角度看有些不便。第二，博物馆在人流量很大的节假日安排有志愿者做线路引导服务，平时博物馆的展馆没有专门的引导员，每个楼层的保安兼做引导服务，保安由第三方物业公司提供和管理，其服务水平相对不足。未来，博物馆将和物业公司一起，加强对保安人员服务能力的培训。

四、提升博物馆游客满意度的对策建议

提升博物馆旅游的游客满意度，需要将博物馆的文化优势和旅游的市场效益优势结合起来，更好发挥博物馆旅游在传播中华民族优秀传统文化、塑造城市形象、提高公民素质方面的作用。本部分将依据前文分析，提出提升博物馆游客满意度的具体对策建议。

(一) 深入开发、大力推广博物馆研学旅行项目

博物馆的研学旅行是近年来备受推崇的实践教学方式，它可以开拓学生的视野、引发学生好奇心和探索欲、助力学生建立学习与生活的有机联系。目前我国的博物馆研学旅行项目尚处于发展初期，许多博物馆的研学游课程的设置并不科学，存在“只游不学，走马观花”的问题。2016 年教育部的文件《关于推进中小学生研

学旅行的意见》，提出要将研学旅行纳入中小学教育教学计划，让学生加深与自然和文化的亲近感，增加对集体生活方式和社会公共道德的体验。《意见》提议研学旅行与综合实践活动课程统筹考虑，促进研学旅行和学校课程有机融合。博物馆应抓住这一契机，用好国家的优惠支持政策，立足馆藏资源，选定积极正向的主题，联合多方资源，深入开发有趣有益的研学线路和课程，加强组织管理、加强宣传推广，将博物馆的研学旅行项目的品牌做大做强，不仅在本市、本省具有竞争力，也要将影响力扩大到全国。

（二）开展形式多样的主题文化旅游活动

博物馆拥有的珍贵藏品基本是固定的，吸引游客二次参观、多次参观的一个重要策略就是在节假日开展形式多样的主题文化旅游活动。未来，博物馆的主题文化旅游活动可以往以下四个方面发展：

第一，举行更多国风文化活动。现在我国传统的汉文化受到很多年轻人追捧，博物馆可以独立举办，或者与其他博物馆、纪念馆联合举办相关的国风活动，既弘扬了传统文化、吸引更多游客参与，又提升了博物馆的影响力。

第二，引入沉浸式互动主题文化活动。2019 年"5·18 国际博物馆日"，湖南省博物馆举办"博物馆之夜"活动，通过沉浸式舞蹈表演、博物馆实景解密游戏和 5G XR 博物馆展区互动体验等活动，让观者在充满趣味的过程中体验并了解古代生活，深入感受湖湘历史文明的独特魅力。

第三，丰富"云端"展览，以使博物馆旅游活动实现更好的线上线下联动。2020 年新冠疫情发生后，"云端"展览成为博物馆主题活动的新形式。2020 年"5·18 国际博物馆日"，北京地区多个博物馆推出线上云赏、藏品故事线上直播等 94 项线上线下活动，许多过去只能到北京参观的专业博物馆，如今居民可以在全国各地通过网络观看博物馆，还能与博物馆的专家进行在线互动。

第四，博物馆与其他组织联合举办主题文化活动，将游客更加细分。例如，北京市文博系统探索博物馆与不同群体的连接，为不同群体提供个性化的文化服务。例如"文博＋徒步"活动：北京市文物局与市徒步运动协会跨界合作，开展"行读北京，讲述你和博物馆的故事"线上征集活动，引导大家在徒步健身中感受身边的博物馆。

（三）积极开发和应用沉浸式互动体验项目

随着新媒体技术和 5G 技术的不断发展，博物馆开始和高科技公司合作，搭建数字场景，鼓励游客互动参与，给予观众身临其境的沉浸式体验，从而破解传统博物馆藏品单向静态展示的枯燥和局限性。通过沉浸式互动体验项目，游客可以深入文物背后的历史场景，更深入地认识藏品和理解藏品的价值，形成更难忘的记忆。近两年新建的博物馆都比较重视沉浸式互动体验项目的设计和应用，历史悠久的博物馆也要基于自身条件积极开发沉浸式体验项目，让文物“活”起来，力争给游客带来耳目一新的感觉。

2021 年 6 月 16 日，扬州中国大运河博物馆开馆。这个诞生在新时代的博物馆充分发挥想象的空间，利用多媒体技术，打造沉浸式游览环境，让广大参观者在互动体验中，感受流淌千年的运河文化。在扬州中国大运河博物馆的负一层，“藏”着一座时下最为流行的“密室逃脱体验馆”——大明“都水监”之运河迷踪。游戏中，参与者可以扮演“监水使者”，以护送明代皇子回京为故事背景，来破解谜案，完成任务，而每一道关卡，都跟大运河的历史知识有关联。参与者不仅能了解当年的运河水工科技，还能学到历史和地理人文知识，充分体验运河文化的探索乐趣。

（四）联合开发和多渠道推广“网红”文创产品

博物馆应向下延伸价值链，与文创设计公司和文创产品生产企业联合开发形式多样的文创产品，并采用线上线下多渠道营销推广模式以打造“网红”文创产品。博物馆可以与其他机构合作，开发带有企业 LOGO 的商务礼品类文创产品；开发适应气候特点的季节性产品；与网红大 V 合作，开发引领潮流的文创产品。

旅游业的“食、住、行、游、购、娱”六要素都是物质和文化的结合体。博物馆文创产品的开发和推广可以渗透到旅游的六个方面，勇于创新、善于创新。如博物馆与周边的餐馆联合推出以博物馆为主题的餐饮以及使用博物馆为主题的餐具；博物馆周边的酒店设计以博物馆为主题的房间，房间内布置相关的文创产品；博物馆周边的娱乐场所开发博物馆相关的游乐活动，同时融入博物馆的文创产品。

目前博物馆的文创产品多是针对年轻群体，随着我国步入老龄化社会，有知识、有精神文化消费需求的老年人也越来越多，夕阳红老年旅行团的消费能力不容忽视。老年人对我国传统文化的感情深厚，与老年设计师合作，开发迎合老年人审美的文创产品，将是博物馆文创产品开发的又一个方向。

（五）整合渠道，深入开展新媒体营销

知识经济时代，顾客对产品和服务的了解程度和满意程度，成为博物馆成败的决定性因素。博物馆创新产品和服务供给，必须加强营销推广，才能使信息抵达最终消费者，进而激发消费者的消费欲望，增加消费需求。在新技术和互联网的广泛应用背景下，博物馆必须整合“线上＋线下”渠道，开展新媒体营销。整合线上渠道

（自媒体平台、社交平台、OTA 平台、APP 等）吸引消费者的注意力，创新线下渠道（如开设文创产品体验柜、铺设无人售货机等）带领文创产品走出博物馆。现在是自媒体时代，人人都有麦克风，人人都是信息传播者，今日头条、微博、抖音等自媒体的影响力巨大，博物馆要充分发挥其受众广泛、导流能力强、交互性强、个性化色彩浓厚等优点，开展集资讯、服务、导览等功能于一体的新媒体营销宣传。

参考文献

[1] 顾江，陈鑫，郭新茹，等．"十四五"时期健全现代文化产业体系的逻辑框架与战略路径[J]．管理世界，2021，37(3)：9－18，2.

[2] 王秀伟，延书宁．价值共创视角下的博物馆文旅融合：内涵、架构与趋势[J]．文化艺术研究，2021，14(3)：16－24，112.

[3] 周锦．数字技术驱动下的文化产业柔性化发展[J]．福建论坛（人文社会科学版），2018(12)：90－95.

[4] 冯英杰，钟水映．全域旅游视角下的博物馆文化旅游发展研究——基于游客满意度的调查[J]．西北民族大学学报（哲学社会科学版），2018(3)：66－75.

[5] 郭新茹，陈天宇，唐月民．场景视域下大运河非遗生活性保护的策略研究[J]．南京社会科学，2021(5)：161－168.

[6] 蔡琴．了解观众、服务观众——浙江省博物馆武林馆区观众问卷调查分析报告[J]．东南文化，2011(3)：80－87.

[7] 何丹，李雪妍，周爱华，等．北京地区博物馆旅游体验研究——基于大众点评网的网络文本分析[J]．资源开发与市场，2017，33(2)：233－237.

[8] 苗宾．文旅融合背景下的博物馆旅游发展思考[J]．中国博物馆，2020(2)：115－120.

[9] 赵迎芳．论文旅融合背景下的博物馆旅游创新发展[J]．东岳论丛，2021，42(5)：14－22.

[10] 王旌璇．南京市博物馆旅游需求研究[J]．东南大学学报（哲学社会科学版），2012(14)：93－97.

[11] 戴昕，陆林，杨兴柱，等．国外博物馆旅游研究进展及启示[J]．旅游学刊，2007(3)：84－89.

[12] 张瑛，范应梅，李文龙．大学生民族博物馆旅游动机研究[J]．辽宁大学学报（哲学社会科学版），2016，44(2)：97－104.

[13] 张岚，薛辉．博物馆旅游市场特征及开发对策探讨——以上海市为例[J]．企业经济，2009(1)：134－137.

[14] 单延芳．贵州省博物馆旅游开发研究[J]．贵州社会科学，2015(3)：106－111.

[15] 章尚正,刘晓娟. 我国博物馆旅游的制约因素与突破思路[J]. 安徽大学学报(哲学社会科学版),2010,34(6):131-137.

[16] 王静,王玉霞. 北京博物馆文化旅游服务质量提升研究[J]. 北京联合大学学报(人文社会科学版),2017,15(3):26-30.

作者简介

赵　星(1982—　),河南许昌人,博士,副教授,硕士生导师,南京大学长三角文化产业发展研究院研究员,南京晓庄学院商学院教师,美国特拉华大学商学院访问学者。研究方向为文化产业经济学、空间经济学。

冯家红(1975—　),江苏南京人,南京中国科举博物馆馆长。研究方向为博物馆运营与管理。

董帮应(1978—　),安徽六安人,博士,南京晓庄学院商学院教师。研究方向为产业经济学、区域经济学。

Research on Value Cognition and Satisfaction of Museum Visitor —Taking Nanjing Imperial Examination Museum of China as an Example

Zhao Xing　Feng Jiahong　Dong Bangying

Abstract: In the new era, the cultural quality and income level of Chinese people have been greatly improved, and the consumption demand for spiritual and cultural products has increased rapidly. Museums have both the functions of increasing knowledge and leisure entertainment, so they are favored by more and more consumers. With the help of the internet and new technologies, Chinese museums continually innovate products and service supply to better meet consumers' demand. Taking Nanjing China Imperial Examination Museum as an example, this paper adopts the "triangulation method" in social research, and comprehensively uses the field observation method, in-depth interview method and questionnaire method to obtain the value cognition and satisfaction evaluation of visitors of the museum, and then finds out the development status and problems of the Imperial Examination Museum tour. Finally, this paper puts forward some countermeasures to increase the satisfaction of museum tourists.

Key words: Museum Tourism; Value Cognition; Visitor Satisfaction

江苏省乡村旅游与文化耦合发展研究*

鲁庆尧　朱长宁　杨春红

摘　要：在分析乡村旅游和文化耦合发展原理的基础上，借助熵权法和耦合协调度模型进行实证分析。研究表明：江苏省乡村旅游和乡村文化发展存在地区差异性，苏南的发展指数较高，苏中、苏北指数递减；依据两者耦合协调度测算结果，呈现出各地区所处的耦合发展阶段；从发展类型看，南京、苏州、南通和连云港属于乡村文化滞后型，无锡、徐州和常州等 9 个地区属于乡村旅游滞后型。最后建议：发展乡村旅游，要以乡村物质文化为核心、乡村制度文化为形式、乡村精神文化为外延，让乡村旅游与乡村文化融合发展、相互促进。

关键词：乡村旅游；乡村文化；融合发展

一、引　言

乡村旅游是旅游业与农业的交叉结合，是以乡村风景、农耕文化和民俗工艺为内容，经过规划设计形成集观光、休闲和度假为一体的旅游产品。乡村文化是指人们在改造自然过程中，所形成的社会观念、知识结构、民俗习惯、生活方式等内容的总和。2014 年国家印发《关于推动特色文化产业发展指导意见》，提出要打造特色文化城镇与乡村。2015 年中央一号文件又提及要推进农村一、二、三产业融合发展，要扶持建设一批具有地域文化、民族特点的特色景观旅游村镇，打造形式多样、特色鲜明的乡村文化旅游产品。目前我国乡村文化产业和旅游产业已具有相当规模，推动两者融合发展已经成为国家的重大战略部署。尤其是在乡村振兴战略背

* 基金项目：江苏省社会科学基金项目“乡村旅游高质量发展水平测度及提升路径研究”(20EYB014)、国家社会科学基金一般项目“乡村振兴战略背景下乡村旅游供应链整合对策研究”(18BGL146)、江苏高校哲学社会科学研究项目“江苏省乡村旅游竞争力分析及提升路径研究”(2020SJA1784)、淮安市社科类研究课题“淮安市生态文旅融合发展路径研究”(2021B22)的阶段性研究成果。

景下，乡村文化与旅游融合发展将有助于建设社会主义新农村，并实现农村多种资源的社会效益、经济效益和生态效益的融合发展。

江苏省经济较为发达，乡村旅游业发展较早、产业规模较大，已经从粗放增长进入优质提升阶段，呈现出品质化、特色化和效益化趋势。截至2019年底，全省获批国家级乡村旅游模范村40个、特色景观旅游名镇(村)45个、乡村旅游示范基地4个。乡村旅游从业者约46万人、行业总收入达1 000亿元，接待游客约3.3亿人次。江苏省乡村旅游区域特色鲜明，苏南地区重点开发具有乡土文化特色和高品质的度假服务；苏中地区主要提升乡村旅游产品档次；苏北地区重点创新多样化的乡村旅游产品。江苏省文化与旅游产业正处于转型升级时期，两大产业的融合发展趋向特色化、纵深化和多元化，具有代表性的如扬州市甘泉长塘村的农事文化节、淮安市淮阴区徐溜镇的民俗文化节、徐州贾汪区潘安湖街道的农村手工艺展览等。

二、文献综述

发展乡村旅游有助于优化农村经济结构、激发新的经济增长点、推进农业和服务业融合发展、加速乡村文化振兴。过去我国乡村旅游发展中主要存在资源利用层次浅、旅游产品同质化、缺乏主题特色、旅游服务意识差等问题(徐露，2016)。乡村旅游往往停留于吃农家饭、采摘水果、看文艺表演等形式，缺乏能体现文化内涵和区域特色的体验型产品。乡村旅游不仅能带动地方经济发展，还能保护乡村文化。随着乡村旅游的发展，越来越多的乡村传统文化被发掘出来，重新展示在人们面前，帮助人们了解乡村文化，提高文化认同和文化自信，唤醒和激发人们传承乡村文化。当然，开展乡村旅游对于乡村文化资源的保护也提出了挑战，乡村旅游中的商业活动和平质化的文化发展形势，容易导致传统文化内容的弱化和消失(李占旗等，2019)。

国外文旅融合发展主要有乡村文化旅游、文化遗产旅游、影视文化旅游、体育文化旅游、主题公园旅游和节庆会展旅游共六种较为成熟的发展模式(邵明华等，2020)。国内的相关研究可以归为以下两个方面：一是通过提升乡村旅游的文化内涵、创新产品和服务、加强供给能力促进乡村旅游可持续发展(钟小东等，2019)。在发展乡村旅游过程中，要注重保护乡村文化原貌和本真性(马桂芳，2015)。二是关于乡村旅游与乡村文化融合方式和模式的研究。乡村旅游来源于乡村文化产生的吸引力，乡村旅游产品本质上是乡村文化的体现。在乡村旅游发展规划中，可以挖掘地域文化、名人故事、民俗节庆等内容，从形象、观念、利益和交通四方面对乡村文化资源进行整合(韩振华等,2009)。通过打造乡村文化产业园、应用科技手段促进产业融合等方式,促进乡村旅游与文化创意产业深度融合发展。乡村旅游主要由政府、乡村集体或民营资本等主体经营,主要有政府主导、政府+公司+旅行社、公司+农户模式、股份制等经营模式(李勇军等,2016)。从研究视角来看,早期主要围绕乡村旅游与文化融合发展的必要性和意义等进行理论探讨,后来集中于对乡村旅游与文化融合发展的内容和模式等方面进行研究。

三、乡村旅游与乡村文化融合发展原理

(一)乡村文化是乡村旅游产品的本质和灵魂

乡村文化是发展乡村旅游的灵魂和核心,利用丰富多彩的乡村文化,来塑造乡村旅游产品。乡村旅游者的目的是游览乡村风景、感受乡村文化、体验乡村生活,没有乡村文化内涵支撑,乡村旅游就失去吸引力和生命力。因此,乡村旅游与文化融合发展,可以提升乡村旅游产品竞争力、塑造独特的品牌形象。旅游过程是一种文化交流和学习,任何旅游产品均有其自身的文化内涵,这是产生旅游吸引力的必备要素。乡村文化是乡村旅游产品设计和创新的主要素材和着眼点,农耕文化、戏曲文艺、故事传说都可以成为乡村旅游产品创意的来源(钟家雨等,2018)。游客在进行旅游体验时,也是一种精神消费。乡村旅游为游客提供的旅游产品,主要体现为满足人们精神需求,通过观赏风光、品尝农家食品、参加农事体验等活动,追求精神享受。发展乡村旅游与建设乡村文化两者相辅相成,发展乡村旅游离不开乡村文化的支撑,建设乡村文化需要借助发展乡村旅游加以完善、深化。

(二)乡村旅游是乡村文化展示的载体和媒介

乡村旅游作为一项经济活动,是乡村文化展示的载体和媒介,也是乡村文化传播和传承的重要途径。开展乡村旅游,让更多的游客接触乡村文化,乡村文化才能被传承和发扬,并且不断丰富和深化。在乡村旅游开发中,应该把乡村旅游活动与乡村文化相结合,突出乡村文化色彩,让旅游者了解乡村的建筑、礼仪、饮食和习俗等方面的文化知识。乡村旅游能够多样化、全方位展现乡村文化的魅力,将乡村生产生活、人文习俗、风土人情等要素整合起来,打造文旅一体化项目产品,推动乡村文化产业化发展。通过乡村旅游来推出文化产品,展示乡村风光和风情,让游客参与乡村文化活动体验,感受乡村文化魅力。乡村地区通过开发具有当地特色的文化产品、打造特色文化主题公园、开展文化主题旅游产业等活动,将乡村文化与乡村旅游业进行深度融合。

（三）乡村旅游和乡村文化相互促进发展

产业之间融合发展是经济结构调整、消费升级发展的必然结果，形成产业间相互带动，互利共赢。文化产业和旅游产业具有辐射面广、渗透性强的特征，两者融合发展具备得天独厚的外在条件和内在需求，并且符合国家产业发展规划和乡村振兴战略指导。乡村旅游开发能够丰富乡村文化的内涵，深化对乡村文化的认识，以乡村旅游来促进乡村文化的繁荣和发展。开展乡村旅游能够调整农村产业结构，推动产业融合发展，改善当地经济状况，为挖掘乡村文化资源、建设乡村文化设施、传播乡村文化内容提供资金支持。

四、乡村旅游与乡村文化耦合测度模型

（一）乡村旅游发展水平测度

迈克尔·波特首创的“钻石模型”是产业竞争力研究的理论基石，Ritchie 和 Crouch（1999）以“钻石模型”为基础框架，构建了旅游目的地竞争力评价模型。乡村旅游发展指数的基本指标组成可以分为宏观因素和微观因素，宏观如自然环境、经济状况等，微观如产业资源、交通状况等，具体由经济、文化、环境等多要素构成，通过保持竞争优势实现经济、社会和生态效益等方面的综合能力。参照王新越等（2019）、周礼等（2015），并考虑数据的科学性和可得性、数量和质量等因素，选取旅行社数量、森林覆盖率和公路密度等指标构成乡村旅游发展水平评价体系，具体如表 1 所示。

表 1　乡村旅游发展水平评价指标体系

指标维度	指标名称及单位
产业资源	1. 乡村旅游资源数量/个 2. 乡村旅游资源质量 3. 旅行社数量/个 4. 星级饭店数量/个
生态环境	5. 空气质量指数 6. 森林覆盖率/% 7. 绿化覆盖率/% 8. 人均水资源量/m^3
经济状况	9. 农村居民人均 GDP/元 10. 旅游业占 GDP 的比重/% 11. 财政支农力度/亿元 12. 公路密度/(公里/平方公里)

(二) 乡村文化发展水平测度

江苏省悠久的农业历史、丰厚的文化底蕴和发达的农村经济，孕育了丰富多样、绚丽多彩、各具特色的乡村文化；乡村的历史变迁、神话传说、民间艺术、古镇风貌等，都蕴含和透露着浓浓的乡村文化气息，文旅融合发展的条件得天独厚。日本学者横山宁夫(1983)把乡村文化划分为乡村物质文化、乡村制度文化和乡村精神文化。其中乡村物质文化包括田园景观、建筑设施和农具农舍等；乡村制度文化包括权力制度、传统节日和伦理道德等；乡村精神文化包括民俗风情、民间艺术和神话传说等。参照单福彬等(2017)的做法，并考虑数据的科学性和可得性，选取田园景观、礼仪风俗和民间艺术等指标构成乡村文化发展水平评价体系，具体如表 2 所示。

表 2　乡村文化发展水平评价指标体系

指标维度	指标名称及单位
乡村物质文化	1. 田园景观/个 2. 建筑设施/个 3. 农具农舍/件 4. 服装服饰/件 5. 手工艺品/件
乡村制度文化	6. 权力制度 7. 礼仪习俗 8. 传统节日 9. 伦理道德
乡村精神文化	10. 民俗风情 11. 民间艺术/个 12. 神话传说/个 13. 戏曲文艺/个

(三) 产业发展指数评价模型——熵权法

产业发展评价指标体系是多层次且复杂的，在多指标评价中，指标赋权大小往往受评价者的数据收集能力、认识能力和个人偏好影响。熵权法能够客观确定评价指标权重，再采用加权 TOPSIS 进行评价，简称为熵权 TOPSIS 评价法。具体计算步骤如下：

(1) 设有 m 个市，n 项评价指标，形成数据矩阵 $\boldsymbol{X}=\{x_{ij}\}_{m\times n}(0\leqslant i\leqslant m, 0\leqslant j\leqslant n)$，为了消除量纲的影响，采用式(1)对原始数据进行标准化处理。

$$正向指标：y_{ij}=\frac{x_{ij}-x_{\min}}{x_{\max}-x_{\min}}；负向指标：y_{ij}=\frac{x_{\max}-x_{ij}}{x_{\max}-x_{\min}} \quad (1)$$

式中：x_{ij}为i地区j指标的原始值；y_{ij}为i地区j指标的标准化值；$x_{\max}$为j指标的最大值；$x_{\min}$为j指标的最小值。设有$\mathbf{Y}=(y_{ij})_{m\times n}$。

(2) 设f_{ij}为i地区j指标的数值在所有地区j指标总量中的比重，即

$$f_{ij}=\frac{y_{ij}}{\sum_{i=1}^{m} y_{ij}} \quad (2)$$

(3) 计算j指标的熵值e_j及权重。

熵值：
$$e_j=-\frac{1}{\ln m}\sum_{i=1}^{m} f_{ij}\ln f_{ij} \quad (3)$$

权重：
$$w_j=\frac{1-e_j}{\sum_{j=1}^{n}(1-e_j)},\mathbf{W}=(w_i)_{1\times n} \quad (4)$$

应用式(1)—(3)，可得出各指标的权重值，并可得到权重集$\boldsymbol{R}=(r_{ij})_{m\times n}$，$r_{ij}=w_j\times y_{ij}$。

(4) 确定正理想解S^+与负理想解S^-：

$$S_j^+=\max(r_{1j},r_{2j},\cdots,r_{mj}),S_j^-=\min(r_{1j},r_{2j},\cdots,r_{mj}) \quad j=1,2,\cdots,n \quad (5)$$

(5) D_i^+、D_i^-分别为各方案与正理想解S^+、负理想解S^-的欧式距离：

$$D_i^+=\sqrt{\sum_{j=1}^{n}(s_j^+-r_{ij})^2},D_i^-=\sqrt{\sum_{j=1}^{n}(s_j^--r_{ij})^2} \quad i=1,2,\cdots,n \quad (6)$$

(6) 计算各地区与理想值的相对接近程度，或称贴近度，即评价得分：

$$C_i=\frac{D_i^-}{D_i^++D_i^-} \quad (7)$$

C_i为第i个评价对象与理想值之间的接近程度，取值在0到1之间。C_i值越大，表示该评价对象水平越接近理想值，即说明乡村旅游发展指数越高；相反，数值越小，则表示水平越低。

(四) 耦合度及耦合协调度模型

1. 耦合度模型

耦合度是描述系统相互影响和协同作用的强弱程度，借鉴容量耦合概念和容量耦合系数模型，本文研究乡村旅游与乡村文化两个产业的耦合关系，因而耦合函数公式可表示为

$$C=2\left\{\frac{f(x)\times g(y)}{[f(x)+g(y)]^2}\right\}^{\frac{1}{2}} \quad (8)$$

式中 C 为耦合度，且 $C\in[0,1]$。根据相关研究，将 C 分为 4 个阶段：0—0.3 为恶性耦合阶段；0.3—0.5 为拮抗阶段；0.5—0.8 为磨合阶段；0.8—1.0 为良性耦合阶段（洪学婷等，2020）。

2. 耦合协调度模型

耦合度难以反映系统的整体功效与协同效应，一般常用离差最小化原理来构造离差模型，从而判断系统的协调程度，可以度量乡村旅游与乡村文化两者交互耦合的协调程度，其公式可表示为

$$T=mf(x)+ng(y) \quad D=\sqrt{C\times T} \tag{9}$$

式中：D 为耦合协调度，且 $D\in[0,1]$；T 为综合评价指数；鉴于两指标具有同等重要性，取 $m=n=0.5$。一般将 D 划分为 4 个等级：0—0.3 为低度耦合协调；0.3—0.5 为中度耦合协调；0.5—0.8 为高度耦合协调；0.8—1.0 为极度耦合协调（廖重斌，1999）。

（五）数据来源及说明

文中数据来自《2020 江苏统计年鉴》《2020 江苏文化和旅游年鉴》、2020 年江苏省旅游业年报、2020 年江苏省各地级市国民经济和社会发展统计公报、2020 年江苏省各地级市统计年鉴，部分数据通过文献资料整理得出。

五、江苏省乡村旅游与乡村文化耦合发展特征

江苏省的地域文化特征鲜明，如以苏、锡、常为中心的吴文化，以徐、淮为中心的楚汉文化，以宁、镇为中心的金陵文化，以及以扬州为中心的维扬文化等，其间蕴含着丰富的民间故事、传统工艺、民俗习惯、古镇建筑、风味餐饮等，为乡村旅游与文化融合发展提供了广阔的发展空间。

利用式(1)—(7)可计算出 2019 年江苏省各地级市乡村旅游和乡村文化发展水平指数，利用式(8)—(9)可计算出乡村旅游与乡村文化耦合协调度，测算结果如表 3 所示。

表 3　乡村旅游与乡村文化发展水平及两者耦合协调度

地区	乡村旅游(u_1)	乡村文化(u_2)	耦合协调度(D)	$\frac{u_1}{u_2}$
南京	0.594 4	0.573 2	0.79	1.04
无锡	0.411 6	0.468 6	0.64	0.88

（续表）

地区	乡村旅游(u_1)	乡村文化(u_2)	耦合协调度(D)	$\frac{u_1}{u_2}$
徐州	0.395 2	0.549 5	0.67	0.72
常州	0.387 7	0.502 9	0.65	0.77
苏州	0.620 1	0.603 8	0.82	1.03
南通	0.464 2	0.336 7	0.59	1.38
连云港	0.262 7	0.243 9	0.42	1.08
淮安	0.279 5	0.364 6	0.51	0.77
盐城	0.328 9	0.398 6	0.56	0.83
扬州	0.386 8	0.467 6	0.63	0.83
镇江	0.350 9	0.387 5	0.56	0.91
泰州	0.300 1	0.325 9	0.50	0.92
宿迁	0.238 3	0.250 6	0.41	0.95

（一）乡村旅游发展指数

从乡村旅游发展水平指数看，苏州和南京两市超过0.5，明显高于其他城市；南通和无锡得分在0.4—0.5之间，位列第三、第四名；徐州、常州、扬州、镇江、盐城和泰州六个地区得分在0.3—0.4之间；淮安、连云港和宿迁三个地区得分在0.2—0.3之间，得分较低、排名靠后。全省平均分为0.386 2，说明江苏省乡村旅游发展指数整体上比较弱，还有较大的提升潜力和发展空间。分区域看，苏南五市（苏州、南京、无锡、常州、镇江）平均得分0.473 0；苏中三市（南通、扬州、泰州）平均得分0.383 7；苏北五市（徐州、盐城、连云港、淮安、宿迁）平均得分0.300 9。苏南、苏中、苏北平均分依次降低，地区之间差距较大，形成梯度变化。

结合调研数据分析，苏南地区经济基础较好，乡村旅游发展早、投入多，星级乡村旅游景点与大型旅行社数量和质量在整体上优于其他地区，形成了较强的产业发展指数。苏南地区居民收入较高，旅游消费能力较强，服务业的接待能力和水平整体上也要强于苏中和苏北。地区之间的生态资源和人口分布比较相近，对乡村旅游产业发展的影响较小。产业资源和经济状况在乡村旅游产业评价中起支配作用，亦是影响得分的主要因素。从城市排名看，苏南地区除镇江排名居中，其他城市排名均靠前，发展态势较强；苏中地区南通排名靠前、扬州居中、泰州靠后，整体指数位于中等；苏北地区的徐州排名靠前，其他城市名次靠后，整体发展指数较弱。

（二）乡村文化发展指数

从乡村文化发展水平指数看，苏州(0.683 8)分值最高，作为历史文化名城，凸显深厚的文化底蕴，吴文化内涵丰富，建筑、戏曲和茶饮文化独具特色。南京、徐州和常州的指数值在 0.5—0.6 之间，居于第二梯队。南京有“六朝古都”“十朝都会”之称，乡村多处留下明清文化和民国文化遗迹；徐州是两汉文化的发源地，拥有大量的文化遗产、名胜古迹、名人故事等文化资源；常州是吴文化、齐梁文化的重要发源地，现存的乡村文化旅游景点较多。扬州和无锡的指数值在 0.4—0.5 之间，扬州拥有 2 500 多年建城历史，扬州漆器、刺绣和剪纸独具特色；无锡被誉为“太湖明珠”，具有悠久的工商历史文化内涵。南通、淮安、盐城和镇江的指数值在 0.3—0.4 之间，南通市处于江海交汇处，具有海洋文化特色；淮安素有“运河之都”美称，带有一千多年的漕运文化烙印；盐城有近 600 公里的海岸线，有着浓厚的渔耕文化；镇江是我国道教的发祥地之一，还带有“文宗文化”色彩。连云港、泰州和宿迁的指数值在 0.2—0.3 之间，连云港被誉为神话的故乡，“精卫填海”“女娲补天”等故事均与此有关；泰州兼具吴越之韵，汇聚江海之风；宿迁的淮海戏和酒文化特色鲜明。从指数值看出，江苏地区各市之间存在显著的差异性，苏南的乡村文化更加浓厚，并且苏南地区经济起步早，乡村文化得以保护和发扬，形成了相对优势；苏中和苏北地区乡村文化发展指数相对较低。

（三）乡村旅游与乡村文化融合发展分析

从表 3 的耦合协调度计算结果看，苏州、南京分列一、二名；无锡、徐州、常州和扬州耦合协调度值在 0.6—0.7 之间，处于中上等；南通、淮安、盐城和镇江耦合协调度值在 0.5—0.6 之间，处于中等；连云港、泰州和宿迁耦合协调度值在 0.4—0.5 之间，耦合度水平较低。

表 4　乡村旅游与乡村文化协调发展的分类体系及其判别标准

耦合协调度(D)	发展阶段	$f(x)$、$g(x)$的关系	类型
0.90—1.00	优质协调发展	$f(x)>g(x)$ $f(x)=g(x)$ $f(x)<g(x)$	乡村文化滞后型 乡村旅游—乡村文化同步型 乡村旅游滞后型
0.80—0.89	良好协调发展	$f(x)>g(x)$ $f(x)=g(x)$ $f(x)<g(x)$	乡村文化滞后型 乡村旅游—乡村文化同步型 乡村旅游滞后型

(续表)

耦合协调度(D)	发展阶段	$f(x)$、$g(x)$的关系	类型
0.70—0.79	中级协调发展	$f(x)>g(x)$ $f(x)=g(x)$ $f(x)<g(x)$	乡村文化滞后型 乡村旅游—乡村文化同步型 乡村旅游滞后型
0.60—0.69	初级协调发展	$f(x)>g(x)$ $f(x)=g(x)$ $f(x)<g(x)$	乡村文化滞后型 乡村旅游—乡村文化同步型 乡村旅游滞后型
0.50—0.59	勉强协调发展	$f(x)>g(x)$ $f(x)=g(x)$ $f(x)<g(x)$	乡村文化滞后型 乡村旅游—乡村文化同步型 乡村旅游滞后型
0.40—0.49	濒临失调衰退	$f(x)>g(x)$ $f(x)=g(x)$ $f(x)<g(x)$	乡村文化滞后型 乡村旅游—乡村文化同步型 乡村旅游滞后型

依据廖重斌(1999)对耦合协调度的分类(表 4),对江苏省 13 个地级市耦合情况进行分类,分类结果如表 5 所示。苏州处于良好协调阶段,乡村旅游与乡村文化达到了较好的耦合发展,两者相互促进、均衡发展。南京处于中级协调阶段,初步实现了乡村旅游与乡村文化耦合发展。无锡、徐州、常州和扬州处于初级协调阶段,表明乡村旅游与乡村文化进入初步融合发展,相互之间开始产生作用和影响。南通、淮安、盐城和镇江处于勉强协调发展阶段,乡村旅游与乡村文化之间的关联性较弱,彼此的作用力很小。连云港、泰州和宿迁处于濒临失调衰退阶段,表明乡村旅游与乡村文化的关联性微弱,相互之间的作用较小。

从发展类型看,南京、苏州、南通和连云港属于乡村文化滞后型,说明乡村旅游的发展步伐较快,乡村旅游的发展指数相对高于乡村文化指数,要大力挖掘当地的乡村文化,充分融入乡村旅游发展中。无锡、徐州和常州等其他地区均属于乡村旅游滞后型,表明这些地区的乡村旅游发展较慢,乡村旅游的发展指数相对低于乡村文化指数,这些地区的乡村旅游业发展潜力和空间大,需要借助乡村文化内涵,进行乡村旅游产品创新和升级。

表 5 耦合协调度的类型

地区	发展阶段	类型
南京	中级协调发展	乡村文化滞后型
无锡	初级协调发展	乡村旅游滞后型
徐州	初级协调发展	乡村旅游滞后型
常州	初级协调发展	乡村旅游滞后型
苏州	良好协调发展	乡村文化滞后型
南通	勉强协调发展	乡村文化滞后型
连云港	濒临失调衰退	乡村文化滞后型
淮安	勉强协调发展	乡村旅游滞后型
盐城	勉强协调发展	乡村旅游滞后型
扬州	初级协调发展	乡村旅游滞后型
镇江	勉强协调发展	乡村旅游滞后型
泰州	勉强协调发展	乡村旅游滞后型
宿迁	濒临失调衰退	乡村旅游滞后型

六、结论与建议

上述对江苏省乡村旅游和乡村文化进行了客观的分析，对乡村旅游与乡村文化耦合发展原理进行了阐述，借助熵权法和耦合协调度模型，进行了实证分析。依据研究结论，提出如下对策建议。

（一）乡村旅游和乡村文化发展存在地区差异性

苏南地区经济基础较好，乡村旅游发展早、投入多，星级乡村旅游景点和大型旅行社数量和质量在整体上优于其他地区，形成了较强的产业发展指数。自然资源和乡村文化是发展乡村旅游的基础，应该依据地区特色，实现错位发展，整体提升。从乡村文化发展指数值看出，江苏省各市之间存在显著的差异性。苏南地区经济起步早，乡村文化得以保护和发扬，形成了相对优势；苏中和苏北地区多数地级市排名靠后。在发展乡村旅游过程中，各地区不仅要注重开发自然资源，还需要重视乡村文化建设，丰富文化旅游资源。基于乡村文化发展乡村旅游，才能够保持乡村文化的发展动力，增强乡村文化旅游的魅力，突出乡村旅游灵魂，推动乡村旅游可持续发展。

（二）乡村旅游与乡村文化耦合发展呈现空间差异性

从乡村旅游与乡村文化耦合协调度的测算结果看，苏州处于良好协调发展阶段；南京处于中级协调发展阶段；无锡、徐州、常州和扬州处于初级协调发展阶段；南通、淮安、盐城和镇江处于勉强协调发展阶段；连云港、泰州和宿迁处于濒临失调衰退阶段。苏南地区的乡村文化源远流长，蕴含丰富的文化资源，地区经济基础较好，为乡村旅游的发展提供了物质和精神基础。相比而言，苏中和苏北地区的乡村文化资源并不丰富，经济基础较差，乡村旅游业市场开发较迟，现代旅游业发展缓慢。对江苏省整体而言，在开展乡村旅游过程中，要围绕当地乡村文化开展调查和研究，注重历史文化资源的开发和宣传，打造出独特的乡村文化旅游品牌，让乡村文化借助乡村旅游平台绽放魅力。重视乡村文化在乡村旅游发展中的作用，提炼乡村文化资源，将乡村文化因子植入乡村旅游产品规划和设计中。

（三）乡村旅游与乡村文化发展水平不均衡

研究显示，南京、苏州、南通和连云港属于乡村文化滞后型，表明乡村旅游的发展步伐较快，乡村旅游的相对水平要高于乡村文化。这些地区的旅游业市场发展较快、市场需求不断扩大，游客品味逐渐提升，对乡村旅游的文化内涵需求较高，需要挖掘当地传统文化表象下的深层内涵，提升乡村旅游地的人文气息，如形态多样的乡村面貌、古朴典雅的乡村建筑、神秘的宗教理念、丰富多彩的生活方式等，或是独特的乡村节庆、农作方式、生活习惯、趣闻传说等，尽可能再现历史文化氛围和场景。无锡、徐州和常州等其他地区均为乡村旅游滞后型，表明这些地区的乡村旅游发展较慢，乡村旅游的发展指数低于乡村文化，这些地区的乡村旅游业发展潜力和空间大，需要借助乡村文化内涵，进行乡村旅游产品内容创新。乡村旅游项目的策划设计需要提档升级，将地方乡村文化因子注入乡村旅游产品开发中，从而满足游客多层次、多样化的需求。总之，在发展乡村旅游产业过程中，既要对乡村文化资源进行合理地开发和利用，又要对乡村文化进行保护和传承。在进行乡村旅游资源开发时，要以乡村物质文化为核心、以乡村制度文化为形式、以乡村精神文化为外延，发掘乡村文化内涵，“活化”乡村制度文化和精神文化，提高乡村旅游经营管理能力和供给能力，提升游客的体验感，打造乡村旅游特色与精品。

参考文献

[1] 徐露. 基于体验经济视角下的乡村旅游产品深度开发研究[J]. 农业经济，2016(6)：34 - 36.

[2] 李占旗，黄凌云. 乡村旅游扶贫与传统乡村文化保护[J]. 吕梁教育学院学报，2019，36(4)：51 - 53.

[3] 邵明华，张兆友. 国外文旅融合发展模式与借鉴价值研究[J]. 福建论坛(人文社会科学版)，2020(8)：37 - 46.

[4] 钟小东，赵影. 以乡村文化为核心要素发展海南乡村旅游[J]. 农业现代化研究，2019，40(1)：81 - 88.

[5] 马桂芳. 新常态下青海藏区城镇化进程中传统文化保护利用之对策[J]. 青海社会科学，2015(6)：190 - 193.

[6] 韩振华，王崧. 乡村文化旅游资源的开发与整合研究[J]. 改革与战略，2009，25(9)：91 - 93.

[7] 李勇军，王庆生. 乡村文化与旅游产业融合发展研究[J]. 财经理论与实践，2016，37(3)：128 - 133.

[8] 钟家雨，熊伯坚. 乡村文化复兴促进乡村旅游可持续发展的策略探讨[J]. 江西科技师范大学学报，2018(5)：57 - 61，56.

[9] Ritchie J. R. B.，Crouch G. I. Tourism Destination Competitiveness and Societal Prosperity[J]. Journal of Business Research，1999，44(8)：137 - 152.

[10] 王新越，朱文亮. 山东省乡村旅游竞争力评价与障碍因素分析[J]. 地理科学，2019，39(1)：147 - 155.

[11] 周礼，蒋金亮. 长三角城市旅游竞争力综合评价及其空间分异[J]. 经济地理，2015，35(1)：173 - 179.

[12] 横山宁夫. 社会学概论[M]. 上海：上海译文出版社，1983：168.

[13] 单福彬，周静，李馨. 乡村文化旅游吸引力的多层次评价——以辽宁赫图阿拉村为例[J]. 干旱区资源与环境，2017，31(12)：196 - 202.

[14] 洪学婷，黄震方，于逢荷，等. 长三角城市文化资源与旅游产业耦合协调及补偿机制[J]. 经济地理，2020，40(9)：222 - 232.

[15] 廖重斌. 环境与经济协调发展的定量评判及其分类体系——以珠江三角洲城市群为例[J]. 热带地理，1999，19(2)：171 - 177.

作者简介

鲁庆尧(1979—),江苏淮安人,博士,淮阴师范学院经济与管理学院副教授,硕士研究生导师。研究方向为农村经济。

朱长宁(1970—),江苏海安人,博士,金陵科技学院商学院教授,硕士生导师。研究方向为农村经济。

杨春红(1972—),江苏连云港人,博士,淮阴师范学院经济与管理学院副教授。研究方向为农业经济。

Coupling Development of Rural Tourism and Culture in Jiangsu Province

Lu Qingyao Zhu Changning Yang Chunhong

Abstract: On the basis of analyzing the coupling development principle of rural tourism and rural culture, this paper makes an empirical analysis with the help of entropy weight method and coupling coordination degree model. The results show that there are regional differences in the development of rural tourism and rural cultural industry in Jiangsu Province. The development index of South Jiangsu is higher, while those of Central Jiangsu and Northern Jiangsu are both relatively at a lower level. According to the calculation results of the coupling coordination degree, the coupling development stage of each region is indicated. From the perspective of development type, Nanjing, Suzhou, Nantong and Lianyungang belong to the backward type of rural culture, but Wuxi, Xuzhou and Changzhou belong to the backward type of rural tourism. The research suggests that in the development of rural tourism, we should take rural material culture as the core, rural institutional culture as the form, and rural spiritual culture as the extension so that rural tourism and rural culture can promote each other to realize the integrative development.

Key words: Rural Tourism; Rural Culture; Integrative Development

文化贸易

好莱坞电影为何加入中国文化元素*

——兼论中国大陆电影市场"渐进式开放"的意义

罗立彬　王牧馨　周　晗

摘　要:近年来好莱坞电影加入中国文化元素,本文将深入分析这一重要现象的原因。首先将中国文化元素对好莱坞电影票房的影响分为"市场准入效应""中国票房效应"和"海外票房效应",然后用 1998 年到 2017 年间 1 187 部好莱坞电影的数据进行实证分析,发现中国元素可以支撑它们获得更高的全球票房,但主要作用机理在于"中国投资"所发挥的"市场准入效应",即中国公司投资提升了好莱坞电影进入中国大陆市场的可能性。巨大的市场规模加上"渐进式开放"政策安排,共同决定了中国成为经济全球化过程中的"文化大国",凭借巨大的市场规模影响"以全球市场为目标市场"的电影的文化元素选择。

关键词:中国文化元素;好莱坞电影票房;中国电影产业;开放战略

一、引　言

党的十九届五中全会将"中华文化影响力进一步提升"作为"十四五"时期经济社会发展主要目标之一。电影是文化传播的重要载体和媒介。好莱坞目前依然是世界电影产业中心,好莱坞电影不仅成为美国向全球传播美国文化的媒介,也成为向世界传播各国文化的高效率载体。比如动画片《花木兰》的全球放映使花木兰迅速成为全球知名的中国文化符号;《寻梦环游记》又使全球都对墨西哥的剪纸艺术有所了解。目前好莱坞电影平均在世界上几十甚至上百个国家和地区放映。全球

---

* 基金项目:国家社会科学基金重大委托项目"网络与数字时代增强中华文化全球影响力的实现途径研究"(18ZDA341)的阶段性研究成果。

观众观看的电影中有 2/3 为好莱坞电影(Joel Waldfogel, 2018)。①

近年来,好莱坞电影越来越多地加入"中国文化元素"(见表 1),面向全世界放映。这种现象如此引人注目,以至于西方新闻媒体以"中国文化入侵好莱坞"作为标题进行报道。② 据初步统计,以中国演员、中国取景和中国投资为标准的中国元素,近年来在好莱坞电影中的比重越来越高。此外,全亚裔班底越来越多地出现在好莱坞电影之中,这不仅包括像《尚气》和《花木兰》这样的大制作,还包括一些中小预算的影片,《摘金奇缘》《网络谜踪》《别告诉她》等电影就是近年来好莱坞全亚裔班底中小制作电影的典型代表。亚裔电影人在好莱坞的地位也迅速提升,比如《摘金奇缘》和《别告诉她》两部电影的女主角,前者登上了《时代》杂志的封面,后者成为金球奖首位亚裔最佳女主角。

表 1 近年包含中国元素的好莱坞电影的相关情况

年份	影片	发行地区数	主要包含的中国元素
2021	《尚气》	60(含 2 个网络发行)	漫威第一部华人超级英雄电影,华人著名演员梁朝伟和杨紫琼参演
2020	《花木兰》	41(含 16 个网络发行)	全亚裔班底,大量中国以及华裔演员,如刘亦菲、巩俐、甄子丹、李连杰等
2019	《勇敢者游戏:再战巅峰》	56	林家珍(奥卡菲娜)
2019	《别告诉她》	48	全亚裔班底,大量中国演员以及中国故事
2019	《哥斯拉 2》	56	章子怡,中国龙形象
2018	《雪怪大冒险》	50	汉字与汉语
2018	《摩天营救》	51	香港取景,华人演员黄经汉、昆凌和文峰等
2018	《毒液》	54	华人超市、唐人街
2018	《神奇动物在哪里 2》	55	中国神兽
2018	《巨齿鲨》	55	李冰冰,三亚取景
2018	《环太平洋 2》	51	景甜、张晋以及其他中国演员,中国上海、汉语普通话
2018	《古墓丽影:源起之战》	57	吴彦祖,中国香港、广东话、汉语普通话

数据来源:根据 imdb. com 数据整理。

① Joel Waldfogel. Digital Renaissance [M]. Princeton, New Jersey, USA: Princeton University Press, 2018: 82.

② 比如英国《卫报》的《好莱坞为何向中国磕头》,参见环球网报道:https://oversea. huanqiu. com/article/9CaKrnJzDGH,2021 年 8 月 8 日访问。

好莱坞电影加入中国文化元素，有利于中华文化元素符号的全球传播。但是这种现象是否可持续？由于中国对好莱坞电影进口仍有配额限制①，好莱坞电影加入中国元素符号可能有两个原因：一是为了有更大机会进入中国大陆市场，或者说为了防止无法进入中国大陆市场而导致票房收入损失；二是单纯出于票房的考虑，由于中国市场占全球票房比重较高②，加入中国元素有可能由于"讨好"了中国大陆市场，会缩短与中国大陆市场的文化距离，从而使其全球票房有所增加。

对于上述两种可能原因进行深入探究，既有实践意义也有理论意义。实践上涉及中国大陆电影产业和贸易的政策。如果好莱坞电影加入中国文化元素是出于上面第二种原因，这种现象就是可持续的，即使中国大陆电影市场完全放开，好莱坞电影中的中国元素也会不断增加。但是，如果是第一种原因，那么一旦中国大陆电影市场完全放开，中国大陆电影市场又没有特别明显的增长，好莱坞电影就不会再加入中国文化元素，也不会再成为中国文化国际传播的媒介。因此，研究好莱坞电影加入中国文化元素的原因，对于中国大陆电影产业开放政策有重要指导意义。再稍微拓展，上述政策启示还可以上升到理论层面：后发国家产业开放的态度及方式，存在很多争论，比如是要"开放还是封闭"？如果开放，是"渐进式开放还是全盘开放"？③ 本文研究结论可为上述争议提供来自中国大陆电影产业的案例佐证，丰富相关研究。若研究表明好莱坞电影加入中国文化元素主要因为第一种原因，就为"渐进式开放"提供支持性证据。若是第二种原因，就为"全盘开放"提供支持性证据。此外，本研究也涉及"进口国文化元素"对一国电影票房的影响问题，在电影产业全球化背景下，商业电影为开拓国际市场而加入进口国文化元素的现象并非新现象，但是相关的理论和实证研究都很少，以中国为案例，研究中国文化元素对好莱坞电影票房的影响，可以为相关研究提供增量。

---

① 根据 2012 年中美电影贸易协议，中国进口分账电影配额规定为每年 34 部，不过从 2016 年开始，据公开资料显示，中国进口分账电影数量就开始超过 34 部，2016—2018 年三年内，中国进口分账电影数量分别为 38 部、39 部和 42 部。

② 2019 年中国大陆电影市场总票房占全球比重高达 22%，2020 年超过 25%。

③ 关于渐进式改革与开放的研究和讨论很多，可参见江小涓著(2015)，《体制转轨中的增长、绩效与产业组织变化：对中国若干行业的实证研究》，上海：格致出版社，2015 年 4 月版，第 1.4 节。

二、文献综述

好莱坞电影加入其他国家文化元素并非新现象。随着投资额不断变大并越来越以全球为目标市场，好莱坞电影日益迎合海外观众偏好。这种现象曾引发美国国内担心，如《纽约时报》记者林恩·赫斯伯格(Lynn Hirschberg)警告，为吸引国际观众，好莱坞可能会停止制作"棒球电影"和重视对白的剧情片。迪士尼公司的经理妮娜·杰考布森(Nina Jacobson)也警告说"世界观众不会关心美国人在做什么运动项目"(Joel Waldfogel，2018)。①

但是这种担忧似乎并未在相关研究中体现，有关电影票房影响因素的研究一直是国外电影产业研究的热点之一。西方学者大量使用实证分析的方法，将票房或其他影片收入作为因变量进行计量分析。在众多因素中，电影预算、明星影响力、口碑和影评、续集和评级、银幕数量等被认为是主要影响因素。许多学者认为电影预算是最重要影响因素，如 Ravid & Basuroy(2004)等；明星影响力也是普遍被考虑的因素，但对其影响存在争议，如 Ravid(1997)、Miller 和 Shamsie(2001)发现明星对中等预算的电影票房产生正面影响，但对高成本电影票房影响不大；影片的获奖、影评和口碑对票房也有显著影响，Deuchert 等(2005)检验了奥斯卡奖项提名对电影票房的正面影响，Hennig 等(2012)都认同影评对票房的重要影响，McKenzie(2009)、Martin 和 Rennhoff (2016)等研究了口碑效应与电影票房的关系，Hennig 等(2004)进一步研究了网络口碑对电影票房的影响；电影是否为续集同样对票房产生影响，Hennig 等(2012)研究表明续集本身是成功的潜在因素；Vany 和 Walls(2004)证实了某些评级和票房的正向关系；Eliashberg 等(2006)、Karniouchina(2011)则证明了银幕数量对票房的影响；也有一些学者从内容角度研究票房影响因素(Garcia-Del-Barrio 和 Zarco，2016)。

然而，关于"进口国文化元素"这一因素的实证研究很少，目前我们搜索到的一篇文章是 Hermosilla 等(2018)证实了中国大陆电影市场的增长与开放使好莱坞电影角色的肤色变浅，其他文献尚未看到。本文希望以中国为案例，在这方面做些努力，为相关研究提供增量，并指明政策启示和建议。

---

① Joel Waldfogel，Digital Renaissance，Princeton University Press，2018：82. 这句话的意思应该是说，由于世界观众不会关心美国人做什么运动项目，因此好莱坞电影也就不会再关注美国人的运动项目了。(笔者注)

三、好莱坞电影加入中国文化元素的理论解释

（一）电影生产的经济属性、全球化时代背景以及中国大陆电影市场的迅速发展，使“中国文化元素”是好莱坞电影的理性选择

1. 电影的经济属性决定其生产很大程度上以需求为导向。一是电影在供给侧规模经济效应显著，有“目标受众规模最大化”导向，这一导向在商业电影“二次销售”性质下又得到强化，所以商业电影总体以需求为导向；二是电影在需求侧存在“文化折扣”，观众偏好含有与自身文化背景比较接近的文化元素的电影，因此需求侧文化的偏好会影响供给侧对电影中文化元素的选择。但同时，也有研究表明观众具备猎奇心理，即喜欢在电影中看到异国或者异域文化元素的内容。但是无论如何，商业电影供给者在考虑内容上的文化倾向时，总是要以需求为导向（罗立彬，2021）。

2. 全球化时代，电影生产要素的国际流动性较强，以全球为目标市场的商业电影，文化元素构成会受到票房规模较大的国家或地区文化的影响，此时电影市场规模就直接影响本国文化的国际传播力。如张艺谋导演的电影《长城》投资额超过1.35 亿美元①，其幕后团队就来自 37 个国家。② 生产要素国际流动性强，要使用哪国生产要素，就取决于需求方偏好。《长城》这部投资额超过 1.35 亿美元的电影以中国故事为基础，是因为中国大陆电影市场足够大。同时，编剧并非中国人，因为“它不全是给中国人看的，而面向全球”③。

3. 近十多年来中国大陆电影市场迅速成长为全球市场的重要组成部分，成为好莱坞电影的重要目标市场之一，并对其文化元素的选择产生影响。中国大陆电影市场近十几年来的迅速增长使其在全球电影市场中的地位迅速发生变化。2020

---

① 记者对《长城》制片人罗异的采访中提到“据说这部影片的投资高达 1.35 亿美元”，罗异的回答是“基本上比那个报道还高一点”。参见《独家揭秘〈长城〉八大幕后：专访传奇东方影业 CEO 罗异》，Mtime 时光网，http://news.mtime.com/2015/04/06/1541209-3.html#content，2017 年 9 月 2 日访问。

② 参见《张艺谋现身上海，解析〈长城〉四大疑点》，原载于《扬子晚报》2016 年 12 月 11 日，转载于网易娱乐 http://ent.163.com/16/1211/09/C80CNBPJ000380D0.html，2017 年 9 月 2 日访问。

③ 参见《张艺谋现身上海，解析〈长城〉四大疑点》，原载于《扬子晚报》2016 年 12 月 11 日，转载于网易娱乐 http://ent.163.com/16/1211/09/C80CNBPJ000380D0.html，2017 年 9 月 2 日访问。

年中国电影票房占全球比重已高达 25%。[①] 庞大的市场规模使得以中国大陆市场为目标市场的电影生产者不仅仅是中国企业，而是来自世界各地，其文化产品中的文化元素也越来越中国化(罗立彬，2017)。此外，中国政府对于好莱坞分账电影仍有进口配额限制，加入中国元素或许可以提高好莱坞电影进入中国大陆市场的可能性。

(二) 中国元素对好莱坞电影票房的影响机理：市场准入效应、中国票房效应和非中国票房效应

为使实证研究有更细致的分析框架，本文将好莱坞电影的全球票房归结为如下公式：

$$BO_W(C)=P_C(C)BO_C(C)+BO_R(C) \tag{1}$$

式中：BO_W 为好莱坞电影的全球票房；P_C 为其进入中国大陆市场的概率；而 BO_C 和 BO_R 分别为其在中国大陆以及其他地区的票房。假设所有四个变量都是"中国元素(C)"的函数。

根据式(1)，中国元素对于好莱坞电影全球票房的影响就可以归纳为 BO_W 对于 C 求一阶导数，即

$$\frac{\mathrm{d}BO_W}{\mathrm{d}C}=\left(\frac{\mathrm{d}R_C}{\mathrm{d}C}\right)BO_C+\left(\frac{\mathrm{d}BO_C}{\mathrm{d}C}\right)P_C+\frac{\mathrm{d}BO_R}{\mathrm{d}C} \tag{2}$$

只要式(2)大于零，中国元素就对于票房有帮助。从式(2)可见，加入中国元素可能产生如下效应：

一是市场准入效应，即式(2)右侧第一项：中国元素可能影响电影进入中国大陆市场的可能性。二是中国票房效应，即式(2)右侧第二项：加入中国元素可能在同等情况下增加电影在中国的票房。原因可能是降低文化折扣，或者中国元素带来宣传点。三是海外票房效应，即式(2)右侧第三项：加入中国元素可能影响电影的海外票房。文化折扣会导致负面影响，而猎奇心理又有正面效应，最终效应取决于两种效应的净效应。下面以上述三种效应为线索，实证研究中国元素与好莱坞电影票房的关系。

---

① 数据来源：THEME Report 2020，Motion Picture Association，https://www.motionpictures.org/wp-content/uploads/2021/03/MPA-2020-THEME-Report.pdf，2021 年 8 月 8 日访问。

四、中国文化元素与好莱坞电影票房的关系:实证研究

(一) 回归方程与数据描述:

本文采用如下回归方程:

$$\ln gb_i=\alpha+\beta_1 ca_i+\beta_2 cp_i+\beta_3 \mathrm{cinv}_i+\gamma \boldsymbol{X}_i+\varepsilon_i \tag{3}$$

式中:gb_i 为电影 i 的全球总票房;ca_i、cp_i、cinv_i 为虚拟变量,分别表示是否有中国演员、是否有中国取景、是否有中国公司投资,它们是本文对于中国元素的定义;$\boldsymbol{X}$ 为控制变量向量;ε_i 为扰动项。

本文数据取自 imdb. com,我们收集了 1995 至 2017 年共 1 187 部电影的相关数据。表 2 为本文所选变量的含义描述和数据描述。

表 2　数据描述

变量	变量定义	最小值	最大值	均值	标准差	中位数
ln*gb*	全球总票房对数	5. 991 464	21. 50 569	17. 54 421	2. 129 702	18. 132 36
ln*b*	电影预算对数	9. 615 805	19. 519 29	17. 446 32	1. 053 566	17. 504 39
r	IMDB 评分	1. 9	9	6. 420 998	1. 019 276	6. 5
cont	是否为续集	0	1	0. 136 668	0. 343 602	0
sic	是否在中国上映	0	1	0. 215 375	0. 411 207	0
cin*v*	是否有中国投资	0	1	0. 015 863	0. 124 984	0
cp	是否有中国取景	0	1	0. 026 845	0. 161 681	0
ca	是否有中国演员	0	1	0. 118 364	0. 323 138	0
action	电影为动作片	0	1	0. 306 894	0. 461 346	0
adventure	电影为冒险片	0	1	0. 079 316	0. 270 314	0
animation	电影为动画片	0	1	0. 041 488	0. 199 478	0
biography	电影为传记片	0	1	0. 050 640	0. 219 329	0
crime	电影为犯罪片	0	1	0. 060 402	0. 238 304	0
comedy	电影为喜剧片	0	1	0. 232 458	0. 422 528	0
drama	电影为戏剧片	0	1	0. 153 142	0. 360 234	0
horror	电影为恐怖片	0	1	0. 062 843	0. 242 754	0
mystery	电影为悬疑片	0	1	0. 009 151	0. 095 256	0
romance	电影为爱情片	0	1	0. 001 220	0. 034 921	0
样本量:1 187						

数据来源:笔者整理。

由于考察变量与控制变量之间可能存在多重共线，所以先做相关系数分析，结果如表 3 所示，相关系数均未超过 0.9，不影响回归结果。

表 3　变量相关性检验

变量	sic	*ca*	*cp*	cin*v*	ln*b*	*r*	cont
sic	1						
ca	0.110 8*	1					
cp	0.076 2*	0.220 8*	1				
cin*v*	0.210 7*	0.166 2*	0.292 1*	1			
ln*b*	0.433 9*	0.114 8*	0.052 4	0.083 3*	1		
r	0.136 8*	0.008 4	0.024 1	−0.006	0.093 3*	1	
cont	0.179 8*	0.067 5	0.069 7	0.053 8	0.184 1*	−0.118	1

数据来源：笔者整理。“*”表示 $p<0.1$。

（二）回归结果

将各变量逐步代入式(3)，结果见表 4。

1. 中国演员和中国取景并未对好莱坞电影票房产生显著正影响。在所有回归中，中国演员和中国取景都未表现出显著正影响，在多数回归中影响不显著。这说明至少从经验分析看，它们并不能解释好莱坞电影为什么加入中国文化元素。

2. 中国投资的影响更显著，但要依赖于是否在中国上映。相对于中国演员和中国取景，中国投资要显著很多，且为显著正相关。尤其是在没有加入“在中国上映”控制变量之前[回归(1)到(4)]，有中国投资的电影票房会高出 40.2%到 78%。但是在加入“在中国上映”之后，“中国投资”的显著性消失，说明中国投资的显著性与“是否在中国上映”有关。但在回归(8)中加入“中国投资”与“中国上映”的交互项(cin*v*_sic)后，交互项系数在 10%的水平上显著为正，说明在中国上映的好莱坞电影中，有中国投资的电影票房更高，“在中国上映”会使好莱坞电影全球票房提高 66.5%，如果还有中国投资的参与，票房则会提高 172%。再综合考虑回归(8)中的与“中国投资”有关的所有系数，可以看出，“中国投资”这一变量是否会增加好莱坞电影全球票房，取决于它是否能在中国上映，只要它能在中国上映，中国投资对其票房上升就有意义。

3. “在中国上映”非常显著地影响好莱坞电影的全球票房。在所有相关的回归中，“中国上映”的正影响都很显著，且系数很大，都在 66%以上，说明中国已经成为好莱坞电影非常重要的市场。

表 4　回归结果(因变量为好莱坞电影全球票房的对数)

变量	lngb							
	(1)	(2)	(3)	(4)	(5)	(6)	(7)	(8)
ca	0.167 (0.178)	−0.13 (0.154)	−0.123 (0.153)	−0.142 (0.151)	−0.139 (0.154)	−0.091 (0.197)	−0.077 (0.197)	−0.068 (0.197)
cp	−0.377 (0.355)	−0.422 (0.304)	−0.452 (0.302)	−0.481 (0.302)	−0.435 (0.293)	−0.432 (0.293)	−0.628 (0.338)	−0.536 (0.306)
cinv	0.78** (0.396)	0.402* (0.236)	0.431* (0.232)	0.407* (0.233)	0.114 (0.231)	0.133 (0.238)	0.084 5 (0.256)	−1.475 (1.005)
ln*b*		0.757*** (0.062)	0.742*** (0.062)	0.709*** (0.063)	0.603*** (0.065)	0.602*** (0.064 9)	0.603*** (0.065 1)	0.603*** (0.065 1)
r			0.153*** (0.047 5)	0.178*** (0.478)	0.144*** (0.047 4)	0.145*** (0.047 4)	0.146*** (0.047 4)	0.146*** (0.047 4)
cont				0.517*** (0.133)	0.416*** (0.132)	0.419*** (0.133)	0.416*** (0.133)	0.415 (0.133)
sic					0.661*** (0.117)	0.678*** (0.124)	0.671*** (0.124)	0.665*** (0.124)
*ca*_sic						−0.122 (0.302)	−0.161 (0.307)	−0.19 (0.305)
*cp*_sic							0.397 (0.586)	0.233 (0.559)
cinv_sic								1.72* (1.033)
constant	17.73*** (0.058)	4.586*** (1.079)	3.858*** (1.089)	4.19*** (1.085)	6.1*** (1.121)	6.114*** (1.124)	6.082*** (1.126)	6.081*** (1.127)
observations	1 187	1 187	1 187	1 187	1 187	1 187	1 187	1 187
R-squared	0.005	0.199	0.206	0.215	0.235	0.235	0.235	0.236

注:“***”表示 $p<0.01$,“**”表示 $p<0.05$,“*”表示 $p<0.1$。

(三) 中国元素会帮助好莱坞电影进入中国市场吗

上文分析表明，中国演员、中国取景对电影票房并无显著影响，对中国投资的影响也取决于是否在中国上映。那为何好莱坞电影要加入中国元素呢？根据第一步回归结果，“进入中国大陆市场”对电影票房有显著正效应，而中国大陆电影市场对进口电影又有配额限制，所以有理由提出假设：中国元素使好莱坞电影更容易进入中国大陆市场。

下面将“是否进入中国大陆市场”作为被解释变量，运用 Logistic 回归，分析中国元素对好莱坞电影进入中国大陆市场的影响，结果见表 5。

表 5　回归结果(因变量为是否在中国上映)

变量	sic			
	(9)	(10)	(11)	(12)
ca	0.599*** (0.2)	0.27 (0.225)	0.291 (0.227)	0.28 (0.224)
cp	0.337 (0.431)	0.312 (0.579)	0.243 (0.609)	0.203 (0.629)
cin*v*	3.208*** (0.749)	3.649*** (1.124)	3.689*** (1.139)	3.716*** (1.129)
ln*b*		1.525*** (0.129)	1.494*** (0.129)	1.432*** (0.129)
r			0.274*** (0.089)	0.309*** (0.089 7)
cont				0.649*** (0.199)
_cons	−1.073*** (0.071 3)	−28.09*** (2.325)	−29.32*** (2.283)	−28.54*** (2.278)
Obs	1 187	1 187	1 187	1 187

注：“***”表示 $p<0.01$，“**”表示 $p<0.05$，*表示 $p<0.1$。

回归结果显示，在未加控制变量之前[回归(9)]，中国演员(*ca*)和中国投资(cin*v*)都在 1%的水平下显著，但在加入预算(ln*b*)和电影评分(*r*)两个控制变量后，中国演员的显著影响消失，说明之前的显著影响可能是因为有中国演员的电影恰好也是预算或评分较高的电影，而后两者是影响电影进入中国的更重要因素。

然而，“中国投资”的显著正影响没有因为加入控制变量而消失或下降；虽然其他因素，如电影预算、评分、是否续集——的正向影响也显著①，但是中国投资($cinv$)的系数最大，在回归(12)中，中国投资($cinv$)的系数不仅在1%的水平上显著，且系数为3.716，超过其他所有变量的系数。

代表中国元素的三个变量中，只有“中国投资”对好莱坞电影票房产生了正向显著影响，“中国演员”和“中国取景”影响都不显著，那为何它们仍然会越来越多地出现呢？我们给出四个可能解释：第一，“中国演员”和“中国取景”可能是“中国投资”顺带的结果，即有中国投资者参与的电影，首先就选择中国观众偏好的剧本，中国演员和取景地是中国投资人提出的附带条件。投资人希望在获得投资收益的同时给自己旗下的艺人提供更好的演出机会。在电影完成后准备进入中国大陆市场时，中国投资方很可能会动用自己的相关资源以及对相关法律政策熟悉的人才使得该电影更顺利进入中国大陆市场，这可以极大降低好莱坞电影无法进入中国大陆市场的风险。第二，尽管好莱坞电影中中国演员和中国取景地很常见，但是出场时间少，未必对电影进入中国大陆市场产生显著正向影响。第三，中国演员和中国取景地虽然使电影在中国票房上升，但使其在世界其他地区票房下降，导致整体影响不显著。第四，中国演员和中国取景地既没有使电影在中国票房上升，更没有使其在中国以外的票房成绩上升。如果是这种情况，说明中国演员和中国取景地需要提高自己的影响力。

五、结论与相关讨论

分析表明，中国元素可以支撑好莱坞电影获得更高的全球票房收入，但主要作用机理在于“市场准入效应”，且发挥作用的是“中国投资”，即“中国投资”提高了好莱坞电影进入中国大陆市场的可能性。而由于中国大陆市场在全球市场的重要份额，中国元素就成为大投资电影收回成本的重要保证，因此出于市场回报的考虑，中国投资得以越来越多地介入好莱坞电影制作(罗立彬等，2020)，这进一步导致中国文化元素在其中的出现日益增加。本研究证明，中国大陆巨大的市场规模加上中国的政策安排，共同决定了中国成为经济全球化过程中的“文化大国”②，凭借其巨大的市场规模影响“以全球市场为目标市场”的大投资电影中的文化元素投入。

---

① 这个回归中加入了电影类型作为控制变量，结果均不显著，所以基于篇幅考虑，电影类型的回归结果未在表中显示。

② 这里“文化大国”的定义取自罗立彬和郁佩芳(2018)中的定义。

本研究结果肯定了中国电影市场"渐进式开放"的积极作用。和其他产业一样，后发国家电影产业面临着"封闭还是开放"以及"渐进式开放还是全盘开放"的选择。市场封闭无法有效发挥进口电影的竞争效应，导致国产电影成长放缓，但完全开放也未必是最优政策选择，因为后发国家电影产业开始发展之时，全球市场本身就不是充分竞争的①，比如全球电影产业已经形成了由好莱坞几大公司组成的寡头垄断市场结构，此时完全开放有可能强化先发国家优势及其在全球市场的垄断地位，弱化全球电影市场的多样性。另外，由于产业差距过大，后发国家吸收能力有限，完全开放也很难发挥特别有效的竞争和示范效应。此时，根据本国产业发展实际情况和国内市场规模大小而"渐进式开放"，就有可能在发挥"竞争效应""文化多样性保护"以及"产业保护"之间形成一个有利的均衡：既保护文化多样性，又不至于失去产业发展的活力。

中国大陆电影市场经历的就是"渐进式开放"，具备如下两个特征：一是整体方向为扩大开放；二是对外开放的方式是"渐进式"的，而非一次性全盘开放。② 理论上说，这种方式综合考虑了开放对国内产业的有利影响和国内产业对开放冲击的承受能力，有利于在不断试探中平衡开放的收益与成本。③

本文研究表明，好莱坞电影加入中国元素符号，除了由于中国大陆电影市场规模不断扩大，也是受到中国"渐进式开放"政策的重要影响。没有"开放"，好莱坞片商就没有必要也不可能重视中国大陆市场，也不会为此做出任何改变。但如果中国大陆市场是完全开放的，根据本文研究，好莱坞电影也不会加入中国文化元素；因为它们加入中国元素，主要是因为"市场准入效应"，即为了追求进入中国大陆市场的机会，而这恰恰是因为中国市场尚未完全开放。总之，在中国大陆电影市场"完全封闭"和"完全开放"的情况下，好莱坞电影都不会加入中国文化元素符号，只有目前这种"渐进式"的"部分开放"，才是好莱坞电影加入中国元素符号的原因。可以说，目前为止，中国"渐进式"开放战略，兼顾了中国电影产业发展和中国文化国际传播的双重需要。当然，中国大陆电影市场"开放程度"也是伴随着市场规模

---

① 关于后发国家产业保护与开放方面的研究与争论，更为详细的论述可参见江小涓(2014)第 1.2 节。

② 关于中国电影市场开放的具体历程及其作用，笔者做过较为详尽的研究和分析，参见罗立彬(2016)和罗立彬(2019)第 3 章。

③ 关于渐进式改革与开放的研究和讨论很多，可参见江小涓(2015)第 1.4 节；关于文化产业开放的相关研究和讨论，可参见江小涓和罗立彬(2019)以及罗立彬(2019)第 2.2 节。

扩大及产业发展程度而动态变化的。随着中国电影产业不断发展壮大，政策也会日益开放，中国电影产业的竞争力以及全球电影多样性都会随之得到提升（罗立彬，2021）。

参考文献

[1] 江小涓，罗立彬. 网络时代的服务全球化——新引擎、加速度和大国竞争力[J]. 中国社会科学，2019(2)：68-91.

[2] 江小涓. 体制转轨中的增长、绩效与产业组织变化：对中国若干行业的实证研究[M]. 上海：格致出版社，2015.

[3] 江小涓. 经济转轨时期的产业政策[M]. 上海：格致出版社，2014.

[4] 罗立彬. 对外开放对中国电影产业发展的作用：兼论进一步扩大开放的战略[J]. 文化产业研究，2016(1)：179-190.

[5] 罗立彬. 中国经济崛起为汉语国际传播提供最有利条件[EB/OL]. (2017-06-27). ex. cssn. cn/ijx/jjx_gzf/201706/20170627_3561061. shtml.

[6] 罗立彬. 中国文化贸易进口与中华文化走出去：以电影产业为例[J]. 东岳论丛，2017，38(5)：93-102.

[7] 罗立彬，郇佩芳. 中国电影票房规模影响因素及预测——兼论新阶段中国电影产业发展战略[J]. 文化产业研究，2018(1)：253-270.

[8] 罗立彬. 全球化背景下中国对外文化贸易发展战略：以影视产业为例[M]. 北京：经济管理出版社，2019.

[9] 罗立彬，廖麟玉，宋晋冀. 中国电影对外贸易发展报告(2020)[M]//中国国际文化贸易发展报告(2020). 北京：社会科学文献出版社，2020.

[10] 罗立彬. 网络与数字空间驱动下文化市场增量与中国文化影响力提升[J]. 学术论坛，2021(1)：115-124.

[11] 罗立彬. 构建双循环新发展格局：必然选择与实现路径[J]. 晋阳学刊，2021(4)：119-129.

[12] Deuchert E., Adjamah K., Pauly F. For Oscar Glory or Oscar Money? [J]. Journal of Cultural Economics, 2005, 29(3): 159-176.

[13] Eliashberg J., Elberse A., Leenders M. A. A. M. The Motion Picture Industry: Critical Issues in Practice, Current Research, and New Research Directions[J]. Marketing Science, 2006, 25(6): 638-661.

[14] Garcia-Del-Barrio P., Zarco H. Do Movie Contents Influence Box-Office Revenues?

[J]. Applied Economics, 2016, 49(17): 1 - 10.

[15] Hennig-Thurau T., André Marchand, Hiller B. The Relationship Between Reviewer Judgments and Motion Picture Success: Re-analysis and Extension[J]. Journal of Cultural Economics, 2012, 36(3): 249 - 283.

[16] Hennig-Thurau T., Heitjans T. Movie Branding[M]//Erfolgreiche Führung von Medienmarken. Gabler Verlag, 2004.

[17] Hermosilla Manuel, Gutiérrez-Navratil Fernanda, Prieto-Rodríguez Juan. Can Emerging Markets Tilt Global Product Design? Impacts of Chinese Colorism on Hollywood Castings[J]. Marketing Science, 2018, 37(3): 356 - 381.

[18] Joel Waldfogel. Digital Renaissance[M]. Princeton, New Jersey, USA: Princeton University Press, 2018.

[19] Karniouchina E. V. Impact of Star and Movie Buzz on Motion Picture Distribution and Box Office Revenue[J]. International Journal of Research in Marketing, 2011, 28(1): 1 - 74.

[20] Martin H. J., Rennhoff A. D. Effects From Privatizing A Television Market, the Influence of Mobile Advertising on Movie Box Office, and Causal Relationships Between Word of Mouth and Movie Ticket Sales[J]. Journal of Media Economics, 2016, 29(3): 108 - 110.

[21] Mckenzie J. Revealed Word-of-Mouth Demand and Adaptive Supply: Survival of Motion Pictures at the Australian Box Office[J]. Journal of Cultural Economics, 2009, 33(4): 279 - 299.

[22] Miller D., Shamsie J. Learning Across the Life Cycle: Experimentation and Performance Among the Hollywood Studio Heads[J]. Strategic Management Journal, 2001, 22(8): 725 - 745.

[23] Ravid S. A., Basuroy S. Managerial Objectives, the R-Rating Puzzle, and the Production of Violent Films[J]. Journal of Business, 2004, 77(2): S155 - S192.

[24] Ravid S. A. Information, Blockbusters and Stars? A Study of the Film Industry[J]. Journal of Business, 1997, 72(4): 463 - 492.

[25] Vany A. S. D., Walls W. D. Motion Picture Profit, the Stable Paretian Hypothesis, and the Curse of the Superstar[J]. Journal of Economic Dynamics and Control, 2004, 28(6): 1035 - 1057.

作者简介

罗立彬(1977—),吉林白城人,北京第二外国语学院经济学院教授、副院长,北京第二外国语学院首都国际服务贸易与文化贸易研究基地资深研究员。研究方向为文化贸易和国际贸易。

王牧馨(1994—),江苏盐城人,北京第二外国语学院经济学院国际经济与贸易专业研究生。研究方向为文化贸易。

周　晗(1995—),吉林永吉人,北京第二外国语学院经济学院国际商务专业硕士研究生。研究方向为文化贸易。

Why Are Chinese Cultural Elements Put in Hollywood Films

—Also on the Gradual Opening Strategy of Chinese Film Market

Luo Libin　Wang Muxin　Zhou Han

Abstract: In recent years, Chinese cultural elements are frequently found in American films. This paper hopes to analyze the reasons for this important phenomenon. The paper first proposes that the influences of Chinese cultural elements fall into three categories, "market entry effect" "China effect" and "foreign sales effect". Then, data of 1187 American movies from 1998 to 2017 are used to empirically analyze the influence of Chinese elements on the global box office of American movies. We found that Chinese elements in Hollywood movies can help with higher global box-office; But its main mechanism is "market entry effect" generated by "Chinese investment", that is, investment by Chinese companies improves the possibility of American films entering the Chinese mainland market. The huge market and the policy arrangement of "gradual opening up" jointly determine that Chinese market have influences on the input of cultural elements in films targeted at the global market.

Key words: Chinese Cultural Elements; Hollywood Films' Box Office; Chinese Film Industry; Open Strategy

文化距离与“一带一路”国际友好城市关系对我国入境旅游规模的影响*

——基于扩展引力模型的实证分析

王　冉

摘　要：以国际友好城市关系与文化距离为核心解释变量，构建影响我国入境旅游规模的扩展引力模型，以“一带一路”沿线与我国有旅游服务贸易关系的26个国家2004—2017年数据进行实证检验。结果显示：① 文化距离对“一带一路”沿线国家居民来华旅游具有显著负向影响，国际友好城市关系对我国入境旅游规模具有正向促进效应，正向调节文化距离的负向效应。② 整体上地理距离抑制了入境旅游规模，对我国入境旅游规模的负向影响效应大于文化距离的负向影响；小于4 000公里时，其对入境旅游规模具有正向促进效应，反之，对入境旅游规模的负向效应会显著增大。③ 文化距离对“丝绸之路经济带”国家来华旅游的负向影响显著高于“21世纪海上丝绸之路”沿线国家，国际友好城市关系的正向调节效应也更明显。④ 客源国对外开放水平对其居民来华旅游规模表现出强劲的正向促进效应，互联网上网率对入境旅游具有正向促进效应。

关键词：国际友好城市；文化距离；入境旅游；引力模型；“一带一路”

* 基金项目：国家社科基金重点项目“健全现代文化产业体系和市场体系研究”(20AZD065)、国家社科基金艺术学一般项目“基于社交网络下的数字文化产业创新机制和生态体系路径建设研究”(21BH162)、江苏省决策咨询研究基地课题“加快战略性新兴产业培育发展对策研究——以数字创意产业为例”(21SSL042)的阶段性研究成果。

一、引　言

作为一国重要的服务贸易出口产品，入境旅游在经济发展中扮演着重要角色，其经济增长效应不断强化(李秋雨等，2017)，大力发展入境旅游成为各国重点推行的对外服务贸易举措。早在1981年美国《国家旅游政策法》提出美国旅游管理局的主要任务是发展国际旅游且主要是单向地招徕外国旅游者，促进美国经济的稳定和旅游业的发展，减少国家旅游赤字，增进各国游客对美国的了解(刘伟等，1988)。我国从1978年改革开放到21世纪初期，始终坚持"优先发展入境旅游"的超常规发展道路，实现了入境旅游的快速发展(马耀峰等，2018)。世界旅游组织(UNWTO)公布的2019年度全球国际旅游数据显示①，近十年全球国际旅游以年均5%的速度增长，2019年国际旅游创收高达14 795亿美元，在全球总出口中占比7%，其中美国入境旅游创收2 141亿美元，约占全球国际旅游总创收的14.5%，入境美国游客人均消费2 700美元，国际旅游出口在美国总出口中的占比高达10%。我国入境旅游年均增长率约3%，低于全球平均增速，2019年国际旅游创收358亿美元，约占全球国际旅游总创收的2.4%，远远落后于美国。我国入境游客人均消费也远远低于美国，为550美元，国际旅游出口在我国总出口中的占比为1%。我国出境旅游消费额高达2 773亿美元，旅游服务贸易出现超过2 400亿美元的逆差，出境旅游发展势头旺盛且稳定、入境旅游增长缓慢成为我国旅游市场的主要特征。

我国入境旅游增长缓慢一方面与2008年之后全球经济走低密切相关，另一方面与世界其他国家与我国存在的文化制度距离、政治制度距离、经济制度距离、地理距离等多维距离因素有关(王公为，2019)。距离因素是影响国际旅游发生的重要因素，文化距离是衡量游客的母国文化和目的地文化之间差异的重要指标(Shenkar，2001)。文化距离能够显著影响国际游客的旅游意向，但学者基于不同的研究对象得出了不同的结论。Ng等(2007)认为文化距离大的目的地更能吸引集体主义国家的国际游客出游；Jackson(2001)研究表明澳大利亚国际游客的旅游意向与文化距离成反比；尹忠明等(2020)实证发现文化距离对我国入境旅游的影响存在短途与中长途的差异，其对短途国家居民入境我国旅游具有正向促进效应，对中长途国家居民入境我国旅游具有显著负向作用。受到研究对象选取的局限

---

① 数据来源：UNWTO. https://www.unwto.org/country-profile-inbound-tourism.

性，文化距离对我国入境旅游的影响效应尚不清晰，更多实证研究有助于全面分析文化距离与我国入境旅游的关系，当前复杂国际环境背景下，研究我国与“一带一路”沿线国家的旅游服务贸易（即我国的入境旅游）较为必要。

国际友好城市指一国的城市（或省州、郡县）与另一国相对应的城市（或省州、郡县），以维护世界和平、增进相互友谊、促进共同发展为目的，在签署正式友城协议书后，双方城市开展在政治、经济、科技、教育、文化、卫生、体育、环境保护和青少年交流等各个领域的交流合作，称这种正式、综合、长期的友好关系或制度安排为友好城市关系（冯亚蕾，2020）。“一带一路”倡议对我国沿线地区入境旅游的发展具有显著的推动作用（唐睿等，2018），国际友好城市活动对中国入境游具有显著促进作用（王亚辉等，2017）。因此，国际友好城市建设受到重视。2013 年，习近平主席“一带一路”倡议构想提出要“开展城市交流合作，欢迎沿线国家重要城市之间互结为友好城市，以人文交流为重点，突出务实合作，形成更多鲜活的合作范例”。2014 年 5 月，在中国国际友好城市大会暨中国人民对外友好协会成立 60 周年纪念活动上，习近平主席强调“要大力开展中国国际友好城市工作，促进中外地方政府交流，推动实现资源共享、优势互补、合作共赢”①。事实上，国际旅游的发展离不开城市的建设，城市发展在旅游活动中的作用显著，国际旅游活动受到多种距离障碍因素的影响，国际友好城市的建设旨在加强城市之间在政治、经济、科技、教育、文化、卫生、体育、环境保护和青少年交流等各个领域的交流合作（冯亚蕾，2020），通过交流增进了解、消除隔阂，促进互通与国际旅游活动。因此，“一带一路”沿线国家国际友好城市建设使得城市间文化交流不断加深，增进了沿线国家居民对我国的了解。

文化距离对不同国家的居民开展国际旅游活动的影响存在差异，国际友好城市关系对我国入境旅游具有促进作用。但学术界缺乏关于国际友好城市建设调节作用下文化距离与我国入境旅游发展之间关系的实证研究，对于“一带一路”倡议提升我国入境旅游的原因缺乏深入探究。因此，有必要基于“丝绸之路经济带”与“21 世纪海上丝绸之路经济带”国家居民入境我国的规模，实证分析文化距离对不同区域、不同地理距离国家居民入境我国旅游规模的影响。分析“一带一路”国际友好城市关系是否能够抵消多维距离因素对我国入境旅游的不利影响，成为促进

① 习近平在中国国际友好城市大会暨中国人民对外友好协会成立 60 周年纪念活动的讲话，2014 年 5 月 15 日。

我国入境旅游的重要因素。

二、文献回顾与研究假设

(一) 文化距离对旅游服务贸易的影响

入境旅游(旅游服务贸易出口)是国家外汇创收的重要方式。与货物贸易不同,旅游服务贸易的移动主体是人,本国通过吸引外国人的入境实现旅游服务贸易出口。因此,旅游服务贸易出口需要他国居民入境本国,存在他国居民的空间移动现象。而他国居民在移动中的诸多成本,包括时间成本、经济成本、对非惯常环境的恐惧等心理成本(管婧婧,2018)影响着其出行距离。其中他国文化与本国文化之间的差异对游客的出行具有正反双向效应,既具有阻力作用(Barker 等,2004;Sharma 等,2009)又具有吸引力效应(Lee,1992),力量对比后游客会做出国际旅游目的地选择。

因此,文化差异作为一个重要变量受到学界的极大重视。自 20 世纪 70 年代 Hofstede《文化的结果》问世以来,对文化差异的定量化衡量文化距离变量出现,此后将其用于各类国际贸易现象的解释。发展的方向主要有三个:第一个方向是用于解释文化距离单一变量对不同领域国家间经济、贸易、企业投资等的影响(董惠梅,2007;阎大颖,2009;殷华方等,2011);第二个方向是用不断发展的方法和模型实证分析文化距离的影响效应(陈昊等,2011;宋一淼等,2015;田晖等,2015;尚宇红等,2014);第三个方向是加入新变量,研究与文化距离组合变量的经济影响效应(李凯伦等,2019;郭新茹等,2020;钱争鸣等,2009;张辉等,2017)。当前学术研究中,以文化距离作为解释变量取得了丰硕的研究成果,且在不断扩展与修正中,将文化距离变量的影响研究持续深化,其对旅游服务贸易现象的解释的研究逐渐出现。

旅游服务贸易作为一种特殊的服务贸易形式,实现跨境旅游需要旅游者自身的移动,并且求新求异也被认为是旅游者的主要特点。关于文化距离对入境旅游影响的研究包括基于个体层面的研究和国家层面的研究,在个体层面主要考察文化距离对旅游者旅游意向及目的地选择的影响效应,由于考察对象不同,得出了多种结论。一种观点认为旅游者倾向于选择与本人所处环境相似的地方开展旅游活动,尽量减少文化的冲击,以便获得舒适的旅游体验(Lepp 等,2003;Lee 等,2011)。另一种观点认为文化距离对不同的人具有不同的效应,对一些人来说是阻力,对另一部分人来说是吸引力,正是这种陌生的环境更能给人带来新奇的体验

(Kastenholz,2010)。在国家层面的研究中,得出的结论也不统一。在旅游服务贸易中,文化距离的调节作用呈现不同的特质,日本居民在过往目的地和计划前往目的地的选择上都显著偏好总体与日本文化差异大的国家(杨旸等,2016),这与文化距离与国际旅游者目的地选择行为之间呈现出倒"U"形的非线性关系(周玲强等,2017)有关,但文化距离对我国居民出境旅游却呈现出反向效应,即文化距离与中国赴各目的地出境旅游流呈"U"形关系(刘祥艳,2018)。不论个人层面的研究还是国家层面的研究,均没有得出相对一致的结论,文化距离对个人旅游目的地选择及国家层面整体旅游意向的影响与研究对象的选择存在一定关系。但可以肯定的是,文化距离在旅游者目的地选择中扮演着重要角色,存在对我国入境旅游规模的影响。因此,本文选择"一带一路"沿线 26 个国家为研究对象,从国家层面分区域探讨文化距离对我国旅游服务贸易(入境旅游规模)的影响。在已有研究基础上,提出假设:

假设 1 整体上文化距离对"一带一路"沿线国家居民来华旅游具有负向阻碍效应,且距离越大,负向效应越明显。

假设 2 分区域看,不同经济发展水平、不同开放程度、不同地理位置国家的居民在来华旅游选择上存在差异,且文化距离的效应也存在差异。

(二)"一带一路"国际友好城市关系与中国入境旅游

入境旅游是我国开展国际文化交流的重要方面,我国鼓励各地对外开放、发展入境旅游业务,入境旅游也取得了较多成绩,入境旅游人数及国际旅游收入保持正增长态势。《中华人民共和国 2019 年国民经济和社会发展统计公报》统计结果显示[①],2019 年我国入境游客 14 531 万人次,国际旅游收入 1 313 亿美元,分别增长 2.9%和 3.3%。在我国入境旅游客源市场分布中,"一带一路"国家已成为我国入境旅游的主要客源市场,2019 年我国前十位入境旅游客源国为缅甸、越南、韩国、日本、俄罗斯、美国、蒙古、马来西亚、菲律宾、新加坡,而 2000 年我国入境游客排名较前的国家为日本、韩国、俄罗斯、美国、马来西亚、新加坡、蒙古、菲律宾、英国、泰国、德国,2010 年排序为韩国、日本、俄罗斯、美国、马来西亚、新加坡、菲律宾、蒙古、加拿大、澳大利亚、泰国、德国、英国。另外,根据世界旅游组织(UNWTO)统计,2017 年 63 个"一带一路"国家贡献我国约 60%的入境旅游游客人数(唐睿等,2018)。可以看出,我国入境旅游在 20 年发展中,客源市场发生了变化,客源市场

---

① 国家统计局:《中华人民共和国 2019 年国民经济和社会发展统计公报》。

主体正在变为“一带一路”沿线国家。这得益于“一带一路”倡议增进了沿线国家居民对我国的了解，以及我国持续开发多样化的旅游产品，完善旅游服务，提高了城市基础设施等入境旅游接待能力。

在入境旅游开发中，我国与“一带一路”沿线国家的国际友好城市关系发挥了重要作用。现代旅游发端于城市，城市旅游始终是旅游活动的重要组成部分，在国际旅游中，城市旅游更是不可或缺的组成部分，而城市旅游的发展客观上要求必须加快城市文化建设步伐(马聪玲，2020)。在学者们的研究中，国际友好城市建设是城市文化的重要组成部分，同时国际友好城市建设在提高城市文化发展等方面发挥了重要作用。国际友好城市之间的文化交流机制渗透在双方的政治交往、经济交往和社会交往之中，促进两个城市乃至两个国家之间的文化理解与认同，提升相关国家的软实力(刘铁娃，2017)。唐甜薇等(2020)研究表明国际友好城市建设在提升城市文化软实力、促进经济产业发展、推进对外开放等方面的效用已经显现。

在提升国家、城市文化软实力方面。东京通过与友好城市广泛开展文化等交流活动，发挥市民参与的主导力量，设立自治体国际化协会等民间交流窗口，积极输出自己的传统文化和特色文化，同时有针对性地输入国外的先进文化，增强国际兼容性和影响力，特别是在图书馆和博物馆等公共文化建设和交流，以及青少年之间的文化教育交流方面形成一个宽松的文化氛围，从而提升了自身的文化软实力(周萍萍，2016)。借鉴日本友好城市建设经验，我国各友好城市也在积极行动，张楠(2018)认为天津与日本千叶市的友好城市交往在双边政治外交、经济、文化等方面发挥了重要作用；张润昊(2017)发现在“一带一路”倡议背景下我国襄阳也在“开放引领中心城市建设”目标指导下，与“一带一路”城市积极交流与合作，取得较大发展。

在国际贸易方面。学者们开展了国际友好城市对文化产品出口、体育产品出口等不同类型产品出口的影响。陈烨等(2020)认为友好城市网络能够显著促进城市出口网络的形成和发展。具体到不同类型的产品出口上，同样具有正向促进作用，韦永贵等(2018)发现友好城市能够有效提高中国文化产品出口贸易的增长。在体育产品交流方面，高杰荣等(2015)、陈爱莉(2018)发现通过国际友好城市运动会、友好城市体育资源互补利用等方式，加强了双边贸易沟通与文化交流。然而，目前我国与“一带一路”沿线国家的友好城市建设存在覆盖面不够广、建设水平低、合作模式单一、互动不足等诸多问题(赵建军，2018)。虽然王亚辉等(2017)研究表明国际友好城市对入境旅游具有促进效应，但研究对象选择及实证分析尚欠缺，针对“一带一路”国际友好城市关系对我国入境旅游的研究不足。

综上所述，国际友好城市建设提升了我国的文化软实力、促进了贸易出口，在国家经济发展中的效应显著，但国际友好城市建设是否能显著克服文化距离对国际旅游者目的地选择的影响，成为促进我国与“一带一路”国家开展旅游服务贸易的重要因素，这方面的研究尚欠缺。国际友好城市关系对于我国入境旅游是否具有正向促进效应，以及不同区域的国际友好城市关系对我国入境旅游影响的差异尚有待实证检验。基于以上“一带一路”国际友好城市关系在促进城市文化建设、提升文化软实力、促进国际贸易等方面的效应，提出假设：

假设 3 整体上“一带一路”国际友好城市建设能够加强沿线国家与我国的文化交流，从而促进我国入境旅游的发展。

假设 4 国际友好城市关系能够调节文化距离对我国入境旅游的阻碍效应，但其调节效应存在区域差异。

三、研究设计

（一）样本选择

“一带一路”分为陆上部分的“丝绸之路经济带”与海洋部分的“21 世纪海上丝绸之路”两条线路，沿线国家 65 个，覆盖东亚、东南亚、西亚和北非、中亚、中东欧等区域。鉴于文化距离数据的可获得性，选择沿线 26 个国家作为研究样本（见表 1），时间跨度为 2004—2017 年。

表 1 样本国选择情况

丝绸之路经济带	保加利亚、捷克、爱沙尼亚、克罗地亚、匈牙利、立陶宛、拉脱维亚、波兰、罗马尼亚、俄罗斯、斯洛伐克、斯洛文尼亚、土耳其
21 世纪海上丝绸之路	阿拉伯联合酋长国、孟加拉国、印度尼西亚、印度、伊朗、日本、韩国、马来西亚、巴基斯坦、菲律宾、新加坡、泰国、越南

（二）模型构建

引力模型来源于牛顿的万有引力定律：任何两个物体之间的引力与两者的质量成正比而与两者之间的距离成反比。在此思想的启发下，该模型在很多领域得以应用。其中引力模型在旅游中的应用最早可追溯至保继刚引力模型在游客预测中的应用（保继刚，1992），但受制于我国旅游统计数据的匮乏，对模型的模拟也只依靠抽样数据，相关研究还较少。随着国际旅游统计数据的出现及不断完善，引力模型在入境旅游发展中的应用逐渐增多，研究成果不断丰富，发展出的旅游吸引力理论成为一个重要的旅游理论,基于基础引力模型的扩展模型也不断出现。在模型设定中,地理绝对距离是阻力因素,其他阻力因素包括空间阻尼、人民币升值等,吸引力因素也在不断扩展,包括出游意愿、经济发展水平、自由贸易协定、相对贸易自由度等。在"一带一路"倡议下,加强沿线国家之间的文化交流尤其是以城市为联系纽带,发挥城市在民心相通中的作用得到了较大的重视,在此背景下模型重点考察不断加强的国际友好城市关系对于抵消文化距离对我国入境旅游规模的影响效应,引入扩展的引力模型。旅游吸引力基本模型如下:

$$T_{i,j}=G(P_iP_j/D_{i,j}^b)$$

两边取对数,得到其基本拓展模型为

$$\ln T_{i,j}=\ln G+\alpha_1\ln P_i+\alpha_2\ln P_j+\alpha_3\ln D_{i,j}+\mu_i$$

式中:$T_{i,j}$ 为客源 i 到目的地 j 的旅游人数;P_i、P_j 分别为客源国和目的地国的某种吸引力;$D_{i,j}$ 表示两地之间的距离,一般用两个国家(地区)的首都或经济中心之间的距离表示;G 为常数项;b 为待估参数。在此模型的基础上,引入国际友好城市关系、文化距离变量,将模型进行扩展并在两边分别取对数将其转换为线性模型,并增加控制变量,拓展模型可以表示为

$$\text{lntourist}_{i,t}=\alpha+\beta_1\text{lncd}_{i,j}+\beta_2\text{lngeod}_{i,j}+\beta_3\text{lnecod}_{i,j}+\beta_4\text{lnpold}_{i,j}+\beta_5\text{lnfc}+\beta_6\text{lnfc}_{i,t}\times\text{lncd}_{i,j}+\beta_7\text{lnpergdp}_{i,t}+\beta_8\text{lnonline}_{i,t}+\beta_9\text{lnopen}_{i,t}+\mu_i+\text{year}_t+\varepsilon_{i,t}$$

式中:$\text{tourist}_{i,t}$表示第 i 个国家第 t 年入境我国旅游者人数,表示入境旅游规模;$\text{fc}_{i,t}$表示第 i 个国家 t 年与我国建立的友好城市数;$\text{cd}_{i,j}$ 表示 i 国与我国的文化距离;$\text{geod}_{i,j}$ 表示 i 国与我国的空间地理距离;$\text{ecod}_{i,t}$ 表示 i 国与我国的经济距离;$\text{pold}_{i,j}$ 表示 i 国与我国的政治距离;$\text{pergdp}_{i,t}$ 表示 i 国 t 年的人均国内生产总值;$\text{online}_{i,t}$表示 i 国 t 年的互联网上网率;$\text{open}_{i,t}$ 表示 i 国 t 年的对外开放程度;μ_i、year_t 分别表示个体效应、时间效应;α、β 为待估参数;$\varepsilon_{i,t}$ 为随机扰动项。

(三) 变量说明

1. 被解释变量

被解释变量为入境旅游规模(tourist),按照通常的研究,以各国居民至我国开展国际旅游的国际入境旅游人次来表示,入境旅游人次越多,表示入境旅游规模越大,两国的旅游互动也越频繁。

2. 核心解释变量

(1) 文化距离(cd):样本国家与我国文化价值观差异程度的量化表示,借鉴学界常用的荷兰学者 Geert Hofstede 六维度文化值合成指标,即基于 KS 指数法测

算的权力距离指数(PDI)、个人主义(IDV)、雄性主义(MAS)、不确定性规避指数(UAI)、长线思维(LTO)、放纵指数(IVR)六个维度分别与我国的差距指数值(顾江等,2019),计算方法为:

$$\mathrm{cd}_{ic}=\sqrt{\sum_{k=1}^{6}\left[(s_{ik}-s_{ck})^2/V_k\right]}+1/Y_{ic} \tag{1}$$

(2) 国际友好城市关系(fc)。国际友好城市关系为两国城市间交流搭建了平台,有利于促进民间外交。用我国与"一带一路"沿线国家建立的国际友好城市数量的累加值表示,所建立的国际友好城市数量越多,表示该国与我国的友好城市关系越密切,数据来源于中国国际友好城市联合会。

3. 控制变量

(1) 经济(制度)距离(ecod)。指标数据来源于美国传统基金会(Heritage Foundation)公开发布的世界经济自由度指数报告,将该报告中有关各国经济发展10个维度的指标与我国对应指标的比较进行测算,计算公式表示为:

$$\mathrm{ecod}_{ic}=\sqrt{\sum_{k=1}^{10}\left[(E_{ik}-E_{ck})^2/V_k\right]} \tag{2}$$

(2) 政治(制度)距离(pold)。数据来源于世界银行全球治理指标(WGI),测算方法借鉴朱江丽(2017)的研究方法,基于话语权和问责制(Voice and Accountability)、政治稳定性(Political Stability and Absence of Violence/Terrorism)、政府效率(Government Effectiveness)、管制质量(Regulatory Quality)、法制(Rule of Law)、腐败控制(Control of Corruption)六个维度测算国际旅游客源国与我国的政治距离,黎耀奇等(2018)研究显示政治(制度)距离因素与国际入境旅游有极强的相关性,计算公式如下:

$$\mathrm{pold}_{ic}=\sqrt{\sum_{k=1}^{6}\left[(P_{ik}-P_{ck})^2/V_k\right]} \tag{3}$$

地理距离(geod)用两国(地区)之间的行政中心之间的距离表示,相关研究表明空间地理距离对入境旅游具有负向影响,是阻碍因素,数据来源于CPEII数据库。

此外,国际旅游客源国人均国内生产总值(pergdp)表示客源国居民经济生活水平,居民收入水平越高越易于产生出境旅游的偏好,出国旅游的需求就越旺盛,数据来源于世界银行数据库WDI。客源国对外开放水平(open)用货物和服务进出口总额与国内生产总值的比值表示,其数值越大表示该客源国的对外开放水平越高，越有利于该国居民开展出境旅游活动，数据来源于世界银行数据库 WDI。客源国居民上网率(online)指标用来表示居民接触互联网的情况，也即互联网在客源国的覆盖情况，上网率越高，反映了该国居民对现代信息技术的掌握程度越高，越能够快速获得外部信息，一定程度上可以激发居民的旅游愿望，有利于居民开展出境旅游活动，数据来源于世界银行数据库 WDI。

以上变量描述性统计结果见表 2。

表 2　变量描述性统计结果

变量	统计值	均值	标准差	最小值	最大值
lntourist	364	11.427	2.228	7.44	15.694
lnfc	328	2.188	1.525	0	5.525
lncd	364	1.243	0.237	0.732	1.592
lngeod	364	8.484	0.502	6.862	8.952
lnecod	364	1.365	0.398	0.325	2.127
lnpold	364	1.131	0.443	−0.118	1.892
lnpergdp	364	8.986	1.154	5.985	10.927
lnonline	364	3.591	0.97	−1.614	4.555
lnopen	364	4.521	0.613	3.231	6.086

四、实证检验结果与分析

对变量进行多重共线性检验发现，VIF 均值为 3.02，最大 VIF 值为人均生产总值，其数值为 6.24，其余变量的 VIF 值均较小，即所有变量值 VIF 均小于 10，因此可以判定变量不存在多重共线性问题。由于地理距离变量数值的大小不随时间的变化而变化，因此在实证检验回归分析与稳健性检验中宜选择随机效应模型。

(一) 全样本检验结果与分析

全样本检验结果见表 3。首先做文化距离对入境旅游规模影响方向的全样本检验，控制变量人均国内生产总值、互联网上网率以及对外开放水平，发现文化距离对入境旅游规模具有显著负向影响。逐步增加地理距离、经济距离、政治距离以及国际友好城市关系及其与文化距离的交叉项即模型 2—6，结果显示文化距离对入境旅游规模的影响效应依然为负，但其数值在减小，而增加变量后，对模型的解释水平也不断增加，说明解释变量能够有力解释对入境旅游规模的影响能力。增加国际友好城市关系变量后，模型的解释能力提高，且国际友好城市关系变量对入境旅游规模的影响效应显著为正，与文化距离的交叉项系数明显小于文化距离变量的系数，表明国际友好城市关系对文化距离具有调节效应，国际友好城市关系部分抵消了文化距离对入境旅游发展的负向影响。因此，国际友好城市关系有利于消除“一带一路”沿线国家之间的文化交流障碍，降低由文化差异带来的负面效应，促进了沿线国家居民来华旅游。事实上，截至 2018 年，我国与“一带一路”沿线国家已累计建立友好城市 1 227 座，自 1973 年我国天津市与日本神户市建立国际友好城市关系以来，每年我国与周边国家的国际友好城市关系数量都在增加。友好城市建设的过程本身是一次文化交流，增加了文化互动，两国城市居民关注彼此城市、了解城市文化，这一过程便是一次文化体验，体验的结果是降低了文化陌生感，增强了对城市的感知印象。因此，依据旅游者目的地选择理论，旅游者感知是旅游目的地选择的第一步（韩雪，2019）。国际友好城市关系使旅游者感知到了未来的旅游目的地，因此增强了目的地选择的指向性与目的性。除感知之外，影响旅游者目的地选择的因素还有经济方面以及国家政策等方面。检验结果显示，客源国居民人均国内生产总值、互联网上网率以及对外开放水平对于我国入境旅游规模具有显著正向影响。这再次验证了经济发展水平是旅游活动开展的基础，同时互联网的发展为各国居民获取信息提供了便利，国际视野更加开阔，对外面的世界更为了解与向往，有利于旅游欲望的产生。加之国家对外开放水平的提高，国家之间的联系更为紧密，民间频繁互动是其必然结果，国际旅游活动正当其时。但不能忽视地理距离、经济距离、制度距离的负向效应，地理距离是天然屏障，当克服地理距离带来的成本超出人们可支付能力时，人们往往会选择放弃，尤其是在互联网普及的当下，旅游替代产品丰富，放弃实地出行的成本降低，地理距离的不利影响将会持续。

表 3　全样本逐步回归实证检验结果

变量	lntourist 为被解释变量					
	模型 1	模型 2	模型 3	模型 4	模型 5	模型 6
lncd	−5.559*** (1.633)	−3.137** (1.351)	−3.101** (1.272)	−3.147** (1.284)	−2.930** (1.148)	−2.333** (1.088)
lngeod		−3.316*** (0.651)	−3.307*** (0.612)	−3.375*** (0.619)	−2.812*** (0.555)	−2.762*** (0.511)
lnecod			−0.067 (0.087)	−0.072 (0.086)	−0.235*** (0.089)	−0.234*** (0.089)

（续表）

变量	lntourist 为被解释变量					
	模型 1	模型 2	模型 3	模型 4	模型 5	模型 6
lnpold				−0.348*** (0.124)	−0.222* (0.125)	−0.217* (0.125)
lnfc					0.263*** (0.042)	0.674*** (0.186)
lnfc * lncd						−0.312** (0.140)
lnpergdp	0.663*** (0.070)	0.660*** (0.070)	0.658*** (0.070)	0.664*** (0.070)	0.514*** (0.073)	0.481*** (0.074)
lnonline	0.093** (0.037)	0.097*** (0.037)	0.096*** (0.037)	0.087** (0.037)	0.070* (0.042)	0.072* (0.042)
lnopen	0.634*** (0.095)	0.629*** (0.094)	0.630*** (0.096)	0.627*** (0.095)	0.716*** (0.097)	0.708*** (0.097)
常数项	9.178*** (2.214)	34.335*** (5.201)	34.321*** (4.884)	35.352*** (4.951)	30.929*** (4.449)	30.047*** (4.116)
N	364	364	364	364	328	328
R^2	0.5542	0.5537	0.5538	0.5643	0.5891	0.5960

注：括号内为标准误差；“*”“**”“***”分别表示在 10%、5%和 1%水平下显著。

（二）“丝绸之路经济带”与“21 世纪海上丝绸之路”检验结果分析

“丝绸之路经济带”（以下简称“新丝路”）是陆上丝绸之路的重要线路，以我国为起点（西安是古代丝绸之路的起点），穿过我国中西部省区经中亚至西亚及欧洲；“21 世纪海上丝绸之路”（以下简称“海丝”）是我国海上贸易的重要线路，从我国东部沿海出发，贯通中亚、东南亚、南亚、西亚及北非直到欧洲，与陆上“丝绸之路经济带”完美对接，畅通我国与亚欧非其他国家的交流交融。海洋贸易与陆上贸易存在一定的差异，在旅游贸易中也有所体现（检验结果见表 4）。

检验结果显示，无论是“新丝路”还是“海丝”，文化距离对入境旅游均具有负向影响，但其影响程度存在差异。文化距离对“新丝路”国家居民来华旅游负向影响远远高于对“海丝”国家的影响，说明“新丝路”国家与我国的文化差异对民间文化交流的负向影响更大。“新丝路”国家主要为中东欧以及中亚、西亚国家，这些国家距离我国西部省区地理距离较近，但距离我国经济较发达的东部地区较远。我国西部地区地广人稀，旅游接待设施等系列旅游基础设施相对不发达，出于安全等各方面考虑，边境旅游活动相对较少，系列原因加深了文化距离，使入境旅游规模受到影响。与此同时，"海丝"国家与我国的文化交流相对频繁，以日本、韩国为典型代表，其文化与我国文化也较为接近，我国南方地区重视与东南亚国家的互动，开放度相对较高，东南亚国家居民中也有较多华裔，因此文化距离对入境旅游的影响也相对较小。国际友好城市关系对"新丝路"与"海丝"地区来华旅游均具有显著促进效应，并且调节了由文化距离带来的负效应，尤其是"新丝路"沿线，国际友好城市关系对文化距离的调节效应更为明显，同时降低了地理距离对入境旅游规模的负向影响。可见，国际友好城市关系对于缩减国家间的文化距离，促进民间交流成效斐然。随着互联网上网率的提高，"海丝"国家居民的来华旅游仍表现正向增长，而"新丝路"国家居民的来华旅游呈负向变化。这解释了互联网的使用一方面可以帮助沿线国家居民获取更多的关于我国的信息，增进对我国的了解，另一方面也可成为降低人们出行的因素。旅游活动尤其是文化旅游满足精神需求，当互联网提供的文化产品能够满足人们的精神需求时，对于一部分居民而言不出行是最优选择，旅游活动被互联网文化产品替代。

表4 "丝绸之路经济带"与"21世纪海上丝绸之路"实证检验结果

变量	21世纪海上丝绸之路			丝绸之路经济带		
	模型1	模型2	模型3	模型4	模型5	模型6
lncd	−2.159 (1.871)	−1.858* (1.035)	−1.897** (0.942)	−4.682*** (1.752)	−4.459*** (1.317)	−3.684*** (1.273)
lngeod	−2.111** (1.021)	−1.127* (0.580)	−1.815*** (0.533)	−14.694*** (3.404)	−15.874*** (2.731)	−14.202*** (2.617)
lnecod	−0.102 (0.117)	−0.390*** (0.124)	−0.133 (0.104)	−0.080 (0.147)	−0.099 (0.137)	0.073 (0.145)
lnpold	−0.492 (0.400)	0.152 (0.356)	−0.129 (0.319)	−0.357*** (0.103)	−0.322*** (0.097)	−0.395*** (0.094)
lnfc		0.469*** (0.080)	0.145* (0.080)		0.248*** (0.046)	0.226*** (0.039)
lnfc * lncd			0.005 (0.035)			0.072** (0.029)
lnpergdp	0.760*** (0.113)	0.339*** (0.117)	0.303*** (0.105)	0.594*** (0.085)	0.633*** (0.086)	0.371*** (0.103)

(续表)

变量	21 世纪海上丝绸之路			丝绸之路经济带		
	模型 1	模型 2	模型 3	模型 4	模型 5	模型 6
lnonline	0.066 (0.052)	0.132** (0.057)	0.050 (0.045)	0.027 (0.066)	−0.151** (0.073)	−0.307*** (0.070)
lnopen	0.595*** (0.145)	0.943*** (0.156)	0.045 (0.144)	0.874*** (0.143)	0.705*** (0.146)	0.527*** (0.152)
常数项	23.880*** (8.543)	15.875*** (4.939)	26.891*** (4.634)	137.089*** (30.662)	148.126*** (24.545)	136.038*** (23.518)
N	182	172	137	182	156	123
R^2	0.525 0	0.571 1	0.301 5	0.673 1	0.704 4	0.642 5

注:括号内为标准误差;“*”“**”“***”分别表示在 10%、5%和 1%水平下显著。

(三) 基于地理距离的检验结果分析

在模型的检验中,地理距离对入境旅游规模都表现出显著负向影响,但关于地理距离对旅游目的地选择的影响存在争议,究竟是距离产生美还是距离阻碍了旅游活动开展(曹晶晶等,2018)。由于我国各地区距离我国经济中心最大距离为新疆喀什地区,为 3 674 公里,因此以 4 000 公里为界进行划分,对其入境旅游效应进行检验(检验结果见表 5)。结果显示,当地理距离不足 4 000 公里时,地理距离对入境旅游规模具有正向促进作用,“距离产生美”成立;当地理距离超过 4 000 公里时,对入境旅游规模表现出显著的负向影响,且负向影响程度逐渐增大,意味着若地理距离过大,超出了人们可感知的范围,“距离产生了更大的距离”。这一检验结果一定程度上也验证了地理学讨论的距离对旅游的影响问题,即地理距离对旅游既具有促进效应也具有阻碍效应。无论是在哪个地理距离下,文化距离对入境旅游规模均具有显著负向影响,而国际友好城市关系对其负效应具有正向调节作用,但区域间存在一定差异。在地理距离不足 4 000 公里时,文化距离越大,其对入境旅游规模的负向影响也越大,这与日本、韩国与我国的文化距离相比南亚孟加拉国以及东南亚以伊斯兰信仰为主的国家入境旅游规模的差异性相一致。当地理距离超过 4 000 公里时,文化距离依然发挥阻力效应,且其阻力效应比 4 000 公里以内时的阻力效应更明显。当地理距离相对较小时,文化距离相比于地理距离的阻碍效应反而更小一些,而当地理距离足够大时,克服地理距离先于克服文化距离。无论哪种地理距离约束下,国际友好城市关系对入境旅游均具有正向促进效应,就其调节效应而言，其对更远地理距离的文化距离的调节效应更显著。当地理距离超过 4 000 公里时，客源国居民互联网的使用对于我国入境旅游具有正向促进效应，此时经济距离的影响不显著。

表 5　基于地理距离的实证检验结果

变量	距离不足 4 000 公里			距离超过 4 000 公里		
	模型 1	模型 2	模型 3	模型 4	模型 5	模型 6
lncd	−1.647*** (0.493)	−3.844*** (0.459)	−4.724*** (0.789)	−3.113** (1.557)	−2.407** (1.001)	−2.980*** (0.930)
lngeod	0.150 (0.283)	0.978*** (0.223)	0.895*** (0.230)	−7.152*** (2.103)	−7.539*** (1.328)	−7.558*** (1.175)
lnpold	−0.077 (0.223)	1.141*** (0.188)	1.267*** (0.209)	−0.262** (0.112)	−0.252** (0.119)	−0.254** (0.121)
lnecod	−1.090*** (0.308)	−0.702*** (0.189)	−0.752*** (0.192)	0.002 (0.106)	−0.157 (0.113)	−0.175 (0.115)
lnfc		0.945*** (0.080)	0.601** (0.264)		0.212*** (0.044)	0.293* (0.230)
lnfc * lncd			0.374 (0.273)			0.387** (0.167)
lnpergdp	1.283*** (0.171)	0.640*** (0.117)	0.475*** (0.167)	0.397*** (0.071)	0.298*** (0.076)	0.281*** (0.077)
lnonline	−0.020 (0.111)	−0.106 (0.080)	−0.047 (0.090)	0.295*** (0.048)	0.201*** (0.057)	0.212*** (0.059)
lnopen2	0.479** (0.189)	0.994*** (0.129)	1.117*** (0.157)	0.691*** (0.099)	0.657*** (0.106)	0.573*** (0.109)
常数项	2.955 (3.252)	−2.535 (2.343)	−0.662 (2.704)	69.473*** (17.792)	73.394*** (11.263)	74.842*** (9.984)
N	112	102	102	252	226	226
R^2	0.523 8	0.564 3	0.513 6	0.614 0	0.610 4	0.618 8

注：括号内为标准误差；“*”“**”“***”分别表示在 10%、5%和 1%水平下显著。

五、稳健性检验

基于总样本检验、“21 世纪海上丝绸之路经济带”和“丝绸之路经济带”分样本检验以及基于地理距离的检验结果均显示文化距离对我国入境旅游规模具有显著负向影响，而国际友好城市关系能够显著促进入境旅游规模，对由文化距离带来的负向影响具有调节作用，但在不同区域以及不同地理距离范围内的表现存在差异。为检验以上结果的稳定性，本文进一步基于不同时间段进行检验，并运用剔除政治制度距离这一变量和重新计算文化距离变量的方法进行检验，以验证上文检验结果的稳定性。稳健性检验结果见表 6。

基于时间段进行分类检验，分为 2004—2010 年和 2011—2017 年两个阶段，分阶段对以上模型进行检验。发现两个时间段内，文化距离对“一带一路”沿线国家来华旅游规模都具有显著负向影响，但 2011 年以来其负向效应有所加强，原因可能是随着我国与沿线国家建交时间的延长，若没有持续的文化交流活动，单纯依靠建交关系来维系的文化交流被淡化，时间越长，文化距离反而会增加，沿线国家居民对我国了解欠缺，因此文化距离对入境旅游规模的影响表现为加深的负向影响。然而，有了国际友好城市关系的维系，使其负向效应被调节，降低了由文化距离带来的不利影响。此外，地理距离、经济距离、政治制度距离对入境旅游的负向影响效应依然存在，验证了上文检验结果。

上文全样本检验做了逐项回归，现对逐项回归进行变量变换，将政治制度距离剔除对国际友好城市关系进行回归，考察各变量的系数变化情况，发现各变量的符号保持一致，文化距离系数的绝对值略有增大，基本变化不大，表明各变量对入境旅游规模的影响效应稳定。文化距离的计算方法较多，本文是基于六维度进行计算，而尹铁立等(2017)和顾江等(2019)则是基于四维度进行计算，因此，本文重新计算文化距离并回归检验，计算公式如下：

$$cd_{ic} = \sqrt{\sum_{k=1}^{4}\left[(s_{ik} - s_{ck})^2 / V_k\right] + 1/Y_{ic}}$$

回归结果见表 6 中模型 7 和模型 8，回归结果与上文全样本检验结果比较发现文化距离对入境旅游规模依然表现为负向影响，其系数的绝对值略变小，但变化基本不大。国际友好城市关系对入境旅游规模的正向促进效应依然显著，且其系数基本没有变化，其对文化距离负向影响效应的调节效应显著，再次验证上文检验结果稳定。

表 6　稳健性实证检验结果

变量	分时间段检验				剔除政治距离		文化距离再计算	
	2004—2010 年		2011—2017 年					
	模型 1	模型 2	模型 3	模型 4	模型 5	模型 6	模型 7	模型 8
lncd	−2.795** (1.331)	−1.982 (1.304)	−2.944*** (1.134)	−2.506** (1.175)	−2.976** (1.175)	−2.371** (1.205)	−2.783** (1.163)	−2.159** (1.099)
lngeod	−2.36*** (0.639)	−2.241*** (0.586)	−2.869*** (0.539)	−2.861*** (0.522)	−2.885*** (0.567)	−2.846*** (0.568)	−2.833*** (0.556)	−2.778*** (0.511)
lnecod	−0.190 (0.127)	−0.172 (0.129)	−0.204* (0.114)	−0.210* (0.115)	−0.226* (0.126)	−0.228* (0.125)	−0.219* (0.125)	−0.230*** (0.089)
lnpold	−0.231 (0.209)	−0.203 (0.210)	−0.180* (0.132)	−0.181* (0.133)			−0.232*** (0.089)	−0.215* (0.125)
lnfc	0.487*** (0.109)	1.198*** (0.446)	0.190*** (0.038)	0.434* (0.239)	0.233*** (0.041)	0.659*** (0.186)	0.264*** (0.042)	0.688*** (0.186)
lnfc * lncd		−0.521 (0.325)		−0.197* (0.192)		−0.328** (0.140)		−0.323** (0.140)
lnpergdp	0.442*** (0.117)	0.429*** (0.116)	0.614*** (0.094)	0.594*** (0.095)	0.514*** (0.074)	0.488*** (0.074)	0.519*** (0.073)	0.484*** (0.074)
lnonline	0.003 (0.081)	0.019 (0.083)	0.142** (0.056)	0.140** (0.056)	0.081* (0.042)	0.082* (0.042)	0.072* (0.042)	0.073* (0.042)
lnopen	0.574*** (0.187)	0.569*** (0.187)	0.508*** (0.122)	0.503*** (0.122)	0.675*** (0.097)	0.681*** (0.096)	0.722*** (0.097)	0.714*** (0.097)
常数项	27.92*** (5.123)	25.95*** (4.822)	31.27*** (4.363)	30.89*** (4.242)	31.50*** (4.549)	30.60*** (4.571)	30.82*** (4.453)	29.89*** (4.109)
N	155	155	197	197	328	328	328	328

注：括号内为标准误差；"*""**""***"分别表示在 10%、5%和 1%水平下显著。

六、结论与启示

入境旅游既是一国经济发展的需要，更是加强国家间交往、交流、交融，树立一国良好国际形象的重要环节。影响一国入境旅游规模的因素是多方面的，既有客源国的经济发展水平，也有客源国与目的国之间的地理距离、政治距离、文化距离等诸多距离障碍。克服阻碍客源国居民来华旅游的不利文化距离因素，畅通客源国来华旅游是当前和今后需要解决的问题。友好城市建设成为国际城市间沟通交流的重要平台，由此形成的国际友好城市关系成为解决这一问题的可行方式。以国际友好城市关系与文化距离为核心解释变量，基于扩展引力模型，构建了影响“一带一路”沿线国家居民来华旅游主要因素的模型，选取“一带一路”沿线 26 个国家 2004—2017 年面板数据进行实证研究。

检验结果显示：① 文化距离对“一带一路”沿线国家居民来华旅游具有显著负向影响，国际友好城市关系加强了两国间的民间友好交流，部分调节了由文化距离带来的负向影响，对来华旅游规模具有正向促进效应。② 整体上地理距离抑制了沿线国家居民来华旅游规模，其对我国入境旅游规模的负向影响效应大于文化距离的负向影响。但当地理距离较小(4 000 公里)时，其对沿线国家来华旅游规模具有正向促进效应，即“距离产生美”，地理距离较大(超过 4 000 公里)时，其对沿线国家居民来华旅游的负向效应会显著增大，此时“距离产生了更大距离”。③ 文化距离对“丝绸之路经济带”国家居民来华旅游的负向影响显著高于“21 世纪海上丝绸之路”沿线国家，而国际友好城市关系的正向调节效应也更明显。④ 客源国对外开放水平对其居民来华旅游规模表现出强劲的正向促进效应。客源国居民的互联网上网率对其居民来华旅游整体上具有正向促进效应，但对“丝绸之路经济带”沿线国家居民的来华旅游具有负向效应。

基于以上研究结论，提出促进“一带一路”沿线国家居民来华旅游的对策建议：① 关注国际友好城市建设，促进民间互动交流。在维持我国与周边国家友好城市关系基础上，逐步推进与西亚、北非、中东欧等远距离国家间的友好城市建设，发挥友好城市关系在促进沟通交流以及加深文化理解上的重要作用。事实上，目前与我国建立友好城市关系较多的国家主要集中在距离我国较近的国家，比如日本、韩国、俄罗斯等，均超过了 100 座城市，日本已经超过 200 座城市。近年来发展较快的国家有印度尼西亚、菲律宾、越南等，其对我国的入境旅游规模增长的贡献也越来越大。印度也于 2013 年开始与我国共同建立友好城市关系，目前已经超过 10 座。中东欧国家中的捷克、保加利亚、匈牙利也在不断加强与我国共同建立国际友好城市关系，尤其是“一带一路”倡议提出后，友好城市关系建设取得了新的进展。2008 年创办中国国际友好城市大会至今，已在北京、上海、成都、广州、重庆、武汉等城市举办国际性大会，在促成一系列项目合作的同时，强化了彼此的文化交流互动。② 推进国际友城间的交通建设，克服距离阻力。发挥国际友好城市在交通运输方面的项目建设，落实国际友城之间交通畅通的愿景，切实克服由地理距离带来的往来阻力。目前我国已经开通与俄罗斯、蒙古、越南、朝鲜、哈萨克斯坦等国家的旅游专列，但这些国家主要是我国周边国家，克服地理距离的阻力相对较小。远距离的中东欧国家、西亚、北非国家则不适宜旅游专列的形式，航空仍是首选。随着我国大飞机 C919 的成功，未来推进与“一带一路”沿线国家尤其是距离我国较远国家的航空业务的合作，通过友好城市间航空运输业务的持续推进，克服地理距离的阻力效应。③ 寻找古老文明共同记忆，开发适销对路旅游产品。挖掘我国古代文明记忆的同时研究“一带一路”沿线国家古老文明，寻找不同古老文明的共同点，通过共同记忆唤起合作共鸣，也为我国旅游产品开发提供思路与方向。两千多年前的古代丝绸之路蕴藏着丰富的宝藏，需要多领域学者深挖细掘、共同合作。从价值观、文学、艺术、宗教、语言、饮食、建筑、服饰、贸易等各方面着手，寻找与不同国家的共同记忆，梳理共同记忆的发生、发展过程，创作出当前人们共同喜爱的文化。以文化旅游景区景点建设为基础，融合共同记忆，同时融入当前普遍一致的价值观，开发出人们喜闻乐见的旅游产品，吸引国际游客。④ 发挥 5G 创新引领效应，夯实云端旅游基础。推进我国与“一带一路”沿线国家间的 5G 合作，建设 5G 基础设施，升级沿线国家的现代网络体系，发挥互联网文化传播功能。在此基础上，开发适销对路的云端旅游产品，弥补网络文化产品对线下旅游活动的替代效应。当前爱彼迎平台推出的众多线上体验产品来自世界各个国家，可通过抖音（TikTok）App 等渠道开展在线体验活动，有效弥补了因新冠肺炎疫情减少的线下旅游活动。未来将会有更多在线体验平台，在平台建设中充分融合各国共性文化因素，增强平台 App 等的友好度与体验性，丰富云端旅游产品。

参考文献

[1] 李秋雨，朱麟奇，刘继生. 中国入境旅游的经济增长效应与空间差异性研究[J]. 地理科学，2017(10)：1552 - 1559.

[2] 刘伟，吴雅丽. 美国政府对国际旅游的政策（摘译）[J]. 旅游学刊，1988(1)：73 - 76.

[3] 马耀峰，高杨. 新时代我国入境旅游政策协调与路径优化的审视[J]. 陕西师范大学学报（哲学社会科学版），2018(2)：30 - 36.

[4] 王公为. 多元距离对中国入境旅游的影响——基于扩展的引力模型[J]. 西部经济管理论坛，2019(1)：79 - 86.

[5] Shenkar O. Cultural Distance Revisited：Towards a More Rigorous Conceptualization and Measurement of Cultural Differnces[J]. Journal of International Business Studies，2001，32(3)：519 - 535.

[6] Ng S. I., Lee J. A., Soutar G. N. Tourists' Intention to Visit a Country: The Impact of Cultural Distance[J]. Tourism Management, 2007, 28(6): 1497 - 1506.

[7] Jackson M. Cultural Influences on Tourist Destination Choices of 21 Pacific Rim Nations [C]//Proceedings of the 11th Australian Tourism and Hospitality Research Conference. Canberra: University of Canberra Press, 2001: 166 - 176.

[8] 尹忠明，秦蕾. 文化距离对中国入境旅游的影响——以"一带一路"沿线国家为例[J]. 云南财经大学学报，2020(11):90 - 99.

[9] 冯亚蕾. 我国国际友好城市建设沿革[J]. 经济研究导刊，2020(8):173 - 174.

[10] 唐睿，冯雯，冯学钢. "一带一路"倡议推动了我国沿线地区入境旅游的发展吗？——基于双重差分的实证[J]. 新疆大学学报(哲学·人文社会科学版)，2018(6):10 - 18.

[11] 王亚辉，全华，尹玉芳. 国际友城的入境游效应——来自中国 38 个客源国的经验证据[J]. 经济管理，2017(3):146 - 161.

[12] 管婧婧，董雪旺，鲍碧丽. 非惯常环境及其对旅游者行为影响的逻辑梳理[J]. 旅游学刊，2018,33(4):24 - 32.

[13] Barker S., Hartel C. E. J. Intercultural Service Encounters: An Exploratory Study of Customer Experiences[J]. Cross Cultural Management, 2004, 11(1): 3.

[14] Sharma P., Tam J. L. M., Kim N. Demystifying Intercultural Service Encounters[J]. Journal of Service Research, 2009, 12(2): 227 - 242.

[15] Lee T., Crompton J. Measuring Novelty Seeking in Tourism[J]. Annals of Tourism Research, 1992, 19(4): 732 - 751.

[16] 董惠梅. 文化距离对我国企业国际化空间导向的影响——以纺织企业为例[J]. 经济管理，2007(7):17 - 21.

[17] 阎大颖. 国际经验、文化距离与中国企业海外并购的经营绩效[J]. 经济评论，2009(1):83 - 92.

[18] 殷华方，鲁明泓. 文化距离和国际直接投资流向：S 型曲线假说[J]. 南方经济，2011(1):26 - 28.

[19] 陈昊，陈小明. 文化距离对出口贸易的影响——基于修正引力模型的实证检验[J]. 中国经济问题，2011(6):76 - 82.

[20] 宋一淼，李卓，杨昊龙. 文化距离、空间距离哪个更重要——文化差异对于中国对外贸易影响的研究[J]. 宏观经济研究，2015(9):88 - 97.

[21] 田晖，颜帅. 文化距离对中国文化产品出口的影响研究——基于三元边际的实证考察[J]. 经济经纬，2015(6):71 - 77.

[22] 尚宇红，崔惠芳. 文化距离对中国和中东欧国家双边贸易的影响——基于修正贸易引

力模型的实证分析[J]. 江汉论坛,2014(7):58-62.

[23] 李凯伦,李瑞萍,温焜. 文化距离与友好城市关系对中国版权贸易的影响研究——基于扩展引力模型的实证分析[J]. 管理现代化,2019,39(1):100-103.

[24] 郭新茹,曾嘉怡. 消费者异质性、文化距离与我国体育产品出口贸易——基于 33 个贸易伙伴国的实证研究[J]. 体育与科学,2020(2):43-52.

[25] 钱争鸣,邓明. 文化距离、制度距离与自然人流动政策的溢出[J]. 国际贸易问题,2009(10):68-78.

[26] 张辉,李海芹,张承龙. 服务来源国效应文化距离的调节作用[J]. 商业经济研究,2017(4):143-147.

[27] Lepp A., Gibson H. Tourist Roles, Perceived Risk and International Tourism[J]. Annals of Tourism Research, 2003, 30(3): 606-624.

[28] Lee H. A., Guillet B. D., Law R. Robustness of Distance Decay for International Pleasure Travelers: A Longitudinal Approach[J]. International Journal of Tourism Research, 2011, 14(5): 409-420.

[29] Kastenholz E. Cultural Proximity as a Determinant of Destination Image [J]. Journal of Vacation Marketing, 2010, 16(4): 313-322.

[30] 杨旸,刘宏博,李想. 文化距离对旅游目的地选择的影响——以日本和中国大陆出境游为例[J]. 旅游学刊,2016(10):45-55.

[31] 周玲强,毕娟. 文化距离对国际旅游目的地选择行为的影响——以中国入境游市场为例[J]. 浙江大学学报(人文社会科学版),2017(4):130-142.

[32] 刘祥艳,杨丽琼,吕兴洋. 文化距离对我国出境旅游的影响——基于引力模型的动态面板数据分析[J]. 旅游科学,2018(4):60-70.

[33] 马聪玲. 城市、文化和旅游互动,推动经济高质量发展[J]. 中国发展观察,2020(5):86-87,84.

[34] 刘铁娃. 国际友好城市文化交流与国家软实力提升[J]. 对外传播,2017(10):51-53.

[35] 唐甜薇,肖潇. 国际友好城市建设助力广西对外开放的实证研究[J]. 经济师,2020(7):129-130,134.

[36] 周萍萍. 友好城市交流的东京经验与提升北京文化软力的对策研究[J]. 教育现代化,2016(7):1-4.

[37] 张楠. 天津国际友城交往及对城市外交的作用——以天津市与千叶市的友好城市交往为例[J]. 公共外交季刊,2018(2):99-105.

[38] 张润昊. "一带一路"倡议视阈下襄阳对外友好城市交流与发展研究[J]. 大陆桥视野,2017(9):68-73.

[39] 陈烨,谢凤燕,王珏,等. 中国友好城市关系是否促进了城市出口贸易——基于二模网络视角[J]. 国际贸易问题,2020(5):89-101.

[40] 韦永贵,李红,周菁. 友好城市是文化产品出口贸易增长的动力吗——基于PSM的实证检验[J]. 国际经贸探索,2018(6):19-33.

[41] 高杰荣,李新卫,丁蔚. 上海国际友好城市体育交流研究[J]. 体育文化导刊,2015(4):24-27.

[42] 陈爱莉. 北京与国际友好城市体育交流的典型与对策研究[J]. 运动,2018(21):144-145.

[43] 赵建军. 友好城市机制在南方丝绸之路旅游带建设中的困境与对策[J]. 大理大学学报,2018(9):117-122.

[44] 保继刚. 引力模型在游客预测中的应用[J]. 中山大学学报(自然科学版),1992(4):133-136.

[45] 顾江,任文龙. 孔子学院、文化距离与中国文化产品出口[J]. 江苏社会科学,2019(6):55-65,258.

[46] 朱江丽. 国家距离与中国文化创意产品出口——基于中国与40个贸易伙伴的面板门限分析[J]. 世界经济与政治论坛,2017(2):43-55.

[47] 黎耀奇,刘必强,宋丽红. 制度环境、创业动机与旅游创新——基于全球创业观察调查的证据[J]. 旅游论坛,2018(3):70-80.

[48] 韩雪,刘爱利. 旅游感知的研究内容及测评方法[J]. 旅游学刊,2019,34(4):106-118.

[49] 曹晶晶,章锦河,周珺,等."远方"有多远?——感知距离对旅游目的地选择行为影响的研究进展[J]. 旅游学刊,2018(7):103-118.

[50] 尹轶立,刘澄. 文化距离对中国与"一带一路"沿线国家双边贸易往来的影响——基于1993—2015年跨国贸易数据的实证[J]. 产经评论,2017(3):60-70.

作者简介

王　冉(1990—　),山东单县人,南京大学商学院博士研究生,江苏文化产业研究基地助理研究员,伊犁师范大学讲师。研究方向为文化旅游经济。

Impact of Cultural Distance and "Belt and Road" Friendly City Relationship on Scale of Inbound Tourism in China —An Empirical Analysis Based on the Extended Gravity Model

Wang Ran

Abstract: Inbound tourism is not only an important export product of service trade, but also an important link to promote cultural exchange and establish a good international image of a country. Based on a sample of 26 countries along the "Belt and Road" from 2004 to 2017, an extended gravity model was developed to explain the impact of international friendly city relations and cultural distance on inbound tourism scale. The empirical results show that: ① Cultural distance has a significant negative impact on the tourism to China by the residents of the countries along the "Belt and Road", and the international friendly city relationship has a positive effect on the scale of China's inbound tourism, having positive adjustment to the negative effect of cultural distance. ② As a whole, geographical distance restrains the scale of inbound tourism, and its negative effect on the scale of inbound tourism is greater than that of cultural distance. When the geographical distance is less than 4 000 km, it has a positive effect on the scale of inbound tourism, whereas the negative effect on the scale of inbound tourism will increase significantly. ③ The negative influence of cultural distance on the tourism of the "Silk Road Economic Belt" countries is significantly higher than that of the countries along the "21st century sea route of Silk Road", and the positive moderating effect of the international friendly city relations is more obvious. ④ The level of opening up to the outside world has a strong positive promoting effect on the scale of tourism to China, and the rate of Internet access has a positive promoting effect on inbound tourism. Based on the research, this paper puts forward some suggestions to promote the scale of inbound tourism in China.

Key words: Friendly City; Cultural Distance; Inbound Tourism; Gravity Model; "Belt and Road"

行动者网络理论视域下的跨文化传播研究*

张　萌

摘　要:随着由旧全球化向新全球化的时代转向,跨文化传播研究呈现出由简性思维向复杂性思维转变的范式革新。改革开放以来,我国跨文化传播在实践探索和理论建构上均取得跨越式发展,但相对于日渐繁盛的跨文化传播实践而言,我国跨文化传播研究显得愈加促狭和不足。行动者网络理论基于主体间性的整体视角和多元向度,揭示了不同行动者在互动中生成异质结构的运作机制和复杂过程,为新全球化时代跨文化传播研究提供了新思维。作为我国跨文化传播的实践范例,世界知名城市"南京周"的系列活动在非自觉中贴合了行动者网络理论的要义及要求,创生了新全球化时代跨文化传播何以可能的复杂景观,为全方位展示文化创意产业资源,促进产业发展、项目洽谈和企业落地提供了有益启示。

关键词:跨文化传播;新全球化时代;行动者网络理论;"南京周";文化创意产业

随着新全球化时代的进程加速,世界各国在政治、经济和文化等多方面的相互竞争与紧密依存关系,不断充实和动态扩展着麦克卢汉(Marshall McLuhan)的"地球村"概念。与政治、经济等国家的硬实力相比,文化软实力在国家建设和发展中凸显出愈益重要的作用。无论是"文化走出去"战略还是"一带一路"倡议,我国改革开放以来通过持续强化对外文化传播工作,努力提升自身文化的全球影响力及其与世界各国文化的互动、融合和共生,从而为跨文化传播研究在我国的拓展和深化提供了绝好的问题场域与实践路径。

---

* 基金项目:江苏省社会科学基金青年项目"新时代江苏主流媒体话语体系创新研究"(20XWC001)的阶段性研究成果。

面对新全球化时代纷繁复杂的传播要素和传播关系，跨文化传播如何成为可能？这既非居高临下的政令传输，也非文化中心主义者的一厢情愿。不同国家间的文化观念差异及语言和非语言符号中的差异文化意涵，会以直接或间接的相异形式及强弱不同的张斥力，制约跨文化传播的适当性和有效性。作为跨文化传播的关键行动者，应当如何与他者交流，如何理解他者又被他者理解，如何与他者进行价值观对话，如何建立与他者的信任关系，如何增强自身的跨文化传播能力，等等，这些问题已成为新全球化进程中我国跨文化传播亟待研究的课题。

一、跨文化传播的相关研究及其局限性

美国学者爱德华·霍尔(Edward T. Hall)首次使用了“跨文化传播”术语，成为跨文化传播学科蓬勃发展的主要贡献者。作为传播学中的重要分支学科，跨文化传播学形成于 20 世纪 70 年代的美国。推动美国跨文化传播持续发展的现实因素有很多，可以归结为“二战”以后以欧美国家为主体的国际体系建构者开展外交和国际交流的需求迅速扩大，文化差异带来的交流障碍，跨文化旅居、移民带来的文化适应和族群融合需求，经济全球化导致的跨文化理解和跨文化管理需求等亟待解决的重要问题。跨文化传播研究的内容愈益增多，呈现出从文化差异到跨文化传播能力的重心转移，前者容易把一切跨文化问题都归结到文化差异上，在一定程度上忽略了社会、文化与人类互动的多样性和动态性；后者在承认文化差异前提下，强调通过人的主观能动性的充分发挥实现得体、有效的跨文化互动，借以理解文化共性和超越文化差异。[1]我国的跨文化传播研究起步相对较晚，在 20 世纪 80 年代有学者开始关注该学术领域，但随着跨文化传播在我国历经借鉴和初创期(1990—1995 年)、提升和拓展期(1996—1999 年)和深化期(2000 年以后)三个阶段的持续发展，跨文化传播学作为我国一门“新兴学科”得以创建并逐步演进。[2]跨文化传播的行为模式侧重分析具体行为，认知模式关注心理因素，理解模式探讨跨文化互动中的意义建构，由此共同创生了跨文化传播研究的理论图景。[3]

反观跨文化传播研究的演进历程，走出莫衷一是的理论纷争和消解纷繁复杂的形式遮蔽，多数研究成果深受实证主义和后实证主义的影响，致力于提炼可跨越文化差异而适用于不同个体的跨文化传播理论及模型。同时这些研究也受困于二元对立的传统思辨方式，往往把多元文化之间的关系置于对立的层面，甚至视作非此即彼的零和游戏。[4]譬如跨文化传播研究中盛行的西方中心范式，形式上依赖的是单向传递的报纸、广播、电视和早期互联网等介质，实质上充斥的是强势文化对

弱势文化的征服和灌注。无论是 19 世纪末到 20 世纪初的英式全球化，还是“二战”后的美式全球化，其实都是要将全世界变得与英国或美国一样。在其观念深处中，西方之外的国家和地区只能居于传播活动的边缘，并被视为西方文化资讯及观点的被动接受者。在上述“单向传输”模式中，两种甚至多种文化只是跨越时空限制的接触而已。[5]

虽然我国学界对跨文化传播研究的学科边界尚未获致定论，但这并不妨碍跨文化传播研究的理论和话语对学术和实践的指导作用或参考价值。我国虽然在跨文化传播研究领域发文量较大，但学者与国外同行进行合作的情况较少，影响力与原创性贡献不足。受到西方跨文化传播理论中简性思维的影响和制约，我国学界常常运用高语境与低语境、集体主义与个人主义等观念去解释跨文化传播的实践案例，致使将中西方文化置于对立两极的窘境中。基于自身文化的特性和惯性使然，我国跨文化传播研究在很多方面也呈现出独具的特色景观。在研究对象上，我国学界更宽泛地界定为个人、组织，实质上更多强调的是国家层面的交流；在研究内容上表现出极强的“媒介中心论”偏向，强调我国媒体对自身文化的自塑作用，忽略人际传播的重要性、受众的多样性以及传播效果的复杂性；在研究方式上多属于思辨型，缺乏对于传播效果的实际考察以及跨文化传播中影响要素的具体量化评鉴，等等。[6]

我国跨文化传播研究的局限，在一定程度上是由于过多地强调了自我，即从“我”的角度看待“他者”的文化现象和文化行为，由此产生对“他者”的不实观念及失当行为。近年来，我国通过有意识的文化产品开发来传播自身故事，运用中华文化去影响西方受众，但由于中西方在价值观和意识形态等方面的差异，加之文化传播中由于过多强调基于自身需求的传播目标和注重运用国家、组织及决策层面的行动策略，而缺失对于公众层面的需求、感受及个性风格的兼顾，造成中国故事在跨文化传播中的影响大打折扣。在新全球化时代下，如何消解跨文化传播中的问题行为或实践偏向，促进不同文化在相遇中的协商和在交流中的融合，是我国跨文化传播实践的亟待完善和改进之处。

改革开放以来，我国跨文化传播无论在实践探索还是理论建构上均取得跨越式发展。但相对于日渐繁盛的跨文化传播实践而言，我国跨文化传播研究显得愈加促狭和不足。为了促进新全球化时代的跨文化传播工作，学界应当勇于突破跨文化传播的“现代化话语体系”，自觉构建基于文化融合视域的新理念和新范式，以克服中西方跨文化传播研究的局限。研究表明，行动者网络理论基于主体间性的整体视角和多元向度，揭示了不同行动者在互动中生成异质结构的运作机制和复杂过程，为新全球化时代我国跨文化传播研究提供了新观念、新思维和新依据。

二、跨文化传播研究的新视域：行动者网络理论

爬梳跨文化传播研究的发展历程，文化差异研究作为核心内容提供了富有洞察力的理论解释与概念描述。例如霍夫斯泰德（Geert Hofstede）的文化维度理论总结出权力距离（Power Distance）、不确定性的规避（Uncertainty Avoidance）、个人主义/集体主义（Individualism and Collectivism）、男性化与女性化（Masculinity and Femininity）、长期取向与短期取向（Long-term and Short-term）等衡量价值观的维度，有助于人们从不同文化维度把握不同国家的文化差异。但从某种程度上来说，以文化维度理论为代表的文化差异研究更多的是基于西方的视角，通过二分法赋予国家较为单一的文化特质，忽视了文化的动态发展，以及国家文化的复杂性与多元性，其背后暗含的静态的、本质主义的文化观引发争议。[7]而行动者网络理论（Actor-Network Theory，ANT）在哲学意义上显然消解了传统的主体/客体、自然/社会二分法，其观点认为科学技术实践是由多种异质成分彼此联系、相互建构而形成的网络动态过程；[8]其所倡导的行动导向研究策略在某种程度上纠正了静态的、本质主义的观点，肯定了社会、文化与人类互动的多样性和动态性；其理论精神有助于我们联合各个行动者共同实现得体、有效的跨文化互动。

行动者网络理论与科学知识社会学（Sociology of Scientific Knowledge，SSK）有着密切关系。近现代以来，科学在人类社会中的权威和影响日益显著，为了恰当地理解科学活动，我们对社会语境和技术内容两方面的考察必不可少。拉图尔（Bruno Latour）强调，科学只能通过其实践得到理解，必须对处于行动过程中的科学而不只是科学的结果，即既成事实加以考察。考察的对象则涉及实验室活动、科学文献在科学活动中的角色、使发明和发现被他人接受所使用的手段、现代世界中科学的制度环境，等等。如果说科学事实是一种黑箱，那么理解科学的办法就是想方设法打开黑箱。按照这种方法，我们似乎可以发现科学是在某种网络式的建构过程当中生存发展的，而这种网络则要尽可能地囊括所有的社会资源和人类计谋，甚至要把科学的对象作为行动因素包含进来，“行动者网络理论”的分析方法由此发展开来。[9]

20 世纪 80 年代中期，卡龙（Michel Callon）、拉图尔、约翰・劳（John Law）等人提出行动者网络理论；其基本主张是：科学与社会都被镶嵌在共同的网络中，这

个网络是由许多人与非人的行动者相互联结的异质结构，由此同时建构出特定的社会与特定的科学。[10]行动者网络理论认为行动体的本质与形式都是可变动的，一切端视关系的联结与相互操演而定，行动者随着关系的发展不断地在时间与空间中位移(displacement)并扩大或改变原有的脉络。面对这种状况，应当通过特定的方式将其稳定下来以形成可被认识的“样貌”，这一方式可被称作“转译”(translation)，即行动者通过对语言、文字的翻译及利益、目标的转化，表达暂且稳定的身份和借以联结脉络的延续。拉图尔在其著作中阐述道：“我用转译表示的意思是，它是由事实建构者给出的、关于他们自己的兴趣(interests)和他们所吸收的人的兴趣的解释。”①转译就是一个不断地转换他人兴趣的过程，最终使得事实建构者和被他/她所吸引的人在利益上达成一致。

“转译”可被概括为四个历程或阶段：一是问题化(problematization)，即定义问题，而且使行动者接受定义。换言之，行动者在界定问题并提供初步解答后，说服其他行动体对问题产生兴趣并初步形成相同解答，在可接受条件下彼此吸引，以招揽其他行动体跨过“入渡要津”(Obligatory Passage Point，OPP)。二是共通利益(interestement)。每个通过“入渡要津”的行动体均被相互推扯到具有互惠关系的初步位置，通过身份认同、目标、结盟等方面的谨慎磋商产生彼此满意的利益配置，即使其他行动者感到在此定义的问题中存在着切身利益，强化其他行动者在问题化过程中界定的角色。三是相互拉拢(enrolment)。每次拉拢都是所有行动体在巩固自身利益下进行的协商，这种协商是平等交流、相互磨合、相互调试、相互妥协的过程，直到众人得到可接受的解答为止。这个阶段的演变实质上是共通利益的结果，即尽可能地把各方行动者纳入相关的网络，在一连串策略、诡计与协商中所获得的结盟，通常被称为织造(organizing)或谱曲(orchestrating)。四是号令动员(mobilization)。网络中的行动者利用与他人共同建构的新制网络发挥中介性(intermediaries)，调节更多行动体的进入及关注，通过代言人开始从整体角度发声，象征一个稳定但非固定的网络同盟的建构。[11]

研究表明，行动者网络理论提供了一种新的方法和理论平台，有助于人们揭示知识与社会的复杂联系，在学术界产生了广泛的影响。拉图尔的文章和书籍被翻译成多种语言，在世界各地出版和传播。国内对于行动者网络理论的研究，经历了

---

① 布鲁诺·拉图尔.科学在行动：怎样在社会中跟随科学家和工程师[M].刘文旋，郑开，译.北京：东方出版社，2005：184.

从介绍理论到论述理论，以及应用理论来分析具体现象与具体问题的发展过程，国内学者的应用研究呈现出“跨学科”的发展趋势，主要表现为在行动者网络理论的基础上，分析自身学科关注的问题与现象。例如朱峰等学者在文献对话中发现，行动者网络理论对于旅游研究的范式创新具有重要意义；[12]谢元、张鸿雁在思考乡村治理路径建设时发现，乡村治理中的人类、非人类多元行动者结成行动者网络是值得关注的重要基础，乡村治理需要从治理体系、运行体系以及保障体系方面系统规划。[13]行动者网络理论已被广泛应用于社会网络、通信交通、管理学等诸多研究领域，但从行动者网络理论出发来探讨跨文化传播中复杂性问题的研究相对较少。基于对现有跨文化传播研究成果的局限性分析及对行动者网络理论的创新性理解，本研究在借助多媒体平台搜集、整理世界知名城市“南京周”相关信息的基础上，基于行动者网络理论的新视域，对跨文化传播实践中的文化转译机制和过程进行阐释，尝试对新全球化时代“跨文化传播何以可能”的要则和方式做些探索。

三、从行动者网络理论出发透视“南京周”的跨文化传播

通过爬梳文献积累过程中相关研究的思想脉络，我们发现丰富多元的学术成果为后续研究提供了深刻的理论视角，但跨文化传播研究具有鲜明的实践导向特征，理论与实践相结合的路径更有助于理解跨文化传播的复杂过程。因此，这部分尝试从行动者网络理论出发透视“南京周”的跨文化传播，其目的在于寻求复杂实践中的具体规律，为中国文化的对外传播提供实践经验与研究启示。

世界知名城市“南京周”是市委市政府以推动“南京走出去”为使命的城市文化推介活动。具体而言，是以“文都・行世界”为口号，遵循“众筹、融合、分享”的价值观，每年选择一个世界知名城市，举办以“国际、人文、时尚”为品牌调性的系列交流的活动。“南京周”活动先后走进米兰、伦敦、纽约等城市，通过将城市历史文化底蕴与国际化元素相结合，为南京搭建连通世界文化交流的窗口与产业合作平台，既传播了南京品牌文化，为企业提供发展新机，又在文化汇流中赢得理解与认同，因此被誉为跨文化传播的实践范例。

（一）激发合作兴趣：“转译”的问题化阶段

在每年活动开启之前，“南京周”组委会、南京创意设计中心会主动征集国内外合作伙伴。“南京周”跨文化传播团队进驻米兰、伦敦、纽约、巴黎等西方城市推广南京品牌文化，必须获得政府和企业等组织的支持与配合。但让西方经济文化强

国把“推广南京品牌文化”视为自身目标并非易事，因为隶属于东方文化和中华文化体系的南京文化，与其发展从表层上讲并没有必然的联结关系，唯有具备共同的政治、经济、文化利益才能真正激发合作兴趣，从而让他们觉得跨过“推广南京品牌文化”的“入渡要津”是有利可图的。

中英“双塔会”是伦敦“南京周”策划的一项重要活动。通过双塔情缘故事及合作修缮工程，将中英双方的文化、经济利益紧密关联，促成英方跨过“入渡要津”并以“推广南京品牌文化”为己任。“双塔”是指位于南京的大报恩塔和位于英国的皇家邱园宝塔，作为当时中英两国的最高建筑，两座塔均为皇家宝塔，且邱园宝塔是大报恩塔的翻版。邱园宝塔起初塔顶边缘盘有八十只彩色木龙柱作为装饰，但在1784年宝塔修缮中被全部移除。英国皇家宫殿在之后的两百年间，试图寻找新的龙柱或龙柱替代品的行动并未获得成功。[14]

基于双塔悠久的历史渊源及跨越时空的情缘，南京知名企业三胞集团和英国皇家百货 House of Fraser 共同启动修缮邱园宝塔，以重现宝塔的昔日辉煌。这一活动从结果上来说是双赢的，它不仅有利于维护英国历史建筑的完整性，也为中国的对外文化交流提供了机遇。借由双塔情缘的契机，英方乐于跨过“入渡要津”并积极参与“南京周”活动，“南京周”也将英国历史皇家宫殿组织、英国皇家植物园、英国皇家百货 House of Fraser 以及其他组织纷纷拉扯到“推广南京品牌文化”的行动中，从而形成了巨型网络的雏形。

（二）组建利益联盟：“转译”的共通利益阶段

在行动者网络雏形生成后，跨过“入渡要津”的多个行动体需要通过相互磋商来界定彼此的身份、位置、作用与功能，借此确立让各方相对满意的利益配置方案。2017年，“南京周”组委会与“联合国教科文组织文学之都”城市网络中国（南京）“文学之都”促进中心、中意文化合作机制、伦敦设计节组委会、“创意南京”文化产业融合公共服务平台等企业组建战略联盟，与江苏宝庆珠宝有限公司、三胞集团有限公司等知名企业组成“南京周”品牌联盟。[15]无论战略联盟抑或品牌联盟，都是以协议授权的方式初步约定各个行动体在网络中的位置、角色作用和功能及利益所在。

在“南京周”活动中，战略联盟不仅肩负“传播文化、促进交流”的责任与使命，而且其自身属性也促使其充当策划者的角色，为“南京周”的系列活动奠定基调和掌控方向。“南京周”的成功举办，既证明了战略联盟的文化传播价值，又在一定程度上提升其在世界范围的影响力。而品牌联盟中的各个企业之所以积极参与“南京周”活动，主要是因为活动有利于推广品牌并赢得品牌效益，这些企业扮演“赞助者”的角色，通过多种方式支持“南京周”的活动开展。在彼此协商与相互作用中，上述行动体分别找到自身与“南京周”的利益关系，纷纷被卷入文化转译的巨型网络中而成为正式的行动者。

（三）织造关系网络：“转译”的相互拉拢阶段

“南京周”活动策划者还将更多的艺术家、设计师、民间艺术匠人、文化学者、科技达人、普通民众拉拢到逐渐浮现的行动者网络之中，推出“南京周”吉祥物、“金陵古迹”饼干、“印雪秦淮”饼干、鲤鱼花灯冰箱贴、萌兔花灯冰箱贴，以及沈周《东庄图》杯垫等多种代表南京文化的文创作品与精致食品。在南京文化转译的行动者网络中，行动者不仅包括人及由人构成的组织，还包括作为南京文化符号的非人行动者，并且后者在展演中将南京文化及精神演绎得淋漓尽致。伦敦“南京周”中“南京盒子”这一非人行动者，外观上只是窄小的房子，其实是将人文与科技完美融合的“魔墅”。通过变形扩展，“南京盒子”与泰晤士河及伦敦塔桥相得益彰，构成物与物之间无声的对话与交流。在“南京盒子”所搭建的房屋中，四个立面如同投影幕布，呼之欲出的南京影像逼真地投射其上，使参观者在任何角度都可以享受精彩的视觉盛宴。室外，别具风韵的秦淮花灯安静地绽放光彩，悠然自得地享受阳光的妩媚与温柔。有别于传统的文物展示模式，“南京周”利用科技与创意，编织由人与非人行动者共同组成的关系网络，在持续互动的磋商中达成共识，顺利实现文化的演绎与转译。

在行动者网络理论视域中，人类与非人类行动者被赋予平等的地位且两者共同发挥作用，行动者的本质是可变动的，形式也是可变动的，一切端视关系的联结与相互操演而定。在“南京周”所拉拢编织的行动者网络中，许多行动者的形式与特质都处于多元变动的状态。例如，2015 年，由南京云锦制成的画作《蒙娜丽莎》在米兰世博会“南京周”展出；在米兰云锦时装秀现场，高挑的欧美模特身着南京云锦面料制成的高级礼服，充分展现东方美与西方美的冲击与张力、转换与融合；2016 年恰逢汤显祖和莎士比亚两位戏剧大师逝世 400 周年，中英艺术家合作演出新概念昆曲《邯郸梦》，并推出一系列戏剧展演、分享活动，以穿越时空的方式纪念汤显祖和莎士比亚这两位戏剧大师。[16]当东方文化碰上西方文化时，意识形态、价值观念、语言等方面的差异必然导致在一定程度上的“文化折扣”，但绘画、戏剧、音乐这类艺术作品往往能超越语言交流的障碍，跨过意识形态与价值观念的鸿沟。“南京周”正是基于“艺术无国界”的特性举办了一系列艺术活动，试图利用艺术这座桥梁沟通东西方人的思想与心灵。为了提升西方人对南京文化的认同感，“南京周”跨文化传播活动尝试将不同的南京元素融入多样的西方艺术作品之中，从而衍生出流动而多元、熟悉而陌生的美感，这种美感往往能够吸引人们的眼球、激荡人们的心灵，从而促成南京文化的成功转译。

(四) 联合媒体平台：“转译”的号令动员阶段

经历了“问题化”“共通利益”“相互拉拢”上述三个转译历程后，由人与非人等各个关键部分组成的行动者网络渐趋稳定，行动者在协商互动中朝向“推广南京品牌文化”的共同目标努力前行，并通过共同的发言人对外发声。E. 卡茨(Elihu Katz)的“使用与满足理论”从受众的角度出发，认为受众出于一定的动机而使用媒介，但不同媒体在本质特点与运行机制上相异，导致受众在心理和行为上的感受和效用也有所不同。选取合适的媒介平台传播活动内容是至关重要的，无论是传统媒体还是新媒体，都与生俱来地具有优点与局限。当选用某种媒体时，其传播效果先天性地会受到一定减损。为了扬长避短，“南京周”将传统媒体与新媒体结合使用，多方式传播活动信息以使其影响力推广至世界各地。[17]“南京周”跨文化传播活动致力于打造内容覆盖广、多层次、全方位的融媒体平台，其中《人民日报》等主流媒体以文字见长并发挥统领作用，中国江苏网等网络媒体通过图文并茂的多模态呈现予以辅助传播，而“二微一端”与脸书、推特等社交媒体凭借即时互动性的特质加强了世界各国网友的联结，促进国际友人在积极参与“南京周”活动中进一步理解南京文化和中华文化。

纵观“南京周”跨文化传播，作为向世界传递南京创意设计主张的重要平台，其为发展文化创意产业做出的努力也是值得关注的。通过举办南京文化创意产业推介会暨设计营商活动，向潜在的投资发展者推出一批文化创意产业园区、产业项目，以及一批新型文创企业，全方位展示南京市文化创意产业各类资源，以促进产业发展、项目洽谈和企业落地；通过举办“南京礼物”文创大赛，以“南京文化”为核心元素，向全球征集文化创意产品，涵盖城市礼品、旅游商品、文化衍生品等实物类产品，从而打造一批品牌化、系列化、创新性的南京礼物创意产品，开发一批南京礼物自有品牌 IP，孵化一批南京礼物服务商，为南京文化创意产品提供全产业链支撑；同时，“南京周”还举办两岸博物馆 IP 授权交流论坛，共同探讨如何让文物鲜活生动地“走近”寻常百姓，充分展现南京众多博物馆馆藏资源的宝贵价值。[18]

四、结论与讨论：新全球化时代跨文化传播研究的复杂性转向

随着全球化在性质和结构等方面的重大转折，世界正从旧全球化向新全球化的时代转变，全球化的思维方式呈现出由简性思维向复杂性思维转变的显明特征。研究表明，前者凭以理性将西方启蒙思想奉为唯一真理、以西方工业文明为标准来剪切和规范全球化结构，甚至通过价值观的绝对化与普遍化实现霸权统治；后者主张多元文明，强调差异政治，反对单一文明与单一正义观，尊重不同价值观之间的协商与对话，指认断裂而蔑视同一整体，消解思维等级和中心性而主张"平面化"，解构先验的理性或本体意义的决定论、唯一论而推崇全球话语。[19]从二元对立走向二元统一、从线性走向非线性、从实体性思维到关系性思维，是全球化思维方式革新的核心要义。

"科学工作者在一定范式之框架内进行研究，探讨这一范式能够加以说明的事实，加强事实同范式预期之间的契合，进一步详细表达范式本身，这就是一种促进知识进步的常规科学实践。"①在新全球化进程下，跨文化传播研究也正在经历着由"简性思维"向"复杂性思维"的范式转变。当今世界是充满着多样性、未完成性、多元选择性和开放差异性的现代社会，跨文化传播的过程是充满不确定性的，主要表现为不同文化视域的相遇、交汇、协商和融合，不同文化视域之间绝非非此即彼的二元对立关系，差异的出现和存在赋予其丰富的意义。[20]因此，跨文化传播研究应以尊重文化差异性为前提，重构跨文化传播的理论维度，打造绿色有机的精神家园。

行动者网络理论为新全球化时代跨文化传播研究提供了新视域。首先，在行动者网络理论视域中，人类与非人类行动者看似相互对立的存在，实际却拥有平等的地位且两者共同发挥作用，逐渐打造出多元异质的关系网络。其次，行动者网络理论回到混沌与权力的本体论哲学，不仅建构相互关联、不断演化的异质网络，而且通过网络的延伸扩展将每个行动者纳入其中，每个行动者的进入极可能带来整体网络的复杂变化。再次，行动者网络理论既重视各个行动者间的利益磋商过程，又注重整体的异质网络构建全貌，在各种因素的共同作用下，多元异质的行动者在磋商与互动中逐渐实现融合与勾连，构建出密不可分的"利益共同体"。

---

① 托马斯·库恩.科学革命的结构[M].李宝恒，纪树立，译.上海：上海科学技术出版社，1980：8.

近年来,从“文化走出去”战略到“一带一路”倡议,从“利益共同体”概念到“人类命运共同体”理念,我国跨文化传播工作在思路、目标、内容和形式等方面均呈现出复杂性转向的显明特征。在行动者网络理论的视域中,世界知名城市“南京周”作为跨文化传播活动的范例,不仅在关系互动中勾连多元异质成分,而且通过问题化、共通利益、相互拉拢、号令动员等文化转译环节,将中国与世界各国的利益和命运更加紧密地联系在一起。此外,它还将多元复杂机制融入繁盛的文化传播内容与形式中,以陌生化的混搭艺术与亲民互动元素的展现激发参与者愉悦的亲身体验,从而促进南京品牌文化的顺利转译,形成你中有我、我中有你的整体景象。

总之,新全球化时代渐行渐近,全球化呈现不同于往昔的崭新面貌。中国正在快速变化,它被自身的运行规律和全球化的运行轨迹共同影响。我国正在参与塑造新的全球秩序,这是一幅迅速展现的令人激动却又十分陌生的图景。行动者网络理论有助于探究知识与社会的复杂关联,现将其用于阐释跨文化传播过程同样具有鲜活的理论和实践意义。世界知名城市“南京周”的跨文化传播实践,在非自觉中体现了行动者网络理论的要义和要求,也正因如此尚存一些亟待完善之处。以行动者网络理论分析跨文化传播实践,仅为跨文化传播研究的一种尝试。

参考文献

[1] 陈辉,陈力丹.跨文化传播研究的知识结构与前沿热点:基于 CiteSpace 的可视化图谱分析[J].国际新闻界,2017,39(7):58-89.

[2] 关世杰.中国跨文化传播研究　十年回顾与反思[J].对外大传播,2006(12):32-36.

[3] 常燕荣.论跨文化传播的三种模式[J].湖南大学学报(社会科学版),2003(3):100-103.

[4] 贾文山,刘杨.跨文化传播的诠释学视角——以中国语境为例[J].西安交通大学学报(社会科学版),2018,38(3):123-129.

[5] 史安斌.从“跨文化传播”到“转文化传播”[J].国际传播,2018(5):1-5.

[6] 徐明华.我国跨文化传播研究的文献综述——以 2000—2011 年中国跨文化传播研究为背景[J].新闻爱好者,2012(17):1-3.

[7] 李文娟.霍夫斯泰德文化维度与跨文化研究[J].社会科学,2009(12):126-129,185.

[8] 郭俊立.巴黎学派的行动者网络理论及其哲学意蕴评析[J].自然辩证法研究,2007(2):104-108.

[9] 刘文旋.从知识的建构到事实的建构——对布鲁诺·拉图尔“行动者网络理论”的一种

考察[J]. 哲学研究,2017(5):118－125,128.

[10] Latour B. Science in Action: How to Follow Scientists and Engineers Through Society [M]. Cambridge, Massachusetts: Harvard University Press, 1987.

[11] 洪荣志,蔡志豪. 从行动者网络理论看文创商品的展演——以安平剑狮的在地转译为例[J]. 创业管理研究,2011,6(4):105－122.

[12] 朱峰,保继刚,项怡娴. 行动者网络理论(ANT)与旅游研究范式创新[J]. 旅游学刊,2012,27(11):24－31.

[13] 谢元,张鸿雁. 行动者网络理论视角下的乡村治理困境与路径研究——转译与公共性的生成[J]. 南京社会科学,2018(3):70－75.

[14] 人民网. 英国邱园宝塔将被修缮重塑辉煌[EB/OL]. (2016－09－27). http://world.people.com.cn/n1/2016/0927/c1002－28743584.html.

[15] 新浪江苏. 世界知名城市"南京周"品牌化战略正式提出[EB/OL]. (2017－05－18). http://jiangsu.sina.com.cn/news/general/2017－05－18/detail-ifyfkqiv6493016.shtml.

[16] 人民网. 意大利米兰世博会"南京周"[EB/OL]. (2015－07－06). http://js.people.cn/GB/360446/362758/371471/index.html.

[17] 张萌. 全球化时代快速消费品的广告策略[J]. 青年记者,2018(33):87－88.

[18] 南京人民政府. "创意赋能城市"2019 南京创意设计周即将盛大开启[EB/OL]. (2019－05－21). http://www.nanjing.gov.cn/zt/2019njcysjz/jj0521/201905/t20190521_1543792.html.

[19] 徐充. 整合与超越:新全球化时代经济学范式探微[J]. 经济问题,2007(12):3－5.

[20] 贾文山,刘杨. 跨文化传播的诠释学视角——以中国语境为例[J]. 西安交通大学学报(社会科学版),2018,38(3):123－129.

作者简介

张　萌(1992—　),河南新乡人,南京财经大学新闻学院讲师。研究方向为网络传播、媒介文化、文化产业。

Intercultural Communication from the Perspective of Actor-Network Theory

Zhang Meng

Abstract: With the transition from old globalization to new globalization, the study of intercultural communication presents a paradigm reform from simple thinking to complex thinking. Since the reform and opening-up, China's intercultural communication has achieved great development in the aspect of practical exploration and theoretical construction. However, compared with the increasingly prosperous intercultural communication practice, the study of intercultural communication in China has become increasingly limited and inadequate. Based on the holistic perspective and multiple dimensions of intersubjectivity, actor-network theory reveals the operational mechanism and complex process of heterogeneous structure generated by different actors in the interaction, providing a new thinking for the study of intercultural communication in the new era of globalization. As a practical example of intercultural communication in China, activities of the World Famous City "Nanjing Week" unconsciously coincide with the essence and requirements of actor-network theory, creating a complex landscape of how intercultural communication is possible in the new era of globalization, it has implications for comprehensively displaying cultural and creative industry resources, promoting industrial development, project negotiation and enterprise landing.

Key words: Intercultural Communication; the New Era of Globalization; Actor-Network Theory; "Nanjing Week"; Cultural and Creative Industries

平台建设如何推动中国影视作品“走出去”*
——以广西人民广播电台《中国剧场》栏目为例

李成蹊

摘　要:不同国家间由文化差异带来的不确定性导致中国影视作品在“走出去”过程中面临文化风险问题，现有文献缺乏从平台角度对该问题展开细致分析和探讨。以广西人民广播电台在东南亚地区与当地主流广电媒体合作开设的《中国剧场》栏目为例，分析指出平台建设可以通过提升信息聚合、增进理解认同、建立相互信任等方式有效化解影视作品“走出去”中的文化风险，进而推动中国影视作品“走出去”。

关键词:文化“走出去”;平台战略;文化风险;信息匹配;文化折扣

一、引　言

国内影视作品因承载着博大精深的传统文化、多姿多彩的民族文化以及生机盎然的当代文化，加之视觉效果显而易见，在对外文化传播中具有巨大的潜力，其出口逐渐成为我国与海外国家民众间增强情感交流与观念契合的有效模式。然而，受历史、地理、政治、宗教等因素的综合影响，不同国家和地区之间在语言、宗教、伦理、习俗、观念等方面存在着不同程度的文化差异[1]，这给我国对外文化传播、文化交流及贸易合作带来了巨大的不确定性，文化风险问题在所难免。随着全球一体化进程的加快，文化风险问题已经超越政治风险、经济风险、法律风险等成为影响各行各业“走出去”成功与否的关键因素。[2]但是过往的影视作品出口中并没有重视这种文化风险问题，影视文化机构往往采取将影视作品直接出口到海外电视台或者电影院进行播放的“简单粗暴”方式，导致我国影视作品“走出去”效果

* 基金项目:国家社科基金一般项目“中国互联网平台对外文化传播创新研究”(19BKS120)的阶段性研究成果。

大打折扣。

为了切实承担起传播中华优秀文化、讲好广西多彩故事的重要责任，推动广西当地广电媒体以及国内优秀影视作品走向东盟国家，自2014年起广西人民广播电台（以下简称“广西人广”）先后与多个东南亚国家电视台合作开办了《中国剧场》栏目，以固定栏目、固定时间的形式向当地观众先后播出《三国演义》《北京青年》《鸡毛飞上天》《琅琊榜》《欢乐颂》等国内30部900多集优秀译制影视作品[3]，得到了当地观众的一致好评，极大提升了我国影视作品在这些国家的知名度。依托《中国剧场》栏目平台，广西人广与东南亚当地主流广电媒体展开了频繁交流互动，并在新闻报道、联合制作、栏目落地、人才互换、技术培训等产业合作方面取得了一系列突破。凭借上述取得的优异成绩，《中国剧场》栏目于2016年顺利入选我国“丝绸之路影视桥工程”重点项目。

由此，本文选择以广西人广在东南亚地区与当地主流广电媒体合作开设的《中国剧场》栏目为例，通过相关材料的收集与整理，从理论和实践相结合角度分析和探讨专业化平台建设在化解文化风险、推动影视作品“走出去”过程中所起的积极作用，以期为我国文化“走出去”提供新思路。

二、文献综述

就文化风险与文化“走出去”相关研究而言，国内部分学者围绕文化风险对我国对外直接投资的投资战略、区位选择、投资风险等问题展开研究，如黄凌云等（2014）的研究表明，东道国与中国文化差异越大，国内企业越倾向通过兼并收购的方式进入当地市场。[4]还有学者从文化贸易角度切入，围绕文化风险对我国对外文化贸易的单边出口、双边贸易、贸易效率等的影响进行了研究，如胡燕和章珂熔（2017）基于文化距离测量模型研究发现，一定文化距离范围内多样化文化贸易是可能的，但是超出该范围，那么高昂的交易费用就会限制文化贸易的进行；[5]方慧等（2018）基于引力模型并利用面板数据实证验证了文化差异对中国文化产品出口具有抑制作用。[6]上述有关文化风险对我国经济“走出去”或者文化“走出去”影响的研究，基本是围绕着前者对后者的直接作用结果展开的，普遍认为前者会对后者起阻碍或者负面影响，但是对于是否存在其他因素会对这种负向关系起抑制作用鲜有涉及。

事实上，平台建设能够起到上述效果，这在经济领域已经得到了部分学者的关注，例如Akerman（2018）研究发现，出口企业往往会寻求借助贸易中介来应对由于东西方国家在语言和制度上的差异造成的出口成本上升问题；[7] Ahn 等(2011)认为贸易中介能够凭借其专业化优势降低信息搜寻成本和信息不对称问题，比国内生产商进入距离更远、壁垒更多、市场更小的海外市场，从而帮助国内生产商找到更加合适的合作伙伴。[8]

然而，平台建设能否化解以及如何化解影视作品“走出去”中的文化风险问题还没有引起学者们的重视。与“直接出口”方式相比，国内影视作品可以借助专业化平台间接或者迂回的方式“走出去”，避免我国影视作品直接出口或者传播到目的地国家和地区可能面临的“水土不服”问题。进一步地，通过采取一系列有效措施和手段，专业化平台可以有效发挥自身在聚合信息、增进理解和建立信任等方面的优势，协助国内影视作品有效应对“走出去”过程中面临的信息匹配、文化折扣和文化安全等文化风险问题。由此，从平台角度分析和探讨专业化平台建设抑制文化风险、助推影视作品“走出去”的作用机理及其成效具有较强理论和现实意义。

三、平台建设推动影视作品“走出去”的作用机理

平台在人类社会中存在已久，它既可以是实体场所如传统的集市，也可以是虚拟空间如数字媒体、社交论坛等。影视作品“走出去”中涉及的平台有电视栏目、电影院线、视听网站等，这些平台的特点是平台用户需要经过平台协调实现交易或者交互[9]，它能够从三方面对文化风险起到抑制作用，进而推动影视作品“走出去”：一是提升信息聚合，提高资源配置效率；二是增进理解认同，消减文化折扣现象；三是建立信任基础，强化“走出去”动力。

(一) 提升信息聚合，提高资源配置效率

影视作品是对文化符号、生活记忆、精神意象的高度凝结，也是承载指示作用、寻求文化接受的有力载体。源于地理距离的约束，国内文化机构对海外国家和地区观众的影视偏好和诉求不甚了解，文化的传播与接收出现“断档”，因此这些机构不得不花费较大的搜寻成本去寻找目的地国家和地区的市场信息。高昂的信息搜寻成本不仅会占用较多的企业资源，给企业日常运营带来负面影响，也会引致文化机构决策失误造成资源错配，阻碍影视作品的“走出去”。

平台通过连接不同类型的用户促成交互、实现价值，并在这过程中实现信息的聚散。与任何单一组织相比，平台在信息资源的获取和存储方面具有专业化的比较优势。[10]通过连接到平台，目的地国家和地区的观众可以十分方便地接触和了解国内的影视作品，一方面减少了他们自身的信息搜寻成本，另一方面还能提高其

消费和体验国内影视作品的便利程度。与此同时,借助平台提供的各类信息化工具和手段,国内文化机构可以对当地观众的需求信息进行更加高效地收集和处理,找到有助于提高其制片、译制、配音等决策科学性和正确性的重要信息,从而帮助国内机构提供更加符合目的地国家和地区观众口味和偏好的影视作品。如此,双方的信息匹配程度得到了保证,资源配置效率也得到了提高,影视作品走进当地观众群体面临的信息不对称问题也将得到缓解。

(二) 增进理解认同,消减文化折扣现象

信息不对称问题的缓解并不意味着文化理解和认同的提高,因为不同国家和地区的文化具有多样性,无论是在宏观的价值观念、习俗、宗教、伦理等方面,还是在微观的审美、情趣、风格、喜好等方面,都存在着明显的差异,这可能会造成国内影视作品不被当地观众所理解和认同,比如国内大热的电影、电视剧在欧美市场经常遭受"冷遇"就是一个典型,这种"文化折扣"现象在对外文化交流和文化贸易中经常出现。

借助专业化平台,影视作品的文化场域可以打破时间与空间的限制,使受众通过观看同一作品的方式进入这一场域中。影视作品演绎的内容、传达的价值观构成了每一位观看者之间共有的文化符号,文化共同体由此形成。这一共同体的形成能够拉近文化距离、增加文化亲近、提高文化认同,降低影视作品"走出去"过程中的文化折扣。国内文化机构可以与目的地国家和地区合作伙伴共同搭建中国影视文化主题的专题栏目或者社交论坛,为当地爱好者提供一个交流和分享中国影视作品的线上社群,通过热点讨论、影视评论等方式在当地的观众群体中进行话题发酵,借助观众之间的口口相传和网络效应扩大国内影视作品在当地的受众范围和影响力。进一步地,国内文化机构可以利用这些信息和数据加深对当地观众影视偏好的理解和挖掘,甚至委派专业人员与当地观众展开线上的双向交流,在互动和反馈过程中不断提升国内影视作品的"本土化"成分[11],使其更加符合目的地国家和地区观众的口味和偏好,降低文化折扣引致的文化风险,推动我国影视作品走进目的地国家和地区。

(三) 建立相互信任,强化"走出去"动力

如前所述,各个国家和地区的历史和文化不尽相同,文化机构间存在严重的信息不对称问题,加之当前各个国家对文化安全问题的重视,文化机构间的交流合作都比较敏感和谨慎,缺乏必要的信任,无形中增加了我国影视作品"走出去"的风险。

信任是人类社会长序发展的关键，是任何组织和个人立足的重要社会资本，能够起到有效降低不同个体跨地区交流沟通和商贸合作成本的积极作用。对外文化传播不仅让内容得以跨时空传递，进一步的是建构一个有内涵、有意义、丰富且相互包容的文化世界。专业化平台的搭建能够促成国内文化机构与境外合作伙伴间的频繁互动交流，让来自不同文化领域的人加深对彼此的了解，消减彼此的信息不对称、文化不认同以及由此可能造成的误解和伤害，提高文化交流和贸易的成功率，增进合作双方的共同福利水平[12]，从而实现稳固集体情感、加强团结合作、维系伙伴关系的重要作用。久而久之，相互之间的信任关系和社会网络关系得以建立起来，国内文化机构可以凭借前期积累起来的信誉和口碑，无须再花大量成本与目的地国家和地区的合作伙伴进行烦琐的事先搜寻、事中谈判以及事后执行监管，方便提高文化产品在当地的市场渗透和用户满意，从而为持续的“走出去”提供润滑动力。

四、案例分析：广西人广《中国剧场》栏目建设举措与成效

(一)《中国剧场》栏目简介

为了推动广西当地电视媒体以及国内优秀影视作品走向东南亚，自 2014 年起广西人广先后与多个东南亚国家电视台合作开办了《中国剧场》固定栏目，并于 2016 年成功入选我国“丝绸之路影视桥工程”重点项目。依托《中国剧场》栏目这一媒体平台的连接与协调，广西人广与东南亚国家当地的知名电视台频繁交流互动，先后在当地播出《三国演义》《北京青年》《琅琊榜》《欢乐颂》等国内电视剧，确保了广西乃至中国优秀影视作品顺利走进当地观众群体。

(二)《中国剧场》栏目建设的主要举措及抑制文化风险的表现

国内影视作品因承载着博大精深的传统文化、多姿多彩的民族文化及生机盎然的当代文化，加之视觉效果显而易见，在对外文化传播中具有巨大的潜力，其出口逐渐成为我国与海外国家民众间增强情感交流与观念契合的有效模式。但早期的影视作品并没有考虑东南亚当地观众的诉求，采取直接出口到当地电视台进行播放的“简单粗暴”方式，导致我国影视作品出口到海外国家的效果大打折扣，造成了资源的极大错配和浪费。

鉴于此，广西人广常年在柬埔寨、老挝等国家派驻栏目专业人员开展信息和舆情收集工作，通过细致调研将信息聚合并对当地观众喜好做出判断，确保影视作品与目的地国家历史文化和价值观念相匹配，实现出口影视作品在东南亚国家的精准传播。譬如，柬语版《三国演义》在柬埔寨播出后得到当地很高的关注度，原因在

于栏目组经过详细的信息收集和研判之后,发现《三国演义》的剧情内容与柬埔寨的文化历史十分亲近,观众十分喜爱这一类题材的电视剧,因此对于该剧的剧情发展和故事脉络并不存在理解问题,当地观众对该剧演员表演和剧情内容具有极高的亲切感和认同感。再如,栏目组经过精心挑选将译制后的《琅琊榜》引入老挝国家电视台并在当地黄金时间播出,该剧宣扬的家国情怀以及舍生取义精神,十分符合老挝当地的价值观念和文化认同。[13]

与此同时,广西人广在东南亚多国都建立了译制工作站,把译制窗口直接落地在目的地国家,并且利用自身拥有东盟非通用语种人才的优势,吸纳大量境外优秀音译人才加入剧本的翻译和配音工作[14],在尽量保证中国影视作品"原汁原味"的基础上增加本土化元素,按当地语言风格和观众收视偏好讲述中国故事、阐释中华优秀文化内涵,有效拉近了彼此间的文化距离,增进了文化认同。如 2018 年在印尼播出的《鸡毛飞上天》一剧就没有选择在广西进行译制,而是直接启用印尼当地最优秀的资深团队给剧中人物配音,借助母语的情感力量,在方便当地观众理解剧情的同时,使诠释变得更加深刻和动人。该剧也凭借引人入胜的剧情、出色的人物配音和演员的优秀表演,得到了当地观众的一致好评。[15]

凭借着与柬埔寨当地主流广电媒体——柬埔寨国家电视台的合作,《中国剧场》栏目取得了巨大成功,也为广西人广在东南亚地区赢得了极高的口碑和美誉。之后,广西人广将这一平台模式不断复制推广,先后与老挝国家电视台(2015 年)、缅甸国家电视台(2017 年)、印度尼西亚国家电视台(2018 年)、菲律宾国家电视台(2018 年)、泰国国家电视台(2018 年)、越南国家电视台(2018 年)等其他东南亚国家的主流广电媒体签订合作协议,共同推动《中国剧场》在这些国家"落地生根"。

(三)《中国剧场》栏目建设推动影视作品"走出去"主要成效

《中国剧场》栏目是推动广西乃至中国影视作品走向东南亚国家、促进当地民众认识中国优秀文化、理解当代中国价值观的重要窗口,其采用的专人收集信息、作品本土化译制、区域合作推广等方式充分发挥了专业化媒体平台在信息聚合、理解增进和信任建立方面的优势,开创了中国影视作品走向东南亚国家的新局面。

相关统计显示,《中国剧场》在东南亚播出的多部电视剧得到了当地观众的一致好评,收视率和话题热度不断刷新。譬如,《鸡毛飞上天》在菲律宾播出后的 3 个月内取得了平均收视率 15%的好成绩,在印尼国家电视台播出后也得到当地观众的普遍好评;越南国内社交网站则根据中国影视剧在当地的播放量情况,列出中国电影、电视和演员人气榜,吸引当地年轻人在线热烈讨论,部分新生代演员还成为当地年轻人的青春偶像。[15]根据相关合作协议,《中国剧场》栏目每年将在当地固定时间定向播放 100 多集国内影视作品,截至 2017 年 6 月,已经在越南、老挝、泰国、柬埔寨等国播出《琅琊榜》《三国演义》《北京青年》等近 30 部 900 多集优秀译制影视作品[3],极大提升了我国影视作品在这些国家的知名度。依托该平台,广西人广与东南亚当地主流广电媒体在新闻报道、联合制作、节目交换、人才互通、技术培训等产业合作方面也取得了一系列突破。如 2016 年,柬埔寨和老挝国家电视台扩大与广西人广的合作范围,双方签署协议共同合办栏目《中国动漫》,推动中国优秀动漫作品面向当地观众的译制和推广工作。[16]

综上,通过采取种种有效措施,广西人广化解了影视作品走向东南亚地区所面临的信息匹配、文化折扣和文化安全等文化风险问题,不仅实现了影视作品的规模化出口,还在当地观众群体中引起了强烈反响,成为中国—东盟文化交流和影视产业合作推广的坚实桥梁和纽带(表 1)。

表 1 《中国剧场》栏目抑制文化风险方式与推动影视作品"走出去"成效小结

文化风险及其抑制方式			推动影视作品"走出去"成效		
信息匹配问题	文化折扣问题	文化安全问题	观众反响	出口规模	产业合作
派驻专员收集信息、精挑细选影视作品	当地建立译制工作站、吸纳优秀人才本土译制	与当地主流广电媒体建立信任、合作推广	多部电视剧当地热播,当地观众形成追剧热潮	每年每个栏目定向播放 100 多集国内影视作品	联合制作、栏目落地、技术培训等

五、结论与启示

推动中国影视作品"走出去"是对外进行文化传播、价值传递和精神塑造的重要途径,也是彰显国家文化软实力的重要举措和应有之义。然而,海外国家和地区多类型的地域文化往往蕴藏着巨大的文化风险,能否有效应对文化风险问题成为决定中国影视作品"走出去"成效的关键。《中国剧场》栏目是推动广西乃至中国影视作品走向东南亚国家、促进当地民众认识中国优秀文化、理解当代中国价值观的重要窗口,其采用的专人收集信息、作品本土化译制、区域合作推广等方式充分发挥了专业化媒体平台在信息聚合、理解增进和信任建立方面的优势,开创了中国影视作品走向东南亚国家的新局面。

本文的政策启示是十分明显的,即政府相关部门应重视间接出口方式尤其是专业性平台建设在化解文化风险、助推以影视作品为典型代表的中华优秀文化"走出去”过程中扮演的积极角色。为此，本文提出以下具体的对策建议：

第一，加强战略规划与政策引导。文化“走出去”过程中的平台建设离不开政府部门、非政府组织及企业等多方力量共同参与。① 作为“顶层设计”机构，政府及其相关部门应该起到主导和统筹协调作用，系统地规划文化“走出去”中平台建设的总体战略、层次结构、空间布局、运营模式、资金渠道、政策法规等关联内容，为相关建设主体的决策提供制度保证和参考。② 整合政府部门、文化企业、知名高校和研究院所等各方力量共同组建专业化团队，对不同国家和地区的文化风险水平进行更加科学、合理的评估，评估结果作为是否需要在该地区建设专业化平台的重要决策依据，降低平台建设遭受损失的风险。③ 设立对外文化传播平台建设专项资金，充分发挥专项资金的杠杆作用，引导和鼓励境内外优质社会资本参与平台建设项目，撬动境内外优质社会资本参与平台建设和运维的积极性，对一些文化“走出去”重点领域的平台建设项目给予额外的奖励、补贴或者其他方面的政策优惠。

第二，建立健全体系完备的文化“走出去”平台。① 依据文化风险评估结果，因地制宜地在目的地国家和地区建设合适的专业化平台，并对已经在沿线部署和开始建设的各类平台进行调整和优化，文化风险较大地区的平台建设和运维任务可以暂时停滞或者维持现状即可，优先集中资源和力量完成文化风险程度较低地区的平台建设。② 除了强化官方层面对外文化交流和传播平台的建设之外，政府相关部门还应该出台优惠政策引导和鼓励民间力量自发搭建对外文化交流和传播平台，发挥海外联谊会、对外友协等民间交流媒介的积极作用[17]，推动国内文化企业和个人参与到文化“走出去”中来。

第三，建立人才培养和激励机制。人才是对外文化交流和贸易合作的核心，也是实现多语种传播的中坚力量，推动我国文化“走出去”，必须重视相关人才的引进、培养和储备。① 在人才引进上，提高专业人才的待遇和保障，配合相关优惠政策的出台和实施，优先吸收并引进文化“走出去”重点目的地国家和地区高层次专业人才“为我”工作。② 加大对上述地区在华留学生的语言培训和文化宣传力度，努力将这些留学生培养成对中国文化有较高认同、愿意在母国宣传中国优秀文化的文化信使，协助我国文化机构在该地区开展文化交流和贸易活动。③ 重视和落实文化传播、文化贸易人才培养的政产学协同模式。[18]政府部门应建立高校人才资源库，准确把握当前我国文化传播、文化贸易人才的规模、层次以及成长情况。出台相关优惠政策，对重视人才交流、技能培训的文化企业给予税收减免和奖励补贴等激励措施。

参考文献

[1] 邓玲，王芳．“一带一路”建设的文化风险及其应对策略[J]．广西社会科学，2018(1)：194-197.

[2] 罗良忠．企业跨国经营的文化风险及防范对策[J]．学术论坛，2007(5)：88-90，96.

[3] 金向德，刘雅．“三月三”文化丝路行·《中国剧场》·《中国电视剧》[EB/OL]．(2019-05-07)．http://www.56-china.com.cn/show-case-2020.html.

[4] 黄凌云，杨娜，王珏．文化特征与冲突对中国企业OFDI投资策略影响研究[J]．经济科学，2014(3)：114-128.

[5] 胡燕，章珂熔．中国与“一带一路”国家核心文化产品贸易持续改进路径选择[J]．江苏社会科学，2017(5)：41-51.

[6] 方慧，孙美露．文化差异、本地市场效应与中国文化产品出口[J]．山东社会科学，2018(10)：107-114.

[7] Akerman A. A Theory on the Role of Wholesalers in International Trade Based on Economies of Scope[J]. Canadian Journal of Economics, 2018, 51(1): 156-185.

[8] Ahn J. B., Khandelwal A. K., Wei S. J. The Role of Intermediaries in Facilitating Trade[J]. Journal of International Economics, 2011, 84(1): 73-85.

[9] Evans D. S. Some Empirical Aspects of Multi-sided Platform Industries[J]. Review of Network Economics, 2003, 2(3): 191-209.

[10] Armstrong M. Competition in Two-Sided Markets[J]. Rand Journal of Economics, 2006, 37(3): 668-691.

[11] 胡慧源．创新与变革：大数据时代的内容生产与营销[J]．出版科学，2015(3)：19-21.

[12] 崔艳天．重视平台化发展模式，推动文化产业转型升级[J]．行政管理改革，2018(1)：39-41.

[13] 凌晨．从跨文化传播角度浅析《中国剧场》系列栏目在东南亚的传播策略[J]．中国广播，2018(1)：23-26.

[14] 胡莹莹．“中国剧场”栏目正式亮相印尼国家电视台[EB/OL]．(2018-10-28)．http://ent.cnr.cn/zx/20181028/t20181028_524397623.shtml.

[15] 刘刚，赵益普．多部中国影视剧在东南亚播出“追剧”中感受中国律动[EB/OL]．(2019-01-21)．http://www.xinhuanet.com/politics/2019-01/21/c_1124017124.htm.

[16] 云亦云．广西广播界与东盟同行合作推出《中国动漫》栏目[EB/OL]．(2016-03-22)．http://gx.people.com.cn/n2/2016/0322/c360170-27988466.html.

[17] 谢卓华."一带一路"背景下广西对接东盟文化产业发展研究[J].广西社会科学,2016(3):34-38.

[18] 胡慧源.文化产业人才培养:问题、经验与目标模式[J].学术论坛,2014(5):139-143.

作者简介

李成蹊(1994—),山东济南人,山东大学公共文化研究中心研究助理。研究方向为文化产业。

How Does Platform Promote Chinese Film and Television Programs "Go out" —Taking the *Chinese Theater* Program of Guangxi People's Broadcasting Station as an Example

Li Chengxi

Abstract: The uncertainty brought by cultural differences between different countries leads to cultural risk in the process of "going out" of Chinese film and television programs, while the existing literature lacks the detailed analysis and discussion of this problem from the perspective of platform. This paper takes the *Chinese Theater* program set up by Guangxi People's Broadcasting Station in Southeast Asia in cooperation with local mainstream radio and television media as an example, and points out that the platform construction can effectively resolve the cultural risks in the process of film and television programs' "going out" by improving information aggregation, enhancing understanding and identity, and building mutual trust. Furtherly, it promotes Chinese film and television program's "going out".

Key words: Culture "Going out"; Platform Strategy; Cultural Risk; Information Matching; Cultural Discount

版权经济

版权保护强度与出版产业发展的理论机理和灰色关联分析*

梁　君　王爱红　佘智慧　李召白

摘　要:版权是一个版权主体首要的无形资产,版权保护问题也始终是出版产业的一个核心问题。研究加强版权保护强度是否促进或者在多大程度上促进出版产业发展,对推动我国出版产业发展具有重要意义。本文在探究了版权保护强度对出版产业发展的理论机理的基础上,通过构建指标体系测算了2008—2017年版权保护强度大小,并结合出版产业发展及销售数据探究版权保护强度与出版产业发展间的灰色关联度。结果显示:我国版权保护强度不断增强,对图书、报纸、期刊、音像制品的出版总量存在不同程度的正向促进作用,对电子出版物的促进作用不显著,从而从完善数字化情形下版权的立法规制、加强出版行业版权保护的行政执法建设工作、规范电子出版物版权市场管理三个角度提出加大版权保护力度相关对策,以促进出版产业发展。

关键词:版权保护强度;出版产业发展;灰色关联

一、引　言

近些年来,经过积极的外部学习和自主创新,中国在国际上的科技竞争能力大幅度提升,尤其是在经历了传统产业的改造升级后,中国一些高新技术企业在高端技术领域的发展更是处于国际领先地位,成为可与西方发达国家企业相竞争的重要力量。在工业4.0时代背景下,知识产权由于与高端技术知识密切相关从而变为极其重要的生产要素,成为各国竞相争夺的战略资源。美国为遏制中国高新技术的发展以保持自己在高端技术领域的领先地位,与中国展开了频繁的贸易摩擦,

---

* 基金项目:国家社科基金西部项目“5G时代数字出版新业态新模式研究(20XXW002)”的阶段性研究成果。

并主要集中在高新技术的知识产权贸易领域。目前，中国成为因知识产权纠纷而遭受“337”调查数量最多、涉案金额最高的国家。[1]而中美贸易战争爆发的最初原因在于美国版权产业对中国盗版猖獗等版权问题严重不满。[2]那么，我国出版产业的版权保护强度现状如何？是否应该继续加强出版产业的版权保护强度及将版权保护强度控制在何种水平可最大限度助力出版产业发展，成为当前亟须解决的一系列现实问题。

随着信息技术的发展，出版行业数字化趋势加快，自 2005 年我国首次提出数字出版概念以来，我国数字出版产业一直处于快速而稳定的发展状态，收入规模从 2009 年的将近 800 亿元增长到 2018 年的 8 000 多亿元，10 年间产值增加近 10 倍。其中，互联网广告、移动出版、在线教育、网络游戏从无到有发展起来，并在 2018 年稳居数字出版收入规模的前四位。而传统图书、期刊、报刊数字化收入占比增幅呈下降态势，2018 年互联网期刊、电子图书、数字报纸的总收入为 85.68 亿元，较 2017 年增长 3.6%，增速下降了 1.75 个百分点。出版行业数字化新业态和新模式的不断涌现一定程度上对我国版权保护的完善提出了更高的要求。从某种意义上讲，版权保护是增强文化生命力、创造力和传播力的重要保障，是提高文化软实力的重要条件。[3]出版产业作为文化产业的一部分，其创新能力离不开版权保护，充分利用版权的激励保护功能，发挥版权联结创新与发展的桥梁纽带作用，能够让出版产业创新的源泉充分涌流，创造更多的社会财富和价值。因此，本文结合版权保护强度对出版产业发展的作用机理及其两者的现状，运用灰色关联分析方法，深入研究并厘清版权保护强度与出版产业发展间的关系，以期根据研究结果制定合理有效的版权保护策略，促进出版产业持续健康发展。

二、版权保护促进出版产业发展的机理

版权具有专有性、高法律依赖性、高价值增值性的特点，它强调通过文学、艺术和科学作品的传播和应用来促进经济活动的扩张和经济实力的增长，成为促进财富和价值创造的重要因素，对国民经济乃至区域经济发展具有突出的贡献。因此，保护版权、提高保护强度能够促进产业发展。

结合张磊等对版权产业的研究，本文在探讨版权保护影响出版产业发展的机理时引入六个关键的要素，即版权法律保护、版权权利人、版权自愿登记数量、版权产业、版权强国、知识产权强国建设。在阐释版权保护与出版产业发展的关系时，应该将以上六个关键要素按照逻辑关系衔接在一起，由此刻画出加强版权保护强

度对出版产业发展的影响脉络(图 1)。[4]

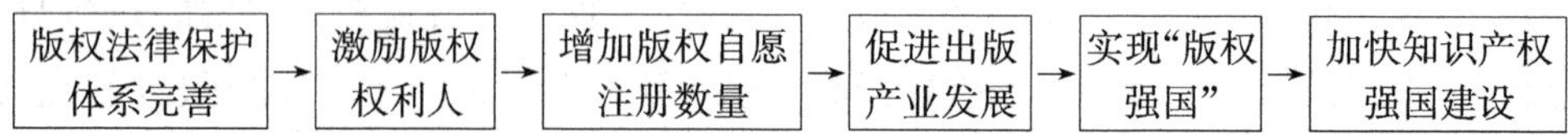

图 1　版权保护促进出版产业发展的机理

首先,版权法律保护体系的建设是起始和源头。版权保护强度包括立法保护和执法保护两个层面,加强版权保护强度需要完善包含立法和执法层面的版权法律保护体系。

其次,版权法律保护体系的日渐完善能够保护创作者的正当权益,激发版权创作者的积极性并可以提高创作者将其作品登记的意愿,由此版权自愿登记注册数量将大幅度提升。

再次,版权自愿登记不仅可以方便版权所有人维权,而且也能更好地宣传自己的智力成果,当创作者认为自己的作品具有较高的潜在市场价值时会倾向于通过版权登记切实保障自身权益得到有效的法律保护。因此,版权自愿登记具体情况能够清晰刻画具备较高市场价值作品的创作情况,从而成为市场经济下衡量出版产业发展水平的重要标准,版权自愿注册数量增多也可以从侧面展现出版产业得到了良好发展。

最后,出版产业高效、有序发展有助于“版权强国”目标的实现,进而推动知识产权强国建设进程。

三、版权保护强度与出版产业发展灰色关联分析

(一) 模型构建

灰色关联分析方法是通过两要素间发展趋势的一致性或相异性来衡量两个要素之间是否关联且关联程度如何。两个要素在发展的过程中,如果其变化的趋势呈现一致性,就可以看作两个要素间存在关联性,且关联程度较高;反之,则关联程度较低。由于灰色关联分析计算简便,且量化结果与定性分析结果高度一致,所以,为测量版权保护强度与出版产业发展的关联程度,本文采用灰色关联分析,其步骤如下:[5]

1. 确定因变量和自变量

本文研究版权保护强度与出版产业发展之间灰色关联关系,因此,以版权保护强度为自变量,即为参考数列,记为

$$X_0=\{X_0(1),X_0(2),\cdots,X_0(k)\} \tag{1}$$

出版产业发展为因变量，即为比较数列，记为

$$X_i=\{X_i(1),X_i(2),\cdots,X_i(k)\} \tag{2}$$

式(1)(2)中：$k=1,2,\cdots,m$；$i=1,2,\cdots,n$。

2. **变量数列无量纲化**

根据惯例，本文采用计算较为简便的初值化法进行处理。初值化法是在同一个序列中，以第 1 个不为 0 的数据为参照，其他数据分别除以此值，得到新的序列，其计算公式为

$$X_i'(k)=\frac{X_i(k)}{X_i(1)} \tag{3}$$

式中 $k=1,2,\cdots,m$。

3. **求绝对差值**

计算因变量序列与自变量序列对应值的绝对差值，形成如下矩阵

$$\begin{pmatrix}\Delta_1(1) & \cdots & \Delta_n(1)\\ \vdots & \ddots & \vdots\\ \Delta_1(m) & \cdots & \Delta_n(m)\end{pmatrix} \tag{4}$$

式中 $\Delta_i(k)=|X_0(k)-X_i(k)|$，$k=1,2,\cdots,m$，$i=1,2,\cdots,n$。

然后分别算出矩阵中最大值、最小值为

$$a=\min_i\min_k\Delta_i(k)=\min_i\min_k|X_0(k)-X_i(k)| \tag{5}$$

$$b=\max_i\max_k\Delta_i(k)=\max_i\max_k|X_0(k)-X_i(k)| \tag{6}$$

4. **计算灰色关联系数**

灰色关联系数公式为

$$\xi_i(k)=\frac{\min_i\min_k|X_0(k)-X_i(k)|+\theta\max_i\max_k|X_0(k)-X_i(k)|}{|X_0(k)-X_i(k)|+\theta\max_i\max_k|X_0(k)-X_i(k)|} \tag{7}$$

式中 θ 代表分辨系数，它的大小与分辨率成反相关关系，在(0,1)间取值。当 $\theta\leqslant 0.546\,3$ 时，分辨力最好，通常取 $\theta=0.5$。

5. **计算关联度**

关联度公式为

$$\gamma_i=\frac{1}{m}\sum_{k=1}^{m}\xi_i(k) \tag{8}$$

式中 $i=1,2,\cdots,n$。

6. **结果与评价**

根据计算结果对版权保护强度和出版产业发展的关联程度进行比较，并对关

联程度进行排序，从而判断出影响出版产业发展的主、次要因素。

（二）指标体系的选择

版权保护强度与出版产业发展灰色关联分析需要对版权保护强度和出版业发展的指标进行选取和分析。以下是关于版权保护强度与出版产业发展两者指标的选取和分析过程。

1. 版权保护强度指标的测算及分析

(1) 版权保护强度指标构建与测算

版权保护强度通常分为立法因素和执法因素，卢石梅、周云芳[5]将版权保护强度表达为 $S(t)=L(t)\times E(t)$，因此本文继续沿用前人的研究成果来进行测度。

其中，$S(t)$、$L(t)$、$E(t)$分别表示一个国家在 t 时间段的版权保护强度、立法保护强度和执法保护强度。$L(t)$由保护期限、保护范围、保护客体、专有权范围、国际条约成员、权利限制、执行机制 7 个二级指标构成，这里将每个二级指标的赋分区间设为[0,1]，立法保护强度的赋分区间为[0,7]，0 表示完全没有出台保护版权的法律法规，7 表示现有的版权保护法律法规已经非常完善了。$E(t)$由司法保护水平、行政保护水平、经济发展水平、社会公众意识、国际监督制衡 5 个二级指标构成，每个二级指标的赋分区间为[0,1]，版权执法强度取 5 个二级指标的算数平均数，赋分区间为[0,1]，0 表示已出台的用于保护版权的法律法规全然没有执行，1 表示法律法规被执行得相当完善。指标体系如表 1 所示。

表 1　版权保护强度指标体系[6]

	一级指标	二级指标
版权保护强度	立法保护强度	保护期限
		保护范围
		保护客体
		专有权范围
		国际条约成员
		权利限制
		执行机制
	执法保护强度	司法保护水平
		行政保护水平
		经济发展水平
		社会公众意识
		国际监督制衡

(2) 结果及分析

关于版权保护强度指标体系中的二级指标的评分过程及计算结果在此不做赘述,我国2008—2017年的版权保护强度按照上述测评方法得出的结果如表2所示。

表2显示,我国自2008—2017年以来版权立法保护强度有所加强,结果与徐立萍[7]测算结果有所相悖,其测算结果和这一段时间我国的立法保护强度维持在同一水平,但结合实际情况来看,为应对世界经济新形势,我国有序开展了一系列版权立法修法工作,逐步建立起较为完善的版权立法保护体系。我国先后制定了《专利法》《著作权法》等知识产权领域的基础法律、法规,随后又多次修订基础法律,比如2008年修订了《专利法》、2010年修订了《著作权法》、2013年修订《商标法》、2017年完成《反不正当竞争法》的最新修订。[8]版权的立法保护水平不断提升,保护强度不断加强,立法保护的法律法规也在不断完善和成熟。因此,测算结果与现实情况相符,具有有效性和可参考性,但从数据本身来看,距离满分7分还有一定差距。故我国的立法保护强度还需继续加强。

表2　我国2008—2017年版权保护强度测评

年份	立法保护强度	执法保护强度	版权保护强度(记作 X_0)
2008	5.905	0.683	4.033
2009	5.905	0.706	4.168
2010	5.905	0.748	4.415
2011	5.905	0.779	4.597
2012	5.905	0.789	4.659
2013	5.905	0.799	4.717
2014	5.905	0.810	4.783
2015	5.905	0.821	4.847
2016	5.905	0.833	4.921
2017	5.905	0.847	5.000

数据来源:笔者通过数据收集、处理与计算所得。

我国的版权执法保护强度也在不断加强,呈逐年上升的趋势,表2中的数据可以加以佐证。在第十一个五年计划和第十二个五年计划期间,我国的版权保护工作收到了良好成效,加强了对盗版侵权案件的打击力度,两个五年计划间共查处了盗版侵权案件 84 624 件，取缔和关闭了大量违法经营单位和盗版侵权网站。尤其是“十二五”时期，国家版权局、工业和信息化部、公安部等部门联合行动继续加大力度开展“剑网行动”，有力地规范和净化了版权市场。这些年，国家不断通过制定政策指导版权保护工作实践，比如 2008 的《国家知识产权战略纲要》、2016 年的《“十三五”国家知识产权保护和运用规划》等，这些政策为我国版权保护工作执法起到了引导作用，推动了我国执法保护版权趋于完善的进度。

通过测算，我国版权保护强度自 2008 年以来在不断增强，2017 年我国的版权保护强度为 5.000，预计 2018 年将超过 5.0。那么，我国的版权保护强度是否到达一定强度而不需要再提升了呢？彭辉等的研究结果表明，2008 年匈牙利、荷兰、智利等 58 个国家和地区的版权保护强度平均值为 5.699[6]，是同年我国的 1.4 倍。表 2 显示，2008 年后我国的版权保护强度虽有所提升，但 2017 年仍在 58 个国家 2008 年平均水平之下。可见，我国版权保护强度仍然需要继续提升。

2. 出版产业发展状况及指标选取

在融媒体时代，尽管依靠书刊和纸媒为出版方式和手段的传统出版水平有一定提升，但不可否认的是，传统出版发行同时会受到新兴出版的巨大冲击，直接影响受众对纸质图书、期刊、报纸等的阅读兴趣，这对于传统出版发行效果和我国传统出版行业发展水平等方面都有很大影响。如果是由于数字信息技术迅速进步以及电子介质出版物更具便携性的冲击使得传统出版产业进入低迷期，那么仅仅依靠通过提高版权保护强度的手段将是难以实现促进出版产业发展的目标的。因此，在研究版权保护强度与出版产业发展的关系前，我们需要通过定量分析的方式先深入了解一下我国版权产业的发展现状。

表 3 为我国 2008—2017 年出版行业细分市场及出版物销售的情况，数据取自国家新闻出版广电总局统计公报。2017 年，我国出版产业保持较快增长，产业规模继续扩大。如表 3 所示，2017 年，图书出版总量规模为 92.4 亿册，较上年增长 2.25%；期刊、报纸、音像制品、电子出版物的出版量均有不同程度下降，但从出版总量来看，2014—2017 年连续四年其增长率为负值，而 2017 年的负增长有所收窄；虽然近四年的出版总量连年下降，但出版物的总销售情况却相对乐观，2016 年出版物的总销售量为 208.27 亿册，较上年增长 4.4%，增长率为上年的 22 倍。可见我国出版产业仍然具有很大的发展潜力。因此，合理、适度的版权保护将有可能促进出版产业更加安全、健康、持续发展。

表 3　我国 2008—2017 年出版行业细分市场及销售情况

年份	出版情况						出版物销售情况	
	图书出版总量 X_1/亿册	期刊出版总量 X_2/亿册	报纸出版总量 X_3/亿份	音像制品 X_4/(亿盒/张)	电子出版物 X_5/亿张	出版总量 X_6/[亿册/张(份或盒)]	总销售量 X_7/[亿册/张(份或盒)]	总销售额 X_8/亿元
2008	69.36	31.05	442.92	4.33	1.58	549.24	166.43	1 456.39
2009	70.37	31.53	439.11	3.92	2.29	547.22	159.41	1 556.95
2010	71.71	32.15	452.14	4.24	2.59	562.83	169.7	1 754.16
2011	77.05	32.85	467.43	4.64	2.13	584.1	178.17	1 953.49
2012	79.25	33.48	482.26	3.94	2.63	601.56	190.08	2 159.88
2013	83.1	32.72	482.41	4.06	3.52	605.81	199.33	2 346.15
2014	81.85	30.95	463.9	3.29	3.5	583.49	199.05	2 415.52
2015	86.6	28.8	430.1	2.9	2.1	550.6	199.45	2 563.74
2016	90.37	26.97	390.07	2.76	2.91	513.08	208.27	2 771.34
2017	92.4	24.9	362.5	2.6	2.8	485.2	—	—

数据来源：2008—2017 年国家新闻出版广电总局统计公报。

(三) 关联系数与关联度计算与分析

1. 关联系数与关联度计算

结合上文对版权保护强度的测算和对出版产业现状的分析，运用公式(3)对表2 中的版权保护强度的 1 列原始数据(X_0)和表 3 中出版业的 8 列原始数据(X_1—X_8)进行无量纲化处理；再根据公式 $\Delta_i(k)=|X_0(k)-X_i(k)|$ 和上述的无量纲化处理结果求出 X_0 与 X_i 各对应点的绝对差值，即为版权保护强度与出版产业发展的灰色差异信息值；然后运用公式(7)得到版权保护强度与出版产业发展的灰色关联系数 ξ_i，如表 4 所示，其中 ξ_1—ξ_8 分别代表表 3 中出版产业的 8 个细分类目与版权保护强度的关联系数，由于在无量纲化处理时以 2008 年数据为参照标准，所以 2008 年的关联系数求得的数都为 1。最后运用公式(8)得到版权保护强度与出版产业发展的关联度 γ_i 并进行排序[9]，其计算结果如表 5 所示。

关联度 γ_i 与 1 越接近，则版权保护强度与出版产业发展关联程度越大。通常，当 $\theta=0.5$ 时，γ_i 大于 0.6 便可认为关联性显著。表 5 中的版权保护强度与出版产业发展关联度均大于 0.6，说明版权保护强度对图书、期刊、报纸、音像制品等的出版及销售影响较为显著，所以，也从另一方面证明了本文所选指标的科学性与合理性。

表 4　版权保护强度与出版产业发展的关联系数

关联系数	2008	2009	2010	2011	2012	2013	2014	2015	2016	2017
ξ_1	1	0.966	0.897	0.948	0.977	0.949	0.989	0.919	0.865	0.851
ξ_2	1	0.967	0.899	0.866	0.873	0.820	0.737	0.659	0.601	0.547
ξ_3	1	0.927	0.877	0.862	0.888	0.868	0.792	0.696	0.609	0.557
ξ_4	1	0.805	0.821	0.886	0.683	0.695	0.554	0.499	0.476	0.453
ξ_5	1	0.560	0.493	0.718	0.510	0.333	0.340	0.806	0.459	0.498
ξ_6	1	0.935	0.883	0.874	0.898	0.888	0.811	0.726	0.649	0.598
ξ_7	1	0.875	0.876	0.884	0.976	0.950	0.982	0.993	0.944	—
ξ_8	1	0.937	0.828	0.724	0.618	0.545	0.528	0.487	0.437	—

表 5　版权保护强度与出版产业发展关联度及排序

代码	γ_1	γ_2	γ_3	γ_4	γ_5	γ_6	γ_7	γ_8
关联度	0.936	0.797	0.808	0.687	0.572	0.826	0.942	0.678
排序	2	5	4	6	8	3	1	7

2. 结论及分析

从表 5 的计算结果来看，γ_7、γ_6、γ_8 的值均大于 0.6，说明版权保护强度与出版物的出版总量、总销售量、总销售额之间存在显著关联性。究其原因，可能是因为政府的版权保护力度逐渐加大。2007 年，我国正式加入《世界知识产权组织版权条约》《世界知识产权组织表演和录音制品条约》，这更有利于中国版权保护工作的开展以及国际合作进程的推进，同时国内还成立了相关行业协会。[7]另外，我国有关版权保护的立法建设也在逐步推进，早在 20 世纪 90 年代初期就颁布了《著作权法》，并且进入新世纪后又经历了多次修订，《著作权法》的颁布与修订为我国版权保护提供了有力的法律保障。版权力度的加大使得一些侵权盗版行为得以有效惩罚和抑制，正版出版物得到有效保护，减少了消费者购买盗版出版物的途径，进而增加了正版出版物的出版量、销售量和销售额。

图书、报纸、期刊、音像制品的出版总量的关联度值依次递减但均大于 0.6，说明版权保护强度与图书、报纸、期刊、音像制品的出版总量之间存在不同程度的相关性，与图书出版量高度相关，报纸次之，与期刊和音像制品出版量的相关性相对较弱。受人工智能技术、数字信息技术的影响，期刊和音像制品面临着智能化、数字化转变，而在该新形势、新环境下，期刊和音像制品的法律关系主体更加多元、客体更加多变、权利义务更加复杂，使得传统版权法律中的侵权行为认定、归责原则和责任承担方式亟待精细化。[10]因此，加强版权保护强度可以正向促进期刊、音像制品的出版量，但由于数字化时代版权保护的优化存在滞后性，使得其促进期刊、音像制品出版的力度不如图书、报纸。

电子出版物的关联度为 0.572，小于 0.6，说明版权保护强度与电子出版物总量之间存在相关性但不显著。电子出版物相比图书、报纸、期刊等其他出版物，其传播载体已不是传统的有形实物，传播过程也完全依靠电子信号并借助电脑、手机等媒介传播，而其他出版物既可以依靠传统实物传播，也可以依靠电子信号传播。同时，电子出版物发展的时间较短，在很多方面还没有明确的定义，比如“复制”这一概念，在大多数人看来，电子出版物可以被复制，但这一行为却为非法传播提供了便利，因此需要规范“复制”的概念。[11]所以，在数字化环境下，电子出版物涉及的版权问题相比其他出版物更为突出。

四、对策与建议

通过分析可知，当前我国版权保护强度还未达到理想状态，与国际水平还有很大差距。鉴于上文分析结果，这里从以下三个层面做出相应对策建议。

（一）完善数字化情形下版权的立法规制

目前，图书、报纸、期刊等传统纸质读物面临着数字化、智能化、开放化的转型与冲击。为解决当前发展趋势中的新问题，突出版权保护强度对出版产业的促进作用，我国应在版权保护方面加强立法，使出版业版权保护做到有法可依。一方面，我国在制定版权保护制度的具体法律法规时，要充分借鉴国外经验并结合专业人士意见，针对新形势下出现的新问题要在已有的基础上逐步使与版权有关的法律法规完善、细化，及时修订《著作权法》《出版管理条例》《信息网络传播权保护条例》等法律法规，并制定具有前瞻性的法律规范，避免出现法律漏洞。另一方面，要考虑将更先进的数字化版权保护技术运用到防范版权侵权中来，通过数字技术、信息技术等对版权法律实施效果进行实时追踪和监测，积极对法律开展评估工作，并根据评估结果对相关条文进行调整，丰富版权法律法规。[12]

（二）加强出版行业版权保护的行政执法建设工作

良好的版权保护生态体系的构建除了要做到有法可依外，还要做到执法必严。目前，国内版权侵权事件依旧频繁发生，版权人的权利没有得到最大限度的保护，出版产业版权秩序的维护任重道远。对此，我国各级版权行政管理部门要将保护著作权和打击盗版侵权行为作为一项长期性的艰巨任务进行系统部署。首先，各级执法部门要注重合作配合，对于一些涉及范围广的侵权现象要联合执法以使执法工作高效有序。其次，要加强版权保护执法队伍建设，注重培养执法人才，有计划地开展执法业务培训工作，使行政执法工作规范化。最后，要加强对版权侵权行为的处罚力度，比如建立版权侵权人"黑名单"制度并依法加大侵权赔偿力度，提高违法成本，从源头上制止版权侵权行为的发生。

（三）规范电子出版物版权市场的管理

从版权保护强度与出版产业灰色关联分析结论中可知电子出版物与出版产业其他细分类目不同，其发展与版权保护强度的关系表现相对较弱。所以，为更好强化两者的关系，要特别注重电子出版物版权市场的管理。电子出版产业相对传统的图书、期刊、报纸行业来说是近些年的一个新兴行业，为推动电子出版产业健康持续发展，需要依据该行业的最新法律法规和内部相关规范来管理电子出版物版权市场。政府等相关行政部门必须加强行政管理，当出现盗版、侵权、非法传播时，要实施精准有效的举措，将版权所有人的利益损失最小化。电子出版行业内部也要加强行业自律，根据行业内相应规范准则和标准加强对版权市场的规范管理，并加强宣传力度，使服务商、著作权人和读者知晓并践行行业的规范准则，从而规范市场秩序，创造良好的市场环境，并协调好服务商、著作权人和读者三方面之间的关系。

参考文献

[1] 宁彦昕. 论中美知识产权争端新动向及中国应对措施[J]. 法制与社会，2018(19)：18－20.

[2] 宋薇. 中美知识产权案中的版权问题研究[D]. 上海：复旦大学，2010.

[3] 彭辉. 版权保护制度理论与实证研究[M]. 上海：上海社会科学院出版社，2012.

[4] 张磊，马治国，成方舟. 知识产权强国建设背景下我国版权保护典型案例对版权产业发展的影响[J]. 科技进步与对策，2017，34(10)：143－146.

[5] 李婉红，毕克新. 我国软件产业创新能力与版权保护的关联度研究[J]. 中国科技论坛，2010(6)：67－72.

[6] 卢石梅，周云芳. 产业保护强度与产业贸易关系的灰色关联测度[J]. 统计与决策，2015(15)：98－100.

[7] 彭辉，姚颉靖. 版权保护指标体系构建及强度测定[J]. 图书情报知识，2010(3)：72－83.

[8] 徐立萍. 版权保护强度与图书出版产业效益的宏观关系研究[J]. 中国出版，2018(21)：28－32.

[9] 马治国. 新时代如何更好完善中国知识产权保护体系——基于中美贸易摩擦背景的观察与思考[J]. 人民论坛·学术前沿，2018(17)：6－17.

[10] 姚颉靖，彭辉. 版权保护与文化产业创新能力的灰色关联分析[J]. 首都经济贸易大学学报，2011，13(2)：31－37.

[11] 田雪平，张祥志. 学术期刊“数字化、智能化、开放化”的版权困境与应对思路[J]. 中国出版，2018(10)：61－63.

[12] 王晓芬，王艳贞. 我国电子出版产业版权保护体系的构建与完善[J]. 出版广角，2014(11)：82－83.

[13] 张敏敏. 中国在线教育版权保护评估及优化研究[D]. 合肥：中国科学技术大学，2019.

作者简介

梁　君(1972—　)，广西北流人，广西师范大学教授，博士生导师。研究方向为文化产业。

王爱红(1992—　)，河南周口人，广西师范大学经济管理学院硕士生。研究方向为文化产业。

佘智慧(1998—　)，湖南岳阳人，广西师范大学经济管理学院硕士生。研究方向为文化产业。

李召白(1995—　)，广西贵港人，广西师范大学经济管理学院硕士生。研究方向为文化产业。

Analysis of Grey Correlation Between Intensity of Copyright Protection and Development of Publishing Industry

Liang Jun Wang Aihong She Zhihui Li Zhaobai

Abstract: Copyright is the primary intangible asset of a copyright subject, and copyright protection is always essential question of the publishing industry. It has an important meaning about the development of the publishing industry by studying that strengthening copyright protection whether or to what extent can promote the development of publishing industry. On the basis of exploring the theoretical mechanism how copyright protection promote the development of publishing industry, through the construction of the indicator system to measure the intensity of copyright protection in 2008—2017, we combined with the development of publishing industry and sales data to explore the gray correlation between the intensity of copyright protection and the development of the publishing industry. And then, we find that the intensity of copyright protection has been continuously enhanced, and the total publications of books, newspapers, periodicals and audio-visual products have been promoted to varying degrees, and the promotion of electronic publications is not significant. Therefore, we put forward policy proposals from three perspectives: perfecting the legislation of copyright under the circumstance of digitization; strengthening law enforcement about copyright protection in the publishing industry; standardizing copyright market management of electronic publications.

Key words: Intensity of Copyright Protection; Development of Publishing Industry; Grey Correlation

我国新闻出版上市公司经营绩效评价研究
——基于 DEA-Malmquist 指数方法的实证分析

林　欣　甘俊佳

摘　要:新闻出版上市公司的发展对繁荣我国文化产业有着重要的作用。受媒介技术的更迭、数字阅读习惯的养成、受众多变的消费心理等因素影响,新闻出版上市公司面临一定的发展困境。本文基于我国 12 家大型新闻出版上市公司 2015—2019 年的面板数据,利用 DEA-Malmquist 指数方法,对我国新闻出版上市公司的经营绩效进行实证分析。研究发现,我国大型新闻出版上市公司 2015—2019 年的全要素生产率指数较低,整体经营绩效不够优秀,整体波动较大,但仍有较大发展空间,其中尤以技术进步指数对全要素生产率驱动作用最为明显。未来发展应重视高科技的溢出效应价值,要敢于率先运用新技术,同时避免盲目扩张规模等。

关键词:新闻出版上市公司;经营绩效;数据包络分析;Malmquist 指数

一、引　言

2019 年 8 月,科技部、中宣部等六部门颁布了《关于促进文化和科技深度融合的指导意见》,表明从中央层面着手开展全面提升科技创新能力,转变文化发展方式,推动文化事业和文化产业更好更快发展。[1]新闻出版产业是文化产业的重要组成部分。一方面,在政策红利的驱动下,新闻出版上市公司把握发展机遇,纷纷尝试转型发展,提高市场占有率,扩大影响力;另一方面,社会经济的复杂环境以及媒介技术的更迭融合等给新闻出版上市企业的发展带来了一定的挑战。在数字化转型和新媒体快速发展的背景下,我国新闻出版上市公司纷纷抢抓国家大力发展传媒行业的机遇,采用投资、并购和重组等手段加快推动公司跨越发展。[2]新闻出版上市公司的可持续发展不仅需要创新业务发展,同时还需对行业现状、财务风险等有更为科学清晰的认知，而这一切都建立在对自身经营绩效的准确把握。特别是在我国多层次资本市场建设的背景下，经营绩效更是上市公司核心竞争力的集中体现。[3]

目前，我国针对新闻出版上市公司的经营绩效分析主要围绕资产规模、盈利能力、营运能力、偿债能力、成长能力等财务指标，通过对总资产、净资产增长率；资产净利率、净资产收益率；总资产周转率、流动资产周转率；流动比率、速动比率、产权比率；总资产增长率、主营业务收入增长率等相关的二级指标来进行描述性统计分析。这类研究方法对企业的整体动态绩效分析不足，难以提出针对性的改进措施。数据包络分析方法对上市公司经营绩效进行评价，可以有效避免财务指标评价方法与主成分分析法的不足，在不需要预先知道投入产出指标之间的显著性函数关系与预先计算投入产出综合比率的前提下，更客观有效地对同类企业的效率做出评价。[4]另外，关于新闻出版上市公司的实证研究有侧重营销效率或侧重于教材出版业务，如羊晚成(2019)围绕 2012—2017 年 11 家新闻出版上市公司面板数据进行 DEA-Malmquist 分析，提出我国传媒上市公司应加强市场营销管理能力及发挥规模效应来改善营销效率偏低局面。[5]总体而言，侧重投入产出经营绩效的研究较少，样本的时效性也较差。

与目前对新闻出版上市公司经营绩效的研究侧重定性等描述分析有所不同，本文采用实证研究方法。除此之外，有别于以往侧重于一家上市公司或随机几家上市公司的研究，本文的研究对象是目前总资产规模超过百亿元的 12 家新闻出版上市公司，保证研究结果具有一定的代表性及科学性。最后，近几年新技术的发展既给新闻出版类公司带来机遇，也使他们面临不少挑战，因此对他们的经营业绩影响较大。大多数新闻出版上市公司的年度报告数据通常具有滞后性，而目前已有的关于新闻出版上市公司的实证研究数据的时效性较差，缺乏近几年的研究，这不利于对新闻出版类上市公司的发展趋势进行研判。基于此，本文主要针对 12 家新闻出版上市公司 2015—2019 年的投入产出数据进行 DEA-Malmquist 指数分析，目的在于分析新闻出版上市公司的投入产出经营效率，以此为新闻出版上市公司的高质量发展提供建议。

二、研究方法

数据包络分析法(DEA)是被广泛运用在经济领域的效率评价方法，能够评价具有多个投入与多个产出关系的决策单元(DMU)间相对有效性的非参数化研究方法。[6]它有两种经典模型，分别是 CCR 模型和 BCC 模型。CCR 模型假定规模报酬不变，主要用来测技术效率；BCC 模型假定规模报酬可变，测量纯技术效率（即技术效率与规模效率的比值）。然而 DEA 方法只能针对同一时间的投入产出效率进行对比，其局限在于无法对不同时间点的投入产出效率进行分析。Malmquist 指数能够利用不同时期距离函数的比值表示投入产出效率，与 DEA 方法结合能够实现对投入产出效率的横向纵向分析。[7]Malmquist 指数可以分解为技术效率变化指数（EC）和技术进步变化指数（TC）。

一直以来，我国针对新闻出版等文化领域的研究更多的侧重于从史论的视角，研究方法的选择侧重于定性研究。随着对社会科学实证研究的重视，相关的定量研究方法也被运用到新闻出版上市公司的研究中来。例如，姚德权等（2014）运用 DEA 模型，依据 14 家出版上市公司 4 个季度的数据测算出版企业的运营效率作为因变量，以股权结构的 4 个指标为自变量，建构 Tobit 回归模型，考量股权特征对出版企业效率的影响。[8]赵琼等（2014）通过构建 DEA 的 CCR 和 BBC 模型，并结合 Malmquist 指数，对 2009—2013 年“新闻出版”“影视相关”两大行业的上市公司进行效率评价。[9]张叶青（2017）通过运用 DEA 模型对我国 9 家新闻出版上市公司 2011—2015 年的教材教辅出版业务经营效率分析，结果发现多数企业没有实现规模效益，技术进步是负向的，提出应提升技术水平的建议。[10]吴仁群（2017）利用 DEA 方法对中南传媒等 10 家出版上市公司的生产效率比较分析，提出对非 DEA 有效的公司应加强管理、控制规模、提升生产效率的建议。[11]

综上，运用 DEA-Malmquist 指数方法对新闻出版上市公司及新闻出版行业的整体评估有着较为客观的实际价值。本文选择 12 家大型新闻出版上市公司作为研究对象，运用 DEA-Malmquist 指数方法对其经营绩效进行静态与动态分析，以此为我国新闻出版上市公司未来发展提供建议。

三、模型构建及指标选取

（一）模型构建

Malmquist 指数方法是一种非参数线性规划法与数据包络分析法结合的方法，其数学表达式为

Malmquist 指数（TFP）＝技术效率变化指数（EC）×技术进步变化指数（TC）

＝纯技术效率变化指数（PEC）×规模效率变化指数（SEC）×

$$\text{技术进步变化指数(TC)} \tag{1}$$

$$M_0(X^{t+1},Y^{t+1},X^t,Y^t)=\frac{S_0^t(X_t,Y_t)}{S_0^t(X_{t+1},Y_{t+1})}\left(\frac{D_0^t(X_{t+1},Y_{t+1}/VRS)}{D_0^t(X_t,Y_t/VRS)}\right)\cdot$$

$$\left[\left(\frac{D_0^t(X^{t+1},Y^{t+1})}{D_0^{t+1}(X^{t+1},Y^{t+1})}\right)\left(\frac{D_0^t(X^t,Y^t)}{D_0^{t+1}(X^t,Y^t)}\right)\right]^{1/2} \tag{2}$$

式(1)中，技术效率变化指数又可分解为纯技术效率变化指数与规模效率变化指数的乘积；式(2)中，$\frac{S_0^t(X_t,Y_t)}{S_0^t(X_{t+1},Y_{t+1})}$表示规模效率变化，$\left(\frac{D_0^t(X_{t+1},Y_{t+1}/VRS)}{D_0^t(X_t,Y_t/VRS)}\right)$为纯技术效率变化，$\left[\left(\frac{D_0^t(X^{t+1},Y^{t+1})}{D_0^{t+1}(X^{t+1},Y^{t+1})}\right)\left(\frac{D_0^t(X^t,Y^t)}{D_0^{t+1}(X^t,Y^t)}\right)\right]^{1/2}$则表示技术进步变化。

其中 TFP 表示各决策单元在 t 至 $t+1$ 期间生产率的变化。当 TFP>1 时，生产率是上升的，且全要素生产率是有效的；当 TFP<1 时，表明生产率是下降的，且无效。

(二) 指标选取

在对新闻出版上市公司的经营绩效评估时，评价指标的选取对结果的科学准确有着至关重要的作用。因此，基于科学、准确、全面、数据可获得性等原则，同时结合已有的投入产出效率的研究，本文选取总资产(亿元)、主营业务成本率、流动资产周转率作为企业的投入指标，总资产增长率、主营业务收入增长率、净资产收益率作为企业的产出指标，具体如表 1 所示。

表 1　新闻出版上市公司经营绩效评价指标

指标性质	指标名称	单位
投入指标	总资产	亿元
	主营业务成本率	%
	流动资产周转率	%
产出指标	总资产增长率	%
	主营业务收入增长率	%
	净资产收益率	%

四、数据来源及处理

（一）数据来源

本文将总资产超百亿元的新闻出版上市公司作为研究对象的选择标准。截至2020年6月30日，共有12家新闻出版上市公司总资产超过百亿元，分别是中文传媒、凤凰传媒、中南传媒、山东出版、新华文轩、皖新传媒、中国出版、中原传媒、长江传媒、华闻集团、浙数文化以及南方传媒（图1）。

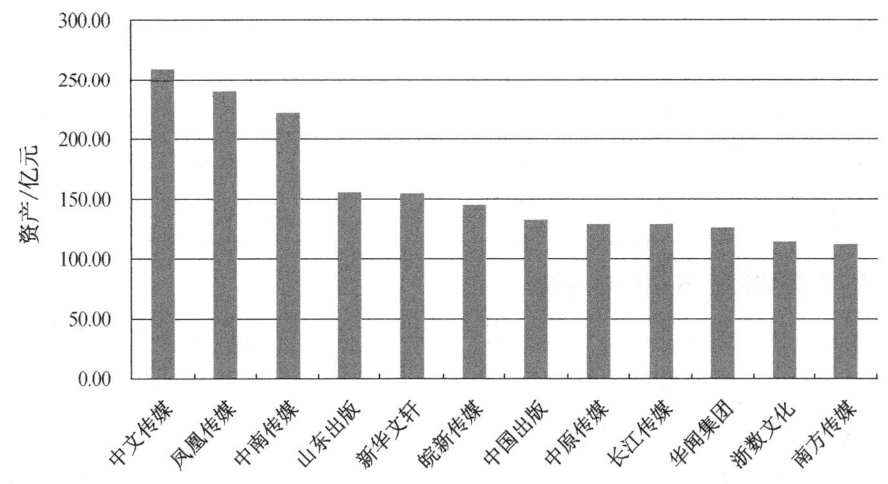

图1　12家大型新闻出版上市公司资产规模

数据来源：国泰安数据库。

（二）数据处理

本文选取资产超百亿的12家新闻出版上市公司2015年至2019年的六个指标展开数据分析，所有数据均来源于国泰安数据库。因为投入产出的指标存在负值，而DEA模型对投入与产出数值的输入要求不能为负也不能为零，所以需对负值进行一定处理。处理如公式(3)，该处理对评价结果无影响。

$$Y=0.1+0.9\frac{X-X_{min}}{X_{max}-X_{min}} \tag{3}$$

式中：Y为处理后的值；X为初始值；X_{max}为该变量的最大值；X_{min}为该变量的最小值。

五、经营绩效实证分析

根据 DEA-Malmquist 指数方法，通过运用 DEAP2.1 软件对 2015—2019 年 12 家新闻出版上市公司的经营绩效投入产出的面板数据进行 Malmquist 指数分解，结果如表 2 所示。

表 2 2015—2019 年新闻出版上市公司投入产出 Malmquist 指数及分解项均值

年份区间	技术效率	技术进步	纯技术效率	规模效率	全要素生产率
2015—2016	1.034	0.742	1.021	1.013	0.767
2016—2017	0.861	1.088	0.925	0.931	0.937
2017—2018	1.192	0.659	1.042	1.144	0.785
2018—2019	0.863	1.245	0.997	0.866	1.075
均值	0.978	0.902	0.995	0.983	0.882

（一）整体经营效率动态分析

从表 2 中得知，2015—2019 年新闻出版上市公司的全要素生产率均值为 0.882，说明整体经营效率不够优秀，且只有 2018—2019 年数值大于 1，在 2015—2016 年、2017—2018 年下降，而在 2016—2017、2018—2019 年上升，总体呈波动趋势。继续分解来看，全要素生产率上升的年份 2016—2017 年、2018—2019 年，其技术进步指数也呈上升且都大于 1，说明技术的采用是推动全要素生产率的主要原因，管理水平及规模效率产生的作用位于其次。2015—2016 年、2017—2018 年其纯技术效率都大于 1，但是全要素生产率却都小于 1，没能达到综合有效，表明在现有的技术水平上，资源投入与使用是有效的，但是技术进步指数太低导致经营效率过低。2016—2017 年技术进步指数大于 1，但是全要素生产率却低于 1，这说明管理及规模对生产率造成了影响。从整体均值来看，技术进步指数值最低，这反映 12 家新闻出版上市公司的技术运用对经营效率产生较为明显的影响。

（二）个体经营效率动态评价

通过对 12 家新闻出版上市公司个体经营效率分析，可以横向比较各公司的差异特征，提出针对性的建议。表 3 为 12 家新闻出版上市公司年均投入产出 Malmquist 指数及分解情况。

表3 12家新闻出版上市公司年均投入产出Malmquist指数及分解

公司名称	技术效率	技术进步	纯技术效率	规模效率	全要素生产率
中文传媒	1	0.862	1	1	0.862
凤凰传媒	1.076	0.95	0.984	1.093	1.022
中南传媒	1.026	0.841	1	1.026	0.863
山东出版	1	0.831	1	1	0.831
新华文轩	1.065	1.024	1.008	1.057	1.09
皖新传媒	0.879	0.931	0.982	0.895	0.818
中国出版	1	0.898	1	1	0.898
中原传媒	1.071	0.852	1.004	1.066	0.912
长江传媒	1	0.58	1	1	0.58
华闻集团	0.691	0.996	0.965	0.716	0.688
浙数文化	1.005	1.223	1	1.005	1.23
南方传媒	1	0.985	1	1	0.985
均值	0.978	0.902	0.995	0.983	0.882

从表3中能够得知,12家新闻出版上市公司的全要素生产率存在较大差异,其中只有凤凰传媒、新华文轩、浙数文化这三家大于1,其余都小于1,说明整体上投入产出不是特别有效。从均值来看,技术效率、技术进步等5个指标都小于1,说明新闻出版行业在投入产出方面还有很大的发展空间。继续分解单独公司,凤凰传媒、新华文轩的全要素生产率大于1主要原因是其规模效率指数较高,这得益于其较高的管理水平及规模。浙数文化投入产出有效的原因是其在技术进步指数的高值,主要是归因于其2017年转型互联网文化产业发展,聚焦数字娱乐、大数据、电商服务及融媒体业务的发展战略,在这过程中积极创新技术,高新技术为其带来了巨大优势。而中文传媒、山东出版、中国出版、长江传媒及中南传媒的纯技术效率、规模效率都大于1,但是全要素生产率却都没有达到1,通过表中能够明显得知是因为其技术进步指数分值过低,这反映了技术在这些企业的经营效率中起着重要作用。

与它们不同的是,从表中还能得知华闻集团全要素生产率小于1的主要原因在于其管理水平及规模效率过低,即使技术进步指数较高,最终还是未能达到综合有效。回顾华闻集团发展史,华闻集团在2018年净资产增长率为负40%左右,整体呈下降趋势，除与企业发展进入成熟期、增速放缓、传统出版受到冲击有关外，还与公司自身战略有关。华闻集团 2018 年涉足车联网产业，购买车音智能股权 60%，同时全面清理企业历史遗留问题，计提两支涉险投资基金坏账等。以上都反映了华闻集团规模扩张及管理能力上存在的不足，今后应当控制规模扩张速度，提升管理水平，避免出现坏账死账，发现问题需要及时解决。

（三）时间维度个体经营效率动态评价

为直观展示各公司在 2015—2019 年的经营效率发展状况，本文统计五年来全要素生产率大于 1 的公司及次数（见图 2），以此来更加系统地分析其经营绩效。

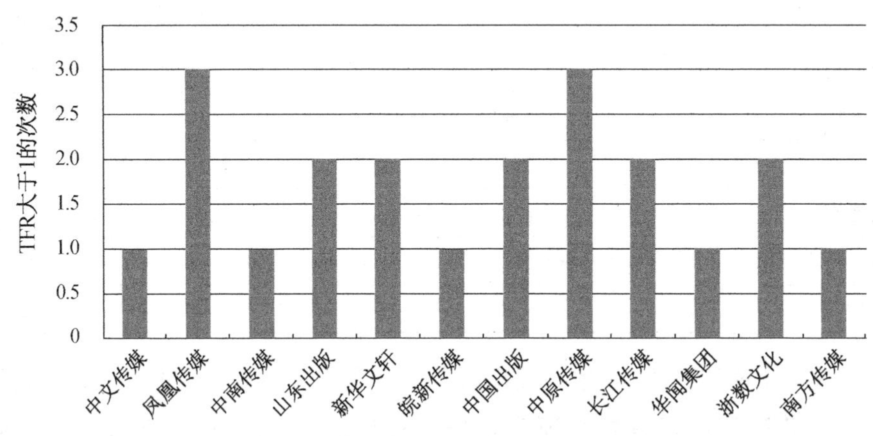

图 2　12 家新闻出版上市公司全要素生产率（TFP）值大于 1 的次数

从图 2 中能够得知，五年来凤凰传媒与中原传媒在 2015—2016 年、2017—2018 年、2018—2019 年这 3 年的全要素生产率大于 1，说明其整体的投入产出良好。通过进一步地分解，发现主要是由于具备较好的规模效应及管理水平而形成 TFP 大于 1 的局面。尤为突出的是浙数文化公司，其在 2018—2019 年的 TFP 值高达 2.135，技术效率、纯技术效率、规模效率都为 1，主要贡献是其技术进步的高分值，这与前面分析浙数文化近年来着重开拓大数据及互联网领域的转型发展战略的结果相一致。

六、结论与建议

本文以总资产、主营业务成本率、流动资产周转率作为投入项，以总资产增长率、主营业务收入增长率、净资产增长率作为产出项，使用 DEA-Malmquist 指数方法对我国 12 家新闻出版上市公司 2015—2019 年的面板数据实证分析。结果显示,12家新闻出版上市公司五年来都曾达到投入产出有效,但是有效的次数非常少,大都是1—2次,整体均值仍都是小于1的。除此之外,各公司的每年波动较大,公司间的差异也较大。

通过对全样本的效率分析发现,新闻出版上市公司整体经营效率较低,主要原因是技术效率低下,大多数公司在较高的规模效率仍未达到整体效率有效,即使在某个年份中TFP值大于1,其主要驱动因素也是基于当年技术效率的增加。这表明,新闻出版上市公司需要创新技术,加大技术对经营绩效的推动作用,提高投入产出效率,同时加强管理,合理控制规模,提升规模效益。具体表现在:一是要把握时代潮流,积极迎接5G时代的到来,在产品设计、内容制作、营销传播、知识服务等方面既要符合受众真实需求及心理变化,同时还要敢于创新,走在行业的前沿;二是随着5G技术不断开发普及,万物互联的时代即将到来,新闻出版上市公司还需协同合作,发挥产业集群作用,共同深度挖掘市场需求,并引领需求,提升市场竞争力,以此实现共赢局面;三是还需坚持"走出去""引进来"相结合的发展方针,新闻出版行业与传统的实体行业不同,其具有经济效益和社会效益双重属性,在实现文化传播的同时能够创造经济收益,因此,我国新闻出版传媒上市公司应加强国际交流,学习借鉴国外优秀新闻出版企业的经营理念,以此提升经营绩效水平。结合以上研究结论,为进一步促进新闻出版上市公司的经营效率的提升,提出以下几点建议。

(一)重视科技赋能业务转型,提升技术水平

近五年来,12家新闻出版上市公司的TFP指数较低,主要原因在于其技术进步指数低,未能发挥技术对企业经营的驱动作用。再者,它们的盈利能力指标无论是资产净利率还是净资产收益率,整体都呈下降趋势。新闻出版上市公司业务正逐渐转向新媒体与数字化方向转型,墨守成规的经营传统业务的企业发展空间很小,盈利能力也较弱。[12]在数字媒体等媒介的冲击下,新闻出版公司应当积极创新科技,运用新技术优化业务结构,向新媒体和数字出版等领域扩张。尤其是中部地区的新技术普及推广较为缓慢,且新技术运用成本较高,这些都会对新闻出版上市公司经营绩效产生一定影响。因此,位于中部地区的中南传媒、皖新传媒,应积极发展数字传媒,做好线上线下融合发展,如发展有声书等;还可以利用区块链技术优化产品质量,加强数字保护,创新传媒行业的管理模式等,以此提高资金的使用效率。同时,还可以向文化产业关联领域拓展,开发有内容、有价值、有品质的文创产品,提升企业经营绩效水平。

（二）强化企业管理能力，发挥规模效益

当前，不少新闻出版上市公司对募集来的资金显得有些不知所措，资金的使用比例不高，热衷于委托理财和委托贷款，募投项目进展缓慢。[13]除技术进步指数外，规模效率也会影响全要素生产率，合理的规模及科学高效的管理能力能够实现投入产出效率的有效局面。新闻出版上市公司在发展过程中应当发挥企业规模效益，对于同类产品、同类资源，可以考虑整合发展，协同合作，促使产业集聚转向产业集群发展，最终提升行业的核心竞争力。但不宜盲目扩张，在兼并重组和扩张的同时，应当优化企业内部结构，提高管理水平，提升技术效率水平，以此来有效提升全要素生产率。其中，中南传媒、浙数文化应当加强资产管理能力，完善经营范围，优化资源配置，合理控制成本，减少库存积压，提升存货质量，开拓销售渠道，提升资产周转率，进而加强营运能力。

（三）尝试直播营销推广，提升产出能力

在信息技术和商业模式不断创新的时代，不注重营销已经成为过去式了，新闻出版上市公司提升经营绩效同样需要借助营销的力量。在线社交媒体的出现，弥补了身体不在场这一物理空间的缺憾，“为人们创造了新的‘现场’与建立在这一基础上的‘在场’”。[14]近两年，直播带货是大多行业营销策略的首选，借助社交媒体，观众通过打赏、互动等方式实现了“在场”，同时直播营销能够获得低成本、即时、有效的反馈。新闻出版上市公司的业务开拓同样可以采用直播营销方式，如图书出版采用直播推广，邀请知名作家、名人来增强消费者与作家、出版机构的互动，进而提升营业收入。

受全球疫情影响，在线教育已是投资风口，新闻出版上市公司可以重点开发在线教育，可以采取付费会员制，利用新媒体技术、社交平台的便利等开拓线上教育市场。如中共中央宣传部开发的学习强国 App，在其板块“学慕课”中，可观看人文历史、地理、政治、经济等知识，同时还可以根据学校选择课程，包括顶尖学府清华大学、北京大学等教授讲授的课程，内容扎实丰富，操作简便。

综上，新闻出版上市公司作为我国文化产业的重要组成部分，特别是大型新闻出版上市公司，代表我国新闻出版产业的最高水平，能够最大限度地创造社会和经济双重效益。同时，新闻出版上市公司的可持续发展也能在一定程度上提升我国文化软实力，促进“文化强国”这一目标的实现。

参考文献

[1] 科技部等六部印发《关于促进文化和科技深度融合的指导意见》[EB/OL].(2019-08-27)[2019-10-22]. http://www.gov.cn/xinwen/2019-08/27/content_5424912.htm.

[2] 刘焰红. 新闻出版业上市公司转型模式研究[J]. 出版科学,2014,22(6):59-63.

[3] 常晓红,王海云. 中国新闻出版业上市公司经营效率研究:基于DEA模型的分析[J]. 现代出版,2016(3):24-27.

[4] 戴新民,徐艳斌. 基于DEA的传播与文化产业上市公司效率评价[J]. 安徽工业大学学报(社会科学版),2011,28(6):39-41.

[5] 羊晚成. 我国出版传媒上市公司营销效率评价分析[J]. 出版科学,2019,27(2):71-76.

[6] 李晓梅,夏茂森. 辽宁战略性新兴产业企业投入产出效率测度与提升路径研究——基于2012—2016年辽宁地区上市公司的样本数据分析[J]. 科技管理研究,2019,39(2):80-85.

[7] 程敏,裴新杰. 我国地级及以上城市基础设施投入效率的时空差异研究——基于DEA和Malmquist指数模型[J]. 管理评论,2017,29(6):225-233.

[8] 姚德权,张宏亮. 基于DEA-Tobit模型的股权特征对出版企业运营效率影响的研究[J]. 现代传播(中国传媒大学学报),2014,36(11):67-74.

[9] 赵琼,姜惠宸. 文化产业上市公司效率评价及影响因素分析——基于DEA模型的分析框架[J]. 经济问题,2014(9):52-58,71.

[10] 张叶青. 基于DEA模型的中国新闻出版类上市公司教材教辅出版业务效率研究[J]. 科技与出版,2017(9):119-123.

[11] 吴仁群. 基于DEA的出版上市公司相对有效性评价[J]. 科技与出版,2017(2):97-100.

[12] 张悦. 新闻出版上市公司经营绩效评价分析[J]. 出版发行研究,2017(9):29-32.

[13] 何志勇. 我国出版上市公司经营情况比较分析[J]. 科技与出版,2013(9):27-30.

[14] 彭兰. 移动互联网时代的"现场"与"在场"[J]. 湖南师范大学社会科学学报,2017,46(3):142-149.

作者简介

林 欣(1981—),安徽马鞍山人,广东技术师范大学财经学院副教授,博士,硕士生导师。研究方向为文化金融。

甘俊佳(1994—),江西宜春人,广东技术师范大学文学与传媒学院硕士研究生。研究方向为传媒经济学。

Evaluation of Business Performance of Press and Publishing Listed Companies —Empirical Analysis Based on DEA-Malmquist Index Method

Lin Xin　Gan Junjia

Abstract: The development of listed press and publishing companies plays an important role in the prosperity of China's cultural industry. Affected by the changes in media technology, the formation of digital reading habits, and varying consumer psychology, listed press and publishing companies are facing certain development difficulties. Based on the panel data of 12 large listed press and publishing companies in China from 2015 to 2019, this article uses the DEA-Malmquist index method to conduct an empirical analysis of the operating performance of listed press and publishing companies in my country. The study found that the total factor productivity index of China's large listed press and publishing companies from 2015 to 2019 was low, the overall operating performance was not good enough, and the overall fluctuations were large, but there was still a lot of room for development. Future development should attach importance to the value of high-tech spillover effects, take the lead in applying new technologies, and avoid blindly expanding scale.

Key words: Press and Publishing Listed Company; Business Performance; Data Envelopment Analysis; Malmquist Index

论新《著作权法》对智媒时代新闻图片的版权保护*

孙海荣　周　燕

摘　要:智媒时代的到来不仅重塑了新闻业态,更是赋能了新闻图片的传播渠道和效果,但由此也面临着更多的版权纠纷。新修订的《著作权法》于 2021 年 6 月 1 日实施,虽解决了新闻图片面临的一些突出问题,但尚未完全解决新闻图片面临的版权风险,尤其是相关法条的具体执行。本文将结合新《著作权法》,探究对新闻图片传播过程中的版权保护。

关键词:新闻图片;传播效果;版权保护;新《著作权法》

一、引　言

2020 年党的十九届五中全会提出:"十四五"时期要全面依法治国,以推动高质量发展为主题,推进社会主义文化强国建设。在此背景下,全国人大教科文主任委员提出:创新融合推动新闻事业高质量发展。中共中央总书记习近平在中共中央政治局第十二次集体学习时强调:"大胆运用新技术,推动媒体融合向纵深发展。"社交媒体借助智能数字技术,使其新闻传播更具开放性、联动性、社交性等特点,成为受众获取新闻的主要渠道。据中国新闻事业发展报告显示:2020 年我国网络新闻用户规模已达 7.31 亿,互联网信息服务单位已达 1 190 家。仅 2019—2020 年,我国数字出版整体规模达到 9 881.43 亿元,占国内生产总值的 9.7‰。新华社已形成通讯社、报纸、社交平台、客户端等融媒体矩阵,仅 2019 年全年对内

* 基金项目:陕西省社科基金项目"面向陕西数字经济高质量发展的知识产权政策体系研究"(2020E024);国家社科基金项目"资本、技术、制度影响下的网络媒体内容生产研究"(16BXW028)的阶段性研究成果。

播放新闻图片平均采用家次增长 19.1%，对外新闻图片增长 37%。在智媒时代强劲发展态势下，新闻图片借助数字技术，通过新闻聚合等各类社交媒体平台不断延伸传播链条，呈现出新的新闻传播业态和传播路径。

新闻图片在借助智能媒体丰富其传播效果的同时，也伴随产生了大量新闻图片版权侵权与诉讼问题，引发社会各界关注。目前，著作权法作为知识产权战略中的重要组成部分，历经三次修订，新《著作权法》于 2020 年 11 月 11 日通过，并于 2021 年 6 月 1 日实施，对促进新时代版权事业高质量发展具有里程碑意义。为此，探究我国新修订的著作权法能否满足新闻图片传播过程中日益丰富的版权诉求，不仅是知识产权强国战略的现实选择，也是实施创新驱动发展战略和高质量发展的客观要求。

二、智媒时代新闻图片的传播效果

新闻图片广义上是图片在新闻领域的运用，是新闻的一种表现形式。1990 年第一次全国报纸总编辑新闻摄影研讨会正式提出了“图文并重、两翼齐飞”的报道理念，新闻图片地位得到提升，“读图时代”来临。新闻图片在新闻报道中的运用适应了读者的“悦读”需求，提升了读者的阅读体验，并对新闻信息具有解释说明作用。随着媒介技术的不断进步，新闻图片在新闻领域应用愈发广泛，表现形式和传播渠道日益多样，其社会传播效果也不断提升。

学者郭庆光(2011)认为大众传媒的传播效果依其发生的逻辑顺序或表现阶段分为三个层面，即由最初级的环境认知效果到后期的价值形成与维护效果，再到更深层次的社会行为示范效果。李玮、蒋晓丽(2012)认为新闻图片作为一种新闻文本，它具有直观性、形象性，无论是其主体、陪体、背景等结构性要素，还是线条、色彩、角度等造型要素，都有特殊意义，承载着不同的感知效果。较之单一的文字新闻，新闻图片呈现的元素更多、信息更丰富、视觉冲击性更大，能够在丰富新闻呈现形式基础上对新闻信息进行补充和解释，有利于价值形成和社会行为示范传播效果的达成，使其传播效果向更深层次发展。

在智媒时代，信息环境的开放性、传播主体的多元性、传播渠道的丰富性，进一步提升了新闻图片的传播效果。新闻动图、H5、可视化新闻等新的新闻图片呈现形式，较之传统单一的新闻图片，承载的信息更多，元素更丰富。在技术赋能下，包括传统媒体、新媒体、用户个人在内的不同主体利用自己的身份优势、专业优势和场景优势纷纷参与到新闻图片的生产和传播中，共绘新闻图景。学者王莹(2021)

提出新传播语境下新闻生产具有主体间性。在开放多元的智媒时代，新闻图片生产传播者通过图片评论、私信等方式进行互动与交流，形成理解和认同，建立良好的互动关系，进而增强情感维度的传播效果。

根据中国互联网络信息中心（CNNIC）发布的第 47 次报告显示："十三五"期间，我国网民规模从 6.88 亿增长至 9.89 亿，占据全球网民规模的 1/5 左右。报告显示，截至 2020 年 12 月，我国网络新闻用户规模达 7.43 亿，占网民总数 75.1%，手机网络新闻用户规模达 7.41 亿，占手机网民的 75.2%（图 1）。

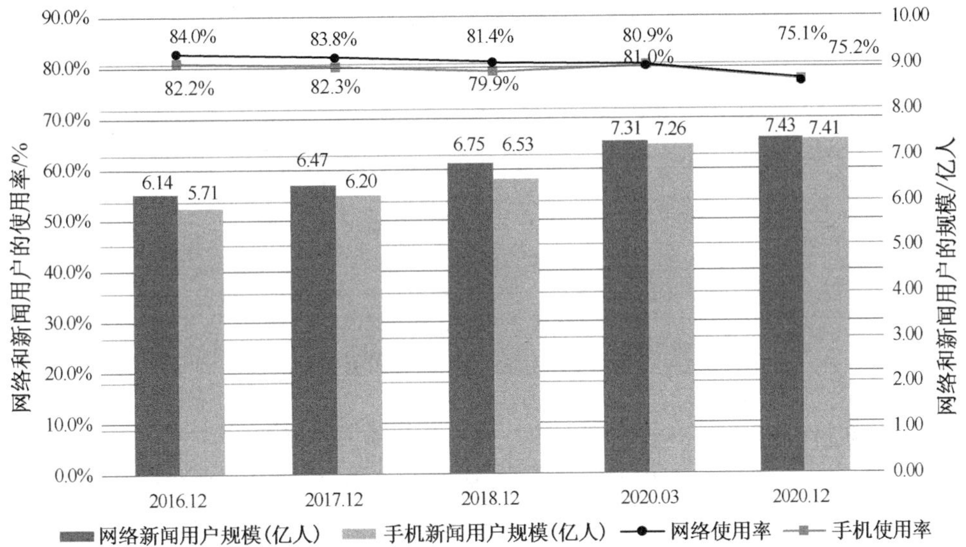

图 1　网络新闻用户和手机新闻用户的规模及使用率

数据来源：中国互联网络信息中心（CNNIC）发布的第 47 次报告。

由图 1 显示，从 2016—2020 年，无论是网络新闻用户还是手机用户规模都在增长，尤其是手机新闻用户，增长速度更快。中国网络版权产业发展报告（2020）显示，"十三五"期间新增的 21%新闻用户都是手机新闻应用带动的。

由图 2 显示，我国网络新闻用户 2020 年获取新闻的形式主要集中在短视频、直播、长视频、图文。从用户增长的情况看，第三季度都明显好于第一季度，说明网络新闻用户对网络新闻形式的黏性进一步提升。在这四种形式中，图文是网络新闻用户选择最多的形式，并且增长幅度也最大，不仅高于传统长视频，也高于新兴的短视频和直播，说明新闻图片在网络传播的过程中影响力最大。

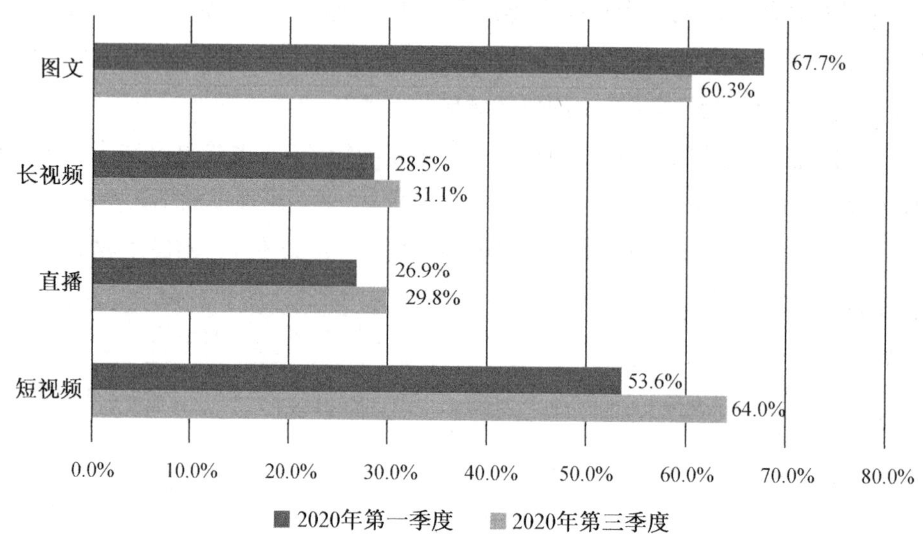

图 2　2020 年中国网络新闻用户的形式偏好

数据来源：中国网络版权产业发展报告(2020)。

三、智媒时代新闻图片面临的版权问题

智媒时代新闻图片日益丰富的表达形式和传播能力逐渐成为网民新闻获取的首选。新闻图片借助媒介技术的赋能，传播形式不再是直线的、单向的传播，而是双向的甚至是多向的交互传播。但在技术赋能的同时，也引发了新闻图片严峻的版权问题。

（一）智媒时代新闻图片版权侵权问题调查

“中国裁判文书网”以及知产宝和北大法宝的检索显示，从 2015—2019 年，网络版权纠纷案件同比增长 45%，说明司法途径依然是解决版权纠纷的主要渠道。其中，以“新闻”“图片”“摄影”“著作权”为关键词组合搜索发现，仅 2020 年就有 1 531 份判决文书，反映新闻图片侵权案件不在少数。

图 3 显示，从侵权作品类型来看，新闻图片占比最高，占 44%，远高于其他侵权作品类型。报告显示，在图片侵权案件中诉讼原告多为企业，图片作品版权维护从个人维权转向企业维权，充分说明新闻图片侵权数量较多，企业有较大的获利空间，今后图片版权维权将在专业公司的维权下逐步常态化、集中化，但存在扰乱市场秩序的潜在风险。

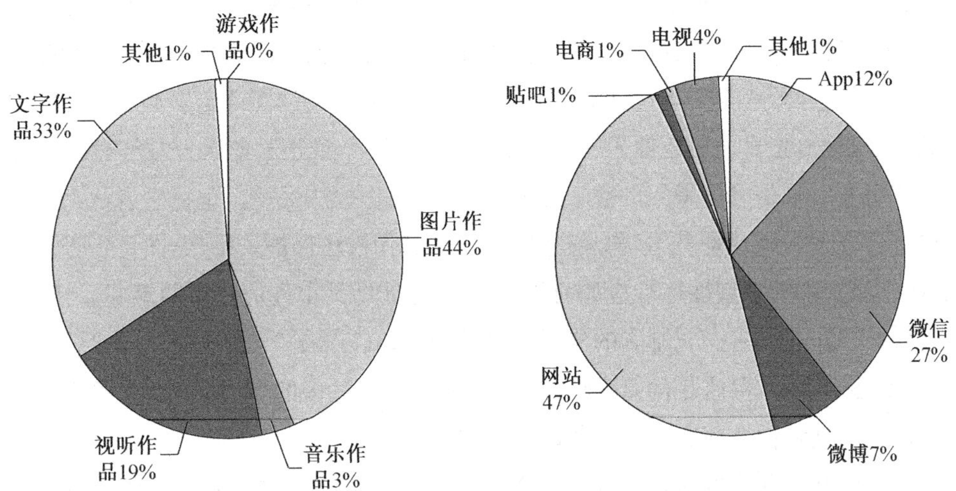

图 3　网络版权侵权案件作品类型及传播渠道分布图

数据来源:中国信息通信研究院《中国网络版权保护报告(2020)》。

从传播渠道看,侵权渠道及方式较为多元,主要分布在网站(47%)、微信(27%)、App(12%),说明网络终端依然是侵权多发地。不同的传播渠道,新闻图片侵权案件分布也不同。网站传播渠道中,图片类作品占侵权案件 50%以上;微信传播渠道中,图片占据侵权案件 40%;微博传播渠道中,图片占据侵权案件 90%以上。以上数据充分说明,各类传播渠道选择图片进行新闻传播较为普遍,且在用户版权意识薄弱情形下图片侵权较为严重。

(二) 智媒时代新闻图片面临的基本版权问题

新闻图片的版权保护问题,学界、业界一直存在较多争议。

首先,新闻图片是否受著作权法保护尚存争议。已有的《著作权法》及相关法律法规并未对“新闻图片”版权进行明确界定和规范,业界对新闻图片的版权处理主要参照《著作权法》中对时事新闻(《著作权法》第三次修订后将“时事新闻”改为“单纯事实消息”)、摄影作品以及图形作品的某些规范。由于新闻图片的特殊性,既可属于新闻范畴,也可属于摄影作品和图形作品范畴,而《著作权法》第五条第二款规定,“单纯事实消息并不适用于本法”,即新闻图片如认定为对新闻事实进行简单客观呈现的单纯事实消息,则不受著作权法保护。反之,如认定属于摄影作品或图形作品,则受著作权法保护。新闻图片作品认定的争议导致司法裁判中的难题,也为侵权者提供了抗辩空间。

其次,新闻图片也面临独创性判定的争议。一张图片要受到著作权保护,其必须是受《著作权法》保护的作品，除了著作权法明文规定不保护的内容，其还必须满足一个关键要素——独创性。然而，由于新闻图片的特殊性，其独创性认定面临如下争议：第一，图片与新闻事件高度结合是否会影响其独创性认定。如 2019 年“黑洞照片”事件，它真切地还原了一个客观的科学事实，部分学者认为“黑洞照片”是一个“事实”，且是目前黑洞的唯一性表达，不受著作权法保护。也有学者认为黑洞是事实，但黑洞照片是表达，构成科学作品，受著作权法保护。第二，图片是否满足著作权法要求的独创性标准应如何界定。一些新闻图片只是对新闻事实直接的、简单的呈现，并无多少创制者的构思和创造，如 2011 年的“北京地铁瀑布照”虽然反映了客观事实，但这是拍摄者随手拍得，并未投入过多的智力劳动，艺术价值也较低，这为其独创性判定带来了争议（王一阳，2020）。

此外，新闻图片也面临是否属于合理使用的争议。《著作权法》第 24 条第三款规定，“为报道新闻，在报纸、期刊、广播电台等媒体中不可避免地再现或者引用已经发表的作品”属于合理使用。但在有关新闻图片合理使用的长期司法实践中，学者彭桂兵（2020）解释了何为“不可避免地再现或者引用”，并认为目前司法对不同类型（抓拍型、配图型）新闻图片合理使用的认定和判断不清晰。

（三）智媒时代新闻图片版权面临的新挑战

新闻图片由于概念不清晰和《著作权法》不完善引发的版权问题尚未完全解决，在智媒时代技术推动下，新闻图片生产传播的新特点又使其版权面临新的挑战。

首先，生产主体多元化下确权难。智媒时代是一个“共时代”，学者杨保军（2013）提出“共享”新闻资源、“共产”新闻文本、“共绘”新闻图景、“共同”新闻主体。新闻图片生产主体不仅仅指传统的媒体机构（报社、广播电台、电视台），更包含了自媒体以及智能机器，人人甚至人工智能机器都能通过各拍摄器材、数据挖掘、编程算法等技术手段进行新闻图片的拍摄制作。生产传播主体多元化促进了完整真实新闻图景的构建，同时也导致新闻图片难以确权。一方面，人工智能这一生产主体的入场引发了智能创作物是否拥有著作权及该著作权归属的争议；另一方面，多主体介入新闻图片的生产传播，重复的“二次创作”和搬运，使新闻图片著作权权利主体难以明确。

其次，传播平台的多样化和交互式传播下增加授权、维权难度。在智媒时代，新闻图片的传播平台并非只有一个，而是有多个，如主流媒体客户端、网站、各社交平台等，新闻图片可通过不同的传播平台进行传播，同时，由于社交媒体的关系传播属性，使得同一新闻图片可通过互联网上不同的节点（即用户）向四周扩散。传播平台的多元化以及用户在互联网中的节点化生存特点，推动了新闻图片的交互式传播，但同时其也增强了授权和维权难度。一方面，新闻图片在各平台的实时流通和交互式流通，使使用者很难找到新闻图片的原作者并获得授权使用；另一方面，新闻图片在各个平台传播中存在侵犯原著作权人署名权、作品修改权、保证作品完整权、网络信息传播权等侵权情况，但由于其交互式传播和网络的隐匿性特点使侵权行为难以发现，导致侵权举证难、侵权责任界定难，进而导致权利人维权困难。

四、智媒时代新闻图片版权问题升级的原因分析

由前文分析得知，智媒时代伴随媒介技术的发展，新闻图片的传播效果得以提升，但却面临更严峻的版权问题。新闻图片"强"传播效果背后版权问题的升级将公众视角转向了思考传播效果与版权保护的关系。

（一）传播效果的提升与版权保护的矛盾

"传播"，是社会信息的传递或社会信息系统的运行，是一种信息共享活动。"效果"指的是人的行为产生的有效结果。"传播效果"则主要是指传播活动对受传者和社会所产生的一切影响和结果的总体（郭庆光，2011）。传播效果和传播活动是相伴而生的，而人类的传播活动和人类的历史一样古老，从最初的结绳记事、口语传播，到文字传播、大众传播，再到如今的网络传播，传播活动无处不在、无时不有。传播活动的目的主要是促进语言、思想、观点的交流和传递，它试图达到信息的扩散和效果的达成。在传播活动中要达到其传播目的，就不得不想方设法提升其传播效果，而传播效果的提升离不开传播内容（语言、思想、观点等）的扩散，传播内容与受众的接触及其在受众中的扩散是获得传播效果的基础和前提。

著作权是著作权法赋予民事主体对作品及相关客体所享有的权利（王迁，2015）。著作权是一种民事权利，而权利一定代表并且保护某种利益。著作权的产生主要经历了特许出版时期和现代著作权保护时期两个阶段。特许出版时期主要保护统治阶级和出版商的利益，现代著作权保护时期则主要保护作者的利益（王迁，2007）。虽然，我国现行《著作权法》在总则中提到本法制定原因除了保护作者的权益，也是为了鼓励作品的创作和传播，但整体上更多的是为了鼓励创作和保护著作权人的权益，而非促进作品的传播。

著作权制度对著作权人权益保护的目的与提升信息传播效果之间存在一定的

矛盾和冲突。为达到对著作权人权益保护的目的，以《著作权法》为代表的法律法规对作品的传播设置了一定障碍，如授权许可使用，作品必须经由著作权人许可方可转载使用，这限制了作品在社会上的传播和流通。然而，要提升信息的传播效果，增强信息的普及和流通是第一步，但版权保护对作品流通的限制为信息的传播设置了障碍，不利于传播效果的实现。这一点从“二次创作”引发的长、短视频之争中便可见一斑。

(二) 传播技术的升级和网络版权保护的冲突

在智媒时代，新闻图片传播效果的提升离不开传播技术的升级，而新的传播技术又给现阶段网络版权保护带来了新的冲击。传播技术升级和网络版权保护的冲突将导致传统版权的控制机制失效。传统版权制度是建立在媒体稀缺的背景下，而且法域特征明显，属于专家法律制度(吴伟光，2011)。这一背景下版权制度协调的关系较简单，主要是版权人和使用者的利益关系，版权交易主要在出版商和作者之间进行，公众仅仅作为消费者的角色存在。传统版权制度面临的环境也较为单纯，主要是本国本地区。但在技术升级下，信息生产、复制、传播行为不再掌握在极少数人手中，社会公众广泛地参与到信息的生产传播中，媒体也不再是稀缺资源，而是变得更加充盈，作品的流通也打破了国界。这就导致以往通过对技术物(知识的物质载体)控制、对授权许可控制等手段来限制版权使用行为的方法失效了。

目前，在传播技术升级下，不仅版权制度环境发生的改变为版权保护提出了时代难题，而且信息传播特点和受众心理都在智媒时代发生了改变，从客观层面和主观层面为版权保护设置了障碍。首先，客观层面的体现。随着社交媒体和移动互联网的发展，信息传播呈现交互性和无序性传播的特点，多主体跨平台的无序传播使传统的版权法未能完全发生效用，在客观层面为版权保护设置了障碍。其次，主观层面的体现。智媒时代作为一个价值共创和知识共享的时代，人人都参与到价值生产和创造中，但愿意为知识付费的却不多，公众基于经济状况、知识质量和受中国传统文化的影响，更愿意“白嫖”或付出极少成本获得信息，这从受众主观层面为网络时代的版权保护设置了障碍。

五、新《著作权法》对智媒时代新闻图片版权保护的完善建议

在智媒时代，媒介技术的升级丰富了新闻图片的表现形式和传播渠道，但同时，新闻图片面临比以往更为严峻的版权挑战，有必要进一步加强新闻业态审视，探讨规制路径。学者王玥(2019)认为，相关法律法规的完善是做好新闻图片版权

保护工作的前提和基础。虽然新《著作权法》对“时事新闻”、合理使用情形和侵权赔偿等条款进行了修订和完善，使之更适宜当下版权环境，但新著作权法中的规定依然存在不能解决新闻图片版权问题的情形。新著作权法在执行过程中，还需对相关法律法规做进一步的司法解释，以厘清新闻图片的责任主体、责任界限并完善赔偿制度。

（一）回归著作权法的利益平衡

著作权法的创制目的主要包含两个层面：一是保护著作权人的权益，激励和保护创新；二是保障知识的传播和利用，促进科学和文化事业的繁荣。基于这两个价值目的，著作权法主要协调创作者与公众之间的利益，体现在《著作权法》中便是著作权人对作品享有的专有权益和公众对作品合理使用的规定。从表面上看，《著作权法》在作者私权益和社会公权益之间承担着利益平衡的作用，但从长期司法实践中存在对合理使用条款的争议便可知这种学理上的平衡很难真正达到。随着技术更迭和时代变迁，以往的平衡将逐渐瓦解，取而代之的是新时代下逐渐失衡的利益（赵凯、刘思含，2019）。新修《著作权法》对“合理使用”条款进行了调整，在列举 12 种合理使用情况后增加了“法律、行政法规规定的其他情形”开放条款，大大增加了《著作权法》的灵活性，但“合理使用”情形的扩张在增强司法灵活性的同时，也增强了司法的诸多不确定性，开放性法律条款对平衡著作权各利益主体利益的效果还有待实践检验。未来应持续加强法律法规的完善，兼顾著作权人和社会公众的权益，回归著作权法的利益平衡。

（二）完善对“单纯事实消息”的概念界定

新闻图片的版权问题很大程度上来自其特殊性，既可属于新闻范畴，也可属于摄影作品和图形作品范畴。以往，新闻图片的版权纠纷主要参照《著作权法》中对时事新闻、摄影作品以及图形作品的规范进行处理。新《著作权法》将第五条第二款“时事新闻”改为“单纯事实消息”，这表明不受著作权保护的仅仅是“单纯事实消息”，这让时事新闻的定义更加科学合理，解决了新闻界和司法界围绕时事新闻的诸多著作权问题（沈正赋，2021）。新《著作权法》还需要明确界定什么是“单纯事实消息”以及抓拍新闻图片、创作型新闻图片等是否受著作权保护，这都需要在司法实践中进一步明确和完善。

（三）规范独创性认定标准

独创性是著作权法的核心概念，是作品认定的重要标准。新闻图片版权问题突出的原因之一便是其独创性判定存在较大争议。但我国对独创性认定标准尚未做出明确界定，是依据独创性的有无或是依据独创性的高低进行作品判定，目前法律也并未明确。新闻图片大多是对新闻事实的客观呈现，其艺术价值和创造性较低，且不同类型新闻图片的效果、目的和创造性要求都不一样，这就造成新闻图片独创性认定的困难。美国法院将照片划分为呈现型、抓拍型及主题创作型三类，分别对其进行不同程度的法律保护，这对我国新闻图片的保护具有借鉴意义（陈京晶，2021）。为此，建议著作权法对新闻图片这一客体进行分类管理和独创性认定，对不同类型的新闻图片针对其拍摄技术、拍摄内容、拍摄主题等进行分析判定，避免由对新闻图片独创性认定过高或过低带来的版权争议。

（四）完善侵权赔偿机制

在智媒时代，新闻图片面临的版权问题除了新闻图片在著作权法中的概念界定不清和规定不明以外，大多来自技术升级下版权的确权难、授权难、维权难。新闻图片在各平台上的交互式传播，使其权利主体难以明确，难以取得著作权人的授权使用，且在隐匿化的网络环境中，侵权证据难以遗留和保存，导致维权困难。因此，应当加强侵权追责力度，完善侵权赔偿机制。新《著作权法》第五十四条将赔偿金额确定为500元至500万元，赔偿金额为原作的“一到五倍”，这大大增强了惩治力度，有利于营造良好的维权环境。但同时，司法实践中的新闻图片维权主体多为企业，较少是自然人，不排除有商业化赢利目的的行为，存在“为了维权而维权”的怪圈风险。未来，随着惩罚金额的提升，势必进一步推高这种潜在风险。为此，司法实践中应进一步完善相关细则，维护著作权法的利益平衡机制，更好地引导全民知法、守法、用法。

六、结　语

新闻图片借助智媒技术的赋能，不仅提升了新闻传播能力，更是重塑了新闻传播业态。但同时也面临着严峻的版权侵权问题，引发社会各界关注。虽然，新《著作权法》进行了相应修改，缓解了新闻图片当前的版权困境，但随着智媒技术的不断发展，新闻图片随时都有可能出现新情况挑战现有版权制度。为此，应进一步细化著作权保护制度和实施条例，注重司法实践的灵活使用，强化不同制度间的协作联动，以满足未来日益丰富的版权诉求。这不仅是知识产权强国战略的现实选择，也是实施创新驱动发展战略和新闻产业高质量发展的客观要求。

参考文献

[1] 郭庆光. 传播学教程[M]. 北京:中国人民大学出版社,2011.

[2] 李玮,蒋晓丽. 论新闻图片的符号修辞与意指实践——试引入一种新闻图片的符号学分析方法[J]. 新闻界,2012(22):24 - 30.

[3] 王莹. 从主体性到主体间性:新传播语境下新闻生产的变革逻辑[J]. 编辑之友,2021(1):76 - 80.

[4] 王一阳. 论新闻照片使用的著作权法规制[D]. 上海:华东政法大学,2020.

[5] 彭桂兵. 新闻照片著作权司法实务问题的学理反思[J]. 新闻大学,2020(8):41 - 55.

[6] 杨保军. "共"时代的开创——试论新闻传播主体"三元"类型结构形成的新闻学意义[J]. 新闻记者,2013(12):32 - 41.

[7] 王迁. 著作权法[M]. 北京:中国人民大学出版社,2015:1.

[8] 王迁. 著作权法学[M]. 北京:北京大学出版社,2007:2 - 4.

[9] 吴伟光. 版权制度与新媒体技术之间的裂痕与弥补[J]. 现代法学,2011,33(3):55 - 72.

[10] 王玥. 融媒体时代图片版权保护策略探究[J]. 中国报业,2019(19):26 - 28.

[11] 赵凯,刘思含. 传播技术创新与网络版权保护:冲突与协调[J]. 传播与版权,2019(8):180 - 181,185.

[12] 沈正赋. 新闻作品著作权中边界模糊问题的症候、纠偏与调适——基于《中华人民共和国著作权法》第三次修改草案新闻传播条款的修正[J]. 当代传播,2021(1):85 - 88.

[13] 陈京晶. 新闻照片独创性标准探究[J]. 法制与社会,2021(3):175 - 176.

作者简介

孙海荣(1978—),山西临汾人,西北政法大学新闻传播学院副教授,硕士生导师,管理学博士,法学博士后。研究方向为知识产权管理、数字产业与移动新媒体、战略创新。

周　燕(1995—),四川南充人,西北政法大学新闻传播学院硕士研究生。研究方向为数字媒体。

On Copyright Protection of News Pictures in the Era of Intelligent Media with the New *Copyright Law*

Sun Hairong Zhou Yan

Abstract: The advent of the era of intelligent media has not only reshaped the news format, but also empowered the communication channels and effects of news pictures, resulting in more copyright disputes. Today, the newly revised *Copyright Law* has come into force on June 1, 2021. Although it has solved some prominent problems faced by news pictures, it has not fully solved the copyright risks faced by news pictures, especially the specific implementation of the relevant laws. The article will combine the new *Copyright Law* to explore the copyright protection in the process of news picture transmission.

Key words: News Pictures; Communication Effect; Copyright Protection; New *Copyright Law*

产业创新

“互联网+”时代与艺术的融合*

——以昆剧艺术的数字化传承为例

秦　璇　周　锦　蔡咏琦

摘　要:随着互联网发展进入新的阶段,“互联网+”作为新的实践成果,推动经济形态不断发生演变,使社会经济实体焕发出了新的生机与活力。在 Web3.0 时代,人们已经可以通过“互联网+”这一重要革命性工具来扩大和提升艺术信息交流的空间与速度,实现“互联网+”时代与艺术的融合。研究以昆剧艺术的数字化传承为例,针对与昆剧艺术相关的信息通过“互联网+”来加速昆剧表演者与观众之间的互联网沟通效率,让昆剧艺术传承借助数字化技术手段得以更加多样化地呈现在舞台上,并伴随着“互联网+”艺术的产业趋势而蓬勃发展。

关键词:“互联网+”时代;戏剧产业;融合;昆剧艺术;数字化

近年来,我国戏剧在当前市场经济背景下,不断向产业化方向发展,与传统的戏剧特性之间出现了一定的冲突,即要保持戏剧艺术性特点,就难以更好地满足产业化发展需求,而产业化过程中商业色彩的严重程度,往往又使戏剧作品的艺术性易于流失。因此,在“互联网+”时代背景下,对当前我国戏剧产业发展状况的全面研究,促进我国戏剧艺术事业的发展有着积极的意义。可以说,“互联网+”不但解放了人类的体力压力,解决了产能,也延伸了人类的感官视听,解决了生产与消费两大环节之间基于效率所产生的一切矛盾。在这一时代背景下,互联网虽依然是工具,但是它已经发生了质的飞跃:“互联网+”与戏剧艺术的融合,必将给戏剧产

* 基金项目:国家社科基金艺术学一般项目“数字化技术与昆曲艺术创新发展研究”(18BB020)、国家社科基金艺术学重大项目“当代欧美戏剧理论前沿问题研究”(18ZD06)、国家社科基金艺术学重大项目“中华传统艺术的当代传承研究”(19ZD01)、国家社科基金艺术学一般项目“基于社会网络下的数字文化产业创新机制和生态体系路径建设研究”(21BH62)、中央高校教育教学改革全英文精品课程建设项目“Causerie of Innovative Development Road of Chinese Drama”(5213042003A)的阶段性研究成果。

业带来新的发展机遇。

一、中国戏剧发展的历史及现状

（一）中国戏剧冲破传统发展之路

"互联网+"时代的不断发展，在全球范围内对许多传统文化事业形成了严峻的威胁和挑战，在当前的信息化技术支撑下的新媒体行业，其影响力不断提升，无论是各种行业还是传统事物，受到的影响都是极其明显的，当然对中国传统戏剧的影响也不例外。中国戏剧的发展长期处于传统发展的模式中，各类戏剧艺术作品的出现，通常以传统剧目的整理或改编为主要形式。我国戏剧在长期的发展中，人们往往只注重传统戏剧唱腔与身段手法技艺的口传身教，却鲜少关注如何改变传统戏剧的传承方式、致力于戏剧的创新发展等时代问题，更不用提何以应对"互联网+"时代来临时的猝不及防。与此同时，戏剧的产业化发展目前仍然具有明显的区域性差别。北上广深等一线城市对传统戏剧的保护与传承力度较大，人们易于接受新媒体时代所营造出的全新媒体传播环境。然而，那些在地市级城市中传承的地方戏，就人们对新媒体的接受程度而言，则显得不容乐观。"互联网+"戏剧的发展模式，显然对地方戏或是小剧种的影响力微乎其微。所以，就中国戏剧的整体发展而论，当前一段时间仍然难以普遍形成产业化发展的常态。由此，面对"互联网+"时代带来的重重危机，中国戏剧在发展中怎样激流勇进，冲破传统发展模式的束缚，合理应对新媒体时代所带来的机遇与挑战；面对新媒体时代所赋予的历史发展契机，正成为当下事关中国传统文化创新发展的大局。① 中国戏剧的发展能否冲破壁垒，得以顺利发展，同样也是一项急需攻破的时代难题。

毋庸置疑，"互联网+"时代下中国戏剧发展面临严峻的挑战。在"互联网+"时代的影响下，新媒体技术不断发展对许多传统文化事物都造成了严峻的危机环境，在当前信息化技术支撑下的新媒体行业影响力不断提升情况下，无论是各种行业还是传统事物受到的影响都是极其明显的：首先，当前我国传统戏剧产业相对新媒体环境来说守旧特点突出，使它不再能够符合大众的口味。其次，由于缺少行业之间的交流，缺少传统戏剧与新媒体之间的融合，加剧了传统戏剧产业发展的劣势和守旧状态。最后，传统戏剧产业发展过程中盲目的商业化发展模式，使其偏离了

---

① 徐惠.发挥新媒体优势创新传统文化普及方式[J].中华文化论坛，2014(11)：178－182.

传统艺术的本真，很难形成新时代"互联网+"戏剧艺术的传播模式。①

（二）"互联网+"时代下中国戏剧发展面临的机遇

受当前新媒体时代的影响，我国在商业化发展戏剧产业过程中仍然具有较大的发展空间。我们应当看到中华传统文化的优势所在，在历史文化资源上，我国的文化基础与美国以及其他西方国家相比更为深厚。众多优秀戏剧创作者与表演者为戏剧产业化的发展也提供了强大的支持，将戏剧艺术以新媒体传播形式进行开发和创作，将能够实现戏剧艺术的"新生"。

近年来，中国戏剧的发展在新媒体背景下以及外国戏剧产业的冲击下，勇往直前取得了一定的成绩。以京津冀、长三角、珠三角为代表的众多城市，正通过新媒体"互联网+"等形式，采用多种方式对中国戏剧进行创新与发展，扩大了中国戏剧的观众数量，增加了其好评度。平日里，戏迷们在戏曲频道、中国戏剧网等才能看到的精彩纷呈的戏曲节目，如今也频频在"抖音"中亮相。值得一提的是，在戏剧业界广受戏迷们追捧的有名的中国昆剧艺术节、京剧《群英会》、豫剧《梨园春》等戏剧节目，也突破了往日仅限于电视播放的局限。比如，87 岁的齐学文老人带领全家，以"麦田乡音"的强劲唱腔，博得了十几万粉丝的追捧，获 4.6 万的超高点赞量。虽然齐老汉偏居一隅，但是观看他抖音的观众则遍布海内外的各个角落。可见，尽管当今的新型文化抢夺着传统戏剧的观众资源，但是中国戏剧的发展也能在其中寻求到自身的发展道路，赢得众多观众的掌声。这些新的媒介传播形式，成功地引领和推动了中国戏剧史的新发展。历史与现实证明，在新媒体时代以及外国戏剧产业的冲击下，中国戏剧的根基不但不会被冲垮，反而可以因势利导、大有可为！②我们可以利用"互联网+"的优势，运用新兴的网络资源有效地向世界推广中国戏剧，促进中国戏剧更好地传承与发展。

二、"互联网+"与艺术的融合

艺术发挥着审美教育的社会功能，具有显著的特点。随着现代科技的快速发展，艺术传承向着产业化方向发展，"互联网+"正成为艺术的主要传播途径。③ 要将艺术与市场经济相结合，让审美发挥功利效应，就要对艺术产业的特点加以明

① 彭欣. 新媒体时代传统文化传承的现实困境与创新策略[J]. 江西社会科学，2014，34(12)：233－238.

② 周秋良. 网络戏曲视频的特点、价值及发展前景[J]. 学术论坛，2015，38(3)：149－153.

③ 黄昌勇，李万，王学勇. 文化科技导论[M]. 上海：上海人民出版社，2017.

确，艺术产业具有功能性特点。第一，艺术产业是创意性产业；第二，艺术产业是具有高附加值的产业；第三，艺术产业具有很强的融合性。

艺术的产业化发展，以戏剧影视产业、美术产业、动漫产业、手工艺品产业等门类为主要形式。这些产业目前在国外一些国家都已经建立了较为稳定的经营模式，且产业发展比较成熟，大量的资金投入可以为他们获得良好的经济效益。然而，就中国戏剧影视产业中的戏剧产业而言，当前我国对传统戏剧艺术资源的挖掘和开发还远远不够。就以昆剧艺术的传承而论，全国八大昆剧院团的老艺术家们，对昆剧的传承工作很难说能够在某一时间突破传统昆剧的传承模式，欣然接受全新的"互联网+"昆剧艺术发展模式。由此，由传承模式所引发的昆剧传承性变革，也很难在短时间内获得戏剧市场的高额经济收益。诚然，特别是非物质文化遗产中戏剧这样传统且古老的活态艺术，要将艺术纳入实体经济范畴中，就要将艺术融合到文化产业中，获得相关支持，以推动融合后的艺术产业快速发展。

（一）"互联网+"与艺术融合的可行性分析

我们不得不承认"互联网+"时代的到来，给艺术的发展带来了新的契机，艺术产业也将面临各种挑战。"互联网+"具有跨界融合的特征，就是能够与其他的领域建立协同性，为该领域向目标方向发展而实现两个行业的重塑融合。处于多元社会的今天，只有融合才能够推进共同发展，通过实现群体智能，才能够将符合产业发展的路径建立起来。产业的融合并不仅仅是形式化的跨领域融合，而是身份的融合。促进艺术与信息产业的有效融合，就要针对两者融合的可行性进行分析。

处于互联网时代的今天，"互联网+"与艺术的融合固然有诸多的优势可寻，其有利因素主要包括：一方面，艺术产业服务升级，激发了文化消费者的消费意愿。在网络中，艺术产品何以对外销售，无不依赖于跨界的文化对外传播。因此，艺术产品的价值参考与买卖交易变得更加方便快捷。"互联网+"不但培养了新一代消费者的网络消费习惯，并且它让人们在知识、艺术、文化、美学等多个方面的个性需求都得到了满足，"互联网+"激发了人们对艺术的深层次追求和富有审美价值的文化消费意愿。另一方面，"互联网+"创新了艺术的新生态经济合作模式。"互联网+"与艺术的融合，可以使艺术品搭载互联网金融，构建"互联网+金融+艺术品"的跨界模式，使普通消费者能够进入高端艺术品投融资的门槛，开辟艺术品市场，使艺术品的可流动性和变现能力增加。①

---

① 黄鸣奋. 互联网艺术产业[M]. 上海：学林出版社，2008.

简而言之,"互联网+"与艺术的融合是利多弊少的。但是,要完善"互联网+"与艺术融合,才能够更好地推动艺术的产业发展。因此,要积极地面对两者之间融合所存在的弊端。比如,运用数字信息技术对艺术品进行技术处理时,艺术品过于量化的复制生产,将导致艺术品会失去传统文化内涵等现象的出现。艺术品都具有独创性,是独一无二的,如果使用数字技术进行处理,艺术所具有的独特性势必会消失,就会失去艺术的文化价值。① 但是在艺术品批量生产的今天,艺术品被机械化地复制和传播,使得艺术过于商业化而其本身的传统特性不复存在。为了满足文化市场需求,艺术行业呈现出产业发展的趋势,促使艺术成为商品而被广泛传播,但是这种传播也仅仅是有其形而无其实,导致人们对艺术的理解嬗变,而与艺术本身的文化价值形成了矛盾。

艺术强调传统,特别是中国的戏剧艺术,以戏剧表演者传统的唱腔和传统的身段手法为主。如果艺术产业化发展,就必然标准化、规模化生产以提高产品的竞争力,提高企业的经济效益,但艺术本身所具有的文化价值却被忽视了。中国的艺术门类齐全、规模较大,但是当前艺术的产业化发展却采用了模仿战略而没有跟随时代,加之核心技术缺失,共性技术不足,导致艺术产品的质量普遍不高。艺术产业的自身产能不足,就必然影响与"互联网+"的融合进程,这些现实问题都将成为"互联网+"艺术所面临的巨大挑战。

"互联网+"与艺术的融合为艺术发展本身带来了与其他周边行业的聚合趋势,从而带动了艺术新的发展机遇。"互联网+"是互联网思维的实践成果,代表先进的生产力,使经济形态格局随时代发展需要而演变。"互联网+"作为现实和未来的一种新的发展生态,对经济转型、创业创新有着重大意义,对加速中国产业升级也起到不可替代的平台支撑作用。推动传统文化与"互联网+"结合,传统产业将焕发出新的生机。② 特别是传统的艺术产业,"互联网+"将成为有效的传播平台。

(二)"互联网+"与戏剧艺术融合分析

依据艺术产业所具有的功能性特点,戏剧产业也理应符合以下功能性特征。

第一,戏剧产业是艺术创意性产业。戏剧产业的发展,不但需要依托戏剧剧本的演绎,更需要思维的创新,才能够在产业发展中具有创意性。戏剧的舞台表演形

---

① 张冬梅.艺术产业化的历程反思与理论诠释[M].北京:中国社会科学出版社,2008.

② 海川."互联网+"引爆传统文化[J].新经济导刊,2016(6):44-49.

式是动态发展的，是随着时代的发展而在创作思维和创作模式上不断变化的。因此，戏剧产业本质上是戏剧传承发展的一种途径。“互联网+”时代下戏剧产业的发展，要运用新媒体、采用新方法、树立新观念、开拓新思路，才能够创造出新财富。

第二，戏剧产业是具有高附加值的产业。戏剧产业的特殊性在于：强调了“以剧本原创性精神活动为本质特征，以戏剧舞台作品和观众的欣赏价值为基本内容”。将新媒体技术创新与研发融入戏剧产业中，将戏剧产业价值链推向高端环节，使戏剧艺术具有高附加值。因此，戏剧舞台表演之所以区别于普通的艺术产品，其价值就在于此，为观众和消费者带来更高级的消费体验和欣赏价值。

第三，戏剧产业具有很强的融合性。戏剧产业作为逐渐规模化的产业，它的发展正趋于逐渐完善，是将戏剧、文化元素、经济元素和技术元素加以充分融合的产业。戏剧能够渗透到文学剧本创作、影视戏剧表演、舞台艺术表演等多个领域当中，就意味着它具有较强的融合性，且能够辐射到不同领域中。戏剧的产业化发展，就是由于戏剧表演不但具有艺术表现力，还富有高度的艺术演绎功能，具有良好的拓展条件，甚至还可以带动其他周边产业的共同发展。在产业模式的这种强融合性特征影响下，戏剧走产业化发展道路乃是目前中国戏剧发展的必经之路。[①] 戏剧作为中国优秀的传统文化，它在现代社会文化中的发展，还有助于促进国民的文化素质也随之提高。

(三) 戏剧艺术的产业发展

在“互联网+”时代，戏剧与互联网的融合，将推动戏剧走上虚拟的表演舞台，运用数字化技术渲染舞台氛围，促进戏剧产业得以新的发展。现代的舞台环境变化很大，在硬件上实现了灯光与舞美的配合。中国的传统戏剧几乎不会向西方戏剧那样注重舞台细节和精致的视觉效果，直到改革开放之后，中国传统戏剧才开始逐渐为观众制造视觉冲击，目前已趋近日臻完善的发展状态。由于数字化技术融入戏剧的表演中，戏剧舞台上出现了“视觉奇观”与“表演奇观”的结合。

互联网的全面兴起，虚拟数字技术开始与戏剧相结合，使中国的戏剧借助新媒介呈现出了新的发展态势。但是中国戏剧强调传统性，要求传承原汁原味的戏剧艺术。所以，早期的中国戏剧与数字技术的结合并没有获得成功。如今互联网普及的时代，很多老戏剧艺术家慢慢地开始了观念上的更新与改变。要将中国的传统戏剧传承下去，就需要戏剧与互联网相结合，如此戏剧才能够获得有效的传承。

---

① 刘晓明，方世忠. 都市戏剧产业：国际对标和中国案例[M]. 上海：上海文化出版社，2010.

因此，将互联网与戏剧的融合，就是在保留戏剧的原生态技艺的基础上，舞台背景采用了数字光纤效果，或是在舞台上运用灯光技术塑造虚拟影像，为观众带来美轮美奂的视听场景，在不断变化的戏剧舞台上，使中国的戏剧艺术迎合了时代，且保留了传统，适合于中国戏剧的传承及发展趋势。①

三、"互联网+"与国外艺术融合的经营模式研究及借鉴

（一）"互联网+"与艺术融合是不可避免的发展趋势

互联网为文化产业发展带来更多可能，新的动力、更多前期资金、创新内容、更广的传播力，使得文化产业的产值显著提升。互联网渗透于文化产业链中，并通过不断地实践，使得"互联网+"文化产业的模式更加清晰。互联网渗透于文化产业的各个领域，当然也包括艺术产业。目前国外许多发达国家"互联网+"与艺术融合走在了我国前面，融合后的各种优势效应已经在市场上发挥出来，国外的融合机制值得我们学习借鉴。

第一，"互联网+"与艺术融合促使两者更长远的发展。艺术产业的发展，互联网是主要的途径。从艺术内容的选取、创作，到艺术产品的生产、销售、应用，都依赖于艺术与互联网的有效融合。目前，包括文学作品、影视作品、手工艺品在内的许多艺术作品，都结合了互联网大数据，并且获得了高回报，同时，还在微博、微信、抖音上，为大家传播优质的艺术产品信息内容，发挥着对艺术的宣传效应。各地的博物馆、展览馆、剧院等也陆续开启了线上购票业务。互联网包罗万象，给了文化与企业间更多的合作空间。

第二，"互联网+"与艺术融合促使两者创新技术的应用。互联网为艺术带来了更多表达方式。"互联网+艺术"是信息技术、物联网技术和智能化技术等合作的结果，艺术产业在这样的环境下，会实现产业的升级和转型。互联网带来了更多的创业机会，创新的企业经营模式给艺术产业发展以新的启发。当前，很多艺术产业都在围绕着互联网创业，实现"大众创业、万众创新"，使艺术产业的发展更具有创造力。

第三，大数据、大连接成为"互联网+"与艺术融合的新趋势。文化艺术本身就是创意设计的源泉，对文化产业能够获取高回报至关重要。但是，如果所投入的产

---

① 张跃，刘翼. 中华大 IP：互联网时代传统戏曲的新生与反思[M]. 重庆：重庆大学出版社，2018.

品生产存在着不确定性，就会导致产品成本高而收入低，就会对文化产业的发展造成一定的障碍。采用大数据、大连接技术，可以将文化艺术资源进行收集和整合，从中挖掘出有效资源，并进行优化，所获的结果能够起到预测的作用。大数据让很多难以解决的问题变得简单化了，人们通过大数据的分析，能够结合当前流行、大众偏好的艺术元素对产业内容进行加工创作和筛选，最后得出正确的结论。

（二）“互联网+”艺术的主要经营模式

“互联网+”是中国未来社会发展的新型理念，艺术的产业之路是将传统艺术进行传承、发扬光大的重要手段。我们前面分析了两者结合存在的优势、劣势、机遇和挑战，呈现复杂的发展态势。但总而言之，人们对两者融合的最终目标，都是为了满足社会发展的客观需求，营造良好的融合式经营模式，加速艺术产业向前推进。如今，人们利用“互联网+”这一大好时代背景，借鉴国外先进经营模式理念来发展艺术产业，也迎合了大众对艺术产业的现实需求，让两者的融合成为势在必行的未来社会发展趋势。当前国外“互联网+”艺术的主要经营模式归类如下：

第一，B2B 平台。B2B(Business to Business)是企业之间通过互联网建立的网络沟通模式，相互之间可以进行产品、服务及信息的交换。“互联网+”艺术的融合，使艺术在产业发展中利用了“互联网+”，为双方提供信息交流的网络商业平台，并为用户提供网上交流的条件，双方有了更多的交易机会。B2B 网站以营利为主，可以免费提供使用权限，但其最终的目的并不在于此，而是聚集人气，为将来企业的发展奠定良好的基础。① 因此，建立 B2B 平台可以促进艺术产业在未来的发展。

第二，C2C 平台。C2C(Consumer to Consumer)平台采用了 C2C 经营模式的网站，即顾客对顾客。C2C 平台是直接为客户间提供电子商务活动平台的网站。作为现代电子商务的一种，C2C 网站就是为买卖双方交易提供的互联网平台，卖家可以在网站上登出商品出售的信息，买家可以从中选择并购买自己需要的物品。艺术产业发展，可以通过 C2C 平台扩展营销平台，让更多的人认识艺术产品，接受艺术产品，而买家则可以登录平台选择自己所喜欢的艺术产品。② 这种交易需要建立在互信的基础上，但是这种一对一即时互动有助于促进艺术产品的营销，为产

① López-López Giusti. Comparing Digital Strategies and Social Media Usage in B2B and B2C Industries in Spain[J]. Journal of Business-to-Business Marketing, 2020,27(2): 175 - 186.

② 桑子文.“互联网+艺术”成为共识[N]. 社会科学报，2016 - 04 - 14.

品打开市场销路。

最后，O2O模式。O2O（Online To Offline）是线上线下模式，即将线下商务运营的机会与互联网结合在一起，让互联网成为线下交易的前台。采用O2O模式，可以线下提供产品服务，线上揽客；产品的消费者可以在线上筛选产品服务项目，还可以针对选中的商品与商家沟通，并成交和在线结算。O2O这种线上线下模式既兼顾了传统，又迎合了"互联网+"新时代，是一种对双向目标的满足和双向产业道路的融合模式。① 文化产业采用O2O模式，可以很快地扩大销售规模，产业推广的效果具有可查找性，每一笔交易都可以实现跟踪。②

四、"互联网+"与昆剧艺术的传承发展

昆剧艺术作为中华民族非物质文化遗产中最宝贵的财富之一，呈现出了人类戏剧艺术的精华，它拥有着丰富的内涵和深厚的文化底蕴，代表了华夏民族深厚的生活积淀。作为中国戏曲鼻祖的昆曲，在我国传统戏剧发展历程中发挥着至关重要的作用，使我国戏剧剧种的演变和发展产生了深远的影响，如今甚至受到了外国戏剧学家的青睐及戏剧爱好者的追捧。

网络艺术实践环境下，艺术可用3D虚拟数字来呈现，不仅扩大了网络艺术的边界，还立体化了网络艺术的形态。当前昆剧剧目的展示已经实现了"互联网+"戏剧艺术的虚拟现实化，走在了网络艺术的时代前沿。目前全国多个地区已经纷纷成立了多家昆曲非物质文化遗产传承的专门研究机构，对"互联网+"艺术的虚拟现实化进行了理论研究，并付诸实践，使得昆剧剧目的创新表演更为精彩、创新展示形式颇为新颖，并且以3D虚拟数字化的形式在互联网上与大家分享，吸引了更多的世界目光。

（一）数字化技术与昆剧艺术的结合

现如今，利用数字化技术与昆剧舞台表演艺术巧妙融合，形成了全新的数字化昆剧艺术作品。比如江苏省演艺集团昆剧院排演的《春江花月夜》、上海昆剧团排演的《椅子》、浙江昆剧团排演的《雷峰塔》、永嘉昆剧团排演的《孟姜女送寒衣》以及

---

① Scopus. A Maturity Model for C2C Social Commerce Business Model[J]. International Journal of Electronic Commerce Studies, 2018, 9(1). DOI: 10.7903/ijecs.1545.

② Talwar Shalini, Dhir Amandeep, Scuotto Veronica, et al. Barriers and Paradoxical Recommendation Behaviour in Online to Offline (O2O) Services. A Convergent Mixed-Method Study[J]. Journal of Business Research, 2021,131: 25-39.

北方昆剧团排演的《焚香记》等，都不同程度地运用了数字化技术手段于昆剧舞台表演中，收获了观众更多掌声的同时，也推进了昆剧艺术数字化保护工作的进程。数字化技术的运用，并不会使得昆剧舞台表演艺术变得生硬，如此结合反而会促进昆剧艺术家的唱念做打更富于艺术性和叙事性。数字化技术也让昆剧传承真正地“活”了起来，赋予了它对外传播的生命力。在数字化技术捕捉昆剧人物情绪和表情方面，可根据昆剧剧目的创新演绎程度，适度调节舞台艺术背景与昆剧剧目主题，使戏剧的人物情绪与场景时时链接。昆剧表演的数字化可以采用四维空间立体成像技术，通过数据存储最后合成输出，体现传统昆剧舞台效果所不具备的动态鲜活性。在如此浓烈的戏剧表演艺术和数字化技术结合烘托下，新时代的昆剧艺术对外传播与传承，以更加生动的表演形式渗透于数字化的传播领域之中。

当“互联网+”时代到来时，构建艺术产业链的目的就是用产业的力量唤起民族文化意识，以更多的途径去传播昆剧，逐步形成产业意识，最终促成营销渠道的成功搭建。“互联网+”与昆剧艺术融合的同时避免了该戏剧艺术的失传，也丰富了它的传统表演技艺形态。总之，在“互联网+”时代，昆剧艺术资源借助新媒体数字化平台可以得到较好的传承。

(二) 数字化传承昆剧艺术的途径

1. 建立信息数据库

在当下“互联网+”时代的信息技术，为昆剧的传承发展建立信息数据库提供了条件。这既是对产业化发展的基础要求，也是对昆剧传承和发展的实际需要。信息数据库的建立主要需做到以下几个方面：

第一，信息采集模块化。这里所指的信息就是关于昆剧的所有文本信息，其中应涵盖昆剧所涉及的历史、人物、戏曲作品、文化典籍以及昆剧艺术家们的舞台表演。

第二，数字化技术模块。应采用数字滤波、编码等数字化智能技术，来体现昆剧数字化的应用技术。也就是说，要通过对昆剧数字资源的深加工，来真实展现昆剧这一艺术特色，实现对它的传播与传承创新的目的。

第三，管理模块。现如今人类已经拥有了数字化处理技术，即将所有的数字化信息更有条理、系统地随时呈现在观众面前。① 因此，信息数据库中还应该补充增

① 徐金海，王俊.“互联网+”时代的旅游产业融合研究[J].财经问题研究，2016(3)：123－129.

设内容发布模块，将创新的昆剧剧目相关信息发布与数字化技术紧密联系起来，为数据库实时更新昆剧剧目信息搭建平台。总之，在信息数据库建立之后，昆剧不但为戏剧艺术的研究者、产业开发者创造良好的挖掘戏剧和研究戏剧的空间，也为其他戏剧剧种的传承发展拓展了平台。

2. 建设专题网站

目前，在国内多家昆剧专题网站已经初步建立，网站的内容大致包含四个方面：

第一，文本资料专栏。该专栏收录了有关昆剧的所有图片文字资料，以供研究者、昆剧爱好者研读，为观众学习和了解昆剧提供认知途径。

第二，音频视频资料展示专栏。它包括历史上昆剧的传统剧目和当代创新剧目。昆剧所有的音频视频资料进一步丰富和深化了人们对于昆剧艺术的认识，强化了人们对戏剧艺术的情感。

第三，体验专栏。体验专栏的设置采用上述文中所提到的数字化虚拟成像技术。这里的所有昆剧舞台表演剧目，都以数字化成像技术展示，并且它还为观众提供了一个与戏剧演员和戏剧爱好者真实互动的交互场景，也就是观众通过视频与昆剧表演者及研究者形成线上线下的虚拟互动，让人们能够通过数字化体验模块，真实地感受昆剧的魅力。

第四，互动社区。昆剧专题网站会设有专门的留言版，这里也是昆剧爱好者和研究者的网上集聚地，人们在此可以对昆剧唱腔及表演艺术等提出自己的看法以及交流一下观赏心得。

五、结　语

一言以蔽之，21 世纪是互联网时代。将“互联网+”与艺术融合，给人以启示：“互联网+”与艺术相结合，例如“互联网+”与戏剧艺术中的昆剧表演艺术相结合，可以充分发挥各自优势，挖掘和实现两者之间的更多价值，以便于快速推进人类文明社会向前发展。根据本文的论证，推行数字化建设发展路径，积极鼓励“互联网+艺术”模式，既是走艺术产业化道路的基础，也是对艺术本质特点契合的最佳渠道，它不但实现了像昆剧艺术这样对传统戏剧的普及、发扬与传承，也通过它获得了巨大的社会及经济效益，这也是研究所阐述的目的所在。

参考文献

[1] 王廷信. 20 世纪戏曲传播方式研究[M]. 北京:中国文联出版社,2020.

[2] 倪万. 数字化艺术传播形态研究[D]. 济南:山东大学,2009.

[3] 江礼坤. 实战移动互联网营销:互联网+营销的 7 个关键要素[M]. 北京:机械工业出版社,2016.

[4] 李亚. 互联网思维与未来世界书系　互联网时代的新商业模式:十大经典案例[M]. 北京:中国经济出版社,2015.

[5] 赵书波. 基于互联网的艺术品交易问题研究[M]. 北京:知识产权出版社,2016.

[6] 中国曲协. 推动曲艺事业大发展大繁荣的重要载体[N]. 中国艺术报,2013-03-29.

[7] [美]Nicholas Negroponte. 数字化生存[M]. 胡泳,范海燕,译. 北京:电子工业出版社,2021.

作者简介

秦　璇(1978—　),湖南邵阳人,浙江传媒学院国际文化传播学院副教授,硕士研究生导师。研究方向为艺术对外传播、文化资源与文化产业。

周　锦(1979—　),江苏扬州人,南京信息工程大学雷丁学院副院长、副教授,硕士研究生导师,南京大学长三角文化产业发展研究院特聘研究员。研究方向为文化产业经济学。

蔡咏琦(2000—　),安徽芜湖人,南京信息工程大学雷丁学院学生。研究方向为文化产业。

Integration of "Internet +" Era and Art —Taking Digital Inheritance of Kun Opera Art as an Example

Qin Xuan Zhou Jin Cai Yongqi

Abstract: As the development of the Internet, "Internet +", as a new practical achievement, has promoted the economic form to evolve continuously, making social and economic entities more vigorous and dynamic. In the Web3. 0 era, people have been able to expand and improve the art information exchange space and speed with the important revolutionary tool "Internet +" to realize integration of the "Internet +" era and art. In this paper, by taking digital inheritance of Kun Opera art as an example, the efficiency of communication about information on Kun Opera art between Kun Opera performers and audiences is accelerated with the "Internet +" to present Kun Opera art in a more diversified way with digital technology and realize vigorous advancement of Kun Opera art by following the industry trend of "Internet +" art.

Key words: "Internet +" Era; Drama Industry; Integration; Kun Opera Art; Digitalization

文化科技融合度的测算和驱动因素分析*

宋美喆　丁艳琳　王　雯

摘　要:用耦合度模型测算了我国省域层面的文化科技融合度,用重要性分析和空间计量模型实证检验了各驱动因素的影响。研究发现,2008—2018年间我国文化科技融合度持续提升,但整体仍处于相对较低水平。从空间特征来看,融合度由高到低依次为东、中、西部地区。省(市、自治区)间文化科技融合的互动影响逐渐突破了地理和行政因素的割裂,具有空间溢出性,其他省(市、自治区)对本省文化科技融合的影响显著为正。从驱动因素看,各驱动因素的重要性排序依次为政府干预、市场化、人力资本、对外开放、市场需求。其中人力资本、政府干预、对外开放对文化科技融合有显著正向贡献,但市场化和市场需求的影响不够稳定,市场机制作用有待发挥。因此,应当进一步推进市场经济体制机制建设,加强省际资源流动联通,充分调动政府调控、市场化、人力资本、对外开放和市场需求等多种积极因素,实现文化科技产业融合健康发展。

关键词:文化科技融合;程度测算;驱动因素

一、引　言

我国是文化资源大国,也是文化产业弱国,由于此前多年文化产业在结构布局、发展规划等方面的缺陷,文化资源长期不能有效转化为生产力,逐渐成为制约我国经济社会高质量发展的短板。党的十八大以来,以习近平同志为核心的党中央高度重视文化和科技融合工作,对宣传思想文化战线如何应对新一轮科技革命做出一系列战略部署,特别是对全媒体时代的文化科技融合发展提出了明确要求。

* 基金项目:2018国家自然科学基金面上项目“财政竞争导致资源空间错配的条件、机制及其政策优化研究”(71873045)、2019湖南省教育科学“十三五”规划项目“湖南省高等教育与科技创新的耦合协调关系测度及提升对策研究”(XJK19QJG001)的阶段性研究成果。

2019 年 8 月，科技部、文旅部等六部门联合印发《关于促进文化和科技深度融合的指导意见》，提出要转变文化发展方式，全面提升文化科技创新能力，推动文化事业和文化产业更好更快发展等要求。2020 年 11 月，《中共中央关于制定国民经济和社会发展第十四个五年规划和 2035 年远景目标的建议》进一步提出"实施文化产业数字化战略"的构想，明确了双循环格局下文化产业的发展方向。一方面，大数据、云计算、人工智能、虚拟现实等高新技术在文化领域的广泛应用，催生出具有旺盛生命力的新兴文化业态，促进传统文化产业全面转型升级，为文化繁荣注入新动能；另一方面，蓬勃发展的文化产业可以赋予科技创新以人文内涵，为科技产业发展提供源源不断的内容支撑和创意源泉，两者相融相生，融合发展，成为推动经济社会高质量发展、提升国家综合竞争力和影响力的重要途径。同时也应看到，当前我国文化科技融合发展还主要停留在实践摸索层面，融合体系尚不完备，理论支撑犹显不足。其中，理论界对于融合度测算、融合特征和融合驱动因素等重要问题的研究仍然滞后，导致政策制定部门对于促进文化科技融合发展的着力点和抓手存在较多认知盲点。在此背景下，本文拟定量测算文化科技融合发展的程度，刻画融合的时空特征，探究其驱动因素，并提出对策建议，以期破解上述文化科技融合发展路径上的障碍，促进文化科技多领域、多层次、多维度深度融合，为相关决策提供参考。

二、相关文献回顾

目前学术界针对科技文化融合的研究文献，主要集中于文化科技融合的内涵、融合水平的评价、融合的动力机制等领域。在融合内涵方面，一类是研究科技对文化的促进作用（姜念云，2012；崔木花，2015；柳执一，2019），认为文化科技融合是以科技为载体，提升文化产品价值，展现文化的形式和内容。另一类是研究文化与科技的相互作用（吴钊，2015；李涛，2020），认为文化科技融合是文化系统与科技系统相互适应，形成一体化状态，生成新的内容、形式与功能的创新过程。本文认为，文化科技融合的实质是打破原有文化和科技两个产业的边界，实现两者融合共生并双向循环协同创新，演化出如数字出版、人工智能教育、人机交互娱乐、文化大数据等数字文化经济新业态。具体而言，一方面，高新科技向文化产业的嵌入和集成创新，将各种科技元素运用到传统文化产业链的研发创作、生产、销售、传播、服务等各个环节，为文化产业创新提供丰富的手段和途径，促进文化产业的转型升级；另一方面，人文理念和符号渗入科技产业，为科技创新提供创意源泉，诱导创新的选择路径，提升科技产品的文化附加值，加速科技创新进程。

在融合水平评价方面，詹一虹和周雨城(2014)基于文化科技融合示范基地数量、融合领域自主知识产权拥有率等要素构建了评价文化科技融合发展水平的指标体系；倪芝青和楼菁华(2015)基于融合基础、环境、能力等维度构建了具有杭州特色的文化科技融合评价指标体系；贾佳等(2018)从融合创新效益、规模、成果、质量和潜力等维度构建了评价指标体系。在评价方法的选择上，孙智君和刘蕊涵(2018)采用简单加权法合成长江经济带 11 个省(市)文化与科技融合创新的指数；郑洋洋(2018)、袁锦贵(2019)采用投入产出法分别测算了重庆和浙江的文化科技融合程度；顾江和郭新茹(2010)、于泽(2020)采用赫芬达尔指数法测算了省域层面文化与科技产业的融合度；刘翔和陈伟雄(2019)、孙国锋和唐丹丹(2019)运用耦合系统模型测算了各省(市、区)的文化科技融合度。

在融合动力机制方面，主要以定性研究为主：山红梅等(2015)将影响文化科技融合的要素归结为动力要素、政策要素和支撑要素，并引入解释结构模型分析了各要素之间的关系；彭根来(2016)指出文化与科技创新融合发展的关键在于制度、产业和人力资源层面机制的优化；杨睿博和刘伟(2020)以粤港澳大湾区为研究对象，从政府政策支持、新兴市场需求、产业跨界增长等方面总结了文化科技融合发展的内在动因。少量的定量研究中，费瑞波(2017)使用多元线性回归方法甄别出文化科技融合创新的关键因素，包括行业竞争、技术创新、文化需求和行业利润；纪玉伟等(2020)以灰色关联作为分析工具，从产业基础、科技创新等方面实证检验了影响北京市文化科技融合发展的因素。

已有文献为后续研究打下了较好的理论与实践基础，但不足之处也较为明显：第一，未能深入分析文化科技融合度测算结果，进而总结和揭示其时序特征。第二，关于文化科技融合发展的动因分析相对不足，从实证角度考察各因素的影响更是鲜见文端。一个地区的文化科技融合程度不仅受制于自身经济社会发展水平，还可能在溢出效应和竞争效应的作用下受到其他地区的影响，已有文献忽视了这一点，导致实证模型设定缺失，难以站在全局角度评估各因素的影响效应。故本文在运用耦合度模型定量测算文化科技融合度的基础上，从时间和空间的双重视角刻画文化科技融合的特征及演变规律，并将地区间的空间关联纳入分析框架，综合采用重要性分析和空间计量模型实证考察各驱动因素对文化科技融合程度的影响，以求更加准确客观地估计驱动因素的影响效应。

三、文化科技融合度的测算

在实证检验文化科技融合的驱动因素之前，首先对两者的融合度进行科学测算，考察文化科技融合发展的整体水平和时空特征。

(一) 测算方法说明

本文基于重要性、全面性、数据可获得性等原则，在刘翔和陈伟雄(2019)、孙国锋和唐丹丹(2019)研究的基础上，构建衡量文化产业和科技创新系统发展水平的评价指标体系。其中，文化产业层面的指标包括文化及相关产业法人单位数(个)、文化及相关产业固定资产投资额(万元)、文化事业费(万元)、博物馆参观人次(万人次)、艺术表演团体国内演出观众人次(万人次)、文化市场经营机构营业收入(万元)；科技创新层面的指标包括研究与试验发展(R & D)人员全时当量(人年)、R & D经费内部支出(万元)、国内专利申请授权数(件)、技术市场成交额(万元)、高技术产业主营业务收入(亿元)。

本文引入物理学中耦合的概念，采用耦合度测算方法测算各省(市、自治区)的文化科技融合度：

$$C=\left[\frac{F(a)\times G(b)}{\left(\frac{F(a)+G(b)}{2}\right)^2}\right]^2 \tag{1}$$

$$T=\alpha F(a)+\beta G(b) \tag{2}$$

$$M=\sqrt{C\times T} \tag{3}$$

式中：C 为耦合度；$F(a)$和 $G(b)$分别为文化产业发展指数与科技创新水平指数，通过对各指标进行无量纲化处理，并采用熵权法合成得到。当两者越能相互促进、相互适应，对应 C 值越大。T 为综合协调指数，代表两者发展的整体水平；α 和 β 反映了文化产业发展和科技创新在融合系统中的相对重要程度，取 $\alpha=\beta=0.5$；M 为文化科技融合度，M 越大，越趋近于 1，融合度越高，越趋近于 0，融合度越低。

(二) 数据说明

本文以 2008—2018 年全国 30 个省(市、自治区)作为研究样本，因港澳台地区统计口径与其他省(市、自治区)不一致，西藏关键指标缺失数据较多，故未包含在研究范围之内。数据来源于历年的《中国科技统计年鉴》《中国统计年鉴》《中国文化文物统计年鉴》及《中国文化及相关产业统计年鉴》，个别指标数据缺失采用插值法补齐。

(三) 测算结果

利用式(1)—(3)对各省(市、自治区)2008—2018 年的文化科技融合度进行测算，因篇幅限制，仅列出 2008 年、2011 年、2014 年、2018 年的测算结果，见表 1。

表 1 各省(市、自治区)2008—2018 年文化科技融合度的测算结果

省(市、区)	2008	2011	2014	2018	省(市、区)	2008	2011	2014	2018
北京	0.318 0	0.366 5	0.481 5	0.606 6	河南	0.200 8	0.282 8	0.356 7	0.424 9
天津	0.173 6	0.210 0	0.305 4	0.348 2	湖北	0.213 9	0.287 0	0.375 7	0.476 7
河北	0.169 6	0.226 3	0.268 5	0.337 5	湖南	0.179 1	0.251 1	0.308 4	0.394 4
山西	0.141 5	0.164 9	0.188 7	0.202 3	广东	0.423 4	0.539 4	0.638 5	0.811 6
内蒙古	0.094 0	0.131 2	0.145 7	0.137 0	广西	0.097 4	0.148 6	0.173 2	0.191 1
辽宁	0.225 2	0.274 3	0.313 1	0.327 8	海南	0.008 6	0.042 4	0.051 6	0.068 8
吉林	0.132 8	0.170 0	0.197 7	0.214 5	重庆	0.147 3	0.198 3	0.267 5	0.345 8
黑龙江	0.161 4	0.203 5	0.221 9	0.198 8	四川	0.235 5	0.289 5	0.369 3	0.487 8
上海	0.294 6	0.361 9	0.413 8	0.478 3	贵州	0.074 9	0.097 3	0.133 1	0.197 3
江苏	0.403 9	0.540 9	0.673 1	0.778 9	云南	0.091 6	0.109 7	0.134 8	0.202 1
浙江	0.339 7	0.443 7	0.545 8	0.679 5	陕西	0.193 7	0.253 7	0.333 4	0.405 3
安徽	0.157 6	0.256 3	0.343 3	0.420 6	甘肃	0.098 6	0.110 1	0.136 4	0.163 3
福建	0.202 1	0.275 7	0.333 7	0.435 4	青海	0.025 1	0.053 0	0.053 4	0.080 7
江西	0.129 8	0.169 3	0.209 8	0.326 5	宁夏	0.039 4	0.056 5	0.069 4	0.095 6
山东	0.337 3	0.426 2	0.538 6	0.606 8	新疆	0.059 0	0.082 5	0.087 8	0.097 3

1. 动态特征分析

经测算，2008—2018 年间全国文化产业发展和科技创新的耦合度平均为 0.673 5，两者关联性较强，表现出明显的互动关系。但两者的发展水平不高，综合协调指数平均为 0.124 6，导致文化科技融合程度仅为 0.268 7，距最优融合水平 1 相差较远，说明提升的空间较大。这与刘翔和陈伟雄(2019)得出的结论一致。如图 1 所示，在考察期内，文化科技融合程度从 2008 年的 0.179 0 逐年提升至 2018 年的 0.351 4，增长近一倍，说明文化与科技的交融日益深入，起到了相互促进的作用。创新技术与传统文化产业相结合，促进了文化产业的转型发展，文化产业新业态不断涌现。而社会成员对文化产品的消费升级又为科技创新提供思想源泉和创意，进一步带动科技创新水平的提升。但整体而言，我国文化科技融合仍发展缓慢，文化与科技双向支撑的潜力尚未充分释放。

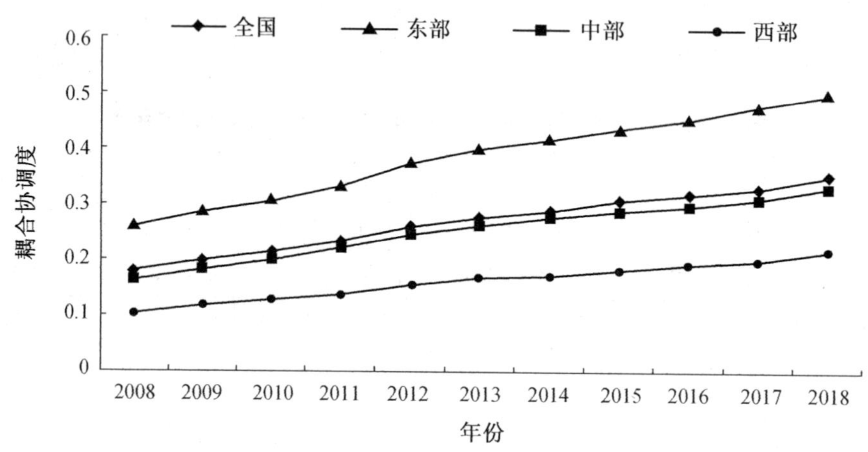

图 1　2008—2018 年全国及东中西部地区文化科技融合度发展趋势图

2. 空间特征分析

分区域来看[①]，2008—2018 年各地区文化科技融合稳步增长，但地区差异显著，至 2018 年，我国东、中、西部地区融合度依次为 0.498 1、0.332 3、0.218 5，东部地区融合度一直保持在西部的两倍以上，且随时间推移绝对差距仍在拉大。东部地区除海南(融合度低于 0.1)外，其他省(市)排名均位于前列，特别是广东的融合度已达到 0.8 以上，优势地位明显。而西部地区除重庆、四川和陕西外，融合度均低于 0.2，文化与科技结合得不够紧密，还未形成强大合力。究其原因，可能是东部地区的经济实力雄厚，科教资源丰富。相比之下，西部地区各方面资源投入均显不足，融合发展较为滞后。

以文化产业发展水平为横轴、科技创新水平为纵轴，将 2018 年省域文化产业指数和科技创新指数平均值进行排序，可将各省文化科技融合度分为四大类(图 2)：一是均衡发展型。文化产业发展与科技创新水平都较高，属于高水平的融合，以东部地区省(市)为主，具体包括广东、北京、江苏、浙江、山东、湖北、四川。二是文化领先型，即文化产业发展明显优于科技创新，包括河北、安徽、福建、河南、湖南、重庆、陕西。三是科创领先型。仅有上海一个特例，其文化产业发展速度落后

① 按现行的划分标准，东部地区包括北京、天津、河北、辽宁、上海、江苏、浙江、福建、山东、广东、海南；中部地区包括黑龙江、吉林、山西、安徽、江西、河南、湖北、湖南；西部地区包括四川、重庆、贵州、云南、陕西、甘肃、青海、宁夏、新疆、广西、内蒙古、西藏。

于科创发展，科技创新水平相对较高。四是融合滞后型。文化产业发展与科技创新水平都较低，多是中部和西部地区省（市、自治区），包括天津、山西、内蒙古、辽宁、吉林、黑龙江、江西、广西、海南、贵州、云南、甘肃、青海、宁夏、新疆。

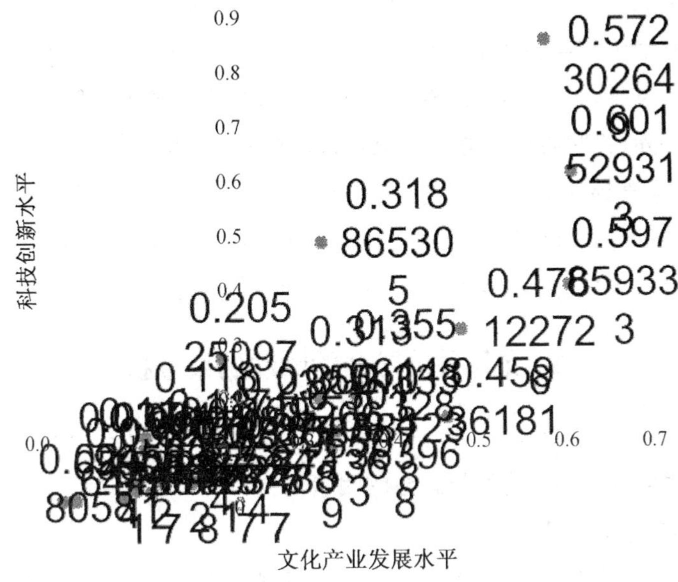

图 2　2018 年省域文化科技融合度的散点图

进一步采用修正的引力模型反映省（市、自治区）间文化与科技融合的空间关联状况：

$$R_{ij}=K_{ij}\times\frac{\sqrt[3]{P_j\times M_j\times \mathrm{GDP}_j}\times\sqrt[3]{P_i\times M_i\times \mathrm{GDP}_i}}{D_{ij}^2} \tag{4}$$

$$K_{ij}=\frac{M_i}{M_i+M_j} \tag{5}$$

式中：R_{ij} 为省（市、自治区）i 和省（市、自治区）j 间的关联强度；P 表示年末总人口；GDP 表示国内生产总值；M 为上文计算的文化科技融合度；D_{ij} 表示省（市、自治区）i 和省（市、自治区）j 省会城市的地理距离；K_{ij} 为修正系数。将得出的空间关联矩阵进行二值化处理，以关联矩阵每行每列的均值作为切分点，若大于等于均值，表明两个省（市、自治区）间存在空间关联，取值为 1，反之，取值为 0。

通过社会网络分析可知，空间关联关系数由 2008 年的 159 条增加到 2018 年的 344 条，省（市、自治区）间基于文化科技融合的关系量不断增加。对应的空间关联网络密度从 2008 年的 0.183 涨至 2018 年的 0.395，表明不同省（市、自治区）文化科技融合的关联程度趋强，网络覆盖面和互动影响范围趋大。2008 年节点之间的联结松散，新疆和宁夏是两个完全孤立的节点。省(市、自治区)间的联系基本局限于地理位置接近的经济发达地区，“东密西疏”的特点十分明显。随着时间推移，原本孤立的节点逐渐融入网络，省(市、自治区)与省(市、自治区)的联系逐渐增多，网络形态整体趋于密集和复杂。至 2018 年，除新疆外的各个省(市、自治区)都至少与其他一个省(市、自治区)相连接，且不局限在地理相邻的空间范畴。甘肃除原有关联的青海外，关联省(市、自治区)还新增了西部地区 3 个省(自治区)(四川、陕西、宁夏)、东部地区 2 个省(山东、江苏)，以及中部地区 1 个省(河南)。这种密集关联的网络形态充分表明，进入新时代后，我国省域文化科技融合的空间关联已经突破了原有地理和行政因素的割裂限制，形成相互影响、竞合共生的新格局。

四、文化科技融合的驱动因素分析

在借鉴已有研究的基础上，本文从市场化、市场需求、政府干预、对外开放、人力资本五方面考察驱动文化科技融合的因素。

(一) 驱动因素说明

人力资本 x_1，文化产业和科技产业是知识密集型产业，人力资本是产业发展中的核心要素，发挥人力资本的主观能动性有助于产业高端化、创意化发展，为产业融合提供智力支持。用高等学校在校生人数占年末总人口的比重表示。

政府干预 x_2，为吸引更多、更优质的要素流入，地方政府倾向于增加公共服务支出，优化当地的软环境，推动文化产业发展水平和科技创新能力的提高，故适当的政府干预有助于文化科技融合发展。用教育、科学技术、文化、体育与传媒财政支出的总和与 GDP 之比表示。

市场化 x_3，市场机制在资源配置中作用的有效发挥，有助于激发市场主体活力，打破地区利益藩篱，提高资源配置效率，加速文化科技在高水平上融合。用第三产业增加值占 GDP 比重表示。

市场需求 x_4，文化与科技产业的繁荣发展，离不开社会成员日益提高的精神层面需求，社会成员对高科技文化产品和富有文化内涵的科技产品的需求构成了文化科技融合的源生动力。用城镇居民家庭教育文化娱乐服务支出占总消费支出比重表示。

对外开放 x_5，加强对外交流合作，提高对外开放程度，一方面便于我国吸收借鉴国外文化科技融合模式，学习其先进技术；另一方面有助于拓展海外市场，为我国文化科技产品提供新的市场机会。在竞争压力的驱使下，本国企业会专注于产品质量，提升科技水平。用实际利用外商直接投资额与 GDP 之比表示。

各指标数据均来自历年的《中国统计年鉴》，描述性分析结果见表 2。

表 2　各指标的描述性统计分析

变量	样本数	均值	标准差	最小值	最大值
M	330	0.268 7	0.166 9	0.008 6	0.814 3
x_1	330	0.018 5	0.005 4	0.007 1	0.034 6
x_2	330	0.046 6	0.016 2	0.021 3	0.104 5
x_3	330	0.439 4	0.095 5	0.286 2	0.809 8
x_4	330	0.115 0	0.015 7	0.078 3	0.163 5
x_5	330	0.371 3	0.451 1	0.048 9	4.601 9

（二）驱动因素重要性分析

本文采用 Osnat Israeli(2007)提出的重要性分析方法，通过线性回归中不同变量对可决系数 R^2 的贡献程度来确定各驱动因素对文化科技融合的重要性排序。

被解释变量文化科技融合度 M 的方差，可以被分解为两部分：

$$VAR(M)=VAR(\hat{M})+VAR(e) \tag{6}$$

式中：$\hat{M}$ 为被解释变量 M 的预测值；e 为多元线性估计中的残差项。

可决系数 R^2 表示为

$$R^2=\frac{VAR(\hat{M})}{VAR(M)} \tag{7}$$

将解释变量 M 的方差分解为

$$VAR(M)=\sum_{s=1}^{5}COV(b_s x_s, M) \tag{8}$$

b 是第 s 个因素在多元线性估计中的系数，由此得到不同因素的相对贡献程度：

$$R^2=\frac{\sum_{s=1}^{5}b_s COV(x_s, M)}{VAR(M)}=1-\frac{COV(e, M)}{VAR(M)} \tag{9}$$

分解结果见表 3。

表3 相对重要性分解结果

驱动因素	贡献度	标准化的贡献度	排序
x_1	0.061 3	0.132 0	3
x_2	0.247 2	0.531 9	1
x_3	0.124 0	0.266 8	2
x_4	0.008 6	0.018 4	5
x_5	0.023 6	0.050 9	4

从表3可知，各因素的重要性排序从高到低依次为政府干预、市场化、人力资本、对外开放和市场需求。这说明促进文化科技融合发展，既需要政府有形之手的引导支持，也需要市场无形之手的基础调节，两者皆能发挥极为重要的作用。政府通过制定发展战略规划，拨付财政资金，鼓励个人和企业的科技研发活动，营造尊重知识、尊重创新的社会氛围等手段，可以带动传统文化产业链的延伸，促发文化产业新兴业态，推进文化科技深度融合。同时，尊重市场规律，充分发挥市场对资源配置的基础作用，有助于破除各类要素流动的障碍，实现要素优化整合配置，使文化科技融合释放最大效能。

需要指出的是，重要性分析方法只能对各驱动因素的影响力排序做出初步判断，要准确估计各因素对文化科技融合影响的方向及程度，还应进行空间计量建模分析。

（三）回归模型构建

基于省（市、自治区）间文化科技融合关联日益密切的现实，本文通过构建空间面板数据模型来检验影响文化科技融合程度的重要驱动因素，以揭示其时空变化的成因。空间面板数据模型的分类包括空间滞后面板数据模型、空间误差面板数据模型和空间杜宾面板数据模型。其中，空间杜宾面板数据模型是空间滞后面板数据模型和空间误差面板数据模型的一般形式，具有更普遍意义，故构建空间杜宾面板数据模型如下：

$$M_{it}=\rho \boldsymbol{W}M_{it}+X_{it}\beta_1+\boldsymbol{W}X_{it}\beta_2+\mu_{it} \tag{10}$$

式中：M_{it}表示为第t年第i省的文化科技融合度；$\boldsymbol{W}M_{it}$为M_{it}的空间滞后项，反映了其他省（市、自治区）文化科技融合对本省（市、自治区）的影响；X_{it}为一系列影响文化科技融合的驱动因素；$\boldsymbol{W}X_{it}$为X_{it}的空间滞后项；μ_{it}为随机扰动项；ρ、β_1、β_2为待估计参数；$\boldsymbol{W}$为空间权重矩阵。通过空间关联分析可知，经济发展水平相近及地理距离相近的省(市、自治区)间更容易形成空间关联关系,故考虑三类空间权重矩阵:地理距离空间权重矩阵 $\boldsymbol{W}_1$,矩阵元素取省(市、自治区)间基于经纬度计算的欧式距离的倒数,距离越远,权重值越小;经济距离空间权重矩阵 $\boldsymbol{W}_2$,矩阵元素取考察期内各年各省(市、自治区)人均 GDP 均值之差绝对值的倒数;经济地理嵌套空间权重矩阵 $\boldsymbol{W}_3$,$\boldsymbol{W}_3=\boldsymbol{W}_1*\boldsymbol{W}_2$,反映了经济距离和地理距离的综合影响。

(四) 空间相关性检验

为检验不同省(市、自治区)文化科技融合程度是否存在空间相关性,首先,利用全局 Moran'I 指数进行检验,结果见表 4。可见,无论对应于何种空间权重矩阵,Moran'I 的正态统计量值在所有年份均大于正态分布函数在 0.1 显著性水平上的临界值 1.65,这表明我国 30 个省(市、自治区)文化科技融合度在空间上具有明显的正自相关关系,空间集聚态势显著。

表 4 Moran'I 指数及其显著性

年份	$\boldsymbol{W}_1$		$\boldsymbol{W}_2$		$\boldsymbol{W}_3$	
	Moran'I	正态统计量 Z	Moran'I	正态统计量 Z	Moran'I	正态统计量 Z
2008	0.149	1.922*	0.337	4.313***	0.413	3.634***
2009	0.168	2.132**	0.322	4.147***	0.427	3.761***
2010	0.174	2.196**	0.320	4.117***	0.442	3.879***
2011	0.193	2.401**	0.303	3.923***	0.428	3.767***
2012	0.197	2.440**	0.302	3.920***	0.426	3.753***
2013	0.200	2.466**	0.308	3.979***	0.421	3.704***
2014	0.215	2.616***	0.289	3.744***	0.421	3.700***
2015	0.218	2.645***	0.283	3.681***	0.419	3.685***
2016	0.207	2.534**	0.269	3.514***	0.403	3.553***
2017	0.191	2.371**	0.250	3.308***	0.375	3.336***
2018	0.212	2.580***	0.232	3.080***	0.388	3.425***

注:“***”“**”“*”分别表示在 1%、5%、10%的显著性水平上统计显著。

其次,对式(10)的 OLS 估计结果残差进行空间相关性检验,见表 5。结果显示,残差项的 Moran'I 指数基本上都在 1%的显著性水平上显著,表明采用空间计量模型是有必要的,在实证建模时,需要考虑省(市、自治区)间的关联。当对应于地理距离空间权重矩阵时,Robust LMlag 统计量是显著的,而 Robust LMerr 统计量不显著，说明采用空间滞后面板数据模型更合理。当对应于经济距离空间权重矩阵和经济地理嵌套空间权重矩阵时，两个统计量都是显著的，说明空间杜宾面板数据模型要优于空间滞后面板数据模型和空间误差面板数据模型。

表 5　空间相关性检验结果

指标	$\boldsymbol{W}_1$	$\boldsymbol{W}_2$	$\boldsymbol{W}_3$
Moran'I	18.767*** (0.000)	14.302*** (0.000)	15.006*** (0.000)
Robust LMlag	76.167*** (0.000)	11.064*** (0.001)	4.006** (0.045)
Robust LMerr	0.256 (0.613)	39.909*** (0.000)	24.554*** (0.000)

注："***""**"分别表示在 1%和 5%的显著性水平上统计显著，括号内为概率 P 值。

（五）模型估计与结果分析

Hausman 检验结果显示，对应于三大空间权重矩阵，卡方统计值依次为 29.25、30.86、59.96，都在 1%的显著性水平上拒绝建立随机效应模型的原假设，故考虑使用固定效应的模型设定形式。采用极大似然估计法对式(10)的参数进行估计，结果见表 6。

表 6　参数估计结果

变量	$\boldsymbol{W}_1$	$\boldsymbol{W}_2$	$\boldsymbol{W}_3$
$\boldsymbol{W}_M$	0.198 8*** (4.28)	0.531 9*** (8.39)	0.899 0*** (20.98)
x_1	8.105 7*** (7.23)	4.645 2*** (3.09)	5.841 6*** (9.28)
$\boldsymbol{W}x_1$		−15.991 2*** (−4.26)	25.454 1*** (20.20)
x_2	0.969 8*** (3.75)	1.610 7*** (3.01)	1.233 4*** (6.34)
$\boldsymbol{W}x_2$		0.249 3 (0.30)	2.294 7*** (5.29)
x_3	0.058 4* (1.64)	−0.184 5** (−2.46)	0.148 9*** (5.04)

（续表）

变量	$\boldsymbol{W}_1$	$\boldsymbol{W}_2$	$\boldsymbol{W}_3$
$\boldsymbol{W}x_3$		0.928 0*** (7.35)	0.566 6*** (9.00)
x_4	0.217 2** (2.46)	−1.460 7*** (−7.79)	0.342 1*** (4.61)
$\boldsymbol{W}x_4$		0.885 5** (2.26)	0.727 8*** (5.47)
x_5	0.012 7*** (5.86)	0.011 6* (1.73)	0.011 2*** (3.57)
$\boldsymbol{W}x_5$		−0.105 5*** (−4.80)	0.078 3*** (8.69)
R^2	0.938 8	0.407 8	0.577 5
Log-likelihood	−924.907 4	593.084 2	965.670 0

注："***""**""*"分别表示在1%、5%、10%的显著性水平上统计显著，括号内为t统计量值。

由表6可知，三大空间权重矩阵下，被解释变量空间滞后系数的估计值均在1%的显著性水平上显著为正，省（市、自治区）间文化科技融合程度表现出联动性的特征，再次证明在实证建模中需要纳入空间关联项。当某省（市、自治区）文化科技融合度提升时，由于知识的正外部效应，该省（市、自治区）的先进经验为其他省（市、自治区）树立典范，引起其他省（市、自治区）效仿学习。其他省（市、自治区）通过学习借鉴该先进省（市、自治区）的管理服务模式，引进新技术和新理念，能够促进自身文化科技融合加速发展。

从各驱动因素影响系数的估计结果来看，在控制其他条件不变时，本省（市、自治区）的人力资本、政府干预、市场化、市场需求、对外开放等因素对地区文化科技融合度的影响为正向，是促进两者融合的重要驱动力。

第一，我国目前仍处于赶超世界发达国家的阶段，政府干预指导和产业调控对文化科技融合至关重要，需要通过财政资金和产业政策支持，孵化和培育新兴文化科技业态，推动相关领域融合。

第二，市场化配置资源能有效提升文化科技融合质效，通过市场竞争机制和价格信号引导，可以加速人才、资本和技术等要素的重组整合，激发市场主体活力，推动融合高质量发展。

第三，人力资本可以为文化科技融合提供智力保障，丰富优质的人力资源不仅是创新融合的根本所在，也是高质量融合的必然要求，更是文化科技企业赖以生存的核心竞争力。

第四，高水平的对外开放可以从全球引进资本、技术、创意和人才，同时也为国内文化科创企业打开全球市场，大大拓展文化科技产业的发展前景。

第五，市场需求是融合发展的土壤，市场需求具有消费者主权性质，消费偏好的不断变化升级，为众多文化科技企业开辟了大片未知蓝海，具有开拓精神的企业必然以市场消费需求为导向，创新组织形式和产品服务，为消费者提供更加智能化、品质化、便利化的文化科技产品，从而获得市场青睐和丰厚回报。值得注意的是，在对应于经济距离空间权重矩阵的估计结果中，市场化和市场需求的影响系数为负，与预期不相符，一定程度上说明现阶段市场机制尚不健全，未能在文化科技融合中完全发挥应有的促进作用。

无论是对应于经济距离空间权重矩阵还是经济地理嵌套空间权重矩阵，其他省(市、自治区)的政府干预、市场化、市场需求对本省(市、自治区)文化科技融合程度的影响都是正向的。在经济距离空间权重矩阵下，其他省(市、自治区)的人力资本、对外开放对本省(市、自治区)文化科技融合的影响为负，在经济地理嵌套空间权重矩阵下，该影响为正。可能的原因在于，经济发展水平相近的省(市、自治区)间竞争效应较强，当某省(市、自治区)人力资本和对外开放度更高时，其文化科技融合外部环境越优越，在要素竞争中就越占优，对劣势省(市、自治区)则越不利，容易出现优者愈优、劣者愈劣的“马太效应”。在地理距离相近的省(市、自治区)间，融合发展的溢出效应占主导，当其他省(市、自治区)人力资本、对外开放程度提高时，在其辐射带动下，本省(市、自治区)效仿学习，融合程度随之提高。而在反映地理距离和经济距离综合影响的经济地理嵌套空间权重矩阵下，溢出效应强于竞争效应。

五、结论与对策建议

(一) 主要结论

本文测算了 2008—2018 年我国省域层面的文化科技融合度，并刻画了其时空特征。在确定政府干预、市场化、人力资本、对外开放和市场需求等驱动因素对融合重要性排序的基础上，采用空间计量分析方法实证检验了各驱动因素的影响，揭示了文化科技融合度时空变化的成因。结论如下：

(1) 2008—2018 年内，我国文化科技融合度虽呈上升趋势，但整体水平仍相对较低，文化和科技双向支撑潜力未能充分释放。分区域看，融合度从高到低依次为东、中、西部地区。其中，北京、江苏、浙江、山东、湖北、广东、四川等省（市、自治区）是文化产业发展与科技创新水平都较高的“均衡发展型”；天津、山西、内蒙古、辽宁、吉林、黑龙江、江西、广西、海南、贵州、云南、甘肃、青海、宁夏、新疆等省（市、自治区）是“融合滞后型”；上海科技创新和高新技术引进处于全国龙头，但文化产业发展相对滞后，一定程度上对文化科技融合发展形成拖累，因而上海是科技创新水平相对较高的“科创领先型”；其余省（市、自治区）是“文化领先型”。

（2）随着时间推移，我国省际文化科技融合联系日趋紧密，互动影响范围不断扩大，已经有效突破了地理和行政因素的割裂限制。无论是地理距离相近还是经济发展水平相近的省（市、自治区），其文化科技融合度都存在空间溢出效应。具体而言，一省（市、自治区）的文化科技融合度率先提高，其产生的示范效应对其他省（市、自治区）具有明显正向影响，通过后进省（市、自治区）的学习效仿，省（市、自治区）与省（市、自治区）之间呈现文化科技提速融合的态势。

（3）对文化科技融合的驱动因素按重要性排序，从高到低依次为政府干预、市场化、人力资本、对外开放及市场需求。其中，政府干预具有产业调控力，市场化具有资源配置力，人力资本具有人才支撑力，对外开放具有外部提升力，市场需求具有创新推动力，各类因素在一定条件下共同推进文化科技实现融合发展。实证同时发现，人力资本、政府干预、对外开放对文化科技融合有显著正向贡献，而市场化和市场需求的影响不够稳定，市场机制尚未能在文化科技融合中完全发挥应有的促进作用。

（二）对策建议

（1）根据实际情况实施区域差异化策略，推动各省（市、自治区）实现均衡发展。① 对于“均衡发展型”地区，要借助双高优势，建设区域文化科技融合产业集群，集中力量突破关键领域技术，打造高美誉度、高市场份额的品牌 IP，探索产业融合新模式，当好融合发展的领头雁。② 对于“融合滞后型”地区，应加快文化科技融合的基础设施建设，改进政府调控手段，持续推进“放管服”改革，发挥好市场化资源配置和市场需求拉动两方面积极因素，提升融合发展的速度和质量。③ 对于“科创领先型”和“文化领先型”地区，应立足现实，充分发挥比较优势，利用优势产业资本和市场，横向发掘弱势产业的闲置资源，提高资源利用效率，尽快补齐产业短板，实现文化科技融合的均衡发展。

（2）加强省（市、自治区）之间文化科技联系交流，激发融合发展的正向溢出效应。一方面，要加强顶层设计和规划，优化产业空间布局，进一步破除要素流动的体制障碍，降低要素流动成本，加强省际文化科技资源的互联互通，提升交流往来的便利度和频密度；另一方面，要强化省际文化科技融合的产业链联系，加大各省(市、自治区)在动漫游戏、文化旅游、广播影视等领域的分工协作和供应链条对接，不断扩大产业集群的辐射面和吸引力，最大效能发挥示范效应，实现省(市、自治区)与省(市、自治区)科技文化融合的携同共进。

(3) 重点提升五类驱动因素的正向效能，加速推进文化科技产业融合。① 优化政府调控驱动。出台符合区域文化科技融合的优惠政策，打破制约市场机制发挥作用的各种"玻璃门""弹簧门""旋转门"，试点文化科技融合创新园区，在行政审批、税费减免、配套设施建设等方面给予政策倾斜。对有市场、有品牌、有口碑的文化科技融合领军企业给予重点扶持和知识产权保护，让其更好发挥领头羊作用。② 激发市场活力驱动。加快市场经济体制机制建设，放宽市场准入门槛，简化审批流程，吸引民营资本、科技人才和创意元素进入文化科技领域，形成多元竞争格局，让市场机制在资源配置中发挥决定性作用。③ 加大人力资本投入。鼓励企业和社会组织加大对人文科技人才投入，在人才创业、落户、社保、购房等方面提供社会便利。高校及职校加强艺术科技专业师资力量，增加相关专业课时，培育既懂信息科技又懂人文艺术的跨学科复合型人才。搭建科技文化融合人才培育平台，通过有形之手聚集文化企业、科研院所和高校人才资源，健全融合领域的"产学研用"机制。④ 进一步扩大对外开放。多渠道、多方位、多形式加强与国外文化科技市场接轨，在充分吸收借鉴国际文化科技融合经验的同时，着力提升本土品牌知名度和美誉度，推动我国文化科技企业走出去，做大国际文化市场份额。⑤ 释放市场需求。在符合社会主义核心价值观的前提下，释放社会成员对文化科技产品的消费潜力，以市场需求为牵引加快文化科技成果转化。

参考文献

[1] 姜念云. 文化与科技融合的内涵、意义与目标[N]. 中国文化报，2012-02-14(003).

[2] 崔木花. 文化与科技融合：内涵、机理、模式及路径探讨[J]. 科学管理研究，2015，33(1)：36-39.

[3] 柳执一. "文化+科技"的破壁创新及融合发展[J]. 人民论坛，2019(35)：138-139.

[4] 吴钊. 嬗变中融合：文化科技系统的耦合与共生[J]. 福建论坛(人文社会科学版)，2015(12)：130-133.

[5] 李涛. 文化与科技深度融合的创新模型研究[J]. 西南民族大学学报(人文社科版),2020,41(9):41-48.

[6] 詹一虹,周雨城. 文化与科技融合视角下文化产业竞争力评价体系研究[J]. 广西社会科学,2014(11):180-184.

[7] 倪芝青,楼菁华. 基于指数研究的城市文化与科技融合发展评价——以杭州为例[J]. 科技管理研究,2015,35(6):69-73.

[8] 贾佳,许立勇,李方丽. 区域文化科技融合创新指标体系研究[J]. 科技促进发展,2018,14(12):1159-1165.

[9] 孙智君,刘蕊涵. 长江经济带十一省市文化与科技融合创新指数测度分析[J]. 科技进步与对策,2018,35(21):147-153.

[10] 郑洋洋. 重庆文化产业与科技产业融合的实证分析——基于投入产出表[J]. 城市,2018(10):61-74.

[11] 袁锦贵. 基于投入产出法的浙江文化与科技融合实证分析[J]. 科技和产业,2019,19(12):160-166.

[12] 顾江,郭新茹. 科技创新背景下我国文化产业升级路径选择[J]. 东岳论丛,2010,31(7):72-75.

[13] 于泽. 文化与科技产业融合度测算分析[J]. 科技管理研究,2020,40(4):88-97.

[14] 刘翔,陈伟雄. 中国省域文化产业与科技创新的系统耦合机理及耦合协调度分析[J]. 福建金融管理干部学院学报,2019(4):33-42.

[15] 孙国锋,唐丹丹. 文化科技融合、空间关联与文化产业结构升级[J]. 南京审计大学学报,2019,16(5):94-102.

[16] 山红梅,陈曦,吴琦,等. 文化科技深度融合的关键影响要素分析[J]. 科技管理研究,2015,35(11):139-143.

[17] 彭根来. 文化产业发展与科技创新耦合机制的优化[J]. 产业与科技论坛,2016,15(23):14-15.

[18] 杨睿博,刘伟. 粤港澳大湾区文化科技融合发展动因与路径分析[J]. 科技管理研究,2020,40(20):29-35.

[19] 费瑞波. 文化科技融合创新关键影响因素的实证分析[J]. 统计与决策,2017(9):107-110.

[20] 纪玉伟,伊彤,沈晓平. 北京市科技与文化融合产业发展影响因素及对首都经济发展作用研究[J]. 科技和产业,2020,20(7):19-27.

[21] Osnat Israeli. A Shapley-Based Decomposition of the R-Square of a Linear Regression [J]. The Journal of Economic Inequality, 2007, 5(2): 199-212.

作者简介

宋美喆(1986—),新疆哈密人,经济学博士,应用经济学博士后,湖南财政经济学院财政金融学院副教授。研究方向为经济、社会统计,公共财政管理。

丁艳琳(2001—),湖南常德人,湖南财政经济学院财政金融学院学生。研究方向为文化产业管理。

王　雯(2001—),湖南邵阳人,湖南财政经济学院财政金融学院学生。研究方向为文化产业管理。

Analysis on Measurement of Culture and Technology Integration and Its Driving Factors

Song Meizhe　Ding Yanlin　Wang Wen

Abstract: The degree of Culture and Technology Integration (CTI) at the provincial level is measured through the coupling degree model, the importance analysis and spatial econometric analysis method are used to empirically test the influence of each driving factor. It is found that the degree of CTI was improving from 2008 to 2018, but still at a relatively low level. From a spatial perspective, the degree of integration from high to low is the eastern region, the central region, and the western region. The interactive influence of CTI between provinces has gradually broken through the separation of geographical and administrative factors, and has spatial overflow characteristics. The CTI of this province has a significant positive impact on other provinces. The order of importance of driving factors from high to low is government intervention, marketization, human capital, open policies and market demand. Among them, human capital, government intervention and open policies have significant positive contributions to CTI. The impact of marketization and market demand is not robust enough, and the market mechanism has not played its due role in promoting CTI. Therefore, it is necessary to further construct the mechanism of market economy system, strengthen the inter-provincial flow of resources, and fully mobilize the positive factors such as government intervention, marketization, human capital, open policies and market demand, in order to realize CTI healthy development.

Key words: Culture and Technology Integration; Degree Measurement; Driving Factor

新时代中国新闻出版业对经济发展的作用及其优化路径*

王志标　杨盼盼　杨京圆

摘　要:新闻出版业在国民经济中是一个具有独特贡献的部门,但是过去的研究不够全面,所以本文进一步分析了新时代中国新闻出版业对经济发展的作用,并提出了优化路径。新闻出版业的作用表现在对于增加值、收入和就业等经济维度的直接贡献、通过产业间关联效应所形成的间接贡献、通过成果传递对创新的引领和传播效应以及对精神和情绪的调节效应等方面。新闻出版业面临精品力作较为缺乏、数字化和智能化产品不够充分、营销模式不够精准、国际传播力有待发展和合格人才短缺等问题。由此提出打造精品力作,促进数字化转型升级,拓展营销思维、渠道与技术,提升国际传播力和打造过硬人才队伍的优化路径。

关键词:新闻出版业;直接贡献;间接贡献;成果传递;精神激励;经济发展

一、引　言

新闻出版业是一个特殊的产业,兼具产业属性、传播属性、精神属性和意识形态属性。几乎所有行业都难免涉及新闻出版。无论是对部门工作的总结和宣传,还是典型人物的树立和典型案例的总结,都需要通过新闻出版发布信息、发动工作、释放成果、宣传成效。作为社会主义国家,中国的新闻出版业必须坚守社会主义宣传理论阵地,确保出版、宣传和传播内容与国家要求、人民期望相一致。2016年2月,习近平同志在党的新闻舆论工作座谈会上指出,党的新闻舆论工作职责和使命是:"高举旗帜、引领导向,围绕中心、服务大局,团结人民、鼓舞士气,成风化

---

*　基金项目:国家社会科学基金一般项目"网络文化企业生态圈协同治理机制研究"(19BGL286)的阶段性研究成果。

人、凝心聚力，澄清谬误、明辨是非，连接中外、沟通世界。”[1] 2021 年 5 月 31 日，在中共中央政治局第三十次集体学习中，习近平强调，要“加强国际传播能力建设，形成同我国综合国力和国际地位相匹配的国际话语权，为我国改革发展稳定营造有利外部舆论环境”[2]。因此，在新时代新闻出版的导向性将更加突出，主题出版和攻坚将迎接新的挑战性课题。

当前，我国新闻出版业正在进行以高质量发展为目标的结构性调整。2019 年出版图书、期刊、报纸、音像制品和电子出版物 450.70 亿册（份、盒、张），其中出版图书 105.97 亿册，增长 5.87%；期刊 21.89 亿册，降低 4.48%。① 在出版的图书中，新版 204 667 种，降低 9.42%，重印 213 693 种，增长 1.70%；出版期刊 10 171 种，增长 0.32%，印数则降低 3.03%。② 新版图书种类的下降反映了国家对于图书出版内容审查的趋紧，是迈向新闻出版业高质量发展的必然结果。2020 年，以《平安经》的出版为开端，在全国层面开展了对于出版业内容的深刻反思。2020 年 7 月 29 日，中央纪委监委网站对这本书进行了点名批评，提出“平安不是口号要靠实干”。③ 类似于《平安经》之类的图书为数不少，败坏了中国新闻出版业的声誉，间接反映出整个社会浮躁虚浮、缺乏思考的深层次问题，因此国家对于新闻出版业的治理是有必要的。期刊的调整反映出两个方面的事实：一是期刊内部调整，向着专业化方向发展，所以期刊种类增加；二是数字化对于期刊产生了较大影响，阅读偏好由纸质期刊转向电子期刊，导致期刊印刷数量减少。

新闻出版业自身的调整不可避免会给经济发展带来一定的影响，原因在于：一是新闻出版业自身是一个有一定规模的部门，对经济具有直接贡献，即带来 GDP 增长和就业等；二是新闻出版作为其他产业的关联产业有助于促进其他产业的增长，从而对经济产生间接贡献；三是新闻出版产品对于创新具有引领和传播作用，可以转化为现实生产力；四是新闻出版产品属于精神产品，会通过对于人们精神和情绪的调节而作用于经济。

过去关于新闻出版业对于经济发展作用的研究主要体现在以下几个方面：

---

① 参考国家新闻出版署 2020 年 10 月发布的《2019 年全国新闻出版业基本情况》。见：http://www.nppa.gov.cn/nppa/upload/files/2020/11/a0fbd38dab39dd1f.pdf。

② 参考国家新闻出版署 2020 年 10 月发布的《2019 年全国新闻出版业基本情况》。见：http://www.nppa.gov.cn/nppa/upload/files/2020/11/a0fbd38dab39dd1f.pdf。

③ 中纪委批《平安经》：荒谬！[N/OL]. 潇湘晨报，2020-07-30. https://baijiahao.baidu.com/s?id=1673627161474936807&wfr=spider&for=pc.

第一，对新闻出版业外部效应的研究指出了新闻出版业具有正外部效应和负外部效应，且两种外部效应各有其表现。吴新颖、姚德权认为新闻出版业是外部效应较强的行业，这表现为认识世界、积累文化、传承文明、创新理论、资政育人、服务社会、娱乐民众等正外部效应，以及误导民众，传播庸俗、低俗价值观等负面效应。[3]陈玉国分析了伪书的影响，指出伪书扰乱了出版市场秩序，侵犯了知识产权，挑战了出版诚信，背弃了出版宗旨和使命且丧失了原创性。[4]

第二，研究新闻出版业的关联效应。这方面的研究成果较多。王志标、杨京圆基于 2017 年中国投入产出表和最新分类的研究表明：新闻出版业对于制造业的完全消耗系数最大，印刷复制部门、新闻信息和出版部门对于制造业的直接消耗系数都比较显著；新闻信息和出版部门具有较强的后向拉动作用但是前向推动作用相对较弱，出版物发行部门具有较强的前向推动作用但后向拉动作用不足，印刷复制部门兼具较强的后向拉动作用和前向推动作用。[5]丁和根对传媒业的研究表明，传媒业具有较好的波及效应，但是在国民经济中的地位和影响整体上呈现下降趋势。[6]王志标对河南省新闻出版业的研究表明：新闻出版业具有较大的直接经济效益和前向完全经济效益，后向完全经济效益处于社会平均水平；新闻出版业投资对自身的后向效应最大，除自身外，受其投资影响较大的三个部门是文化产品生产的辅助生产部门，住宿和餐饮业，交通运输、仓储和邮政业。[7]

第三，对新闻出版业投资的研究。罗荣华、郭明英指出，在经济新常态下我国新闻出版业股价泡沫仍比较严重。[8]张悦则对新闻出版上市企业经营绩效进行了分析，指出：中南传媒和长江传媒资产周转速度和应收账款周转速度很快，但是存货周转率较低；中南传媒短期偿债能力较好，长期偿债能力较差，浙报传媒与之相反；新华传媒、博瑞传媒和粤传媒对出版控制较好，长江传媒控制能力尚可。[9]

从以上研究成果可以看出，学术界对于新闻出版业的经济作用已经进行了一定程度的研究，揭示了新闻出版业与其他产业之间的经济联系。但是，对于新闻出版业经济作用的研究仍存在以下不足：

第一，研究主要局限于技术层面，多采用指标分析，尤其主要运用的是投入产出技术。

第二，对于新闻出版业与其他产业间的关联效应研究较多，但是对于经济效益、政策的调整作用讨论尚不充分。

第三，对于新闻出版业在经济领域的间接影响和作用讨论也较为欠缺。鉴于此，结合近年来的研究和新时代新闻出版业的发展状况，从更广泛视角讨论中国新闻出版业对经济发展的作用，进而分析潜在问题并提出优化路径。

二、新时代中国新闻出版业对经济发展的作用

在新时代，中国经济逐步实现高质量发展目标。由于新闻出版业与其他产业之间的相互作用，中国经济高质量发展的实现离不开新闻出版业的贡献。无论脱贫攻坚，还是乡村振兴，乃至于共同富裕，都需要新闻出版业切实发挥自身引导功能、服务功能、感召功能、开化功能、校正功能和沟联功能，确保政策传导、信息传递、精神传颂、能量传达、文化传播。从产业属性进行归类，新时代中国新闻出版业对经济发展的作用主要体现在如下方面：

（一）直接贡献：增加值、收入和就业

无论在中国还是其他国家，新闻出版业本身都是一个重要产业，对于经济发展具有直接贡献。由于统计制度的差异，各国数据之间并不具有直接可比性，仅具有参考意义。

在中国，国家统计局公布的年度数据里未明确出版业的增加值、收入和就业。在中国文化及相关产业统计年鉴里有部分数据，详细统计反映在新闻出版业基本情况、新闻出版产业分析报告里。但遗憾的是，它们均未公布增加值数据，而收入为营业收入。在投入产出表里有增加值数据，但是投入产出表是每五年公布一次，数据具有滞后性，而且需要根据产业分类进行拆分和合并后才能得到新闻出版业的增加值。所以，增加值数据仅供参考。

杨京圆基于 2017 年中国投入产出表和《文化及相关产业分类(2018)》计算，中国新闻出版业直接增加值为 4 170.04 亿元，其中，新闻信息和出版产业 783.94 亿元，出版物发行产业 1 248.29 亿元，印刷复制产业 2 137.81 亿元，占全国 GDP 的比重分别为 0.10%、0.15%、0.26%。[10]由此可见，作为新闻出版业的核心部门，新闻信息和出版产业的增加值总体偏低，而外围部门印刷复制业的增加值相对较大。

根据国家新闻出版署 2020 年 10 月发布的《2019 年新闻出版产业分析报告(摘要)》，2019 年，中国出版、印刷和发行业务实现营业收入 18 896.1 亿元，较 2018 年增长 1.1%，其中图书出版营业收入增长最快，达到 5.6%。[11]根据国家新闻出版署发布的《2018 年新闻出版产业分析报告》，2018 年中国出版、印刷和发行业务实现营业收入 18 687.5 亿元，较 2017 年增长 3.1%。[12]而 2017 年中国出版、印刷和发行业务比 2016 年增长 4.5%。[13]因此，自 2017 年以来，中国新闻出版业营业收入持续增长，但是增速放缓。

根据美国出版业协会2020年7月31日发布的年度报告，美国出版业收入自2015—2019年分别为278.0亿美元、262.7亿美元、262.3亿美元、256.3亿美元、259.3亿美元。[14]也就是说，2015—2018年美国出版业收入缓慢下滑，2019年略有增长(增长1.1%)。根据美国出版业协会月度数据加总，2020年美国出版业年收入为147.53亿美元[15]，同比降低43.10%。因此，与美国相比，中国出版业总体发展态势较好，且规模更大。

从各国出版业的规模和比重看，2019年美国出版业占GDP比重为0.12%；日本出版业总收入1.54万亿日元(约合141.97亿美元)，占GDP的0.27%；德国出版业总收入92.91亿欧元(约合104.08亿美元)，占GDP的0.27%；英国总收入63亿英镑(约合80.52亿美元)，占GDP的0.29%。[15]因此，与世界各国相比，中国出版业的规模更大，在GDP中的占比更高。

中国新闻出版业对于就业的直接贡献体现在就业人数和就业者所取得的劳动报酬方面。根据杨京圆的计算，2017年中国新闻出版业直接就业人数310.59万人，其中新闻信息和出版产业、出版物发行产业、印刷复制产业的就业人数分别为38.09万人、57.23万人和310.59万人；就业者所取得的直接劳动报酬为2 346.47亿元，其中新闻信息和出版产业、出版物发行产业、印刷复制产业的直接劳动报酬分别为568.72亿元、504.24亿元、1 273.51亿元。[10]2019年，中国新闻出版业就业人数为362.4万人，比2018年下降7.2%，而且，各个子行业都出现了就业人数下降的情况。[11]2019年中国新闻出版业营业收入的增长和就业人数的下降，均反映出自2019年以来其收入增长和就业人数下降受新闻出版业结构调整的影响。

(二)间接贡献:通过产业间关联作用形成

新闻出版业对于经济发展的作用也具有间接贡献。原因在于，新闻出版业通过产业关联作用带动了其他产业的发展。一方面，新闻出版业的发展需要投入一定的生产要素，例如纸、笔等办公用品，电脑、打印机等耗材，以及人力资源投入。所以，新闻出版业的发展会拉动其上游相关产业的发展。另一方面，新闻出版构成了一些产业的中间投入。例如，教育、科研等都需要图书、期刊等出版产品，当然，教育业和科研业参与了新闻出版产品的生产。再如，企业在研发过程中也需要查找大量的技术资料，不少技术资料源自已出版的图书和期刊。所以，新闻出版业的发展对于下游相关产业具有推动作用。

王志标等学者对此做过较为长期和系统的研究。王志标、杨京圆的计算表明：印刷复制部门的后向拉动作用和前向推动作用都很强，在国民经济中的地位十分突出；出版物发行部门具有较强的前向推动作用但后向拉动作用不足；新闻信息和出版部门具有较强的后向拉动作用但前向推动作用相对较弱。[5]王志标对河南省新闻出版业的研究表明：在不考虑固定资产占用情况下，新闻出版业的后向完全经济效益高于其他文化服务业；在考虑固定资产占用情况下，其后向完全经济效益在文化服务业中仅次于文化信息传输服务；新闻出版业的前向经济效益高于所有其他文化部门；受新闻出版业投资影响较大的 3 个部门是文化产品生产的辅助生产部门，住宿和餐饮业，交通运输、仓储和邮政业。[7]杨京圆的计算表明：中国新闻出版业的间接产出是 26 282.94 亿元，其中新闻信息和出版、出版物发行、印刷复制 3 个产业的间接产出分别是 2 456.48 亿元、3 499.98 亿元、20 326.48 亿元；中国新闻出版业的间接增加值是 9 063.12 亿元，其中新闻信息和出版、出版物发行、印刷复制 3 个产业的间接增加值分别是 871.17 亿元、2 323.37 亿元、5 868.59 亿元，它们对于 GDP 的间接贡献则分别为 0.11%、0.28%、0.72%，均高于直接贡献。[10]

在新时代，新闻出版业借助于移动互联网、人工智能、大数据等技术和运用实现媒体融合和跨界整合，并不断细分市场，以延长和拓展产业链。例如，喜马拉雅是一个音频分享平台，覆盖财经、音乐、新闻、商业、小说等有声内容，吸引了 328 类过亿收听量，音频内容反过来促进了实体书店销售，实体书的优质内容通过大数据应用实现精准到达；[16]泰山市与北京印刷学院等合作创建了泰山新闻出版小镇，该小镇成为集编辑、纸张、出版、印刷、发行、仓储、物流等于一体的出版业全产业链园区，已吸引 40 多家企业入驻。[17]

（三）成果传递：对创新的引领和传播效应

新闻出版业作为一个内容产业，对于经济发展而言承担着一个重要的作用，即成果传递。新闻出版业不能直接生产科学技术，但是能够传递科学技术，从而实现对于创新的引领和传播效应。毫无疑问，创新能够带来技术变革，带来生产力，从而促使经济发展。

对于创新的引领作用，过去存在争议。不少观点认为，只有科研工作者和技术专家才能够引领创新。但是，在 2021 年 5 月 9 日习近平给《文史哲》编辑部全体人员的回信中明确，“高品质的学术期刊就是要坚守创新、引领创新，展示高水平研究成果”[18]。对这句话的正确理解应该是学术期刊通过展示高水平研究成果引领创新。也就是说，新闻出版业对于创新的引领作用是通过传递实现的，而非创新成果本身。1961 年 5 月 14 日，钱学森在给《力学学报》一篇论文的审稿意见里指出：

"写论文的时候，必须想到设计者的使用方便，真正解决设计者所要解决的问题；不能脱离使用目的！"[19]在审稿信中，钱学森从作者论文撰写角度对于期刊内容提出了明确的要求，即服务于设计者的需要，也就是满足于实际工作的需要。从新闻出版业实际作用而言也是如此。1966 年，《科学通报》中文版第 17 卷第 4 期发表了已故著名水稻杂交专家袁隆平的论文《水稻的雄性不孕性》，这篇具有开创性的文章使得袁隆平能够在"文化大革命"的复杂情况下仍继续从事水稻杂交研究工作。[20]

创新的形成固然重要，但更为重要的是使创新能够为人所知、所用。没有得到传播的创新成果对于社会的作用只是潜在的、微乎其微的或无成就的[21]。新闻出版业可以发挥其对于创新的传播效应。在新闻出版业中，承担创新传播任务的主要是科技期刊。有研究表明，科研人员所利用的全部信息中 70%来自科技期刊。[22]据统计，日本已经有 27 人次获得诺贝尔经济学奖，在世界排名第 6 位[23]，而这离不开日本强大的翻译出版业的贡献。根据联合国教科文组织世界翻译索引的统计，日本翻译出版外国出版物的总数量紧随德国、西班牙和法国，列世界第 4 位，是中国的 2 倍，这使日本研究者能够及时有效地了解世界最前沿的科技信息。[24]莫言之所以获得诺贝尔文学奖，与国际汉学家对其作品的翻译和传播也有很大的关系。莫言曾谈到："翻译的工作特别重要，我之所以获得诺奖，离不开各国翻译者的创造性工作。有时候，翻译比原创还要艰苦。我写《生死疲劳》，初稿只用了 43 天。瑞典汉学家陈安娜，整整翻译了 6 年。"[25]因此，新闻出版业在成果传递方面的作用不容忽视。

（四）精神激励：对精神和情绪的调节效应

每一位生产者都有其精神和情绪。积极的精神和情绪有助于生产活动的开展，可以提高生产效率，促进生产活动中的创新形成，实现产品质量的提升。而消极的精神和情绪则有负面的影响。新闻出版作品对于人们的精神和情绪具有抚慰和激发的调节作用。这从经济危机或灾难发生时新闻出版业绩效的提升可以得到证实。

2009 年，中国出版产业在全球金融危机的冲击下逆势增长，成为全球第二大书报生产国和出版市场。[26]2020 年，在新冠疫情冲击下，人民文学出版社的利润保持了 10%以上的增长；化学工业出版社在当当网、京东的销售增长超过 20%；21 世纪出版社集团利润增长 7.23%。[27]同样，2020 年美国有 5 家小型独立出版社也实现了逆势增长。马萨诸塞州纳南普敦市 Interlink 出版公司销售额增长了 8%；

Godine 公司销售额更是增长了 66%;切尔西绿色出版公司通过 Bookshop. org 等网店实现了销售额增长 145%的业绩。[28]

中国古人早已认识到新闻出版作品的精神激励作用。宋真宗赵恒《励学篇》载:"富家不用买良田,书中自有千钟粟。安居不用架高堂,书中自有黄金屋。娶妻莫恨无良媒,书中自有颜如玉。出门莫恨无人随,书中车马多如簇。男儿欲遂平生志,五经勤向窗前读。"《荀子·劝学》阐释了通过学习儒家典籍对于知识养成、人格提升、世事洞明的好处。

三、新时代中国新闻出版业面临的主要问题

在新时代,为了更好发挥中国新闻出版业的经济作用,需要分析中国新闻出版业所面临的主要问题。在经济高质量发展背景下,2019 年 8 月中国科协、中宣部、教育部、科技部联合印发了《关于深化改革　培育世界一流科技期刊的意见》,明确了中国科技期刊的发展目标,提出了实现一流期刊建设目标的措施和路径。[29]同年 9 月,中国科协、财政部、教育部、科学技术部、国家新闻出版署、中国科学院、中国工程院联合下发通知,启动为期 5 年的中国科技期刊卓越行动计划。[30]2020 年 10 月,中国科协发布了《我国高质量科技期刊分级目录》,该目录覆盖 10 大领域,2 609 种期刊。[31]再对照习近平同志与新闻出版相关的重要讲话和回信,考虑到新技术对于新闻出版业的影响和出版业自身融合发展的需要,可以将新时代中国新闻出版业面临的主要问题总结如下:

(一) 内容质量:新闻出版精品力作仍较为缺乏

毫无疑问,中国新闻出版业的规模已跃居世界第一。但是,在这庞大的出版规模背后潜藏着一些问题,其中最为突出的是总体上内容质量不高,精品力作较为缺乏。

第一,平庸之作盛行。有的书属于重复性出版,从书名到框架再到内容,与原有图书差别不大,个别的书籍甚至涉嫌严重抄袭和剽窃;有的论文也是重复性的,或者存在抄袭、剽窃,或者与自己、与他人在选题、方法、内容等方面重复,缺少对问题的推进。有的书基本上是没有意义的,完全没有必要出现在市场上,这样的书很多,比较典型的是《平安经》;有的论文也是不必要发表的,缺乏核心思想或创新,或者空洞无物。

第二,追风之作丛生。不少作者缺乏原创性思考,总是亦步亦趋,在别人提出选题或问题后跟在别人后面跑。虽然这样能够形成不少成果,但是因为并非是原

创性的,就不利于推动创新,也不利于推动社会进步和经济发展。这些著作或论文徒具形式之表,却无实质性建树。有的直接沿用别人的方法,更换数据,类似于完成习题;有的结论是早就形成的或众所周知的,有故弄玄虚之感。

第三,敷衍之作盗名。有的图书或论文粗制滥造,错误百出。例如,《广西石刻总集辑校》一书被指出存在的错漏多达数千处之多,粗劣不堪,作者因此被撤销国家社科基金项目。[32]

(二)产品融合:数字化和智能化产品尚不充分

数字化、智能化对于新闻出版业的影响显而易见,国家对此也有较为清醒的认识。早在2014年,国家新闻出版广电总局、财政部就联合发布了《关于推动新闻出版业数字化转型升级的指导意见》。2017年,国家新闻出版广电总局、财政部又联合发布了《国家新闻出版广电总局、财政部关于深化新闻出版业数字化转型升级工作的通知》。在后一文件里,提出要加快实现新闻出版企业数字化转型升级和初步建成支撑新闻出版业数字化转型升级的行业服务体系的目标。[33]新闻出版企业在该方面进行了探索,但是仍存在一定的问题。这主要表现在:新闻出版业数字化转型软件技术服务商与新闻出版业需求的契合度低;数据共享和应用在技术、知识产权和收益分享方面存在某些障碍;知识服务形式仍比较单一;VR+出版、AR+出版的融合创新亟待新突破。

(三)销售途径:营销模式不够精准

在大数据、云计算和人工智能时代,以今日头条为代表的精准推送模式导致了网络阅读、手机阅读中的"沉迷",形成用户黏性。尽管如此,不少新闻出版企业在充分利用新技术实现精准营销方面仍面临困难。

第一,如何在产品正式推出之前就适当地评估市场,进而对产品进行修正,以使产品能够在正式推出后更好地适应市场需求。

第二,如何细分新闻出版市场,实现对于用户的"锁定",以实现定向推送。

第三,如何利用微信群、微信公众号等新型社交媒体,实现新闻出版产品的动态交互,以更好地改进产品。

第四,如何与各种销售平台、数据库平台等合作,充分挖掘新闻出版内容产品的衍生价值。

在新时代,以实体店为主体的营销逐渐丧失了优势,尤其在新冠疫情爆发之后,在线销售,尤其是以微信群为主的微商销售成为新的销售渠道。在这些新型销售渠道中,其与传统销售方式最大的不同在于定制化、交互性和参与性。销售是因用户的定制化需求而产生和实现的；在销售过程中销售商与用户有持续的交互性，该过程从用户发起询问到用户使用后的反馈结束，由此衍生出更多的信息，信息广度和深度的发展推进了精准营销实现的可能性；在销售前、销售中和销售后，用户是参与其中的，甚至会对于产品的设计和内容提出自己的独到意见，从而改进产品。所以，新闻出版企业及其销售商都需要结合这些变化采取更加精准的营销模式。

（四）传播受众：国际传播力需要进一步提升

在新时代，以习近平同志为核心的党中央和国家管理部门都对新闻出版业的传播能力提出了新的更高的要求，旨在通过新闻出版业的传播向世界讲好中国故事、中国经验、中国模式和中华优秀传统文化，增进世界对于中国的了解，以在传播方面促进人类命运共同体、人类卫生健康共同体和人与自然生命共同体的形成。习近平同志在给《中国日报》创刊 40 周年的贺信中揭示了新闻出版业的国际传播使命，即“更好介绍中国的发展理念、发展道路、发展成就，更好展示真实、立体、全面的中国，为促进中国和世界交流沟通作出新的贡献”[34]。应该说，当前正值百年未有之大变局，新冠疫情在全球持续蔓延，世界经济低迷，中美竞争加剧，中国在国际传播力建设方面面临较大压力。一是如何在讲好中国故事的同时向世界传递一个真实的中国，建构起中国对于世界的文化吸引力；二是如何尽可能结合世界其他国家的风土人情，以更具亲和力的方式进行传播，以弱化“文化贴现”问题；三是如何利用新型媒体、新型技术更好更快地传播。

（五）人才压力：新闻出版业合格人才短缺

在出版业高质量发展和新技术的影响下，新闻出版业面临更大的人才压力。一方面，不少新闻出版人才是按照传统方式培养出来的，对于新技术所知不多，也难以适应新技术在新闻出版业广泛应用和融合发展的潮流；另一方面，即使是传统型的新闻出版人才，真正能够满足高质量发展需要的数量仍不足，质量欠优。究其原因，主要在于新闻出版业工作强度较大，尤其近年来加大编校质量和内容质量检查之后，新闻出版从业者任务更为艰巨，但在同时晋升空间和所得收入都比较有限，难以吸引优秀人才加入。所以，在新闻出版业，从策划人才、编辑人才、校对人才，再到营销人才，都较为缺乏。如何吸引人才进入新闻出版业、如何采取激励措施留住新闻出版业人才、如何采取措施提升新闻出版业人才技能，都是需要经过深入思考和持续努力才能解决的问题。

四、新时代发挥中国新闻出版业经济作用的优化路径

针对新闻出版业缺乏精品力作、数字化产品不充分、营销模式不精准、国际传播力不足以及合格人才相对短缺的问题，提出以下优化路径：

（一）通过能力建设、进入壁垒和精耕细作推动精品力作的问世

出版工作涉及选题策划、编辑、营销等多个环节。出版机构的选题策划能力决定了出版物的内容价值，编辑校对能力则决定了出版物编校质量。因此，要打造精品力作，就需要增强选题策划能力和编辑校对能力。

第一，以读者阅读需求为导向，通过了解时事热点、前沿思潮，选取那些具有时代精神、能够反映读者偏好的选题，以发挥新闻出版业风向标、定音鼓的媒介作用。

第二，打造研究型编辑队伍。通过对于专业领域的深入研究预测该领域未来前进方向，从而及早推出在学科发展史中具有里程碑意义或重要建树的精品，实现新闻出版业与学科发展的共生共荣。

第三，提高选题准入门槛，加强对于选题和内容的审查，压缩跟风重复选题，推动原创性成果的大量涌现。

第四，发扬工匠精神。结合最新的大数据、人工智能等科技手段对获得的资料、数据和信息进行加工处理，用丰富的语言、形式、方法制作出能够吸引读者的精品内容。[35]

（二）通过行业示范引领推动新闻出版业的数字化转型升级

随着产品融合的深入，新闻出版业亟须新兴技术助推其数字化转型升级。新兴技术主要包括 5G 通信、大数据、人工智能、AR 及 VR 等。5G 通信技术可保证用户高速下载，无卡顿浏览，从而增强用户的体验感；大数据可用来跟踪用户的行为、兴趣及消费习惯等，以此实现与用户的精准对接，如人民法院出版社的法信大数据已推向市场，反响热烈；人工智能可用来丰富数字知识产品的表现形式，比如用智能机器人回复消费者在使用知识产品过程中所遇到的问题，再如通过智能化的交互性提升儿童的学习兴趣等；AR 及 VR 技术可以为用户的体验式阅读、沉浸式阅读以及跨时空阅读提供新情景，中信出版集团、人民文学出版社已率先发行了 AR 图书，在读者中掀起了一股热潮。新闻出版企业对于运用新兴技术的示范引领作用可大力增强整个新闻出版业的创新动力，促进新闻出版业数字化转型升级。

目前，新闻出版业数字化产品主要有电子书、有声书及知识服务付费产品等。电子书具有大容量、内容丰富、携带方便等优点。要转型发展电子书，需要根据受

众需求精确分类选取内容，找到适合的电子书制作工具，增强电子书的可读性、有趣性和交互性。有声书是一种市场化的录音产品，产品形式包括但不限于数字文件、光盘、盒式磁带，其中文字内容应超过 51%。[36]随着移动互联网的兴起，各种平台上的有声书日益丰富，并成为一种具有广阔发展前景的跨界融合产品，形成了喜马拉雅、蜻蜓、懒人听书、酷我听书、荔枝、考拉等平台品牌。有声书的发展需要考虑选择怎样的技术和平台，如何细分消费者偏好以及如何精确选取具有吸引力的内容。至于知识服务涵盖的领域，主要包括教育出版领域、专业出版领域以及大众出版领域。在教育出版领域，可以通过加强微课、慕课等新兴教育服务模式，实现多元化数字化发展，如南方出版传媒集团通过搭建南方云教育平台成为出版业与教育领域产品融合的知名品牌。在专业出版领域，可把建设知识服务平台作为突破口，如法律出版社打造了法文化资源融合平台，形成了兼具互动性、个性化的知识服务模式。在大众出版领域，可以数字阅读和网络文学为中心，通过挖掘产品的品牌价值、版权价值、内容价值等，实现数字化发展的转型升级。

(三) 通过思维、渠道与技术的相互接入实现精准营销

营销是确保新闻出版业可持续发展的关键环节。要提升营销能力，既需要转变思维方式，也需要拓宽营销渠道。首先，需要树立"读者思维"，建立以用户需求驱动为核心的新营销观念。传统的营销观念是先出书，再营销。强调"读者思维"的新营销观念则强调通过市场调研了解消费者需求，再根据消费者需求出版与市场相匹配的产品。其次，需要积极拓展线上线下多种营销渠道，既要注重传统的线下营销方式，也要开拓微信、微博、短视频等线上营销平台。比如，纸质书《S.》曾因抖音读者的推荐而大火，中信出版集团借势营销，策划了一场"百人印厂揭秘"活动，为此书制造了多个营销热点，从而成功提高了该书的销量。最后，要采集用户需求数据，不仅需要线下营销的配合，还需要运用大数据技术，在实施线上营销宣传的过程中，做好用户画像，从而根据读者差异化需求开展精准营销。

(四) 通过拓展渠道和文化对接提升国际传播力

增强国际传播力有利于提升国家形象，坚定文化自信。结合当前国际传播中的薄弱环节，新闻出版业应从如下方面提升国际传播力。

第一，拓宽国际传播渠道。目前，国际传播主要依靠传统媒体和官方渠道。但是，在互联网时代，传统媒体的影响力逐步减弱，这导致国际传播效果大打折扣。习近平总书记在世界互联网大会上强调，互联网是传播优秀文化的重要载体。[37]因此，可充分利用互联网出版，通过新闻媒体的有机整合提高国际传播能力。此

外，随着国际化进程的加快，民众参与国际交流的机会增多。因而，可以充分发挥民间力量，调动民众的积极性，形成对文化传播渠道的有益补充力量。

第二，充分考虑文化差异。国外受众群体庞大，信息需求具有差异性，根据不同的受众群体，应采取不同的传播策略。比如，对于友好程度高的国家，可以宣传国家传统文化为主；对于友好程度低的国家，可注重经济、发展等信息的交流。在国际传播时，要充分考虑受众国人民的风俗习惯、宗教信仰、仪式仪礼等。

第三，选择接地气的传播方式。国际传播需要讲故事，尤其需要讲能引起共鸣的故事。比如，在讲述“中国梦”时，可通过案例进行循循善诱的解读与描绘，在接地气、有温度、有人情味中阐述“中国梦”的内涵。

（五）努力通过培训、薪酬、考核等制度体系的完善打造过硬新闻出版人才队伍

加强队伍建设，是保障新闻出版业健康发展的根本。

第一，要组织系统化培训。培训内容应包括编辑策划创新、校对规范和能力、新技术在新闻出版业的应用技巧、新闻出版营销等。通过系统化培训可以缩小新闻出版业专业技术人才需求与供给之间的缺口。同时，要兼顾思想政治培训，加强新闻出版从业人员的政治责任感和文化使命感。2018 年 8 月，习近平总书记在全国宣传思想工作会议上提出，要“不断增强脚力、眼力、脑力、笔力，努力打造一支政治过硬、本领高强、求实创新、能打胜仗的宣传思想工作队伍”[38]。

第二，要提高薪酬待遇。一方面，要吸引高素质、技术型人才加入新闻出版业，实现队伍在质量和结构上的突破；另一方面，要设法激发现有人员的创新活力和工作动力。

第三，要完善出版人才考评机制，在考核基础上通过提高行业人才的发展空间达到留住人才的目的。在职称晋升、职务升迁、薪酬安排等方面减少论资排辈现象，切实以实绩、能力、贡献作为标准，从而树立正确的导向性，确保新闻出版业的人才上升通道畅通、上升路径顺畅、增收潜力可期。只有经过多方面的综合努力，才能培养出优秀的出版人才，才能充分发挥其能动优势，助推新闻出版业的健康可持续发展。

五、结　论

本文分析了新时代中国新闻出版业对经济发展的作用，剖析了新闻出版业面临的主要问题，并提出了发挥中国新闻出版业对经济发展作用的优化路径。新时代中国新闻出版业对经济发展的作用包括直接贡献、间接贡献、成果传递和精神激

励等方面。中国新闻出版业对经济发展的直接贡献表现在增加值、收入和就业等方面；间接贡献表现在通过产业间关联作用对上下游产业的促进；成果传递表现在对创新的引领和传播效应；精神激励表现在新闻出版作品对于人们的精神和情绪具有抚慰和激发的调节作用。新闻出版业发展面临的主要问题是精品力作仍较为缺乏、数字化和智能化产品尚不充分、营销模式不够精准、国际传播力有待提升、合格人才短缺。所提出的优化路径是通过能力建设、进入壁垒和精耕细作推动精品力作的问世，通过行业示范引领推动新闻出版业的数字化转型升级，通过思维、渠道与技术的相互接入实现精准营销，通过拓展渠道和文化对接提升国际传播力，努力通过培训、薪酬、考核等制度体系的完善打造过硬新闻出版人才队伍。

相比过去研究，本文的主要工作在于较为全面地分析了中国新闻出版业对经济发展的作用，不仅考虑了直接贡献和间接贡献，还考虑了成果传递和精神激励，从而关照了新闻出版业产业属性之外的其他属性价值。从研究角度看，任何单一方法的研究对于新闻出版业而言都是存在一定缺陷的，因为难以兼顾新闻出版业的所有属性。这就在一定程度上低估了新闻出版业对于经济的贡献。在未来可以采取更多的质性研究方法对新闻出版业的其他属性加以客观分析，从而拓展人们对于新闻出版业的认识范围和深度。

参考文献

[1] 习近平. 坚持正确方向创新方法手段　提高新闻舆论传播力引导力[EB/OL]. (2016-02-19)[2021-06-04]. http://www. xinhuanet. com//politics/2016-02/19/c_1118102868. htm.

[2] 习近平. 加强和改进国际传播工作　展示真实立体全面的中国[EB/OL]. (2021-06-01)[2021-06-04]. http://www. xinhuanet. com/politics/2021-06/01/c_1127517461. htm.

[3] 吴新颖，姚德权. 外部效应：新闻出版规制的理论依据[J]. 湖南师范大学社会科学学报，2005(4):110-116.

[4] 陈玉国. 伪书的成因、危害及防范对策[J]. 河海大学学报(哲学社会科学版)，2006(3):78-80,95.

[5] 王志标，杨京圆. 中国新闻出版业关联效应分析——基于最新分类和 2017 年投入产出表的分析[J]. 中国出版，2020(11):47-51.

[6] 丁和根. 我国传媒产业关联及其演化趋势分析——基于投入产出表的实证研究[J]. 新闻与传播研究，2020,27(11):57-75,127.

[7] 王志标. 新闻出版业经济影响测算:以河南省为例[J]. 出版科学,2016,24(2):51-56.

[8] 罗荣华,郭明英. 基于剩余收益模型的新闻出版业股价泡沫研究[J]. 北京印刷学院学报,2020,28(5):13-17.

[9] 张悦. 新闻出版上市公司经营绩效评价分析[J]. 出版发行研究,2017(9):29-32.

[10] 杨京圆. 中国新闻出版业经济影响研究[D]. 郑州:河南大学,2020.

[11] 国家新闻出版署. 2019 年新闻出版产业分析报告(摘要)[R/OL]. [2021-06-04]. http://www.nppa.gov.cn/nppa/upload/files/2020/11/c46bb2bcafec205c.pdf.

[12] 尹琨. 国家新闻出版署发布《2018 年新闻出版产业分析报告》[EB/OL]. (2019-08-28)[2021-06-04]. https://www.chinaxwcb.com/info/555964.

[13] 国家新闻出版署. 2017 年新闻出版产业分析报告(上)[R/OL]. (2018-07-30)[2021-06-04]. http://www.cbbr.com.cn/article/123452.html.

[14] AAP StatShot Annual Report: Book Publishing Revunues Up Slightly to $25.93 Billion in 2019[R/OL]. (2020-07-31)[2021-06-04]. https://publishers.org/news/aap-statshot-annual-report-book-publishing-revenues-up-slightly-to-25-93-billion-in-2019.

[15] 美国、日本、德国、英国近 5 年出版市场数据报告来了![EB/OL]. (2021-04-08)[2021-06-04]. https://baijiahao.baidu.com/s?id=1696475889443510922&wfr=spider&for=pc.

[16] 媒体融合,打造出版产业链——开明出版传媒论坛暨第六届上海民进出版论坛侧记[EB/OL]. (2019-09-06)[2021-06-04]. http://wlj.yq.gov.cn/whcy/201909/t20190906_918663.html.

[17] 泰山新闻出版小镇:打造全产业链聚集平台 构建新闻出版新生态[EB/OL]. (2020-12-03)[2021-06-04]. https://www.thepaper.cn/newsDetail_forward_10253565.

[18] 习近平给《文史哲》编辑部全体编辑人员的回信[EB/OL]. (2021-05-10)[2021-06-04]. http://www.xinhuanet.com/2021-05/10/c_1127428330.htm.

[19] 刘俊丽. 从钱学森先生的审稿意见,谈对《力学学报》办刊的启示[J]. 力学学报,2021,53(5):1510-1514.

[20] 袁隆平先生与期刊的不解之缘[EB/OL]. (2021-05-23)[2021-06-04]. http://hunan.voc.com.cn/xhn/article/202105/202105230915352033.html.

[21] 张朝军,赵霞,肖英. 没有传播就没有科技创新——论科技期刊在国家科技创新体系中的地位和作用[J]. 科技传播,2020,12(5):13-17.

[22] 李艳红,彭超群,龙怀中. 论科技期刊与科研活动的相互作用[J]. 编辑学报,2016,28(2):124-126.

[23] 全球各国诺贝尔奖得奖人数排名,我国排第几?[EB/OL]. (2019-10-12)

[2021-06-04]. https://baijiahao. baidu. com/s? id=1647174446764489087&wfr=spider&for=pc.

[24] 日本强大的翻译业，帮日本屡获诺奖[EB/OL]. (2018-10-09)[2021-06-04]. https://www. sohu. com/a/258302950_664564.

[25] 莫言：我之所以获得诺奖，翻译功不可没——专业翻译的重要性[EB/OL]. (2019-05-12)[2021-06-04]. https://www. sohu. com/a/313465260_595686.

[26] 中国新闻出版业逆势增长 成全球第二大书报市场[EB/OL]. (2010-08-31)[2021-06-04]. http://www. xinhuanet. com/zgjx/2010-08/31/c_13471305. htm.

[27] 金鑫. 2020 这么难，还能逆势增长，哪些出版社这么牛[EB/OL]. (2021-01-25)[2021-06-04]. https://www. sohu. com/a/446743102_740204.

[28] 渠竞帆. 美国小型出版社靠什么逆势增长[EB/OL]. (2021-03-23)[2021-06-04]. https://xw. qq. com/cmsid/20210323A09EG400.

[29] 关越. 加快建设中国品牌的世界一流期刊[N]. 工人日报，2019-08-23(5).

[30] 张泉. 建设世界一流科技期刊 七部门联合实施中国科技期刊卓越行动计划[EB/OL]. (2019-09-20)[2021-06-04]. https://baijiahao. baidu. com/s? id=1645175892296043612&wfr=spider&for=pc.

[31] 10 大领域，2609 种期刊！《我国高质量科技期刊分级目录》最新发布[EB/OL]. (2020-10-10)[2021-06-04]. https://baijiahao. baidu. com/s? id=1680154016272933546&wfr=spider&for=pc.

[32] 肖朱. 广西师大一国家社科项目被业余研究者举报漏洞百出，“学术浮躁”令人寒心[EB/OL]. (2019-06-12)[2021-06-04]. https://www. sohu. com/a/319976522_100191050.

[33] 国家新闻出版广电总局，财政部. 关于深化新闻出版业数字化转型升级工作的通知[EB/OL]. (2017-05-18)[2021-06-04]. http://www. nppa. gov. cn/nppa/contents/312/74535. shtml.

[34] 习近平致信祝贺中国日报创刊 40 周年[EB/OL]. (2021-05-27)[2021-06-04]. https://baijiahao. baidu. com/s? id=1700886306775522328&wfr=spider&for=pc.

[35] 王志标，关赛赛. 文化制造业“工匠精神”的内核与形成机制[J]. 长江师范学院学报，2019，35(4)：33-39，122.

[36] 2020 年中国有声书行业市场规模及发展前景分析[EB/OL]. (2021-02-01)[2021-06-04]. https://www. chyxx. com/industry/202102/928321. html.

[37] 习近平. 在第二届世界互联网大会开幕式上的讲话[EB/OL]. (2015-12-16)[2021-06-04]. http://www. xinhuanet. com/world/2015-12/16/c_1117481089. htm.

[38] 习近平出席全国宣传思想工作会议并发表重要讲话[EB/OL]. (2018-08-22)

[2021-06-04]. https://baijiahao.baidu.com/s?id=1609510818643417757&wfr=spider&for=pc.

作者简介

王志标(1980—　),河南汝州人,博士,长江师范学院武陵山区绿色发展新型智库教授,学报编辑部副主编,河南大学、重庆三峡学院硕士生导师。研究方向为文化经济学。

杨盼盼(1989—　),河南临颍人,硕士,郑州经贸学院经济学院讲师。研究方向为文化经济学。

杨京圆(1994—　),河南桐柏人,硕士,国家税务总局禹州市税务局一级行政执法员。研究方向为文化经济学。

Role of China's Press and Publication Industry in Economic Development and Its Optimization Path in the New Era

Wang Zhibiao　Yang Panpan　Yang Jingyuan

Abstract: Although press and publication industry has made distinguished contributions to our national economy, the previous research on the industry was not comprehensive enough, so this paper further analyzes the role of China's press and publication industry in economic development in the new era, and puts forward its optimization path. The vital function of the press and publication industry is reflected in the direct contribution to the economic dimensions of added value, income and employment, the indirect contribution through the inter-industry linkage effects, the leading and communication effect on innovation through the transmission of achievement, and the adjustment effect on spirit and emotion. The press and publishing industry is facing dozens of drawbacks including lack of excellent works, insufficient digital and intelligent products, inaccurate marketing modes, undeveloped international communication power and shortage of qualified talents. Therefore, it is suggested the optimization paths to implement of creating excellent works, promoting digital transformation and upgrading, expanding marketing thinking, channels and technology, enhancing international communication capabilities and building excellent talent team.

Key words: Press and Publication Industry; Direct Contribution; Indirect Contribution; Achievement Transmission; Spiritual Motivation; Economic Development

政府管理视阈下我国文化产业管理现代化探析

缪锦春　易华勇

摘　要:在深化文化体制改革背景下,文化产业管理现代化进程亟待加速推进。当前政府主导型的文化产业管理模式存在健全科学的现代化管理体系尚未建立、文化产业法律政策体系滞后、文化产业专门人才培养体系不健全等突出问题。通过比较中国与法、美、英、日韩等国家文化产业管理模式差异,学习并借鉴他国文化产业管理模式的先进经验,归纳得出我国现代化文化产业管理模式的创新策略:文化产业管理体制仍然需要坚持以"直接管理模式"为主,在此基础上从明确政府文化产业"服务者"角色、探索"小政府""大部制"管理模式、完善政策法律体系、探索外部融合四个向度推动文化产业管理现代化。

关键词:文化产业;政府管理;文化产业管理现代化

一、问题的提出

改革开放以来,中国在不断实践中探索出一条适合本国国情的、以政府为主导的特色文化发展之路,取得了举世瞩目的成就。实践证明,中国特色社会主义先进文化的繁荣发展离不开现代化文化产业管理模式的有力支撑。步入新时代,中国经济正处在转方式、调结构、换动能的关键时期,文化产业管理模式要主动适应中国特色社会主义市场经济发展和文化产业健康持续发展的客观要求,并不断完善与创新。党的十九大报告明确指出:"健全现代文化产业体系和市场体系,创新生产经营机制,完善文化经济政策,培育新型文化业态。"[1]这是对党的十八大报告提出的"将文化产业发展成为国民经济支柱型产业"的进一步具体部署。然而,当前应该清醒地意识到,随着文化体制改革的不断深化,文化产业管理暴露的问题日益增多,势必会影响文化产业的健康发展和成长为"支柱型"产业既定目标的实现。

党的十九届五中全会明确提出：到 2035 年建成社会主义文化强国的远景战略目标，这是中国共产党自十七届六中全会首次提出“文化强国”概念以来，第一次明确了实现文化强国宏伟目标的具体时间表。在此背景下，进一步加强对文化产业的科学管理，找准政府在管理中的角色定位，做到既不“失位”也不“越位”，是对党的十八届三中全会提出的“使市场在资源配置中起决定性作用和更好发挥政府作用”的准确理解与科学把握，同时也更能够激发全民文化创造和创新活力，这对于提升国家文化软实力，实现文化事业和文化产业繁荣发展、建成社会主义文化强国远景目标无疑具有重要意义。

二、我国文化产业管理的现实境遇

相较于经济体制改革，我国文化体制改革起步偏晚、节奏偏慢。随着全面深化改革走向纵深，我国文化发展面临着市场机制不健全、区域发展差异性大和发展不平衡等问题，文化产业管理模式越来越难以适应现代文化产业发展的需要。从政府层面看，政府职能在文化领域内的体现是其文化职能，鉴于管理型政府转型到服务型政府涉及文化体制改革以及国情等复杂因素，在未来相当长时间内，政府在文化产业管理中仍将扮演重要角色。针对政府对文化产业管理和市场的干预程度，从政府在文化产业管理中的角色出发考究发现，我国文化产业管理模式定位为“大政府”（全能政府）的直接管理型，这在计划经济体制时期尚可满足文化发展要求，但在市场经济高度发达的今天，这种模式显然已经不再适应文化产业发展的需要。其中最为显著的是受“全能政府”这一传统思维惯性的影响，政府在文化产业管理领域表现出一定程度的趋利性和非理性倾向，对市场和社会参与文化产业管理产生了一定的消极影响，导致政府在文化产业管理中的缺位、越位和错位现象的出现。[2] 当前我国文化产业管理呈现的问题主要表现为以下几个方面：

首先，尚未建立起完善、科学的现代化管理体系。中国在管理手段上主要依靠行政管理手段，财政、法律支持不足。行政手段主要是指采取行政命令、方针、政策、指示、规定、决策等措施来调节、管理文化产业和文化事业，以保障文化生产经营活动顺利进行和文化事业走向繁荣。这种管理模式符合我国一贯的文化传统，即利用行政手段在宏观上统一政策，其优点是便于协调行动，促进文化产业管理的规范化，可以根据地方经济发展状况引导文化生产方向、文化市场布局及文化消费导向，短期看有利于国内文化市场的稳定，一定程度上能够合理引导文化市场发展走向。

但是,这种管理模式严格意义上来说仍然是计划经济体制思维的呈现,说明当前对于文化产业管理的认知还停留在"工具性"层面,即政府过分强调用行政干预文化市场的微观运行,而忽视文化市场自身运行逻辑和自我调节机制,政府往往代行市场资源配置和结构调整职能,主导甚至掌控文化市场发展及其运作方式,并通过国家宏观政策手段予以约束和限制,这必然会抹杀市场调节经济的自主性,导致文化市场中"无法将经济推至帕累托最优的效率边界"[3]。与此同时,当前政府主导背景下的文化市场规范和法人治理体系还不健全,文化产业的现代企业制度仍未能建立,典型现象是国有文化企业的主要领导层仍然是上级主管部门任命而不是董事会或者股东大会选举产生,这就导致文化企业的创新能力未能得到有效激发,一定程度上在强调"使市场在资源配置中起决定性作用"的今天会给文化市场带来巨大的负面效应。

其次,文化产业法律政策体系滞后导致政府监管责任主体不明。我国从 20 世纪 80 年代末出现文化产业雏形开始至今,虽然出台了一系列关于促进文化改革发展的文件,但是这些都是缺乏一定稳定性和持续性的政策性指导文件,而国家层面并没有制定标准化的针对文化产业管理的法律法规体系,各地方政府也大多是以文件政策代替法律法规履行职责。相比而言,以美国、日本、韩国为代表的发达国家的文化产业各门类已经形成一套成熟、完善的法律法规体系,我国文化产业法律法规体系中除《文物保护法》《专利法》《著作权法》等法律外,《文化娱乐场所管理条例》《演出市场管理条例》《出版管理条例》《广播电视管理条例》等都是国务院颁布的行政法规,而与发展文化产业配套的《电影法》《新闻法》《广播电视法》等专项法律仍然处于空白,文化产业发展缺乏严谨的法律保护和支持。2010 年,《关于金融支持文化产业振兴和发展繁荣的指导意见》虽然为我国完善文化产业发展的金融信贷系统提供了一个良好的开端和宏观指导,但这仍不能满足新形势下我国文化产业管理和产业发展的需要,文化产业立法呈现出层次较低、覆盖面不全的态势。[4]

同时,各类涉及文化产业发展和管理的政策、文件、条例等均是由不同部分制定或者是多部门联合制定出台,缺乏"全国一盘棋"的宏观规划思想,再加上各地方政府出台的关于文化产业管理的相关细则糅合交织,导致政府、市场、企业三者间的责、权、利行为边界无法厘清。再加上跨地区、跨行业资源整合阻力大,区域经济壁垒问题突出,如政府依靠合法的行政架构,以行政手段为主,借助经济和法律手段,限制本地区文化产业资源的流出,导致跨地区文化运营行政壁垒林立、整合航母式的文化产业集团阻力众多、文化企业规模化发展不突出等具体问题。同时,这种局面还直接导致文化市场监管主体不明,容易出现推诿扯皮、效率低下的负面效应。

最后,文化产业专门人才培养体系不健全导致文化产业人才整体数量较少和综合素养偏低。任何产业要想健康持续地发展都离不开专业人才队伍的培养与储备,而我国文化产业起步晚、文化专业人才教育培养体系尚未完全建立。我国自 2004 年秋起,教育部才开始在本科招生目录中首次设立"文化产业管理"专业,而当前文化产业专业队伍面临着知识性和技能型人才比例结构不合理、专业化水平低的瓶颈制约,缺乏文化产业专业管理人才、投资经营和风险管理人才。与此同时,现有文化产业人才梯队明显断层,主要表现为:一方面文化产业从业人员整体综合业务能力平庸;另一方面由于职业前景不明朗、晋升潜力受限等行业通病问题突出,成熟人才流失现象频发。

三、比较视野下的中外文化产业管理模式

作为文化产业管理的主体,政府的文化产业管理模式对国家未来文化发展、文化走向有着不可替代甚至决定性的影响。通过分析西方发达国家文化产业管理模式的成熟经验,结合我国文化产业管理的现存问题,总结对我国文化产业管理模式优化的经验启示。

(一) 我国文化产业管理模式概况

新中国成立之后,我国文化事业作为意识形态的附属存在,文化产业管理体制也是基于计划经济体制建立起来的。改革开放以后,文化体制改革提上日程,文化的产业化发展在中国经历了一个从无到有的历史过程,自 1998 年国家文化部成立文化产业司到 2003 年中央政府明确文化体制改革方向,再到党的十八大强调发展文化产业成为国民经济支柱性产业,党的十九大强调健全现代文化产业体系和市场体系,创新生产经营机制、完善文化经济政策、培育新型文化业态,文化产业在国家层面上受到了前所未有的关注与重视,政策层面也逐步明确了文化事业和文化产业"两条腿走路"的基本方针。

成熟的文化产业管理模式要符合本国历史传统和现实文化状况,具有一贯性、稳定性和系统性。我国文化产业管理属于"大政府"的直接管理模式,即中央文化部统一制定宏观文化策略,把握文化方向,地方政府根据自己的实际情况制定地方文化规划,利用行政手段制定和执行地方文化政策。这一模式的形成同我国计划

经济体制的历史和社会主义初级阶段的基本国情一脉相承，同我国民主集中制和社会主义初级阶段的发展现实相适应。

现阶段，我国在文化建设过程中仍然面临着区域文化发展失衡严重、文化市场资源配置率低、文化对精神建设带动能力疲软、传统文化面临外来文化冲击等诸多问题。在互联网产业兴起并改变文化产业整体格局的大背景下，脱胎于计划经济体制的文化产业管理模式已经不能适应新形势的变化。在此过程中，可以借鉴国际上比较成熟的文化产业管理模式，提高政府的管理水平和管理能力。

（二）国外成熟文化产业管理模式分析

全球化进程的加速使得国际文化发展的极端化愈加严重，不同国家政治制度、经济发展状况、文化传统千差万别，文化产业管理模式也不尽相同。我们在警惕国际文化霸权主义的同时，也要在竞争中学习国外较为成熟的文化产业管理模式，研究和借鉴先进的管理经验，反思目前我国文化产业管理中存在的主要问题。我们以政府对市场的干预程度及国家文化结构作为切入点和衡量标准，将国际上较为成熟的文化产业管理模式总结为直接管理型、间接管理型、一臂间隔型和政府引领型四种模式（见表 1）。

表 1　中、法、美、英、日韩文化产业管理模式对比

国别	文化产业管理模式	中央文化产业管理机构	组织架构	主要特点
中国	直接管理	文化部	民主集中制	政文合一，政府主导文化事业与文化产业发展
法国	直接管理	文化与信息部	契约式管理	政府通过签订契约对地方文化事务实行直接管理
美国	间接管理	无	民间导向	政府对文化发展宏观把控
英国	一臂间隔	文化、新闻和体育部	三级管理	中央和地方一臂间隔的三级管理
日、韩	政府引领型	文部科技省、文化体育观光部	引领式管理	政府通过各类基金组织管理

注：根据笔者搜集的资料归纳整理而得。

1. 直接管理模式：合约式管理的法国政府

直接管理模式，即利用中央集权，通过文化部来为全国文化发展制定框架，对全国文化事业进行直接调控和管理。法国的文化产业管理模式属于典型的直接管理，国家利用完善的机构设置，发挥政府主导作用，推动民族文化兴盛。

法国文化部是中央政府文化的主管行政机构，统一对全国的文化事务实行直接的协调管理，不仅直接管理各大区的文化部门和国立文化机构，在文化立法以及资金分配方面也拥有极大的权力。法国政府还成立了各行业独立委员会等行政分支机构以及地方文化事务司，保障国家文化政策的高度统一。法国文化产业管理的目标是保护民族文化，为了保障地方文化发展的活力，政府垂直文化结构的管理采取签订文化协定的契约形式，并通过财政手段减免文化企业税收，鼓励社会发展文化企业、保护民族文化的热情和积极性。对于营利性的文化产业，政府则是采用完全的市场手段进行调节。面对国际文化霸权主义的崛起，法国政府一方面通过法律、税收政策扶持本国文化产业发展，如在广播电视节目中通过差别税收来扶持法语广播电视节目；另一方面在国际谈判中坚守阵地，如法国部长雅克·朗在1982年提出了著名的“文化例外原则”，反对将文化产品列入关贸总协定的自由贸易范围，对本国文化产业实行贸易保护。

法国的文化产业管理政策主要通过逐步完善国家文化行政管理结构、健全法律法规体系和调节文化预算实现的，这种大部制的直接文化产业管理模式，也使得法国这个地理小国成为文化大国。

2. 间接管理模式：“无为而治”的美国模式

间接管理模式，强调弱化政府在文化产业管理中的角色分量，发挥社会组织和文化企业在文化发展中的作用。作为世界上最大的文化产业强国，美国是采取间接管理模式最典型的国家。

美国没有严格意义上主管全国文化事务的文化部，全国文化的最高决策机构实际上是作为白宫文化政策顾问的总统艺术与人文委员会，主要负责研究文化方面的政策问题。联邦政府设有国家艺术与人文基金会，基金会及其下设分支机构主要负责落实联邦政府制定的文化艺术政策及活动计划。美国各州、县、市政府都设有文化艺术理事会作为地方政府的办事机构，这些基金会和办事机构均没有行政管辖权，但却通过与民间组织的密切联系，对美国文化发展起指导、协调和组织的作用。各类中介机构、协会、基金组织等组成的社会文化服务体系，形成了民间导向的文化发展形式。

美国政府原则上不干涉具体文化产业项目的运作，采取社会办文化的方式，保证国内文化产业发展具有宽松的社会环境，消除文化产业发展的政策性壁垒。政府对国家文化发展的调控，主要通过经济和法律手段进行，为文化企业提供完备的发展环境。美国通过《文娱版权法》《反电子盗窃法》《合同法》等法律法规直接保护文化产品和文化生产者,同时通过《国家艺术及人文事业基金法》《联邦税法》等相关法律条文对非营利性文化事业和文化产业发展进行财政支持,如《国家艺术及人文事业基金法》提出实行"非营利免税"相关政策,《联邦税法》明文规定个人和企业向法律指定的系列文化组织捐赠款物可以享受减免税收优惠。在美国的文化产业管理模式下,一切文化市场行为按照市场经济的要求和贸易规则运作,政府主要从资金、市场、就业政策、税收、监管等非行政方面进行监管。

3. 一臂间隔模式:三级管理的英国

一臂间隔原指人在队列中前后左右保持一臂长的距离,最先用于经济领域,指母公司与子公司、厂商与经销商等具有隶属关系的经济组织,在日常经营活动中具有平等法律地位,并不相互支配。作为一种分权式的文化产业管理模式,结合了直接管理和间接管理的优势。这一模式下,政府在文化产业管理中扮演着重要角色,但并不直接干预文化资本的投入和分配,强调中介机构作用的发挥。

英国文化产业管理模式是典型的"一臂间隔"模式。这一模式下,政府并不直接管理文化机构和文化企业,两者之间有一定的距离,政府通过接受中介机构的建议和咨询,制定或调整文化政策,并通过中介机构对文化机构进行拨款、评估和监督。在文化产业管理的组织架构上,英国主要实行三级文化产业管理模式,一级的文化、新闻和体育部为中央级管理机构,统领全国文化、新闻和体育事业,负责制定文化政策和统一划拨文化经费;二级是各级政府和非政府公共文化机构,即通过各类半官方的文化艺术委员会,执行文化政策和具体分配文化经费;三级是基层地方政府及地方董事会、文化联合组织,负责具体文化经费的使用。这三级管理机构之间各自独立,无直接的行政领导关系,但是政府通过制定和执行统一的文化政策,逐级分配和使用文化经费,使各机构相互紧密联系在一起。在具体的运作中,政府不直接与文化艺术团体发生关系,政府文化政策的实现主要通过间接的经济手段,辅以必要的行政手段。发源于英国的"一臂间隔"原则还得到了加拿大、澳大利亚等发达国家的广泛认可,这些国家普遍建立起了对文化艺术进行资助的准政府国家机构,有效贯彻分权原则,削减政府对文化发展的直接义务和管理责任,尽可能调配各种社会资源发展文化,减轻政府发展负担。

4. 政府引领模式管理:日韩的"政府引领型"

日本与文化产业相关的行政部门相对较多,主要有文化厅、文部科技省、经济产业省、总务省以及各个地方自治机构,虽然相关部门比较多,但是日本的文化产业管理效率却比较高，这得益于日本在文化发展宏观战略上有所建树。日本文化产业是在“文化立国”战略、“产学官”协同合作、国际文化品牌塑造以及日语语言文化推广等措施的交互作用下快速崛起的，而后通过管理制度更新、技术创新、产品研发和拓展融资渠道等方式进一步发展壮大。[5]日本在文化产业管理上立意明确、模式清晰、责任主体分明，在这样的运行系统下各个子系统可以高效聚合，形成产业战略布局。

韩国设立文化产业观光部专门管理文化产业，政府对文化的管理主要通过完善文化发展法律法规、注重文化基金创立、加强文化产业人才培养、推动国际文化贸易发展等多种方式协同助力文化产业发展。1998 年，韩国政府提出“文化立国”的发展战略，先后发布了《国民政府的新文化政策》《文化产业促进法》《文化产业发展推进计划》《21 世纪文化产业的设想》等相关法律及政策文件，为文化产业发展提供有力的政策保障。[6]2002 年以来，韩国设立了文艺振兴基金、文化产业振兴基金、信息化促进基金、电影振兴基金等多种专项基金扶持文化产业发展，陆续投入 2 000 多亿韩元培养复合型人才，改建或新建文化产业振兴院、汉城游戏学院、全州文化产业大学、大邱文化开发中心等文化人才培育基地。截至 2010 年，韩国高校开设的文化产业相关专业达到 900 多个，培育出一批电影、卡通、游戏、广播影像等产业领域的高级人才。此外，韩国高度重视海外文化市场拓展，鼓励有实力的文化企业布局海外业务，促进文化产品外销，推动“韩流”文化席卷日本、中国等国家。2011 年韩国文化产业出口 7.94 亿美元，比 2010 年增长 25%，创历史新高。① 经过多年的发展，文化产业已经成为韩国产业结构中最活跃、成长最快、吸纳就业最多的支柱型产业之一，连续多年占韩国 GDP 的 15%以上，成长为世界上公认的文化产品出口大国和文化创意产业强国。

(三) 经验借鉴与启示

综上所述，法、美、英、日韩的文化产业管理模式虽各具特色，但无论是法国的直接管理模式、美国的间接管理模式、英国的一臂间隔模式，还是日韩的政府引领型管理模式，政府均不直接干预文化的具体生产，而是通过各类“中介”职能机构或签订文化契约等形式进行文化管控。政府与文化企业、文化组织分工明确，政府为文化发展提供战略指导，扶持公共文化服务，优化文化产业发展的政策环境。总体

---

① 数据来源：韩国文化产业政策解读_【快资讯】. https://www.360kuai.com/pc/9fa4d42c0de103d12?cota=4&tj_url=so_rec&sign=360_57c3bbd1&refer_scene=so_1.

来看，法、美、英、日韩等发达国家文化产业管理模式的学习和借鉴之处体现在以下方面：

第一，发挥政府规划引导作用。完善相关政策法规，推进文化产业管理科学化、制度化、规范化实施；优化文化产业管理体制，明确各个相关部门职责，避免出现由于多方管理而导致的推诿、扯皮现象；尊重文化企业的市场主体地位，以“政企分开、政事分开”为原则，转变政府职能，充分发挥政府服务职能，强调做“减法”，为文化市场主体“减负”和“松绑”，营造良好的文化市场发展环境；实行目标管理与过程监督相结合的文化产业管理方式，推动文化市场健康发展。

第二，发挥行业协会的中介组织作用。督促相关行业协会建立健全管理制度，实现规范化、制度化和高效化运转；鼓励行业协会充分发挥专业、资源优势，积极为文化企业提供管理咨询、技术创新、信息查询等服务；建立行业协会综合评价体系，对其相关工作开展情况进行定期评估，推动各个行业协会健康有序发展；对条件好、基础好的行业协会予以资金、政策、人才方面的支持，同时进一步转变政府职能，适当将部分职能委托或转移给相关行业协会。

第三，全面加强版权保护。加强版权保护顶层设计，因地制宜推进相关法律法规的修改与制定工作，切实发挥政策的规范、引导与保障作用；加大宣传力度，充分利用广播、电视、微博、抖音等平台宣传普及版权保护相关知识，积极开展各类版权保护主题活动，不断增强全社会尊重和保护版权的意识；建立健全版权公共服务体系，推进版权登记规范化建设，加强对著作权集体管理组织的指导和监管；加强网络版权监管力度，重点监管网络视频、音乐、文学、直播等相关平台、网站，明确互联网企业主体责任，营造良好的网络版权生态。

第四，强化文化人才培育。加快完善与文化产业发展相匹配的人才培养、引进、选拔、评价等政策；设立文化产业人才发展专项资金、文化人才培养教育基金等，加大文化产业人才队伍建设经费投入；建立健全“产学研”合作机制，鼓励文化企业与高等院校、科研机构合作共建规模化、专业化文化人才孵化基地，协同培育文化产业领域的专业人才；落实海外高层次人才引进政策，在落户、社会保险、子女入学、配偶安置等方面给予特殊照顾与补贴，引入一批懂市场、懂管理、懂文化的复合型文化产业高端人才，为文化产业高质量发展提供智力支撑。

第五，加大民族文化保护力度。一方面，继承和发扬中华民族优秀传统文化。深入挖掘中华优秀传统文化内涵，对传统文化资源进行创造性转化和创新性发展，不断创新传统文化的表现形式和传播载体，强化民族文化的核心地位。另一方面，以平等的态度、包容的心态和开放的胸襟承认世界文化的多样性和丰富性,尊重与各国独立文化特质相符的意识形态、政治制度和宗教思想;[7]完善文化市场准入机制,严格审查进入中国文化市场的外来文化产品,自觉抵制带有政治目的的文化渗透和错误思潮的侵蚀;积极发展对外文化贸易,鼓励具有中国特色的优质文化产品走向世界,增强世界各国对中华文化的认同感。

四、进一步推动我国文化产业管理现代化的建议

从政府视角来看,推行文化产业管理模式改革与创新要基于我国的文化发展及社会实际,现阶段最适合我国国情的仍然是持续优化基础上的直接管理模式,即更多的是针对管理体制的改良和管理手段的优化,也可以称为直接管理下的"改良主义"。

(一)明确政府在文化产业管理中"服务者"的角色定位

各级政府发展文化产业,建设文化事业,改革文化产业管理模式,首先要明确自身的职能定位和角色定位,转换过去"所有者"身份和"办文化"思想,由以往的文化产业管理者甚至依靠行政手段的文化利益争夺者转变为真正的文化产业发展服务者。明确政府直接管理是指管理结构上的直接管理,而不是管理手段和管理方法上的过度干预,减少政府具体运作中的行政强制手段,增加经济刺激和法律保障。要充分认识到相当长一段时间内,官本位意识、人员分流阻力仍然会是文化产业管理体制改革的主要障碍,对现有政府文化产业管理职能进行系统、清晰的调研之后,根据文化产业发展实际做出政策选择。

立足"服务者"角色,从文化产业人才教育培训体制机制着手,引导科研院所和社会资本进入文化产业人才培养体系,建立长效人才培养机制,成立人才扶持基金,培养出一批有学识、懂经营管理和文化投融资的复合型人才。此外,还要优化文化产业从业人员职称评审流程、畅通晋升渠道,让文化人才充分感受到职业自豪感、归属感和社会认可度,形成良性人才梯队培养机制。

(二)方向:小政府,大部制

成熟的文化产业管理模式均重视尊重市场运作规律,且政府均不直接干预文化产业的具体内容和形式,而是通过文化基金等中介机构,或通过签订文化契约等形式使政府脱离于具体的项目运营中,以"小政府"的形式充分调动机能,实现对社会文化事业和文化产业宏观的决策与管理。因此,文化产业管理中高效的政府,一定不是面面俱到的大管家,而是有的放矢、抓住重点的小政府。

现阶段，我国的文化产业管理格局带来了管理上的矛盾和困难，文化产业管理部门整合是必然趋势（当前国家文化部门和旅游部门合并后新组建的文旅机构是文化产业管理部门整合的一个典型，但是这不意味着整合的完成，而恰恰是整合内部的开始）。发展文化产业，急需革除多头管理的弊端，按照行政管理和市场经济的内在规律，建立精简、高效、廉洁、权威的文化政府管理体制。推动从中央政府到地方乡镇文化体系的大部制改革，明确政府各部门在文化产业管理中的权责关系。

（三）突破口：完善政策法律系统

美国“无为而治”的文化政策之所以能够使其成为一代文化霸主，完备的法律环境是其最重要的条件之一，健全的法律在约束文化单位行为的同时，为文化企业发展提供了法律保障。现阶段，我国推行文化体制改革和文化产业管理模式改良面临多方阻力，以法律建设作为突破口，一方面可操作性强、可循性强，面临的政治阻力小；另一方面，完善政策和法律条文，改善我国的立法、执法、守法、司法中的各个环节，符合我国依法治国的大政方针，对于推进我国法律体系建设具有重要意义。

一方面，做到有法可依。目前诸多地方文化发展规划，是在少数学者研究和论证中产生的，没有经过广泛的讨论和严谨的论证，甚至是在缺乏全面、深入调研的情况下而被草率制定并颁布的。因此，很多法律条文虽然由政府部门发布，但其科学性不强，难以获得社会各界的认同，因此影响力十分有限。要着重强化知识产权立法，完善知识产权法律制度，推动文化创意产业发展，保护原创者的合法权益，尽快建立知识产权信息平台与商务交易平台，提供专利、著作权等信息检索功能，切断侵权和重复创作路径。首先，需要规范性法律条文，使文化产业管理有法可依，通过《知识产权法》《拍卖法》《电影法》等专项法律的完善，明确行业发展的法律边界，为行业健康发展提供法律保障。其次，市场蓬勃发展还需要鼓励性法律条文，如通过制定税收优惠、免税等政策，积极调动社会参与文化事业、文化产业发展的积极性。

另一方面，坚持有法必依、执法必严、违法必究。有法可依作为依法治国的关键，是中国法律建设工作的重中之重，有法不依的现象，也是现阶段我国文化产业管理中最严峻的法律难题。除了公民和企业的法律意识淡薄，我国目前广泛存在的违法成本过低是一个主要问题，在文化产业管理具体的执法过程中，执法不严、违法不究现象突出，法律的权威性和强制性没有被摆放到应有的重要位置。要在文化产业体系内形成法治化氛围，让法治思维始终贯穿于文化产业发展壮大之中。

(四) 探索外部融合,积极调动文化实践参与主体

外部融合是优化文化产业管理模式、推动文化治理现代化的重要外部因素。文化产业与其他产业的融合,进一步推动产业链条延伸,提供更多就业岗位,在将科技、金融、旅游等领域的产业主体纳入文化产业发展的同时,吸引了更多跨领域人才参与文化产业发展,进一步丰富了文化实践参与主体。因此,需要加快推进产业融合发展,如充分利用地区特色文化元素发展体验旅游、乡村旅游、休闲旅游、生态旅游,丰富旅游产业的文化内涵,着力推动文化与旅游深度融合;积极搭建文化产业投融资服务平台,研发推广多元文化金融产品,创新举办文化企业投融资系列活动,推动文化与金融跨界融合;充分利用 5G、AI、AR、VR 等现代技术,加快文化科技产品的研发与应用,推动文化与科技的深入融合发展,形成各界主体广泛参与到文化产业管理、促进文化产业发展的良好氛围中。

五、结　语

文化产业管理现代化在多元互动治理格局中突出的文化作用,不仅仅在于引导舆论导向、推动文化产业发展,也不只是拉动就业、促进经济发展,从长远发展视角来看,更在于对国民精神的塑造和民族文化延续。这为从政府视角出发创新文化产业管理现代化思维提供了深入思考的空间,也为优化我国文化产业管理模式指明了未来发展方向。就现实而言,优化国家文化产业管理模式,政府需要明确文化产业"服务者"的角色,探索"小政府""大部制"的管理机制,推进文化领域的法治化建设,积极调动社会主体广泛参与文化产业管理和发展,形成多元主体协同参与、同频共振的现代化文化产业管理模式。

参考文献

[1] 中共中央文献研究室. 习近平关于社会主义文化建设论述摘编[M]. 北京:中央文献出版社,2017:185.

[2] 王振亚. 从文化管理到文化治理——文化领域政府治理现代化的逻辑归宿[J]. 长安大学学报(社会科学版),2014,16(4):55 - 58.

[3] 张慧君,景维民. 国家治理模式构建及应注意的若干问题[J]. 社会科学,2009(10):9 - 15,187.

[4] 詹一虹，周雨城. 中国文化产业的管理问题及优化路径[J]. 广西社会科学，2017(1)：182－186.

[5] 汪帅东. 日本文化产业发展模式及路径研究[J]. 东北亚外语研究，2018，6(3)：86－90.

[6] 姜剑云，孙耀庆. 韩国文化产业研究综述[J]. 当代韩国，2016(2)：120－127.

[7] 张小平. 共建"一带一路"文明互鉴的和平之路[J]. 人民论坛，2019(26)：36－38.

作者简介

缪锦春(1972—)，江苏东台人，南京航空航天大学博士生、南京大学商学院博士后。研究方向为比较经济学、金融风险管理等。

易华勇(1987—)，河南信阳人，江苏省委党校马克思主义学院讲师。研究方向为马克思主义基本原理与当代中国文化治理。

On Modernization of China's Cultural Industry Management from Perspective of Government Management

Miao Jinchun　Yi Huayong

Abstract: Under the background of deepening the reform of cultural system, the modernization process of cultural industry management needs to be accelerated. At present, the government led cultural industry management model has some prominent problems, such as a sound and scientific modern management system has not been established, the legal and policy system of cultural industry lags behind, and the training system of specialized talents in cultural industry is not perfect. By comparing the differences of cultural industry management modes between China and France, the United States, Britain, Japan and South Korea, and learning from their advanced experience in cultural industry management mode, this paper summarizes the innovation strategy of China's modern cultural industry management mode: the cultural industry management system still needs to adhere to the "direct management mode", On this basis, we should promote the modernization of cultural industry management from four dimensions: clarifying the role of "server" of government cultural industry, exploring the management mode of "small government" and "large department system", perfecting the policy and legal system and exploring external integration.

Key words: Cultural Industry; Government Administration; Modernization of Cultural Industry Management

单位制文化与市场化改革*

——关于我国东北地区经济发展的思考

刘冰镜　杨轩嘉

摘　要：通过探讨单位制文化和市场化改革的关系来解释东北地区市场化进程缓慢的原因。目前对于东北经济的研究多集中于计划经济体制的历史遗留问题，本文将视角聚焦于单位制文化，与长三角等发达地区相比，东北地区的初始经济结构不同，东北地区在市场化改革初期形成了以大型重工业企业单位为经济中心的"工业企业单位制社会"。家庭和工作关系在单位内部的重叠使得东北地区建立起了密集的熟人关系网络社会，处处是熟人的工作环境也导致东北地区的"单位人"对稳定就业趋之若骛。即使在市场化改革的初期，东北地区的社会主体仍是这些"单位人"，在单位内部晋升的保守型就业方式才是主流渠道，这种保守的单位文化氛围加剧了东北人对"好单位"的偏好。这种单位制文化结构具有保守性、封闭性和依赖性，导致东北地区的市场交易主体的保守性更强，也使其市场规模更小。在这种社会形态下，市场化改革非但没能使东北地区从单位制社会转变为市场社会，反而使其就业结构出现严重的两极分化，地方政府的权力再次加强，更加凸显了"熟人关系"的重要性。

关键词：东北地区；市场化改革；单位制文化；熟人关系网络

一、问题提出与文献综述

东北地区是我国重要的经济发展板块，在国家经济发展中占据重要地位。在计划经济时期，东北地区是新中国工业的摇篮，同时也是重要的粮食生产基地和重大装备制造业基地。它是重化工业、装备制造业高度集聚的典型区域，为我国建成

---

*　基金项目：教育部哲学社会科学研究重大课题攻关项目"中华人民共和国经济史研究"(18JZD025)的阶段性研究成果。

独立而完整的工业体系做出巨大贡献。在近代中国的很长一段时间内，东北地区的经济总量一直领先于全国。然而，自改革开放中期以后，东北地区的经济发展就逐渐滞后于全国平均水平，尤其是工业和经济总量方面，更是远远落后于长三角等发达地区。特别是近年来，东北地区经济下行特征明显，“东北现象”重现，也再度吸引了社会各界的目光。

过去的几年，讨论东北经济的文章层出不穷，一些学者将其归咎于计划经济时代的遗留问题，成为东北地区市场化改革的阻碍与拖累。张耀辉（2004）认为东北地区在市场交易的委托代理中存在的合谋现象使得交易成本增加，由此会导致市场出现垄断，抑制经济的正常发展。[1]为了避免这种现象，应该设法降低交易成本。赵儒煜等（2018）认为东北地区长期实行的计划经济体制导致其产业集群在发展过程中出现了“选择性注意”，这也是东北地区陷入路径依赖、经济下行的一个重要原因。[2]东北地区目前面临着汽车、船舶、飞机等交通运输设备发动机主要依靠进口，大多数精密控制系统无法自主研发等困境，其装备制造业在全球产业价值链仍处于低端地位。

另一些学者则从文化的视角进行了分析。董鸿扬（1994）[3]和刘国平、杨春风（2003）[4]认为在东北地区的历史文化中包含了非市场经济因素，这些因素不但对东北地区的市场经济起到抑制作用，还对整个东北亚地区的区域市场形成起到关键作用，为此应该在东北地区引入先进的市场文化。关蓉晖（2005）提出经济转轨中诚信文化的缺失才是制约东北地区市场化进程的决定性因素，而为了重振东北老工业基地，就必须加强地区的诚信文化建设。[5]李泉（2010）以江西为例来研究地域文化与区域经济之间的关系，认为文化与经济联系紧密、协同互动，并很容易产生“马太效应”。[6]姜琪（2016）从数量和质量的双重角度来研究中国 28 个省（市、自治区）的政府质量和文化资本与经济增长之间的关系，认为政府效率和市场化程度都可以明显地提高经济增长数量。[7]同时，市场化程度还有利于提高经济增长质量，而政府效率不利于提高经济增长质量；文化资本则有利于经济增长数量的提高，却不利于经济增长质量的提高。

在新中国建立初期，东北地区就肩负着利用其原有工业基础恢复主要工业生产的重担。在“一五”计划期间，苏联援助的 156 个项目中，有 56 个都在东北地区，占总投资额的 44.3%。由此，东北地区成了新中国的工业中心。在 20 世纪 50 年代到 80 年代这一期间，东北地区的人口数占全国总人口的 7%—9%，但地区总产值却占全国国内生产总值的 12%—14%。[8]尤其是辽宁省，在 1978 年是全国的第二大省级经济体，仅仅低于人口基数大得多的江苏省。而到了 2020 年，辽宁省的 GDP 总量仅排在 16 名，黑龙江省和吉林省更是位列倒数，远滞后于江浙地区。事实上，在中国整体经济呈现出奇迹般增长的背景下，东北地区仿佛成为一个“失败的特例”，既缺乏像长三角地区的创新精神，又没能像珠三角地区成功地在全球化分工中进行产业再升级。东北地区的经济发展逐渐滞后于长三角等发达地区，由相对优势转变为相对劣势，究其根本，市场化改革为何没能将东北这一老工业基地成功转型为以市场配置资源的经济社会呢？

二、单位制文化与市场化改革的关系

对于单位制文化与市场化改革关系的研究，目前尚未有定论。一些学者认为单位制文化是与市场化改革目标相互对立的，两者是此消彼长的关系。路风(1993)提出：“无论人们是否愿意，单位体制终究是会被改变的。单位组织形式是国营经济部门效率低下的主要原因之一。”[9]至于改革的核心内容，其中之一就是“将个人和社会从单位以及任何具有人身依附和封闭特征的组织结构中解放出来，并创造出新的社会组织体系”[10]。还有一些学者认为单位制和市场化改革并不是完全对立的关系。刘建军(2000)认为市场化并不是否认单位制文化，而是要通过对单位制文化的再创造来实现社会调控体系的优化。[11]刘平(2007)从社会分工的角度提出在二元社会中，根据新的社会分工要求，单位文化体制和市场经济体制是能够共存的。[12]

现阶段对于东北经济问题的思考多集中于计划经济对资源的控制导致地方经济活力受到影响，但当时计划经济是在全国范围内进行的，长三角和珠三角地区也参与其中。在市场化改革的过程中，为何长三角地区和珠三角地区可以迅速而成功地向市场经济转型，而东北地区却停滞不前呢？归根结底，在开始进行市场化改革时东北地区的初始经济结构就与长三角等发达地区不同。东北地区是一个以重型工业企业为发展核心的工业社会，遍布大中型的工业企业，独特的社会结构也构成了东北地区独特的政治经济生态文化。在这种背景下，就需要进一步思考东北的大中型国企与其地区经济发展的关系，以及这些大中型国企如何对东北地区的经济结构和社会结构产生影响。因此，要分析东北地区的市场化问题就必然要考虑其工业企业中独特的“单位制文化”问题。

通常对单位的研究是将其看作一个“理想型”的社会组织，理想型的单位不仅仅是一个工作地点，更是构成社会结构的一部分。单位为个人提供医疗、住房、养老等福利，同时个人的一些私人事务如请假、结婚、生子等也须告知单位甚至获得其同意。个人依赖着单位，单位调节着社会运转，国家通过"单位组织"来分配和整合社会资源。[13]由此可以看出，单位现象体现为"双重依赖性"，一方面单位成员依赖单位组织提供福利；另一方面单位组织依赖国家提供资源。这种双重依附关系也导致了"依赖性结构"和单位成员之间相互庇护关系的产生。[11]目前对于单位制问题的研究多是集中于历史视角，许多学者试图从单位制起源的角度来考察单位这一组织形式的独特之处。李汉林(1993)指出单位制的形成是新中国成立之初为发展工业化国家调控有限社会资源的一种有效手段，是制度选择的结果。[14]田毅鹏(2016)认为单位制是在工业主义和社会革命的双重基础上建立起来的社会组织方案，两者缺一不可。[15]

正如前文所言，分析计划经济体制下的工业企业必然需要考虑单位制文化的作用。在改革开放初期，东北地区在国家再分配政策制度下形成了一个以重型工业国有企业为经济和政治中心的社会形态。而要研究单位制组织与地方社会之间的现实关系，就需要将市场化改革这一因素纳入分析中。以"理想型单位"为依托进行的大多数研究对市场化改革以前的社会形态的认知通常也是理想型的，认为单位组织之间存在"高度同构"的现象，"将单位制社会的形态比作蜂窝状社会：每一个蜂窝单元的组织功能是综合式的，像一个小社会，而每一个组织单位都高度相似，相互独立，大小相近，组织之间没有本质区别"[8]。这种通过"理想型单位"的方式认为单位之间无差别化的观念虽然在一定程度上可以掌握单位制文化的特点，但是在中国整体进行市场化改革的大背景下，远远不能深入了解单位组织内部社会结构的变化。也有一些研究并未否认单位间存在差异性，然而对单位制文化与地方社会结构之间相互影响的复杂作用尚未做出详细说明。事实上，单位之间也存在异质性和地域差异，即使是在计划经济进行统一再分配的体制下，不同地区的单位之间在为职工提供福利的能力和方式方面也存在分化。通常来说，在计划经济体制下，经济规模越大的单位更为接近"理想型单位"，更有能力为职工提供更多的福利，如大型单位的附属学校和医院等。这种表现在单位层面上的福利差异在不同地区之间的差别会进一步扩大：大型单位越聚集的地区，单位职工的生活福利机构越健全，越不需要跨单位解决问题，其生活越可能被单一单位覆盖，则职工对单位的依赖性越强，地方社会结构的形态越接近于计划经济体制下的"理想型社会"结构。

同样地，对市场化改革开始后单位制文化变迁的理解也必然要超越单位制文化与市场化改革二元线性对立的认知。中国的市场化改革是一场渐进式的改革，因此，单位制文化的变迁过程也是动态的，单位制改革并没有一开始就全面取消单位制，而是先从单位的资源来源入手，从完全依赖于中央政府逐渐转变成政府和市场两个渠道。[11]而渐进式的市场化改革并不是匀速变化的，在某些时间节点上对一些单位来说甚至是突变的，因而对地方社会结构的变迁过程产生了深远影响。这种地区间单位聚集方式的差异也导致了社会结构方面的差异，将单位制文化变迁放在历史动态的进程中考察对于理解东北地区市场化改革的社会变迁具有重要作用。

三、东北地区单位制社会形成的原因

在新中国成立初期，为尽快恢复国内的工业经济建设，中央政府为东北地区投入大量资源，在原本残损的基础上建设大量工业企业，东北地区自此建立起了比较完整的工业体系。因而，在市场化改革的初期东北地区就形成了一个以大中型工业企业为经济及社会发展中心的"工业单位制社会"。在这样的社会形态下，东北地区也形成了以重型工业企业为核心的独特单位制文化。换言之，东北地区的单位制文化更多地体现在工业国有企业中特殊的企业文化，具有鲜明的地域特色。因此，在国家政策帮扶下兴建的工业产业集群使得工业单位组织的地位变得举足轻重。甚至与地方政府相比，工业单位组织成了主导东北经济发展的关键力量。同时，工业企业单位的形成对东北地区的城市化发展也产生了重要影响。

在东北老工业基地兴建的初期，坐拥大型工矿单位的地区有两个典型特征，即"先厂后市"和"因矿兴市"。[8]一些厂矿的兴建时间更是早于其城市基础建设，因而也自行配备了满足职工生产和生活的基础设施，如辽宁省的本溪煤铁公司，就自行修建发电厂供电。[16]而某些大型工矿单位甚至跨越了原有单位的界线，承担起部分城市化的责任。在这种情况下，这些大型厂矿单位在地方事务方面就拥有了很高的权力。因为我国的经济管理体制存在条条经济和块块经济相分离的情形，一些大型工矿单位的主管领导的政治级别甚至要高于其地方政府的官员。如在20世纪60年代鞍钢的党委书记也是鞍山市第一书记，政治级别要高于区级官员。[8]与此同时，由于工业企业单位对东北地区经济发展的重要贡献，其在政治方面也身居超然地位，也使得东北地方政府的政治功能被弱化。

事实上，在计划经济体制时期和市场化改革前期，东北地区的工业企业单位一度是国家恢复工业生产的最有力承担者。同时，这些工业企业单位在解决地方政治经济事务上也起到重要作用。尤其是 20 世纪七八十年代由于大规模知青回城导致的城市就业危机，东北地区的工业企业单位承担起了安置部分知青及单位职工子女就业的政治任务。由此，一种由全民所有制单位组建的“厂办大集体”制度应运而生，这也为东北地区形成工业单位制社会埋下了伏笔。

虽然知青回城就业危机在东北地区由单位内部较为圆满地解决了，但这种短期内吸纳大规模待业人员的做法只能说是权宜之计。与计划经济时期严格把控全民所有制单位员工数量的方式大为不同，虽然避免了社会动荡的产生，但却将一个地区的大规模人员都集中到了同一个单位内部。这种就业结构进一步导致了“家庭嵌套式”单位制社会的形成，具体表现为“单位人”在工作和家庭关系网的高度重叠，与新中国成立伊始夫妻在同一工厂工作的“小家庭嵌套”模式相比，在东北地区甚至进化成几代人的嵌套关系。

家庭和工作关系在单位内部的交叉重合倾向促使东北建立起了密集的熟人关系网络社会，处处是熟人的工作环境也导致稳定就业成了东北地区的“单位人”毕生的追求。即使是在市场化改革的初期，东北地区的社会主体仍是这些“单位人”，在单位内部晋升的保守型就业方式才是主流渠道，这种保守的单位文化氛围加剧了东北地区人口对在所谓的“大单位”“好单位”就业的认可和偏好。工业企业单位促使了“单位人”家庭社会网络的形成，单位内部的流动性结构也得以重塑，同时也使得地方的经济社会结构被重塑。东北地区由此形成了一个“工业单位制社会”。[17]

四、东北地区单位制文化结构的行为倾向对市场化影响分析

在市场化改革初期，在再分配体制下东北地区形塑了以大中型工业企业单位为核心的政治经济社会结构。这种单位制文化结构中存在着惰性，构成了一种特殊的区域文化，一般被称为“关东文化”。事实上，东北地区的单位制文化结构具有保守性、封闭性和依赖性，与长三角等发达地区的体制外改革导向不同，并未形成与市场经济相匹配的文化观念。下面将市场化改革这一“变量”纳入讨论，考虑东北单位制文化结构的行为倾向对其市场交易行为的影响，正如前面提到过的渐进式市场化改革“是先从单位的资源来源入手，从完全依赖于中央政府逐渐转变成政府和市场两个渠道”[11]。因此，研究市场交易行为问题就离不开对资源有效利用率这一概念的思考。

对此，考虑一种没有中央信息源的信息扩散过程，令

$$\frac{\mathrm{d}n}{\mathrm{d}t}=qn(N-n)-sn\left(1-\frac{n}{N}\right) \tag{1}$$

式中：N 代表人口总量，n 代表已掌握信息的人口数量，则$(N-n)$表示需要掌握新信息的学习者数量；q 代表在学习过程中掌握新信息的学习者的增长率；s 为用来衡量学习能力的指标，令 $s=\delta^{-k}/2t$，δ 代表学习者掌握新信息的学习意愿和行动力度，k 代表强度。在此，还可以将 N 视为市场规模。

接下来我们来探讨在同样技术水平和价格水平下，比较东北地区和长三角地区的资源有效利用率，看看其是否会受到由不同文化结构所导致的不同行为倾向的影响。

引入敏感度 α，令：

$$\frac{\mathrm{d}n}{\mathrm{d}t}=qn(N-n)-\frac{\delta^{-k}}{2t}n\left(1-\alpha\frac{n}{N}\right) \tag{2}$$

当 $\alpha>0$ 时，可以用来衡量行为主体对新信息的排斥程度。当很少的学习者愿意接受新信息，即 n 很小时，则$\left(1-\alpha\frac{n}{N}\right)$很大，市场的淘汰率也会很大；当很多的学习者愿意接受新信息，即 n 很大时，则$\left(1-\alpha\frac{n}{N}\right)$很小，市场的淘汰率就会很小。这可以用来反映具有保守行为倾向的社会结构特征，也即风险厌恶型行为主体的保守性特点。

当 $\alpha<0$ 时，可以用来衡量行为主体对风险的偏好程度。当学习者偏好风险，愿意接受新信息的人数就会增加，即 n 增大，则$\left(1-\alpha\frac{n}{N}\right)$增大，市场的淘汰率也会增加；当学习者厌恶风险，愿意接受新信息的人数就会减少，即 n 减小，则$\left(1-\alpha\frac{n}{N}\right)$减小，市场的淘汰率就会降低。

因此，α 在一定程度上可以用来衡量不同的文化结构对主体行为的不同制约和影响。所以，可以得出东北地区与长三角地区所代表的保守型文化与开放进取型文化之间的行为差别。根据式(2)，可以求出 n 的均衡解：

$$n^{*}=N\left(1-\frac{\delta^{-k}}{2tqn}\right)\Big/\left(1-\frac{\alpha\delta^{-k}}{2tqn}\right) \tag{3}$$

由此可知，$n^{*}_{\alpha<0}<n^{*}_{\alpha=0}<n^{*}_{\alpha>0}$。

可以看出，当资源禀赋和技术水平一定时，在一个封闭的环境中，风险厌恶型行为主体的市场规模要高于风险偏好型行为主体的市场规模。因此，东北地区的市场规模是高于长三角地区的市场规模的。

随着改革开放的进行，中国的市场环境由相对保守走向逐步开放。现在来分析一下两个市场主体交易规模的稳定程度，稳定性高则意味着市场主体的交易行为和经济结构的路径依赖性强，反之亦然。考虑随机方程如下：

$$\frac{\mathrm{d}x}{\mathrm{d}t}=qx(N-x)-\frac{\delta^{-k}}{2t}x\left(1-\alpha\frac{x}{n}\right)+\sigma qx\xi(t) \tag{4}$$

式中：x 代表随机变量，$\xi(t)$ 代表随机扰动项，σ 代表随机扰动项的方差。

因而，式(4)的福克—普朗克方程的稳态概率密度极值结果如下[18]：

当 $\sigma<\sigma_c$ 时，$x_c=N\left(1-\frac{\delta^{-k}}{2tqN}-\frac{q\alpha^2}{2N}\right)\Big/\left(1-\frac{\alpha\delta^{-k}}{2tqN}\right)$；

当 $\sigma>\sigma_c$ 时，$x_c=0$。

式中：$\sigma_c=\sqrt{\frac{2}{q}\left(N-\frac{\delta^{-k}}{2tq}\right)}$。

进一步比较这两个种群的行为模式，可以发现东北地区是保守型市场主体，可以用 $\alpha_1>0$ 表示；长三角地区是开放型市场主体，可以用 $\alpha_2<0$ 表示。根据上述分析，保守型种群稳态解的市场规模 n_1 大于开放型种群的市场规模 n_2。因此，在市场规模一定的情况下，与开放型种群相比，保守型种群需要的资源和生存空间更小。也就是说，在一个相对封闭的环境下，开放型种群为了维持 n_2 的市场规模，需要获得比保守型种群更多的资源和生存空间。当市场环境从相对封闭变得日益开放，保守型种群的稳定性是高于开放型种群的。即保守型种群的生存阈值限度低于开放型种群[19]，即保守型种群接受新信息的能力要低于开放型种群。

因此，可以看出东北地区所代表的保守型文化与长三角地区所代表的开放型文化相比，其市场规模更大、稳定性更高，但市场交易行为及经济结构的路径依赖性更强，体现为接受新信息和新技术的能力较弱，发生创新性市场行为的概率较低。下面通过对比长三角地区与东北地区在市场化改革前后 20 年的国内生产总值(图 1)进行说明。可以看出，在 1978 年改革开放这一时间节点之前，全国各地之间的资源和技术壁垒仍存在，流动性较差，各地区都处在一个相对封闭的环境中，在计划经济时期东北地区的国内生产总值与长三角地区相差不大，但总体上是略高于长三角地区的。然而随着市场体制改革的不断深化，壁垒逐渐被打破，资源和技术在各地区的流动性增强，长三角地区迅速崛起，很快就反超东北地区，发展势头良好。1991 年以后更是遥遥领先，迅速拉大了与东北地区之间在国内生产总值上的差距。

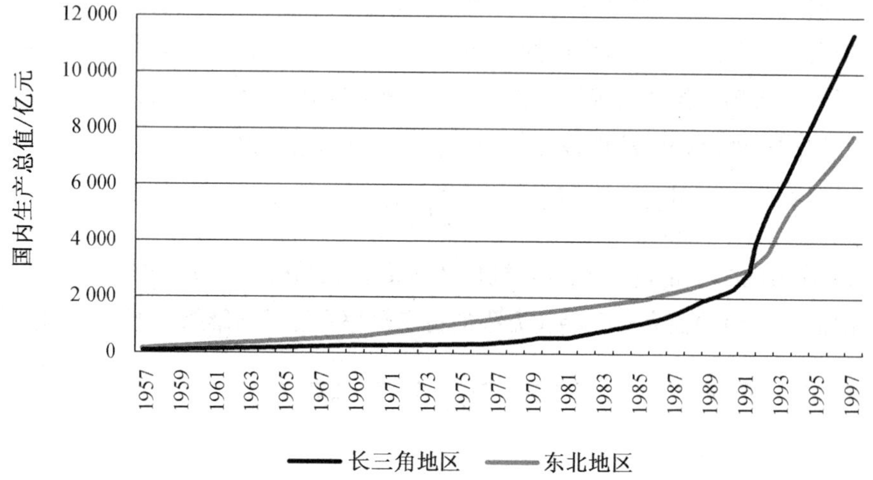

图 1　长三角地区与东北地区国内生产总值对比

资料来源：根据各省统计年鉴计算整理得到。

在中国的市场化进程中，固定资产的投资规模直接决定了市场规模和经济总量的大小(表 1)。从而，固定资产投资的增长率在一定程度上可以看作市场规模的扩大程度，则增长率的波动也就可看作市场交易规模的稳定程度。据此可判断，固定资产投资增长率的波动幅度越小，其市场主体进行交易行为的保守性就越强。

表 1　长三角地区与东北地区固定资产投资累计规模与增速

年份	长三角地区				东北地区					
	江苏省		浙江省		辽宁省		吉林省		黑龙江省	
	规模/亿元	增速/%	规模/亿元	增速/%	规模/亿元	增速/%	规模/亿元	增速/%	规模/亿元	增速/%
1998	2 535.5	—	1 847.9	—	1 057.7	—	420.9	—	770.1	—
1999	2 742.7	8.2	1 886.0	2.1	1 119.5	5.8	498.8	18.5	751.7	−2.4
2000	2 995.4	9.2	2 267.2	20.2	1 267.7	13.2	586.9	17.7	823.6	9.6
2001	3 303.0	10.3	2 776.7	22.5	1 421.0	12.1	687.9	17.2	979.9	19.0
2002	3 849.2	16.5	3 413.1	22.9	1 695.6	19.3	808.0	17.5	1 086.3	10.9
2003	5 335.8	38.6	4 993.6	46.3	2 082.7	22.8	969.0	19.9	1 223.2	12.6
2004	6 557.1	22.9	5 781.4	15.8	2 979.6	43.1	1 169.1	20.7	2 236.0	82.8

（续表）

年份	长三角地区				东北地区					
	江苏省		浙江省		辽宁省		吉林省		黑龙江省	
	规模/亿元	增速/%	规模/亿元	增速/%	规模/亿元	增速/%	规模/亿元	增速/%	规模/亿元	增速/%
2005	8 165.4	24.5	6 520.1	12.8	4 200.4	41.0	1 741.1	48.9	1 737.3	21.4
2006	10 069.2	23.3	7 590.2	16.4	5 689.6	35.5	2 594.3	49.0	2 236.0	28.7
2007	12 286.1	22.0	8 420.4	10.9	7 435.2	30.7	3 651.4	40.7	2 833.5	26.7
2008	15 300.6	24.5	9 323.0	10.7	10 019.1	34.8	5 038.9	38.0	3 656.0	29.0
2009	18 949.9	23.8	10 742.3	15.2	12 292.5	22.7	6 411.6	27.2	5 028.8	37.5
2010	23 184.3	22.3	12 376.0	15.2	16 043.0	30.5	7 870.4	−5.4	6 812.6	35.5
2011	26 692.6	15.1	14 185.3	14.6	17 726.3	10.5	7 441.7	−5.4	7 475.4	9.7
2012	30 854.2	15.6	17 649.4	24.4	21 836.3	23.2	9 511.5	27.8	9 694.7	29.7
2013	36 373.3	17.9	20 782.1	17.7	25 107.7	15.0	9 979.3	4.9	11 453.1	18.1
2014	41 938.6	15.3	24 262.8	16.7	24 730.8	−1.5	11 339.6	13.6	9 829.0	−14.2
2015	46 246.9	10.3	27 323.3	12.6	17 917.9	−27.5	12 705.3	12.0	10 182.9	3.6
2016	49 663.2	7.4	30 276.1	10.8	6 692.2	−62.7	13 923.2	9.6	10 648.3	4.6
2017	53 000.2	6.7	31 126.0	2.8	6 678.8	−0.2	13 883.9	−0.3	11 292.0	6.1
2018	58 966.4	11.3	33 335.9	7.1	6 892.5	3.2	13 978.6	0.7	10 806.4	−4.3
2019	67 568.9	14.6	36 702.9	10.1	6 940.8	0.7	14 057.3	0.6	11 102.6	2.7

资料来源：根据各省统计年鉴计算整理得到。

从固定资产投资规模来看，国家对东北地区的投资额度逐年增加，特别是2003年以后，随着“东北现象”的出现，国家再次加大了对东北地区的投资力度，试图挽救东北颓靡的经济状况。从表1来看，在中国经济进入新常态以前，这一时期东北地区的固定资产投资增长率表现良好，国家的扶持政策效果明显。除了吉林省在2010年、2011年出现小幅度的负增长以外，其余年份东三省的增长率均在两位数以上，2004年黑龙江省的固定资产投资增长率甚至高达82.8%。但2014年之后，东北地区的增长率呈断崖式下跌，多年出现负增长，辽宁省尤其严重，2016年甚至出现−62.7%这一惊人数字。与此相对，长三角地区的固定资产投资规模总体上呈现出稳定的增长趋势。

表 2　长三角地区与东北地区固定资产投资增长率对比

年份		1998—2003 年	2004—2014 年	2015—2019 年
长三角地区增长率/%	江苏省	16.56	20.65	10.06
	浙江省	22.80	15.49	8.68
地区年均增长率/%		19.68	18.07	9.37
东北地区增长率/%	辽宁省	14.64	25.95	−17.3
	吉林省	18.16	23.64	4.52
	黑龙江省	9.94	27.71	2.54
地区年均增长率/%		14.24	25.77	−3.41

资料来源:根据各省统计年鉴计算整理得到。

从表 2 可以看出,自改革开放起长三角地区的市场体制改革效果喜人。在 2003 年以前,其固定资产投资规模比东北地区高出 5.44 个百分点。随着"东北现象"问题的加剧,国家加大了对东北地区的固定资产投资规模,2004—2014 年间东北地区的固定资产投资增长率高达 25.77%,比长三角地区高出 7.7%。进入新常态后,长三角地区和东北地区的固定资产投资增长率都有所下降,但东北地区的下跌尤其严重,甚至低至−3.41%。因此,改革开放之后整体来看长三角地区的经济总量远大于东北地区,且其市场规模的扩大程度也高于东北地区。虽然随着"东北现象"的出现,国家加大了对东北地区固定资产的投资规模,其市场交易规模飞速扩大,帮扶效果非常显著,但东北地区的固定资产投资增长率波动明显,且波动幅度远高于长三角地区。也就是说,东北地区的市场交易规模的稳定度是低于长三角地区的。可以看出,与长三角地区相比,东北地区的市场交易主体的保守性更强、市场规模更小。

通过上述分析可以看出,对于东北老工业基地的振兴仍是以重工业投资为导向的,投资大多集中于已有的大中型重工业企业和一些基础设施建设。这种资本型的投资导向一方面再次强化了大型国企的主导性及经济结构的重型化,另一方面也挤压了一些小型企业的发展空间,进一步加强了东北地区的工业资本存量,也加深了其地方经济结构重型化的程度,不利于新兴产业的发展。最终结果就是导致东北地区留存的企业多是具有地方传统优势的大型生产型企业,如机械制造业等。因此,东北地区的重工业已成为典型的资本密集型产业,这也意味着其生产效率的提高需要来自生产设备的更新或资本投入的增加,而对于拉动当地地方经济发展的效果并不明显。事实上，中央政府在振兴东北时投入大量资金是出于维护社会秩序的考虑，希望能拉动地方就业，但结果却导致东北地方经济的再度重型化发展。究其原因，主要是由于这一期间地方政府对于东北地区的"去工业化转型"并不成功，仍在原工业基础上继续加大对重工业的投入，对于发展其他产业的可能性并未做出体系化的设想。这也导致地方政府权力的再集中，同时再次加重了东北地区工业企业单位制文化结构的保守性。

综上，东北地区保守型的单位制文化结构不利于其市场化改革的发展。与开放型的长三角地区相比，若想要维持相同的市场规模或经济规模，东北地区显然需要更大的市场空间。从上述文化竞争模型也可以看出，东北地区的单位制文化结构属于风险厌恶型，更追求稳定性，而这种保守的行为倾向在市场交易中很难发展劳动分工。而开放的长三角地区更趋于风险偏好型，这种进取及冒险的精神更有利于市场的创新和多元化发展。

五、结论与思考

在市场化改革的最初 10 年，东北地区工业企业单位的弊端尚未显现出来，大多数国企非但没有受到新兴民营企业的冲击，反而表现出了前所未有的优越性。这些大型国企对于原材料和技术工艺的垄断导致市场化改革初期卖方市场的形成，产生垄断壁垒，使其在不完全的市场竞争中取得先发优势。特别是一些重工业企业，更是拥有额外优势，这是因为供应的原材料通常由国家控制，其产品流通也多由国家进行按需分配。因此，在市场化改革的前期，东北地区的部分大中型工业企业甚至进行了一定程度的扩张，但这些工业企业单位并未将剩余利润投入生产设备的改善上，而是选择为单位职工提供更多福利，如建设医院和员工家属住房等。这也导致更多的地方人口进入工业企业单位就业，特别是大中型的重工业企业单位。[20]然而，东北地区的大部分国企并非掌握了高精尖的技术工艺，只是具备生产基本消费品的原料和流水线设施，如冰箱、彩电等。随着市场化改革的持续推进，新兴民营企业逐渐掌握了先进技术并开始积累资本，这些大中型工业企业单位的"保护壁垒"渐渐被打破，从市场汲取资源的优势也不复存在。与一些限制性进入行业的大型国企不同，这些经历了资源先扩张再下降的大中型工业企业单位随着市场化进程的推进，其资料来源并不是稳定的。随之而来的变化就是东北地区的单位就业人口数量急剧减少，尤其是在 1997 年前后，改革开放后的第二个 10 年，市场竞争日益激烈，这些"过渡型"的工业企业单位在面临 90 年代末期大规模的国企改革出现了一系列非预期性的后果，市场化改革不但未能使东北地区从单位制社会转变为市场社会，反而使就业结构出现严重分化，再次加强了地方政府的权力，更加凸显了“熟人关系”的重要性。

首先，20世纪90年代末期出现的大规模国企改革非但没有促进工业企业单位外部就业的增长，反而使东北地区的就业结构出现严重的两极分化。一方面是技术含量较低的自主就业，另一方面是政府事业单位和少数生存下来的大型国企。对于大多数工业企业单位的职工来说，当单位解体时，不仅仅是失去了赖以生存的一份工作，更是意味着其家庭嵌套式的社会网络的倒塌。在东北地区这种家庭内嵌于单位的工业企业单位制社会中，单位人享有的都是信息同质化、高度密集型的强关系网络，而在单位外部的社会网络则是弱关系网络，对于工业企业单位的职工来说，很难跨越单位边界进行职业技能转换。在中国市场化改革全面开花的情形下，中国的工业发展也进入“资本导向型”道路，每项技术的成功研发都需要投入大量资本，而东北地区既缺少大规模资本和高精尖技术，又失去了外部市场优势，因而既无法像东南沿海地区那样参与世界分工，也无法独立进行高新技术化生产，最终只能被市场化改革的浪潮所淘汰。在这种背景下，20世纪90年代东北地区从工业企业单位体制流出的剩余劳动力大多只能从事技术含量较低、启动资金较少的行业。

其次，以资本为导向的振兴政策反而进一步加深了东北地区经济重型化的程度，使地方政府的权力再次集中。国家在2003年提出“振兴东北老工业基地”的政策，投资取向多集中于已有的大型工业企业和一些基础设施建设。在这种情况下，东北地区存留下来的大多是拥有传统优势的机械制造业以及具有战略意义的限制进入型行业的大型重工业企业。在国家政策的扶持下，这些重点企业大量举债进行扩张，不断扩大资产规模，加大工业资本存量，进而导致东北地区经济重型化的程度不断加剧。而这种资本密集型产业对地方的就业几乎没有拉动作用，反而再次加强了地方政府的权力，这是因为国家的投资主要由东北地方政府实施推进，地方政府在这一过程中掌握的资源和权力都有所扩大和延伸。同时，大规模的国企改革导致一些“过渡型”工业企业面临坍塌的局面，出现经济真空带，也需要地方行政力量介入并重塑地方的经济社会结构。

最后，市场化改革非但没能打破原来工业企业单位制度下以单位和家庭为中心的社会关系网，反而使其扩展成为跨越原本单位界线的熟人关系网。如前所述，东北地区的社会就业结构在地方政府的介入下表现出严重的两极分化，一方面是技术含量较低的自主就业，另一方面则是权力得到集中的政府事业单位以及规模再次扩张的大型国企。对于东北人民来说，后者显然是更优选择。而想要进入这类"好单位"就业通常需要一定的"关系"，这是因为东北地区现存的大型国企的一些岗位往往是单位内部招聘，除了某些重要的管理层人才和必要的技术岗位，其他岗位的普通职工的聘用通常由单位内部自行决定，这就可能导致"走后门"现象的产生。在此情况下，"熟人关系"的重要性就得到了凸显。这种熟人关系网络在东北地区的大型国企中尤其突出。至于自主就业，并不是东北地区接受过良好教育的年轻人的首选。东北地区市场就业机会的稀少使得很多受过高等教育但没有"关系"的年轻人不愿回到东北就业，而是远走北上广奋斗。在这种就业结构严重两极分化的背景下，东北地区一方面不断流失接受过高等教育的年轻人，另一方面使熟人关系网络继续强化，使得地方的经济社会结构再次重塑。

从上述结论可以看出，与长三角等发达地区相比，要加快东北地区的市场化改革进程，就必须尽快调整该地区的市场结构现状，促进国有企业改革，加快发展民营经济的步伐，主要从以下三方面进行：

一是在国有企业内部必须推进市场化的人事制度改革，将招聘活动面向市场，在企业内部或者外部聘任管理层。考虑到现阶段东北地区市场化进程的相对滞后，亟待改革的国企更适合"就地取才"，优先开发企业内部的人才，将企业中拥有管理才能的员工选拔到管理层，循序渐进地再逐步举办开放式的竞聘活动。一方面，东北地区的国企改革还不十分成熟，从外部引进高管人员仍存在一定困难，主要是由于从外部聘请高管的市场价格较高，会导致交易成本增多，同时东北地区较为落后的国企工作环境也很难吸引到优秀的管理人才。另一方面，东北地区的国企内部也是存在许多优秀人才的，只是不恰当的用人制度导致这些人才被埋没了。事实上，这也是东北地区优秀人才大量外流的主要原因。因此，东北地区在进行国企的人事制度改革时必须破除以往的"任命制度"，优先开发企业内部的人才市场。

二是地方政府要变"主导"为"引导"，增强市场服务意识。东北地区的地方政府对其地方经济的去工业化转型并不成功，其地方经济的重型化程度仍然较深。面对某些国企解体后出现的经济真空，地方政府通过行政力量重塑其经济结构，甚至可以说是更加集中了地方政府的权力。因此，为了继续深化东北地区的所有制结构改革，地方政府应简政放权，进一步转变政府职能，突出引导作用，破除机制性体制障碍，建立同市场完全对接的经济体制，只有这样才能从根本上推动东北经济振兴。从理论上说，只有让市场在资源配置中发挥决定作用，才能建立一个有效的经济体制。因此，处理好政府与市场的关系就显得至关重要了。要理清政企关系，政府不应过度干预市场经济的运行，而是应该转型成为一个高效的服务型政府。同时，可以通过设置责任清单来明确政企职责，只有明确了政府的行政职能并加强监督管理才能提高市场配置资源的能力。地方政府官员在进行决策时，不仅要对上负责，更要对下负责。从主体层面上扭转过度干预的现象，加大群众对政府决策的参与力度，最终构建一个健康的、充满活力的市场环境。

三是东北地区要破除"集体无意识"的文化氛围，冲破"吃大锅饭"惯性思维的桎梏，减少对政府的依赖。东北地区民众需要转变观念，正确认识市场经济的性质，充分了解非公有制经济在市场化进程中的重要作用，从内心接受经济体制的转变。只有民众具备了共同的市场认知，价格机制和市场体系对资源的配置才能实现最优化。而这种对市场经济的认同感，正是其所缺少的。因此，东北地区民众也必须降低对政府的过度依赖，自立自强，减少"搭便车"行为，要充分发挥个人潜能，努力成为具有进取精神和创新精神的独立的个体。地方政府也应该高度重视对群众的思想教育，使民众可以了解市场经济体制的优势所在，塑造一个良好的市场经济文化环境。只有从根源处扭转其思维方式，使其意识到市场经济是挽救东北老工业基地的关键，才能真正取得市场化改革的预期成效。

参考文献

[1] 张耀辉.包含交易费用的市场绩效模型:兼论我国东北经济难以振兴的根源[J].中国工业经济，2004(1):43-48.

[2] 赵儒煜，陈强，王媛玉.从产业发展看东北经济复兴的历史必然性与路径选择[J].商业研究，2018(5):1-11.

[3] 董鸿扬.市场经济与文化社会功能的开发[J].学习与探索，1994(2):30-36.

[4] 刘国平，杨春风.当代经济社会发展视界中的东北地域文化[J].社会科学战线，2003(5):20-26.

[5] 关蓉晖.诚信文化建设与东北老工业基地振兴[J].社会科学辑刊，2005(4):103-107.

[6] 李泉.地域文化与区域经济互动发展当议[J].广东广播电视大学学报，2010(5):100-103.

[7] 姜琪.政府质量、文化资本与地区经济发展——基于数量和质量双重视角的考察[J].经济评论，2016(2):58-73.

[8] 谢雯.历史社会学视角下的东北工业单位制社会的变迁[J].开放时代，2019(6):

25 - 44.

[9] 路风.中国单位体制的起源和形成[J].中国社会科学季刊,1993(4):1 - 6.

[10] 路风.单位:一种特殊的社会组织形式[J].中国社会科学,1989(1):87 - 88.

[11] 刘建军.单位中国:社会调控体系重构中的个人、组织与国家[M].天津:天津人民出版社,2000.

[12] 刘平.新二元社会与中国社会转型研究[J].中国社会科学,2007(1):104 - 117,207.

[13] 李路路,李林汗.中国的单位组织:资源、权力与交换[M].杭州:浙江人民出版社,2000.

[14] 李汉林.中国单位现象与城市社区的整合机制[J].社会学研究,1993(5):23 - 32.

[15] 田毅鹏.单位制与“工业主义”[J].学海,2016(4):63 - 75.

[16] 孔经纬.新编中国东北地区经济史[M].长春:吉林教育出版社,1994.

[17] 田毅鹏.典型单位制的起源和形成[J].吉林大学社会科学学报,2007(4):56 - 62.

[18] Horsthemke W., Lefever R. Noise-Induced Transitions[J]. European Journal of Operational Research, 1987(30): 211 - 221.

[19] Zurek W. H., Schieve W. C. Nucleation Paradigm: Survival Threshold in Population Dynamics[M]. Texas: University of Texas Press, 1982: 68.

[20] Barry Naughton. Danwei: The Economic Foundations of a Unique Institution[M]// Danwei: The Changing Chinese Workingplace in Historical and Comparative Perspective. London: ME Sharpe/Eastgate, 1997: 169 - 194.

作者简介

刘冰镜(1994—),黑龙江绥化人,南京大学商学院博士生。研究方向为中国经济发展与中国经济史。

杨轩嘉(1996—),江苏南京人,罗格斯大学(Rutgers, The State University of New Jersey)金融学硕士研究生。研究方向为中国经济发展与金融学。

Culture of Unit System and Market-Oriented Reform —Reflections on the Economic Development of Northeast China

Liu Bingjing　Yang Xuanjia

Abstract: This paper explains the slow process of marketization in Northeast China by discussing the relationship between the system of units culture and market-oriented reform. At present for the northeast economic research has focused on the planned economic system of the problems left over by history. Focusing on the system of culture, this paper finds that compared with the developed areas such as Yangtze river delta, northeast China's initial economic structure is different, at the beginning of the market-oriented reform in northeast China formed with large heavy industry enterprises as the economic center of "system of industrial enterprises". The overlapping of family and work relationships within the organization makes a dense network society of acquaintances established in Northeast China, and the work environment full of acquaintances also leads to the "organization people" in Northeast China to rush for stable employment. Even in the early stage of market-oriented reform, the social main body in Northeast China is still "unit people", and the conservative employment mode of promotion within the unit is the mainstream. This conservative unit cultural atmosphere intensifies the preference of Northeast Chinese for "good units". The cultural structure of the unit system is conservative, closed and dependent, which leads to the stronger conservatism of the market trading subjects in Northeast China and also makes the market scale smaller. In this social form, the market-oriented reform not only failed to transform the Northeast China from a unit system society to a market society, but also caused serious polarization of its employment structure. The power of the local government was strengthened again, which highlighted the importance of "acquaintance relationship".

Key words: Northeast China; Market-Oriented Reform; System of Unit Culture; Network of Acquaintances

不饱和视域下的澳门文化产业发展分析

陈晓君

摘　要:澳门文化产业发展虽具有一定的政策导向和发展优势,但现实上,澳门文化产业发展呈现出一种特殊的不饱和性,这主要体现在其文化产业发展相对滞后,文化所蕴含的产业经济价值空间仍有待挖掘和开拓。澳门文化产业发展不饱和的主要原因是特区政府的文化产业政策举措尚待优化、产业结构不平衡、创意人才缺失和社会关注度不高等。澳门文化产业发展亟须破除这些障碍,借势粤港澳大湾区建设的国家发展战略,在不饱和视域下提炼出澳门文化产业发展的引力、动力、势力、活力和张力优势,充分挖掘澳门文化产业发展潜力。

关键词:澳门文化产业;不饱和理论;不饱和优势;"一国两制"

澳门长期处于东西方多元文化的交融之中,背依广东,面向香港和南海,具有深厚的文化积淀和独特的区位优势,形成了特殊的微型岛屿文化景观,构成了澳门文化产业发展的基础和特殊性之所在。激发这种微型岛屿文化的经济潜力和活力,既是推动澳门迈向新发展阶段的重要举措,也是促进粤港澳大湾区新型城市文化建设的重要体现。而把握澳门文化产业的当前态势,是进一步探究澳门文化产业发展的基础性工作。基于此,本文试图在梳理澳门文化产业发展的政策背景和现实状况的基础上,总结归纳当前澳门文化产业发展的"不饱和"特点,分析其具体表现和形成原因,以深化对澳门文化产业发展的思考。

一、澳门文化产业发展的政策导向及其问题

(一) 澳门文化产业发展政策历程

当前世界经济总体上呈现出从文化创意寻求发展的趋势。澳门未来的经济发展亦如此,凭借文化资源为资本、产业注入新活力,从文化产业的视角为澳门寻找一条新的发展道路。对此,澳门学界呼吁道:"只有文化产业才能救澳门,只有文化产业才能创造澳门新奇迹,也只有文化产业才能为澳门写下全新的历史篇章。"(潘

知常、刘燕、汪菲，2014）这说明人们对通过文化产业促进澳门经济社会发展有着一致、迫切的认识。

在这种历史大势之下，澳门特区政府制定、出台了一系列文化产业发展政策，并成立了相关职能部门。2007 年，澳门特区政府《行政长官 2007 年施政报告》开始关注澳门文化产业发展，社会文化司的施政报告明确将澳门文化产业发展纳入该年度施政方针，首次对文化产业进行了初步解释，尝试说明“文化”与“产业”之间的紧密关系。2009 年，何厚铧特首提出文化产业将会是澳门特区下一阶段新的具有较大发展潜力的新兴产业。2010 年建立“澳门文化创意产业数据库”，通过整合本澳文创产业市场数据，开展澳门文创产业整体分析及研究，加强政府与业界联系，推动产业媒合，并促进社会各类机构通过该数据库寻找文创工作者或团体提供服务。2013 年正式设立“澳门文化产业基金会”，这是受社会文化司司长监督的首个扶持文化产业发展的政府部门，其宗旨在于“运用其资源支持发展澳门特别行政区文化产业的项目，推动经济适度多元化发展”，其资助原则为“以企业投资为主，基金扶持为辅”。2014 年，澳门政府文化局增设“文化创意产业促进厅”，其主要功能包括：协助制定发展文化创意产业的政策及策略；建议扶持文化产业发展的措施，提交上级核准，并跟进相关措施的实施情况；规划文化局辖下文化资源的管理和再利用，以推进文化创意产业的发展；协调相关的公共部门推动，实施文化创意产业项目；宣传、推广澳门特别行政区文化创意产业的成果；审查摄影许可的申请。此外，“澳门基金会”也对澳门文化产业的发展提供了长期扶持和资助，包括：视觉艺术、设计、电影录像、流行音乐、表演艺术、出版、服装、动漫等范畴之展览、工作坊、讲座、课程、制作等活动，以及参加文博会、展销会、市集等项目。从 2014 至 2018 年，资助金额分别为 2 544.6 万元、3 359.1 万元、3 754.4 万元、7 953.1 万元和 4 225.3 万澳门币。[①] 可见，澳门特区政府已为澳门文化产业提供了积极的政策引导和自由的发展空间。

（二）澳门文化产业发展政策问题

虽然澳门特区政府对文化产业发展采取了一系列政策，但由于对文化产业本身发展特性的认知不够全面，特区政府层面对文化产业的宏观调控欠缺科学指导和总体规划，对于一个新兴产业发展的把控性不强，导致澳门文化产业处于过松环境下的“野蛮生长”状态。2020 年贺一诚特首在特区政府财政年度施政报告中指

---

① 数据来源：澳门文化局年报（2014—2018）。

出,“特区历届政府多年来在推动经济多元发展方面做出了努力,但成效并不明显”“特区政府致力于推动的会展业和文化创意产业占本地生产总值的比重均不到1%”。总体来看,澳门发展文化产业尚欠缺三方面支撑:一是来自特区政府层面的调控有序的政策支撑;二是来自社会层面的稳定充足的经济支撑;三是来自大众层面的主动肯定的精神支撑。这三方面支撑不足,造成澳门目前的文化创意项目虽然花样迭出,却始终难以做大做强。

二、澳门文化产业发展的不饱和性

(一) 文化产业的不饱和性概述

“不饱和”原指物理学的动态流动规律所描述的一种现象,即在一个饱和的物理空间中,物质流动会受到一定的限制。而当物理空间还有空隙时,物质的流动便会活跃起来。所以,物理学层面的不饱和是对动态流动规律的一种概括性表述。这种表述亦可用于解释文化和文化产业问题,社会产品(包括精神产品)的不饱和规律为文化结构的发展开拓了广阔的前景(余松涛,1999)。一个文化空间足以容纳更多社会产品,意味着它处于不饱和状态,这往往能够推动文化结构的改变。如杨晓敏曾指出,文学杂志的发行不能一味追求数量,而是要遵循不饱和理论,为杂志预留可持续发展空间,让发行市场多年呈现出持衡状态,体现“不饱和理论”(杨晓敏,2010)。王万举认为,在产业操作中,只要市场不饱和,作品(产品)所透出的信息就算是新的和占据了相应的高地的(王万举,2018)。每种产业作为一个社会经济单位,具备一定的社会发展空间。如果该产业发展臻于完备,产业发展数据和居民的消费意愿呈现停止、下降状态,就意味着它具有了较高的空间饱和度,难以留有足够的发展后劲。但是,如果一种重点推出的产业在本地产业结构中所占比例不大,处于初步发展阶段,就说明该产业在本地的发展中存在着较为广阔的发展前景,因为文化结构已为它预留了较大的发展空间,而这实际上遵循了不饱和的原则。

“不饱和”蕴含着生机与活力。表面上看,一个区域文化底蕴丰厚却因发展滞后表现出严重不足,似乎不利于这一区域的发展,但从另一个角度来说,正是这样的不足为充分调动文化产业发展的内在驱动力提供了可能,给了拓荒者们自由发挥的广阔空间。朱寿桐认为,文化发展存在着负性背景,即在一定事物或运动的产生或发生过程中,存在着对其起着反激、诱引作用且外在于正面促成、促进力量而作为负面、消极依据出现的某种因素(朱寿桐,2000)。这种因素即为“不饱和”的

“活性”和可能性。

(二)澳门文化产业不饱和性特征

澳门以其独特的地理位置,既能够与中国内地相结合,又能够与欧亚海洋陆地相贯通,展现出一种中西方文化交融的微型岛屿经济形态。这种形态为澳门的文化产业发展,提供了特别的环境优势和文化资源优势。但是,就目前而言,澳门文化产业尚未充分受益于上述优势,而是整体上呈现出不饱和的特点,澳门文化产业发展不饱和主要体现在澳门的文化产业基础设施薄弱、专业水平比较低。如澳门的电影、电视、戏剧、音乐、美术、广告、设计甚至是出版业等皆不具备规模,与附近的香港完全无法相提并论。

第一,澳门的电影业尚处于起步阶段,具有明显的不饱和性。而香港是亚洲影视业最发达的产地之一,仅 2018 年香港就发行了 53 部港产片,票房总收入(本地上映的包括外地电影)为 19.57 亿港币。其中,“香港电影业主要依赖海外收益,其中以亚洲为最大的出口市场”。香港拥有专门管理及发展影视产业的特区政府机构“香港电影发展局”及专项支持电影发展的“电影发展基金”,符合一定资格的电影项目制作预算上限高达 13 000 万港币。与此相比,澳门由文化局所资助的电影项目,最高上限原先为 100 万澳门币(折合港币约为 97 万),2019 年 2 月调整至 200 万澳门币(折合港币约为 194 万)。就资金扶持力度而言,两者显然相距甚远。在电影基础设施方面,澳门和香港亦存在着巨大差距。截至 2018 年 10 月,香港共有 55 家电影院。据实地调查和走访,澳门目前为止为人所知的电影院仅有 4 家,包括银河电影院、旅游塔电影院、大会堂电影院和永乐戏院。这还不包括作为创作核心的电影制作公司或制作人。十余年来,澳门本土几乎没有产出过具有国际影响力的知名作品,澳门特区政府相关机构或统计局也未有关于本土原创电影票房的纪录。

第二,澳门的文化消费呈现出不饱和性,远远落后于香港。澳门城市大学文化产业研究课题组 2020 年的相关调研发现,澳门本地居民文化消费总量偏低、整体付费意愿偏低,高达 72.81%的受访者表示近一年内个人整体文化消费金额低于 5 000 澳门币。尽管疫情的影响因素不可忽略,但总体上看,过去一年内从未去过线下影院、从未观看过任何电视节目和从未阅读过任何期刊的受访者比例为 48.36%、26.23%和 49.18%,这意味着非常不饱和的视听文娱消费习惯。同样,澳门的视觉艺术类展览、展演和节庆类活动的吸引能力有限,高达 45.9%的受访者近一年内没有参与过任何文化相关展览活动,这种尴尬的现状也在一定程度上解释了特区政府大力推动的文旅会展发展业为何一直未能起到应有的经济贡献。与此相比，香港的文化消费颇为繁荣。据 2020 年版《香港统计年刊》，2009 至 2019 年香港主要博物馆年参观人次均逾 400 万；各类文化场地包括音乐厅、演奏厅、剧院、剧场等使用频率高达 98%；2019 年，香港各类文化节目包括音乐演奏会、电影、戏剧等入座率均超过 60%，其中观众拓展活动的入座率高达 90.7%。这些数据表明香港本地居民文化消费意愿强烈、消费行为丰富多样，这就折射出澳门文化消费的不饱和状态。

第三，从文化产业发展的产出和投入来看，澳门文化产业发展存在不饱和性。如前所述，澳门文化产业的经济产出在澳门总体经济占比较低。根据统计局关于 2015 年澳门文化产业的数据，当年本澳“创意设计”“文化汇演”“艺术收藏”“数码媒体”四大领域所组成的文化产业服务收益为 62.4 亿澳门币，对经济贡献的增加值总额为 20.5 亿澳门币，仅占本澳 2015 年整体行业增加值总额的 0.6%，这说明澳门文化产业产值相对较低，仍存在较大的上升空间。另外，澳门文化产业的经济投入相对较少。据澳门文化产业基金会公开数据，2016—2017 年澳门特区政府总共批出文化产业相关资助总额为澳门币 1.45 亿，其中商业项目1.14 亿澳门币，包括 6 100 万澳门币的免息贷款和 5 300 万澳门币的无偿资助，带动的总投资额为 4.25 亿澳门币。可以说，这种资金体量对复杂而丰富的文化产业可谓杯水车薪，不论是文创设计，还是电影业、动漫游戏或演艺展览，能够从中受益的个体、机构或组织都非常有限，更无法产生针对产业经济的撬动效果和结构性调整效果。

从上述描述可以看出，澳门文化产业的成绩单显得贫乏和薄弱，这既是行业发展落后的象征，也说明了澳门文化产业的发展实际上处于一种不饱和状态，预示其存在着巨大的发展空间和前景。

三、澳门文化产业发展不饱和的原因

（一）缺乏科学合理的宏观整体规划

文化产业是属于 21 世纪的新兴产业。人们往往通过文化产品产生文化经济价值。这就意味着当今世界往往以文化竞争的方式展开经济竞争，形成一种无形的文化竞争。但是，澳门作为一个地域狭小、人口密集、经济稳定和社会和谐的微型岛屿，没有意识到自身也是世界经济的参与者，以及中华文化传播的重要平台。澳门特区政府起初并不积极主动地开发文化产业，直到中央在全局考虑澳门博彩业存在单一性和寄生性的弊端，提出“适度经济多元化发展”，打造“一个中心一个平台”的设想以后，澳门特区政府才正式开始着手了解和发展文化产业，故澳门文化产业起步较晚、格局有限、经验不足。

在认识到文化产业对于澳门发展的意义以后，澳门特区政府虽然出台了一系列措施，但由于产业自身链条不完整、资源配置不齐备、人才与市场各要素间流动存在诸多障碍，与之配套的制度规划和管理措施均相对滞后或错位，整体产业规划和布局缺乏方向性指引，更缺乏前瞻性强、前沿意识强、导向性强的宏观整体规划。这导致所出台的政策、法律法规对澳门文化产业的发展未能起到根本性的指导作用。澳门特区政府也邀请中国内地、中国香港、中国台湾及海外多所高校和研究机构的知名学者和团队参与了澳门文化产业发展规划的大量工作，但本土现实与外地参考、区域壁垒与国际经验、行业问题与产业理论等诸多矛盾并没有得到实质性的解决。当然，必须看到澳门特区政府发展文化产业的意识和决心，以及已经取得的成绩和进步。但也不得不承认，缺乏系统的产业经济知识和科学合理的宏观整体规划，令澳门文化产业发展一直处于不饱和状态。

(二) 文化与经济发展不匹配、不平衡

一是文化发展与经济发展速度不匹配。澳门回归祖国初期，社会经济现况较差，特区政府的首要任务是解决就业问题。为了振兴澳门当时萎靡不振的经济，特区政府把社会发展的重心放在了追求经济增长和解决失业问题上面。所以，在教育及文化发展上，特区政府的投入力度相对较小。这一以追求经济成果为前提的资本市场环境，较少对文化历史、文化教育、文化创意和文化消费类产业进行深刻的发掘，造成经济发展与文化资源脱轨。澳门虽然具备深厚的文化底蕴，但其历史文化的传承、开发并没有和经济发展走在同一频率上，形成了经济发展与文化发展之间的结构性不平衡。澳门尚未具备把文化内涵转换为文化经济的能力，这是产业基础结构中文化内容缺失所致的。

二是城市文化产品供给与人民文化需求的不平衡。澳门经济发展的结构性问题导致澳门特区政府在经济腾飞的情况下，忽略了人们从心理上对新事物的接受能力和社会发展规律的认知。当经济发展有了一定的成绩后，文化与经济发展的不平衡造成产业结构布局失衡，城市文化产品的供给数量和质量已不能满足人们日益增长的文化需求，内心精神文化渴求得不到满足进而会造成社会性心态浮躁。可见，在经济与文化的总体发展过程中，需要对产业结构进行均衡布局，提升精神文化产品供给，推进社会发展步伐的整体性和一致性。

（三）创意人才不足

文化产业的发展核心是文化创意人才，文化创意人才的数量和质量，决定了文化产业发展的高度和速度。文化创意人才源源不绝的创新精神，是文化产业发展的灵魂。澳门文化产业人才的缺乏是文化产业发展不饱和的核心原因。澳门特区政府自开始重视发展文化产业以来，多次提出澳门缺乏文化创意人才，并积极在特区政府层面推动人才培养、培训，以及到文化产业发展较成功的国家和地区考察、学习。但是，文化创意产业人才是复合型人才，不但要有相关产业方面的专业素养，而且必须具备深厚的文化知识底蕴，而这需要长时间的积累和沉淀。澳门自回归后才开始重视各方面人才的培养，对文化创意产业专业人才的培养和储备，基本处于起步阶段。澳门的高校及文化产业相关专业办学规模、师资及教学规模有限，这在很大程度上钳制了澳门本土自身的创意人才资源储备。尽管近年来前往澳门留学的内地生源上涨，但澳门的产业环境单一，就业及文化创意产品的转化成本较高，导致优秀文化创意人才留不下来。严苛的外来劳务用工管理制度并不适用于文化产业人才，这在很大程度上提高了外来文化创意人才的生活成本、工作成本和创作成本，不利于全球范围内的人才输入和交流、交换。这些不利因素最终的结果就是澳门的文化生产者、创意人才资源严重不足。

（四）社会关注度不足

社会关注度直接影响社会资本融入文化产业的程度，社会关注度不足是造成澳门文化产业发展不饱和的经济原因。首先，长期以来，历届澳门特区政府把经济贸易发展放在首位，对社会文化的发展没有给予足够的重视以及进行策划。作为新兴产业，文化产业与社会文化发展血脉相连，特区政府较少对后者进行调节，容易导致社会文化发展缺乏驱动力。这削弱了特区政府调节产业发展的政府行为力度，最终致使社会大众对文化产业发展的社会关注度不足。其次，澳门文化产业发展的时间短，从特区政府第一次正式推出文化产业相关政策至今才短短十余年，文化产业的经济基础相对薄弱，尚未培育出相对成熟的文化产业事业、企业，也未制造出真正具备文化产业属性的文化经济，这也直接影响到社会资本力量对整体文化经济发展的投资信心。而社会资本对文化产业的关注力量不够，自然就难以支撑澳门文化产业蓬勃发展。

以上分析可以看出，澳门文化产业发展处于不饱和状态主要由特区政府文化产业发展意识薄弱、产业结构不平衡、创意人才缺失和社会关注度不足所导致。只有深入挖掘澳门文化产业发展的优势，并充分利用优势破除发展障碍，才能为澳门文化产业发展蓄力，激发出其不饱和状态的发展生机。

四、不饱和视域下澳门文化产业发展的优势

从不饱和蕴蓄运动空间的角度看，澳门文化产业发展的不饱和性蕴含着一定的发展优势。这主要体现在以下五种“内在力”：

（一）澳门文化产业发展的“引力”

从人才引力角度来说，文化产业从业范围较广，几乎每个范畴都有文化产业内容的存在。所以，文化产业的就业机会较多，这使得更多人有机会参与到文化产业的发展过程之中。写作、影视拍摄、创意设计乃至音乐美术等文化内容，结合当下的新媒体互联网平台，每个人只要有创意、有想法、有热情，在掌握基础的技能之后，都能够迅速地进行内容创作和个人表达。以文学创作为例，澳门整体文学水平相对内地来说由于中文基础薄弱而鲜有成就，但稍微对文学有兴趣者皆可尝试投入文学创作当中。正是因为这种虽然创作基础欠佳但参与热情高的特点，社会的文化创意活动才容易活跃起来。

（二）澳门文化产业发展的“动力”

澳门文化产业发展不饱和虽然是澳门文化产业发展的“压力”，但是这种“压力”往往能够转化为文化产业发展的“动力”。澳门作为文化产业发展基础条件较高的地区，未来的产业发展规模和发展速度提升会相对较快，能够凸显这个地区文化产业的“活性”，就像GDP低的国家由于其基础较小，故而其增长速度往往会快于原来GDP水平较高的国家一样。由空穴引力造成的快速增长对于澳门这样文化产业欠发达的地区来说，同样体现出一种动力的牵引。近年来，澳门举办的国际会议及行业展览与日俱增，会展节庆行业朝气蓬勃，如澳门电影节等已经初具口碑和影响。澳门可以借鉴日本东京国际电影节、东京电玩展等文化颁奖和展览活动进一步提升文化产业发展“动力”，尝试集合本地文化资源来加强本地文化会展的文化品牌建设，培育本地文化消费新业态，并推动其逐步成为澳门具有代表性的文化符号之一。

（三）澳门文化产业发展的“势力”

所谓“势力”，从常识来讲是指一种权势和力量，这里所讲的“势力”，主要是指一种发展势头，即产业发展所具备的方向和走势。这属于后天差距式的不饱和现象，如香港对澳门的文化产业发展就具有一种“势力”。香港的文化产业发展水平高，这对临近的澳门形成了巨大的压力（最典型的当属影视业及音乐和广告业）。

相比之下,澳门明显处于不饱和状态。正像气流往往由高气压向低气压的空间流动并且形成风一样,文化产业发展水平高的地区的文化成果常常会流向发展低的地区,对发展水平低的地区产生促进作用。对于澳门来说,香港文化产业发展的成功具有借鉴意义和参考价值。

香港的成功经验能为澳门所借鉴,而香港文化产业发展过程中的某些经验和教训,也可以给澳门以启示,让澳门少走弯路。如导致香港流行音乐衰落的主要原因,在于音乐创作人才的逐步流失。对此,澳门在人才培养方面便应多加注意。根据实际情况实行跨越式发展,澳门可能在某些创意和项目开发方面超过香港。如澳门渔人码头种种娱乐项目的开发,尽管存在不尽如人意的地方,但依然是游客的必到之地。这就是所谓弯道超车现象,即高与低之间的落差所产生的"势",既造成了澳门文化产业发展的低洼阶段,也构成澳门文化产业发展的势头所在。

(四) 澳门文化产业发展的"活力"

文化产业发展现况的基础薄弱,意味着这一领域还没有形成产业规范。基于澳门的特殊政治环境和多元文化背景,澳门文化产业发展的"边缘活力"①现象较为明显。相对其他国家和地区,澳门较少政策和文化规矩的限制,"一国两制"给澳门发展文化产业提供了国际上其他国家和地区不具备的社会环境优势。扫清各种各样的阻力和掣肘,产业发展就可能自由而轻快,较少社会负担和成本。譬如建筑,如果已经有了很多建筑,再要建设就必须拆迁。新的建筑需要经历规划、施工等阶段,往往需要更多额外的时间和其他成本。但如果需要开发的土地上没有建筑物或较少建筑物,新的建筑落地就非常容易。同理,文化产业在澳门的未来发展具备产业发展上的不饱和状态所造成的"边缘活力"。将澳门国际化的旅游产业与文创、文娱等多板块相结合,打通演艺、展览、影视、动漫和创意设计、传统非遗、文化内容等各个板块之间的边缘地带,能够碰撞出不同于其他国家和地区的文化创新"活力"。

(五) 澳门文化产业发展的"张力"

当下澳门文化产业的发展属于一种自然且自由的状态。特区政府没有刻意地颁布法规表示必须发展文化产业,或者出台相关条文指明文化产业的定额生产指

---

① 杨义认为"边缘活力",即处在两个或者多个文化板块之间,而且带有不同文化板块之间的混合性,带有流动性,跟中原文化形成某些异质对峙和在新高度上融合的前景。这么一种文化形态跟中原发生碰撞的时候,它对中原文化就产生了挑战,同时也造成了一种边缘的活力。

标，社会普遍对未来文化产业的发展和认识不够，造成社会大众无法意识到文化产业发展的重要性和必要性。特区政府在这方面未能制定健全的方针，给未来的文化创意产业创造了发展空间，形成了一种发展“张力”。当今的时代是学术开放的时代，知识界、文化界的讨论应该能唤起澳门社会各界的充分关注，唤起特区政府订立相应的制度，形成健全法规的意识，使澳门的文化、产业及文化产业发展不断产生新的兴奋点。

可见，澳门文化产业发展的不饱和性决定了其具有广阔的发展空间，这是因为不饱和状态之下，实际上蕴蓄了引力、动力、势力、活力和张力。它们的合力将能够推动澳门文化产业迎来飞跃式发展。

五、结　语

虽然澳门文化产业发展处于不饱和的状态下，但并非澳门特区政府不愿意发展文化产业等新兴产业。相反，澳门特区政府在各种场所公开表示，将会投入各种资源鼓励澳门多元化发展。澳门天然资源匮乏，往往需要内地供给或全球各地进口，本身基本没有资源可用。出于实用性、可操作性等因素的考虑，澳门比较新型的文化产业开发，例如影视业后期制作，具有得天独厚的地域、政治和社会文化优势。对文化产业开发及定位的思考，需要考虑各种因素，包括澳门现有的可持续利用的资源、各种因素的延续发展以及在变迁过程中的共存和互补等特征。从以美国为首的文化输出大国所取得的成绩来看，他们在影视文化产业推动方面的经验值得澳门特区政府思考、学习和借鉴，这些都是在政策牵引下加上足够的民间关注的共同努力所取得的成果。

按照经济发展的规律，一个原本落后的地区，一旦由政府牵头重视某种产业发展，从政策制定到资本投入，会引起极高的社会关注度，在常态下这种后发式开发的经济后劲十足，发展速度也非常快，这就是基于“不饱和优势”理论所形成的经济效应。相反，一个经济发达的国家或地区，各种资源已经得到合理分配，可运用、发挥的空间不大，便需要靠资源再生再造来进一步促进经济发展。即使在经济发展过程中所产生的经济成果，与别的国家或地区相比相对庞大，但是就自身发展的进度而言，其百分比和发展中国家或地区的进度百分比相比较，已经相对缓慢或停滞不前，其中主要的原因，就是该国家或地区的“不饱和状态”比较弱，其产业经济发展趋于饱和。

因此，目前澳门文化产业发展呈现的“不饱和状态”，从文化产业未来发展的空间及前景上分析，可以顺势而为，引导发展滞后的其他产业，重新整合资源和空间。总之，化劣势为优势，把不饱和状态转换为不饱和优势，利用目前文化产业发展的不饱和性，借鉴外部成熟经验和参照外部失败原因，扬长避短，将能开辟出一条独具澳门特色的文化创意产业发展之路。

参考文献

[1] 潘知常，刘燕，汪菲. 澳门文化产业发展战略研究[M]. 北京：人民出版社，2014.

[2] 何厚铧. 文化创意产业发展须立足于澳门具包容性[EB/OL]. 中国新闻网，(2007 - 11 - 18)[2021 - 05 - 12]. https://www. chinanews. com/ga/kjww/news/2007/11 - 08/1071760. shtml.

[3] 王晨曦，郭鑫，胡瑶. 务实进取　共享发展——崔世安发表 2018 年财政年度施政报告[EB/OL]. 新华网，(2017 - 11 - 14)[2021 - 05 - 12]. http://www. xinhuanet. com/2017 - 11/14/c_1121956326. htm.

[4] 澳门文化产业基金介绍[EB/OL]. [2021 - 05 - 12]. https://www. gpsap. gov. mo/zh-hans/fund-fic.

[5] 澳门特别行政区政府文化产业基金介绍[EB/OL]. [2021 - 06 - 02]. https://www. fic. gov. mo/zh-hant/about/introduction.

[6] 澳门文化产业促进厅介绍[EB/OL]. [2021 - 06 - 02]. https://www. icm. gov. mo/cn/DPICC.

[7] 余松涛. 马克思主义哲学[M]. 北京：机械工业出版社，1999.

[8] 杨晓敏. 冬季[M]. 长春：吉林出版社集团有限公司，2010.

[9] 王万举. 文化产业创意学[M]. 石家庄：花山文艺出版社，2018.

[10] 朱寿桐. 论中国新文学的负性背景及其影响[J]. 中国社会科学，2000(4)：134 - 143.

[11] 香港影视及娱乐业概况[EB/OL]. 香港贸发局官网，(2019 - 03 - 19)[2021 - 05 - 13]. http://www. hktdc. com/info/mi/a/hkip/sc/1X0018PN/.

[12] 澳门年文化创意产业系列辅助计划[EB/OL]. [2021 - 06 - 02]. https://www. icm. gov. mo/cn/CCI-Subsidy.

[13] 澳门特区政府新闻局[EB/OL]. [2021 - 06 - 02]. https://www. gcs. gov. mo.

[14] 杨义. 中华民族文学发展的动力系统与"边缘活力"[J]. 百色学院学报，2008(5)：18 - 22.

[15] 香港统计年刊[EB/OL]. (2020 - 11 - 03)[2021 - 08 - 17]. www. censtatd. gov. hk.

作者简介

陈晓君(1980—),东莞理工学院文学与传媒学院讲师。研究方向为文化创意及文化产业。

An Analysis of Macao's Cultural Industry Development from the Perspective of Unsaturated

Chen Xiaojun

Abstract: Although the development of Macao's cultural industry has certain policy guidance and development advantages, the development of Macao's cultural industry shows a special unsaturated character in reality, which is mainly reflected in the relatively backward development of its cultural industry, and the space of industrial economic value contained in culture still needs to be explored. The main reasons for the unsaturated development of Macao's cultural industry are that the special Administration Region Government's awareness of the weak developments of cultural industry, the unbalanced industrial structure, the lack of creative talents and the shortage of social attentions. The development of Macao's cultural industry needs to break down these obstacles, and takes advantage of the national development strategy for the construction of the Guangdong-Hong Kong-Macao Greater Bay Area, extracting the advantages of attraction, power, force, vitality and tension of the development of Macao's cultural industry from the perspective of unsaturated, and fully tapping the development potential of Macao's cultural industry.

Key words: Macao's Cultural Industry; Unsaturated Theory; Unsaturated Advantage; One Country, Two Systems

基于多模态理论的《经济学人》杂志中国主题封面设计研究*

何　靖　杨莉萍

摘　要:《经济学人》杂志自创办以来,以观点鲜明、视角全面、眼光独到、批判深入著称,其封面设计也独具特色。在多模态话语分析理论视野下,以2009—2018期间《经济学人》(亚太版)杂志上出现的54个中国主题封面为研究对象,研究其图形(像)、文字、色彩等视觉模态的再现意义、互动意义及构图意义。研究发现,该杂志中国主题封面多模态话语的构建准确地表达了杂志封面语篇的整体意义。由此可见,运用多模态话语分析理论及方法对《经济学人》杂志中国主题封面进行量化与质性研究,对于传统设计学的研究方法,是一种较为新颖的尝试,具有一定的适用性与可操作性。

关键词:《经济学人》;中国主题封面;多模态

一、研究背景

《经济学人》是由詹姆斯·威尔逊(James Wilson)于1843年创办的国际新闻和商业类周刊,该刊倡导以独特的国际视角、独立的思考判断、客观的分析预测,努力为读者呈现有价值的内容[1],是全球阅读量最大的时政杂志之一,并拥有一批在全球范围内有影响力的读者。从2012年1月28日开始,《经济学人》杂志开始专门为中国设置每周板块,这是它成立70多年来首次为一个国家开设类似栏目。

随着中国国际地位的提高和影响力的扩大,近年来关于《经济学人》涉华报道

* 基金项目:2019年度教育部人文社会科学研究青年项目"《经济学人》杂志封面的中国形象设计研究(1978—2018)"(19YJC760028)的阶段性研究成果。

及中国主题封面的研究已经成为热点。在传播学领域，闫隽、彭立(2009)研究了《经济学人》"财经""商业"栏目的涉华报道，认为其报道措辞和数据来源都值得玩味。[2]翟聪(2013)研究发现，《经济学人》杂志在正视中国经济现存问题与矛盾的同时，也对中国在全球经济复苏中的作用寄予厚望。[3]杨希(2013)研究了《经济学人》170 年来的封面变迁历程，认为封面上的中国形象轮廓是一个充满矛盾的形象。[4]吕箫(2016)认为，《经济学人》涉华报道中的中国形象建构缺乏公正性，但是近年来有明显改善的趋势。[5]在语言学领域，崔颖(2014)从认知语言学视角研究了《经济学人》杂志的封面漫画，发现其封面的图文模态在相互协作中完成隐喻意义的构建。[6]王希(2015)从批判性话语分析视角出发，研究了《经济学人》杂志的两幅封面图像，试图发现图像背后隐藏的含义。[7]张静(2016)研究认为，《经济学人》杂志图文模态之间在协同作用下形成了层创意义，并提出了多模态隐喻表征协同模型。[8]姜雪莹(2016)认为，多模态话语分析方法及理论对《经济学人》杂志封面具有很强的适用性和可操作性。[9]在设计学研究领域，赵冬晶(2013)从版面设计、杂志封面、时事漫画、数据图表四个方面研究了《经济学人》的视觉传播特色。[10]

综上，有关本选题的研究已在不同学科分别展开。在传播学研究领域，研究者运用相关理论多从封面议题入手，但有关封面图文设计的研究尚未涉及。在语言学研究领域，虽有对封面设计中的图文、色彩等展开研究，但是大多数文章仅仅挑选了部分典型封面，做了选择性的定性分析，因此得出的结论不够全面。郑群、张博(2015)运用了多模态话语理论对《经济学人》中国主题封面做了分析，并尝试用该理论研究了中国形象的构建过程，该文做了较为有意义的尝试。[11]在设计学领域的研究，常采用符号学或图像学的方法去描述封面的构图、色彩、字体等，却很少注意文本的生产过程和解释过程。由此看来，打破学科之间的藩篱，运用多模态相关理论对《经济学人》中国主题封面中的视觉模态的语法结构以及语义产生的过程进行研究，是十分必要的。

二、研究对象及思路

(一) 研究对象

经过对2009—2018年度513期《经济学人》(亚太版)[①]杂志封面统计后发现，部分封面要么出现了中国领导人、龙、大熊猫等典型中国符号，要么出现了有关中国的风景图像等，在此基础上，结合封面文章内容甄选确定。经分析，此类封面共计54个，据此命名为中国主题封面。近十年中国主题封面的分布情况具体见表1。

表1 2009—2018年度中国主题封面的分布情况

年度	2009	2010	2011	2012	2013	2014	2015	2016	2017	2018	合计
年出版期刊数	51	51	52	51	51	51	51	52	52	51	513
中国主题封面数量	3	9	2	6	6	8	5	4	5	6	54

统计发现，中国主题封面所占比例为10.53%，并基本表现为稳定发展趋势。特别是2012年独立开设中国板块后，中国主题封面出现频率平均在5.71次，这表明西方媒体对快速发展的中国关注日益加强。

(二) 研究思路

多模态(Multimodality)是指在口头或书面交际中交际符号的多样性。目前，在多模态话语分析领域较为活跃的主要有社会符号学、互动社会语言学与认知语言学3个流派。其中社会符号学流派(包括批评话语分析)主要代表人物Kress & van Leeuwen等人在语篇分析的基础上，指出Halliday提出的语言3个元功能并非仅限于语言符号，它同样适用于对包括图像、声音、颜色、版式等社会符号的分析。当文本与图像并置在同一页面或构图中时，它们相互协作共同体现话语的概念功能、人际功能和语篇功能，分别对应的是语篇的再现意义、互动意义和构成

① 《经济学人》杂志分为非洲版、亚太版、欧洲版、欧盟版、拉美版、中东版、北美版、英国版8个版本。在杂志内容上，除了英国版会多出几篇报道英国的文章外，其他版本每期内容都是一样的，区别在于排版方式和封面设计上。比如欧洲版会把欧洲专栏的文章放在前面，亚太版会增加一些本地区选题作为封面文章，其他版类似。本文选取的是亚太版作为研究对象，下文提到的《经济学人》杂志均表示亚太版。

意义。

本文从 Kress 和 Van Leeuwen 的视觉语法理论出发，拟采用多模态话语的分析方法及理论，经过定量统计及分析，对前文确定的 54 个中国主题封面进行深入研究。通过对其封面设计视觉信息中“表征参与者”的分析来解读封面的再现意义、互动意义和构图意义，进而揭示这些封面设计的语篇整体意义表达。

三、封面图文模态的再现意义

再现意义对应系统功能语言学中的概念功能，表征图像中人物、地点和事件之间的交际概念关系。系统功能语法把图标发生学和社会语言学相结合用于视觉、言语的解释，图像再现意义中的矢量、对角线(路径)、动作发出者、心理凸显度等概念及其关系，用于解释视觉和言语的结合。Kress 和 Van Leeuwen 认为，任何符号学模式都必须能够在一个不属于表征系统的世界中表现对象及其关系。[12]因此，根据图像的不同特点，它又分为叙事过程和概念过程两大类。矢量(Vector)是叙事图像的标志，它是一种既有大小又有方向的量。当图像中的参与者被一个矢量连接起来时，即表示他们相互之间发生了动作或事件，这种模式就被称为叙事过程。而概念过程不存在矢量，它可以被看作是参与者在其阶级、结构或意义上的普遍和永恒本质的表现。

(一) 再现意义的数据分布

叙事过程又分为行动、反应、言语与心理等过程。[13]行动过程是由参与者与目标构成的，参与者面对目标发出矢量动作时，行动过程就成立了；反应过程中的矢量是由参与者的目光或视线方向形成的，而不是由具体的身体动作构成；言语和心理过程通常是由思维泡泡或对话气球构成，用以表达人物间的对话或心理活动。概念过程展示的是事件类别、结构或意义中的某一横切面，它可以探讨不同图像之间或者同一图像不同部分之间的联系，又分为分类过程、分析过程和象征过程等。分类过程可以在表征参与者之间建立某种分类关系；分析过程涉及载体和所有格属性两类参与者，这两个参与者在整体—结构上具有相关性；象征过程是关于参与者是什么或意味着什么。[14]经统计分析，本研究样本的再现意义分布情况见表 2。

表 2　2009—2018 年度《经济学人》中国主题封面再现意义分布情况

类别		2009	2010	2011	2012	2013	2014	2015	2016	2017	2018	总计
叙事过程	行动		5			2	2	3	2	1	2	17
	反应	1	2		3	2	4	1	1	2	1	17
	言语与心理	1										1
概念过程	分类		1	1			1			1		4
	分析											
	象征	1	1	1	3	2	1	1	1	1	3	15

（二）数据情况分析

在 54 个封面中，使用叙事过程来再现的有 35 个，叙事过程类图像在中国主题封面中所占比例高达 64.8%。由此可见，使用叙事过程再现是《经济学人》封面设计的首选，这是因为《经济学人》封面文章一般倾向于选择世界上正在发生的热点问题，使用具有矢量的叙事过程类图像可以更为生动地诠释主题、描述封面故事。例如 2010 年 2 月 6 日的封面中，巨龙张开大嘴，目光咄咄逼人，把时任美国总统奥巴马逼在角落里。从行动过程来看，龙为动作发出者，奥巴马为目标，龙和奥巴马之间的角度和距离构成矢量。画面右上方的文字“Facing up to China”(直面中国)表达了话语内容的投射关系。这幅封面中，龙被绘制成夸张、狰狞甚至咄咄逼人的表情，奥巴马则不断地在向“中国龙”解释诉说着什么。结合文案表达不难理解为中国日益崛起已经成为不争的事实，西方社会唯有直面挑战。龙、熊猫、中国领导人等形象多次作为中国主题封面中动作的发起者，例如 2017 年 9 月 23 日中手握一副扑克的大熊猫，2010 年 11 月 13 日中手握大把美元准备“购买世界”的毛泽东形象等。这些寓意随着中国国际地位的不断提高，在很多国际事务上已经逐渐掌握主动权和话语权。值得注意的是，使用概念过程再现的 19 个封面中，其中象征过程有 15 个。象征过程常被用来暗示象征意义或价值，《经济学人》封面的多模态叙事中大量运用了象征符号来表达中国形象。在符号的选择上，识别性强、指向明确的形象最为常见。例如龙和大熊猫的形象出现频率就很高。用风景表达时则选择了知名度高的长城、东方明珠和桂林山水等形象。此外，符号的选择涉及面很宽，除了以上的常见符号外，还出现了阿里巴巴、华为手机、竹子、青花瓷、脸谱、龙袍、汉字等十余种形象符号。

四、封面图文模态的互动意义

互动意义对应系统功能语言学中的人际功能，它包括读图者和图像的互动关系及情态。[15]根据 Kress 和 Van Leeuwen 的说法从三个方面来考察互动关系，即接触、社会距离和视角。[15]具体如下：通过“接触方式”体现图像对于读图者是“索取”（信息和服务）还是“提供”；通过“距离”体现图像和读图者的社会距离；通过“视角”体现图像和读图者的权势关系。此外，作为我们对关注的世界所做出陈述的真实度或可信度的情态，在图像中亦有非常丰富的体现。

（一）接触方式

在接触方式上，图像在传达意义时都有一个行为，这种图像行为是由表征参与者的凝视系统实现的。[16]当封面中的参与者的目光直接指向观看者时，它们之间就建立起一种“接触”的特殊社会关系，参与者借此向观看者表达了“索取”的意义。当参与者目光不指向观看者时，“接触”关系并未建立，此时主要是为了提供信息，表达的是“提供”意义。本研究对象中，“索取”类封面 15 个，“提供”类封面 39 个。在“索取”类封面中，毛泽东和习近平同志的形象分别出现 4 次和 7 次，他们往往目光轻松平和地望着观看者，这表明开放自信的中国渴望和世界交流。

（二）社会距离

在社会距离上，分别为亲密距离（体现的是主体的头和脸）、近人际距离（头和肩膀）、个人远距离（腰部以上）、社会近距离（整个人）、社会远距离（整个人及周围有空间环绕）五种关系。[14]对于建筑、物品及风景类对象，尚未有明确的社会关系的标准，本研究参照人类再现参与者的相似标准，确定三类社会距离。以建筑为例，分为亲密距离（近景，仅展示建筑的局部）、个人远距离（中景，展示的是建筑的全貌和社区景色的一部分）、社会远距离（整个建筑和社区景色仅为构图的一部分）。经统计分析，本研究样本的社会距离分布情况见表 3。

表 3　2009—2018 年度《经济学人》中国主题封面社会距离分布情况

距离	2009	2010	2011	2012	2013	2014	2015	2016	2017	2018	合计
亲密距离		1									1
近人际距离	1		1	2	1	2	1	1	3	1	13
个人远距离		3			3	2	2	1		3	14
社会近距离	1	4	1	3	2	4	2	1	1	1	20
社会远距离	1	1		1				1	1	1	6

总体来看，中长镜头的画面构图（个人远距离、社会近距离及社会远距离）共40例，占据了样本的74.07%，这种构图让读图者和对象具有一定的社会距离，是疏远的社会人际关系，有利于读图者对整个图像进行全景式的把握。此种情况下读图者不是图像所表征的世界经验的直接参与者，而被赋予了评判者的角色。这表明《经济学人》杂志的目的在于尽可能客观、真实地（虽然不可能做到）展示对象，而将评判权交给读者。研究发现，样本中表现人物近人际距离的为13例，占整个样本的24.07%，这些图像基本都是以人物的正面或正侧面半身像为主，目光多注视前方，采用"索取"类接触方式，以便和观众之间建立客观的联系。

（三）视角表现

在视角表现上，观看者的视角表达不同的主客观态度。本研究对象中，水平视角几乎全都采用正面角度，表达了封面所表现的图像世界和读者世界的相关性，给观看者置身其中的感觉。另有5个封面采用略微的正侧面角度，这种角度往往会给观看者置身其外的漠视感。在垂直视角上，俯视、仰视和平视分别表明观看者与参与者之间强势、弱势和平等的权势关系。例如2015年3月14日封面中手机、电脑、日用品等各种中国制造的产品组成"龙"的形状，水平视角为正侧面倾斜角度，垂直角度为仰视，且"龙"以大尺度占据整个画面，构成封面所要传递出的核心信息，表明"龙"处于强势地位。结合封面文章内容的表述——中国制造仍然保持三大优势，但中国经济也面临重重困难，其他发展中国家制造业则更加举步维艰——可以看出笔者认为他只是将客观情况表述出来，仍处于冷眼旁观的状态。此外，背面取景则暗示了更加复杂、微妙的意义。例如2015年10月17日封面中，中、美、俄三国领导人三角形的构图无疑暗示了三国复杂的关系。

（四）视觉情态

在视觉情态上，Kress和Van Leeuwen曾使用"连续统一体"的"拓扑学"方法来描述各情态标记的程度计量，以此分析不同语境中的"编码导向"（即不同语境中图像真实程度的标准）。[17]它的值通常有高、中、低三类，具体体现为图像色彩饱和度、色彩区分度和色彩调和度，以及图像明亮度、抽象度、光影对比、透视深度等。本研究对象中，大部分封面场景的整体色调趋向高情态，例如几乎每幅画面都不同程度地使用了红色、黄色等纯度高、对比强烈的色彩。共有22个封面采用了以红、黄为主色调，这不仅是因为红、黄色代表了中国的文化图腾，而且此类用色和封面文章中常阐述的"中国取得巨大成就，但也有诸多问题"等高情态话语表达方式一致。例如2010年11月13日封面中大面积的红色背景和标题中的"buying up"

（全部买下），2012 年 10 月 27 日封面中红黄渐变色和标题中的“must”（必须）等，很明显是表现强烈语气的高情态词。

五、封面图文模态的构图意义

构图意义对应系统功能语言学的语篇功能，Kress 和 Van Leeuwen 提出“构图意义是指表现元素和交互元素相互联系的方式，它们被整合成一个整体的方式”。[18]它是通过信息值、显著性和框架 3 个相互关联的系统来实现的。

（一）信息值结构

信息值通过图文的布局、放置实现，根据 Kress 和 Van Leeuwen 的观点，从左到右放置对应“已知信息—新信息”结构，从上到下放置对应“理想的—真实的”的信息结构（见图 1）。[19]“已知”是指观众已经知道的被接受或熟悉的信息，而“新的”是指观众尚未知道、理解或接受的信息。在顶部和底部构图中，元素排列在垂直平面的任一侧。Kress 和 Van Leeuwen 提出了“理想”和“真实”两个词来表达上下的隐喻价值或意义。顶部的元素是理想的，即理想化或可能的效果，并描述了信息的一些广义本质。底部的元素是真实的，所以它总是包含更真实的事实信息或一些“脚踏实地”[20]的信息。当元素沿着中心和边距的尺寸结构时，视觉布局称为中心和边距组合。在中心和边缘构图中，置于中心的符号模式是信息的关键点。一般来说，中心元素是核心信息，它赋予周围其他元素意义。《经济学人》杂志封面长期保持固定的版式设计，封面上半部左边放置的红色矩形内，为白色的杂志名称“The Economist”，简洁醒目，此为已知信息；上半部右边通常放置四到五行文字，是该期主要内容提示，为新信息。封面图像基本都是一幅满幅出血的图片，图片的核心信息一般都放置在封面的中心位置。这不仅符合封面设计多模态语篇的特点，而且根据自然主义观点，中心视角有最高情态值，主要视觉形象放置中间，可以建立一种情感连接，这种“移情”有利于信息的传播。

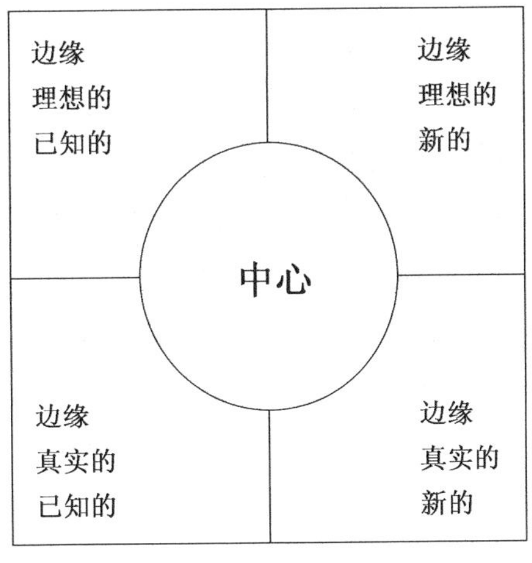

图 1　Kress 与 Van Leeuwen 图文信息值结构表

（二）显著性的实现

显著性指元素吸引观看者注意力的程度，通过尺寸对比、色彩饱和度、色调对比度、前景化程度、视野所处的深度（如偏左/右形成的不对称）等图文资源配置来实现。《经济学人》封面图像表现技法多样，有摄影、矢量插画、钢笔淡彩、版画、彩铅画等形式。其中对摄影图片的处理图像占据了绝大多数，这些处于不同时空的图像经过技术的蒙太奇手法，完美地“生长”在一起，根据主题表达的需要突出或彰显某些局部，牢牢地“控制”着观看者的注意力。例如，在2013年3月23日的封面中，购物车中装着地球，地球中中国地图部分以红色醒目地标注出来，一个鼠标的手形图案指着中国地图的五角星上。这幅图像在解构原有形态的基础上，将购物车、地球、中国地图、五星红旗等以新的结构关系同构在一起。该封面的主标题文字为“阿里巴巴现象”及副标题文字，将部分尚不明确的图像语意确定下来，即寓意阿里巴巴在互联网技术推动下，在中国有着无限的可能性。通过同构的映射，在获得了外在的形式符号和内在意义的同时，实现信息的变化、转换和放大。

（三）视觉框架关系

框架关系表达信息之间的相关性，Van Leeuwen 列出了六类框架：分离、分割、整合、重叠、韵律和对比。[21]框架可通过分割线条、骨骼线来实现，这些线条连接或割断图像中的元素，表示各元素之间的相关性和语义的粘连性。线条或框架有的是实际存在的，有的是虚拟的，可以通过成分之间的空白、色彩的变化等实现，分割线的造型的虚实、轻重，都表明各元素间分割程度的不同。如前文所说，《经济学人》所有的封面都保持着固定的构图，上方透明的长方形将杂志名称、刊期、重要文章提示等信息分隔在同一框架内（该框架又可以分为若干小框架），封面图像和封面文章标题又各属于不同的视觉框架。这种分割使信息传播的条理性更为清晰、逻辑更为严密。

六、结论及讨论

多模态话语分析理论及方法为视觉形象的研究提供了一个有益的视角，这对于《经济学人》杂志中国主题封面的研究，具有一定的适用性与可操作性。在对《经济学人》杂志中国主题封面视觉模态的语法结构以及语义产生的过程研究中，不仅要关注图文等视觉模态的一致性、连接与互补关系，还将图像与文字、色彩等视觉符号与受众对动作的感知相联系，从而将身体对动作的体验也变成了一种视觉与语言模态相结合的模态符号，共同参与对多模态话语意义的建构。研究发现：

第一，在《经济学人》中国主题封面的再现意义表达中，叙事过程类封面占比较大，这是因为选用具有矢量的叙事图像可以更为生动地诠释主题。在概念过程类封面中，识别性强且指向明确的象征符号出现频率很高。

第二，在《经济学人》中国主题封面的互动意义表达中，"提供"类封面和中长镜头的画面构图占据了绝大多数，这表明《经济学人》杂志目的在于尽可能客观、真实地（虽然不可能做到）展示对象，而将评判权交给读者。在视角表现上，水平视角几乎全都采用正面角度，表达了封面所表现的图像世界和读者世界的相关性，给观看者以置身其中的感觉。在视觉情态上，大部分封面场景的整体色调趋向高情态。

第三，在《经济学人》中国主题封面的构图意义表达中，图文的布局与放置符合 Kress 和 Van Leeuwen 的"已知信息—新信息"及"理想的—真实的"信息结构模式，封面图文资源配置显著性强，构图框架分割清晰、逻辑严密。

第四，运用多模态话语分析理论及方法对《经济学人》杂志中国主题封面进行量化与质性研究，对于传统设计学的研究方法，是一种较为新颖的尝试，具有一定的适用性与可操作性。在后续的研究中，还应使用多模态话语分析理论及方法对《经济学人》中国主题封面中国国家形象的塑造及《经济学人》杂志意识形态的建构等，进行更深入的探讨。

参考文献

[1] 经济学人. 独特的全球化视角[EB/OL]. [2021－09－01]http://t.cn/R5zLvFm? u=2132127741&m=3986577824647883&cu=3655689037.

[2] 闫隽，彭立. 经济危机与中国形象：分析《经济学人》"财经""商业"栏目的涉华报道[J]. 新闻爱好者，2009(20)：50－51.

[3] 翟聪. 2008—2011 年《经济学人》涉华财经报道分析[D]. 保定：河北大学，2013.

[4] 杨希.《经济学人》封面报道变迁及形成机制研究[D]. 上海：复旦大学，2013.

[5] 吕箫. 框架理论下的《经济学人》中国形象建构研究[D]. 长春：吉林大学，2016.

[6] 崔颖. 经济语篇中多模态隐喻的构建——以《经济学人》封面漫画为例[J]. 昆明冶金高等专科学校学报，2014(6)：92－96.

[7] 王希. 多模态视角下《经济学人》封面图像的批判性话语分析[J]. 宜春学院学报，2015(8)：97－100.

[8] 张静. 多模态隐喻整合视角下的表征协同研究——以《经济学人》封面漫画为例[J]. 成都师范学院学报，2016(1)：97－100，116.

[9] 姜雪莹.《经济学人》杂志封面的多模态话语分析[D]. 郑州:郑州大学,2016.

[10] 赵冬晶. 读图时代精英杂志《经济学人》视觉传播的启示[J]. 新闻知识,2013(12):20-22.

[11] 郑群,张博.《经济学人》中国主题封面的多模态话语分析[J]. 西安外国语大学学报,2015(1):47-50.

[12] Kress G., Van Leeuwen T. Reading Images: The Grammar of Visual Design[M]. 2nd ed. London: Routledge, 1996: 16-17.

[13] Kress G., Van Leeuwen T. Reading Images: The Grammar of Visual Design[M]. 2nd ed. London: Routledge, 1996: 45-46.

[14] 李战子. 多模式话语的社会符号学分析[J]. 外语研究,2003(5):1-8,80.

[15] Kress G., Van Leeuwen T. Reading Images: The Grammar of Visual Design[M]. 2nd ed. London: Routledge, 1996: 114-116.

[16] 邱鸣,谢立群. 外国语言文学研究·第3辑[M]. 北京:中国传媒大学出版社,2013:38.

[17] 张佐成,邢建玉. 多模态即席话语研究[M]. 北京:世界图书出版社,2014:12.

[18] Kress G., Van Leeuwen T. Reading Images: The Grammar of Visual Design[M]. 2nd ed. London: Routledge, 1996: 175.

[19] Kress G., Van Leeuwen T. Reading Images: The Grammar of Visual Design[M]. 2nd ed. London: Routledge, 2006: 197.

[20] 朱永生. 多模态话语分析的理论基础与研究方法[J]. 外语学刊,2007(5):82-86.

[21] Van Leeuwen T. Introducing Social Semiotics[M]. London: Routledge, 2005: 6-13.

作者简介

何　靖(1978—　),安徽广德人,江苏师范大学传媒与影视学院副教授,硕士生导师,清华大学博士生。研究方向为设计理论及视觉文化。

杨莉萍(1980—　),安徽淮北人,江苏师范大学历史文化与旅游学院副教授,硕士生导师,南京大学经济学院博士后。研究方向为艺术产业管理。

Design of Chinese Theme Cover of *The Economist* Magazine Based on Multimodal Theory

He Jing　Yang Liping

Abstract: Since its inception, *The Economist* has a unique perspective, a comprehensive perspective, a unique vision, a deep criticism of the famous, the cover design is also unique. In the context of multimodal discourse analysis, 54 Chinese themed coverings appearing in *The Economist* magazine during 2009—2018 were chosen as the research objects, and their graphic meaning, interactive significance and composition meaning were studied. It is found that the construction of multimodal discourse on the Chinese theme cover of the magazine accurately expresses the overall meaning of the cover discourse of the magazine. It can be seen that the quantitative and qualitative research on the Chinese theme cover of *The Economist* by using the theory and method of multimodal discourse analysis is a relatively novel attempt for the research method of traditional design, which has certain applicability and operability.

Key words: *The Economist*; Chinese Themes Cover; Multimodal